比較家族史学会——監修

家族研究の最前線①

家と共同性

加藤彰彦
戸石七生
林　研三
編著

日本経済評論社

シリーズ「家族研究の最前線」によせて

比較家族史学会は、一九八二年に発足し、創立三五年を越えました。本学会は、社会諸科学・人文諸科学の専門分野の異なる家族研究者によって構成された「学際的な学会」であり、時代と地域の比較を軸にしながら、これまでにも『事典　家族』の編纂など、学際的学会の特徴を生かした独自の研究成果を世に問うてきました。

家族は、十九世から二十世紀に至るまで比較的安定した時を過ごすことができましたが、二十世紀末から世界的に劇的な変動を起こすようになりました。ことに、先進諸国で起こった少子化という大きな人口転換に家族がさらされ、さらに成熟を続ける資本主義や、グローバル化する社会のなか、家族をめぐる社会環境も大きく変わってきました。家族は国家や市場から自律した集団であることを求められるよりも、これまでの諸々の家族機能が市場や国家に埋め込まれていくようになってきました。また、多様に展開する「家族」関係のなかに生活の共同を見いだし、そのなかに親密な〈絆〉を求めようとする人々も数多く存在します。このような状況の下で、シリーズ「家族研究の最前線」が企画されました。

時代と地域の比較を通じて家族研究を進めていくというこれまでの学会の姿勢は変わることはありませんが、変動する社会のなかで新しい視点からの家族研究が求められています。本シリーズの刊行を端緒に、新しい家族研究が進展することを望みます。

二〇一六年七月

比較家族史学会

目次

序章　家と共同性——家社会の歴史を鳥瞰する

加藤彰彦・戸石七生・林研三

1　本書の課題

本書は、比較家族史学会監修「シリーズ家族研究の最前線」の第一巻であり、家と家社会の成立と展開の歴史を主題としたものである。本書の各章は、二〇一五年六月に札幌大学で開催された比較家族史学会第五七回研究大会シンポジウム「家と共同性」における発表と総合討論を踏まえて書き下ろされた。比較家族史学会は、家族に学問的関心を有する人文・社会諸科学の研究者が集う学際的学会であり、本書の執筆陣の専門分野も、日本史、社会学、人口学、民俗学、法制史、法社会学、文化人類学、アジア史、西洋史など幅が広い。

家は、過去の研究大会において、しばしば中心的なテーマとして取り上げられてきた。本学会が監修した「シリーズ家族史」（一九八八〜九〇年、三省堂刊）や「シリーズ比較家族」（一九九二〜二〇〇九年、早稲田大学出版部刊）の一環として刊行された書籍のタイトルだけをみても、『家の名・族の名・人の名』『家と女性』『家と家父長制』『家と教育』『家・屋敷地と霊・呪術』『家の存続戦略と婚姻』を挙げることができる。[1] 家をテーマにした会員による著作も数多い。[2] それゆえ、今回ふたたび家を論じるにあたっては、そうするだけの積極的な理由が必要であろう。

まず、これまで家はさまざまな角度から分析され、論じられて、ときには激しい論争が戦わされてきたにもかかわらず、家の理解や定義は収斂されることなく、むしろ拡散してしまった。家の操作的定義——家名、家産、家業、永続性などの指標——については、ある程度共有されてきたものの、それを支える理論的定義の方は、未解決な課題のままである。とくに「集団」「組織」「制度」「親族」「世帯」などの基礎概念に対する理解の甘さを問題点として指摘できる（相互に整合的な理論概念というよりも論理性の弱い感受概念として使われるのが一般的である）。家の定義をめぐる錯綜した状況は、基礎的諸概念の理論的妥当性と整合性の欠如によって生み出されたといえるかもしれない。それゆえ、日本の家研究は、過去の論争をひとまず学説史上・思想史上の問題として区別したうえで(3)、いま一度、各時代、各地方の実証的知見に立ち帰り、それらを総合しつつ、一から帰納的に理論構築していく必要があるだろう。

また、日本における庶民の家の成立時期についても、中世から近世後期まで幅が広い。これには、史資料の制約の問題が深く関わっているように思われる。家の研究者は、時代的、地理的、階層的に限定された史資料を利用し、それに没頭する傾向が強い。その結果、自らの直接の研究対象には詳細な知識を得ることができるが、他の時代、他の地域、他の階層については手薄にならざるを得ない。自らの調査フィールドに立脚して眺める全体像はどうしてもデフォルメされがちである。家に関わる諸現象を理解するためには、時間、空間、階層の三次元を方法論的に自覚する必要があるが、このような鳥瞰的な視野を獲得するのは必ずしも容易ではない。

とはいえ、そうした鳥瞰図を描くために必要な全国レベルの資料がないわけではない。たとえば、半世紀前に「日本文化の地域類型研究会」がおこなった全国レベルの村落サーベイ調査（通称「日本文化の地域性調査」(4)）のデータを用いて統計地図を描くと、明治民法施行以前の家と村落構造に関する諸要素・諸慣行（約一〇〇変数）の全国的分布状況を知ることができる。終章でその一部を紹介するが、こうした分布地図を参照枠組として用いれば、家と家社会の成立の歴史を地理的および階層的な拡散過程として整理・総合することも不可能ではない。本書では、日本の家と家社会の歴史を中心軸に据えつつ、国際比較の視点をも組み込んで、その全体像の俯瞰を試みたい。

2　本書の構成

本書は三部から構成され、それぞれ四つの章からなる。以下では各章の紹介をおこなうが、その前に三点ほど全体に関わる事柄を補足しておきたい。

まず、各章のタイトルや記述には「　」を付さない家と「　」を付した「家」が混在するが、日本で実在した家組織については、基本的に「　」なしの表記が用いられている。これに対して「家」は、イデオロギーや法概念としての「家」、用語としての「家」、異文化のなかの家類似の家族・親族組織、あるいはその比較対象としての日本の「家」など、特定の意味を付与する場合に用いられており、その使われ方は執筆者や文脈に応じてさまざまである。

また、家の定義に関して、本書の執筆者たちはおおむね、家を何らかの家族組織ないし社会組織としてとらえてはいるが、多彩な学問分野を背景にしていることもあり、本書ではあらかじめ家の定義を指定することはせずに、まずは分野間・論者間の違いを尊重して、その意味内容を執筆者に委ねることにした。そのうえで、終章において、家概念と関連諸概念の交通整理を試み、学問分野を超えて利用可能な理論的定義を探りたい。もっとも、こうした進め方は、読者にとっては負担にもなるので、家や家族・親族組織に関わるキーワードについては、できるだけ各章の論述のなかで定義や説明を与えるよう配慮している。また、以下で各章の内容を紹介する際に、各論者の家概念や親族概念の特徴について簡単な解説も加えて読者の便宜を図りたい(5)。

なお、本書のタイトルにある「共同性」は、家の外部の共同性と内部の共同性の両方を指示する包括的な概念として用いている。前者には、同族と親類、宮座と村組、社会的親子と講や仲間関係など、家を取り巻くさまざまな共同性――いいかえれば、家社会、すなわち家を基礎単位とする社会を支える各種の共同体的なしくみ――が含まれる。

一方、家内部の共同性は、家成員の生活共同や役割分担（居住・生計・扶養など）、家産の共有などを意味する。どのような共同性が論じられるかは、対象とする時代、地域、階層によって重点が異なると考えられる。

第1部「家社会の成立史」には、中世・近世における庶民の家と家社会の成立過程・確立過程を描き出す四つの論考が収められている。

第1章「戦国期畿内近国の百姓と家」（坂田聡）は、庶民階層において最も早く家が成立した畿内近国を対象に、その成立過程を展望する。従来の古代史や中世史の研究では家の定義が不明確であったため、家の成立過程についての緻密な実証研究はいうまでもなく、近世史をはじめとする隣接諸学問分野との建設的な議論が困難であった。そこで、坂田論文では、百姓の家を「家産・家業・家名などを、運営主体たる家長の家族内において、基本的には父系直系のラインで代々継承することによって、超世代的な永続を希求する社会組織（公的には村社会における権利・義務の単位、私的には家長の家族を中核とする経営組織）」として定義したうえで、畿内近国の百姓の間でそのような家がいつ成立したかを、家産・家業・家名の成立に着目しながら、一次史料を用いて明らかにしている。

まず、百姓の家産は、貴族や武士に続き十五世紀から十六世紀にかけて、嫡男が単独で両親から相続した財産が個人財産という性質を弱めて、しだいに組織に固有の財産となることで成立した。女性の財産相続権の衰退と、夫婦別財から夫婦同財（結果としての妻の財産権の喪失）への転換も同時に起きた。百姓の家名については、上層百姓の苗字（家名）は十四世紀後半～十五世紀後半（遅くとも十六世紀前半）頃に、それより下層の百姓の苗字は十五世紀後半～十六世紀後半頃に、それぞれ成立した。百姓の苗字使用が確認できない地域では、親子間の襲名慣行の一般化による個人名の家名化（通名化）があった。家業は十四世紀末に貴族の家職が成立したので、百姓の家業が成立したのはそれ以降だと考えられる。それゆえ、畿内近国における百姓の家の成立時期は十五世紀から十六世紀（とくに戦国期）である。

第2章「中世・近世の宮座と家」（薗部寿樹）は、第1章で取り上げられた丹波国や近江国のような畿内近国だけではなく、その外郭にも観察対象を広げ、宮座《みやざ》と家との関係性に着目しながら、百姓の家の成立過程を中世前期にまでさかのぼって検討する。宮座とは、神社や寺院において祭祀をおこなう団体であり、祭祀の取り仕切り役である頭《とう》役《やく》を宮座の構成員が輪番で務めるという特徴がある。また、宮座の構成員は、村落によりおのおの独自に認定・保証され、村落財政の負担能力に応じて成員権と地位を規定された身分体系によって組織化されていた。

中世前期、畿内近国と中国地方では、荘園や郷単位で組織された宮座において、名主職《みょうしゅしき》を親子間で継承していく「名主家」が、まず成立した。この時期の宮座は、ある種の年功序列的な構造を有しており、臈次成功制宮座《ろうじじょうごうせいみやざ》と呼ばれる。中世後期になると、畿内近国において臈次成功制宮座が個別村落単位で発達し、その成員権が親子間で継承されることにより「宮座成員の家」が成立した。一方、その外郭に当たる山陰・山陽、四国・北九州、北陸・東海では名主座——名主頭役身分の者たちが構成する荘園・郷単位の宮座——が普及してくるが、そのなかで新たな「名主の家」が再編成立した（名主座リング地域）。中近世移行期になると、畿内近国では十六世紀半ばに、名主座リング地域でも十六世紀末から十七世紀には、村落において家が一般的に成立した。これ以降、宮座は家を単位とした家格制宮座へと変化していく。このような家の成立史は畿内近国と名主座リング地域におけるものであり、さらにその外郭の地域は、この時期より遅れて村落における家の一般的な成立があったと考えられる。

第3章「関東における家の成立過程と村——地縁的・職業的身分共同体と家」（戸石七生）は、第2章で取り上げられた地域の東の外郭に当たる関東の村を事例に、百姓の家の成立過程を村の構成単位としての家という観点から論じる。戸石論文における家の成立とは、家が村落組織の下位組織として機能し安定性を獲得していくことである。

近世幕藩体制下の村は行政単位というだけではなく、一定の領域の用益権を上位権力によって保障され、米による地税（年貢）の納入を請け負った穀物生産組織として制度化された（村請制）。宅地・耕地・コモンズ（山野河海の共有地）からなる村の資源の用益権は百姓株式として、穀物生産のために村の構成員に分配された。百姓株式は現在の株式会社の株式のように、分割したり、併合したり、有償・無償で譲渡することができた。百姓株式の所有主体は家であった。百姓株式をもつ家は村の正規の構成員（高持百姓）として、非正規の構成員（無高百姓）の家と異なり、納税義務を負った。もっとも、近世は災害や飢饉が頻発して村の人口維持が困難だったことから、村は百姓の定着を図るために、無高百姓に高持百姓に準じる権利を認める場合も多かった。

戸石論文が事例として取り上げた相模国大住郡横野村（現神奈川県秦野市横野）は、近世を通じてほぼ高持百姓の家のみで構成された村である。十七世紀前半から幕末にかけて家の数に大きな変化はみられなかったが、十九世紀前半には明らかに家数が固定化した。つまり、この時期になると、後継者が絶えて村落財政の負担能力を失った家も、持ち主のいない百姓株式（跡式）として、その家の宅地・耕地・コモンズ用益権をセットで村が保存するようになったのであり、ここに家の成立過程の完了をみることができる。もっとも、横野村は、近世を通じてほぼ全ての家が高持百姓であるという構造の単純な村であり、無高百姓の多い村では家の確立が遅れたのではないかと考えられる。

第4章「近世後期における家の確立――東北農村と西南海村の事例」（平井晶子）は、第3章よりもさらに外郭に位置する東北地方と西南地方における家の確立過程を、その内部構造に着目しつつ、宗門人別改帳の戸口資料から得られたデータを歴史人口学的に分析することにより検討する。その際、家は、社会学の古典的研究にもとづき、次の四つの内的特徴を有するものとして概念化される。すなわち、家とは、①家業と家産を維持し、②直系親族または嫡子により一子相続され、③その世帯構造は直系家族であり、④永続性をもつものである。平井論文では、家の確立とはこれら四つの特徴が実現することを意味する。

東北地方の陸奥国安達郡仁井田村（現福島県本宮市）では、十八世紀半ばまでは、五〇年以上続いた世帯は村全体の半数しかなかったが、その割合は徐々に増え、十九世紀中葉には八割以上に達した。この間に分割相続（家産の分割をともなう分家）が減り単独相続が一般化すると同時に、家産維持の傾向も強くなっている。世帯構成についても、直系三世代の家族からなる世帯の割合が十八世紀中は五〇パーセント程度であったが、十九世紀半ばにかけて七五パーセントへと増大し、同時に四人から八人の中規模世帯が大多数になった。こうした分析結果は、直系家族的な内部構造をもち、ある程度の永続性を有する家が東北農村において標準化したことを示唆する。

一方、西南地方の肥前国彼杵郡野母村（現長崎県長崎市野母町）では、近世を通じて、世帯規模は六〜七人で安定しており、世帯内には直系親族だけでなく、きょうだいやイトコなどの傍系親族が含まれていたことから、帳簿のうえでは、東北のような直系家族世帯への移行は確認できなかった。そうしたなかで、十八世紀から十九世紀にかけてみられた変化は「名子《なご》」と呼ばれる非血縁世帯員の消滅である。しかし、明治に入った一八六九年に、人口が変化していないにもかかわらず世帯数が急増し、それまで同じ世帯に記載されていた傍系親族が独立の世帯として登録されるようになったことから、実態としてはそれ以前に直系家族形態への移行が起きていたと考えられる。それゆえ、東北地方だけでなく西南地方においても、直系家族的な内部構造をもつ家が、十九世紀半ばまでにある程度確立したとみなしてよいだろう。

第2部「近現代における家社会の展開」では、近代移行期から近代・現代に至る「家社会」の展開の諸相を、農村社会のなかの家と共同性、近世商家から近代財閥そして現代家族企業への変化と連続性、明治民法のなかの「家」と共同性を主題とした論考によって描き出す。

第5章「家・宮座・共同性——近代移行期における家墓の普及と座送り慣行」（市川秀之）は、歴史民俗学の立場から畿内を対象として、近世後期から近代初期における「意識としての家」の成立過程を論じる。柳田國男以来、日本民俗学では、「実態としての家」の研究とともに、祖先祭祀を中心とした「意識としての家」に関する研究が蓄積されてきた。前者については、労働組織としての家という性格が重要であるが、畿内村落では「生業用小屋」の有無を指標とすると、「実態としての家」は十七世紀前半には石高五石以上の階層で、十八世紀前半にはほぼ全ての階層で成立していた。市川論文は、この「実態としての家」の成立を前提に、「意識としての家」の成立過程を、墓制と年中行事書、さらには宮座に着目しながら検討している。

まず、墓制については個人墓から夫婦墓を経て十八世紀半ば以降に先祖代々の墓が村落の中層以下の階層で一般化していくが、このような墓の普及は家意識の高まりを示すものである。また、年中行事書とは当該家の年中行事の仔細を記した文書であり、十八世紀末ごろを画期として村落の上層部を中心に作成され実践された。家の成員の結束を固めるという意味をもつこうした行事の存在は、家意識の醸成を裏付けるものである。

さらに市川論文は、家意識の成立を、宮座と家の関係性の視点から考察する。特に注目されるのが、十八世紀後半から十九世紀前半に盛行した座送り慣行である。これは、他村から養子を迎える際、その者の宮座加入を認めるために、出身村において宮座成員であったという身分を証明する文書（座送り証文）を養出先の村落に送る慣行である。この慣行からみえてくるのは、生産構造の変化にともなって、村落内における家の階層構造が平準化し旧来の家格秩序が解体するなかで、こうした動きとは逆行するように、家の由緒や筋目を重視する「意識としての家」が村落を超える広がりもつようになったことである。このような「意識としての家」の価値の広域化、普遍化の動きは、近代以降に国家レベルへと拡大していく家意識の強化の前提をなすものと考えられる。

第6章「家・同族論からみた家族企業の全体像――三井の別家に注目して」（多田哲久）は、近世三井越後屋が、明治時代に入り近代的な民法・商法が整備されて、企業組織へと転換するなかで、家政と家業が一体化した同族経営から、家政組織としての家・同族（構成員は親族のみ）と事業組織としての企業（法人）が分離を遂げつつ、三井財閥へと再編成されていく過程を、非親族奉公人の「別家」の排除に着目して検討する。

近世三井越後屋は、家政と家業を統括する「大元方《おおもとかた》」のもとで「同苗《どうみょう》」（本家と連家）と「店舗」（本店と両替店）が統括され、さらにその下に多数の「別家」が配置される階層構造を有していた。多田論文は、こうした三井越後屋の同族組織から別家が排除されていく過程を論じる。

まず、組織的にはそれまでは三種類に区分されていた別家を一八七一年（明治四）には大元方管理下の「相続講員」に一元化し、ついで一九〇〇年には大元方で預かっていた講金を「相続講」に払い戻すことになった。この時点で別家は任意団体の「相続会」に移行することになる。また「財産からの排除という点」では、一八七六年の三井銀行設立にともない、近世以来の別家の「潜在的発言権」を「株式に基づく発言権」へと明文化し、さらに一八九三年にはその株式を強制的に買い戻すことによって別家を無権利化することになった。この別家の排除にともない同苗と店舗の分離（「企業の生成」）も漸次進行する。一九〇九年の「三井合名会社」の設立とともにこの分離は完了し、「三井家同族会」は同苗の「家政管理機関」となる。

しかし、このように同苗と別家は分離したとしても、その後も三井家祖先墓所への参詣や冠婚葬祭などを通じて両者の関係は継続した。この現象を多田論文は「内核」と「外核」という概念を使って説明する。すなわち、近代の三井財閥は「内核」と「外核」という二重構造を有しており、上記の別家の排除とその後の同苗との関係継続、本別家間の相互作用の継続を、別家の「内核」から「外核」への移行・再編としてとらえるのである。同様に、現代の家族企業についても、「内核」における経営者企業化にともなう家的・家族的要素の「外核」への再編、および両者の相互作用の継続という視点から理解できるだろう。

第7章「明治民法『家』制度の構造と大正改正要綱の「世帯」概念――立法と司法における二つの「家」モデルと〈共同性〉」（宇野文重）は、明治民法の「家」制度の構造を概観したうえで、その起草過程で想定された家概念、判例に表れた司法における家概念、さらに第一次世界大戦後の大正改正要綱における家概念を検討して、それらのなかに潜在した二つの「家」モデルを析出する。

まず、明治民法の起草者たちは、私的所有権の絶対性・排他性を根本的な法原理とする近代ヨーロッパ民法のなかに、それとは異質な所有の原理を有する「家」を組み込むという難題に取り組んだ。その結果、戸籍上の戸主を「家」の財産に対して私的所有権を有する「所有権主体」として位置づけるという妥協的解決が図られたが、こうした規定は日本の「家」の伝統からは大きく逸脱するものであった。というのも、伝統的に家産は、家長個人の私的財産ではなく、家族の生活を支えるための共同財産だったからである。また、戸主には、家族に対する居所指定権、婚姻・養子縁組・分家に対する同意権など強固な戸主権が与えられたが、これも庶民の生活実態とは乖離するものであった。なぜなら、民法で想定された「家」は、傍系親族を含めた複数の夫婦からなる大家族であるのに対して、実際には傍系親族が独立した「世帯」で暮らしていることも多かったからである。こうしたズレに対応するため、戸籍上の「家」の戸主権とは別に、生活実態上の父権・親権が設定されたが、現実には両者が競合する場面も多く、制定法と実態のズレは明らかであった。この問題に当初から対処したのが判例であり、戸主権濫用に関する判例、「婚姻予約有効判決」、「男子貞操義務判決」などがその代表例である。

このような判例や学説の傾向は、大正デモクラシーのなかで大正改正要綱として結実する。そこでは、分家が自由化され、「儀式婚」（未届けの慣習婚）を法律婚に含めることが提案されて、妻の地位向上や権利拡大も試みられたが、その目的は「紙の上の家」と生活実態との間のズレを埋めて、「世帯」を民法上の「家」に昇格させることで、形骸化しつつあった「家」を実質化することにあった。こうした「世帯」と「家」の合致志向は、戦後の「家」制度の廃止後においても受け継がれ、立法・行政・司法における「世帯」概念を媒介にして、「家」観念を存続させることになる。

第８章「下北村落における家の共同性——オヤグマキとユブシオヤ・ムスコを中心として」（林研三）は、青森県下北郡東通村の目名集落を対象にして、現代における「家―家連合―村《ム》落《ラ》」の重層構造を、ユブシオヤ・ムスコ慣行とオヤグマキ慣行に着目することにより描き出す。ユブシオヤ・ムスコ（漢字では烏帽子親・息子）とは、非血縁者または遠縁の者の間で結ばれる後見・被後見の社会的親子関係である。オヤグマキは基本的には本家分家の集合であり、同族に類似した家連合である。

対象地は、一九六〇年代の九学会連合調査などで詳しく調査されたが、当時ユブシオヤ・ムスコ慣行は衰退過程にあった。ところが、一九九〇年代に林が当地を再調査したところ、この慣行が再活性化しており、再調査時の前後にも新たなユブシオヤ・ムスコ関係が締結されていた。オヤグマキについては、一九六〇年代の調査では本家筋の家として十一戸が確認されていたの対して、一九九〇年代にはそれは七戸に減少していた。とはいえ、この三〇年間にオヤグマキ慣行は衰退したのではなく、人びとはユブシオヤ・ムスコ関係を結ぶことを通じて新たにオヤグマキを生成していたのである。

林論文は、このように家と家連合が存続した理由を所有論的観点から説明する。すなわち、民法（成文法）上は個人所有の田畑・宅地であっても、それは同時に先祖伝来の家産であり、また家連合にとっての「一族の土地」の一部でもある。それゆえ、こうした土地の使用・収益・処分の際には、家成員間の相互調整や家連合を構成する各家間の相互調整が必要となる。さらに「家産」や「一族の土地」の集合は、共有地と同じく「ムラの土地」であり、農業を営む集落にとって守るべき生産手段として、土地の使用・収益・処分に際しては、家連合間の相互調整と承認――各家間の相互調整を経たうえで――が必要である。このような土地所有に関わる重層的な共同性が「家―家連合―村《ム》落《ラ》」の重層構造を維持し存続させてきたと考えられる。

第3部「国際比較の視点から」に収められた四つの論考は、それぞれ韓国、台湾漢民族社会、近世西インド、近代移行期のスウェーデンを対象に、当該社会に存在する／存在した家類似の家族・親族組織の特徴を、その内部の共同性と外部の共同性（さまざまな社会構造）に着目しながら明らかにして、日本の家と比較考察するための中心的な論点を提供する。

第9章「婚出女性がつなぐ『家』――台湾漢民族社会における姉妹と娘の役割」（植野弘子）は、一九八〇年代・九〇年代に台湾南部の現地調査で得られた資料を用いて、これまで父系的特質や男性の役割ばかりが論じられてきた漢民族社会の「家　チア」と親族の連帯の諸相を、父系の連続性から排除される「婚出女性」（姉妹と娘）の役割に着目して描き出す。なお、中国語では多様な親族・家族集団の形態が「家　チア」と呼ばれるが、植野論文はこれを、主に婚出女性の視点から、婚家と生家ならびに兄弟の分家を指し示す語として用いている。

漢民族の合同家族――父母と複数の息子夫婦およびその子どもたちからなる家族――を特徴付ける男子均分相続制では、全ての男子が親の財産に対して同等の権利をもち、かつ老親に対する扶養や死後の祭祀に対しても均分の義務をもつ。均分相続による分家は親の死後または全ての兄弟の結婚後に行われるのが通例である。兄弟の分家に際しては、日本の直系家族と異なり、財産の徹底的な均分がなされる。たとえば、それまで住んでいた家屋も部屋が――鍋釜などの家財道具とともに――平等に分配されるのが原則である。その結果、生活基盤が縮小するので、分家してしばらくの間は生活を維持するのが容易ではない。そうした困難な生活を支えるのが、妻の生家からの経済的援助や儀礼的贈与であり、分家時はもちろん、里帰り、出産、生育儀礼、新築儀礼などさまざまな機会におこなわれる。生家の父の死後、この役割は兄弟たちによって平等に引き継がれて、女性の死まで継続する。彼らは、姉妹への支援を通じて相互に強く結びつき、またその子ども（オイ）にとっては母方オジという権威ある後見人となる。このように婚出女性は、婚家と生家をつなぐとともに、生家から分かれた兄弟たちの分家をも連帯させる役割を担っている。その特質は日本の婚家・実家の関係と比較することでいっそう明確になる。

第10章「『家（チプ）』からみた韓国の家族・親族・村落」（仲川裕里）は、韓国の家族・親族・村落の特徴を、日本の家に類似した社会単位である「家（チプ）」に着目しながら紹介するとともに、日本との相違点を検討して、相違点を生んだ要因を考察する。

韓国の家族・親族制度は、徹底した父系血縁原理と世代原理に基づいている。それゆえ息子がいなければ、息子と同世代に属する父系男子から養子を取らなければならない。また家族は、長男が跡継ぎとして生家に残る父系直系家族が規範となる。こうした韓国とは異なり、日本では父系血縁原理が弱く、婿養子や非血縁養子を取ることができるために、多様な直系家族形態がとられてきた。

韓チプは、居住単位であると同時に社会経済単位でもあり祭祀単位でもあるが、最も重要なのは祭祀単位である。韓国で父系血縁と世代原理が遵守されるのは正しい儒教式祭祀をおこなうためであり、祭祀は男性子孫の祭主のチプでおこなわれる。祭祀権を継承できるのは長男のみであるが、財産相続については長男優待の不均分相続が原則である。そのためチプには、次男以下の分家が制度的に組み込まれており、本家と分家の間には「クンチプ・チャグンチプ」関係が結ばれる。さらに「チバン」という、チプを構成単位とするより広範囲の親族集団――さまざまな生活場面で互いに助け合う集団――も存在する。韓国の村落はチプを構成単位とする生活共同体であるが、父系血縁原理によって村の境界を越えた親族関係を結びやすく、村外への転居が頻繁なため、村落共同体の規制や成員権は常に暫定的かつ状況依存的であった。

このようなチプと日本の家の最大の相違点は、前者では祭祀体としての存続が重視されたのに対して、後者では経営体（社会経済単位）としての存続が重視されたことである。たとえば、家が単独相続をおこなうのも、養取が自由であるのも、経済基盤が弱体化するのを避けて家業を継続するためである。一方、祭祀体であるチプの永続性は、祭祀権の継承にかかっているが、厳格な父系血縁と世代原理により跡継ぎの候補者が狭く限定されるために、その永続性が相対的に弱まるという自己矛盾的結果となっている。

第11章「近世インドの農村における農民と「家」――十八～十九世紀のインド西部に注目して」（小川道大）は、近世マラーター王国の村落史料を用いて、インド農村の社会経済的構造と「家」組織のあり方を、ワタンと呼ばれるある種の百姓株式に着目することで明らかにする。

近世農村においては、土地を耕作し作物を収穫して現物と地税を村長に収めることが農民の義務であり、それと引き替えに土地を保有する権利が与えられた。この権利と義務の総体がワタンであり、代々世襲されたが、近世日本の百姓株式のように譲渡や売買も可能であった。また農村には、日本の本百姓と水呑（高持百姓と無高百姓）のように、ワタンをもつ正規の農民とワタンをもたない非正規の農民が存在した。前者のワタンもち農民は、父母と息子たちの妻子からなる合同家族を形成して「家」を経営した。一方、ウパリー（余所者）と呼ばれた後者の農民は、農業労働力として、定期的または不定期的に家族単位で村落の間を移動したが、ワタンもち農民からワタンを有償・無償で譲渡されることによりワタンを得ることもできた。ワタンもちの「家」が潰れると、その「家」の耕作地と屋敷地は「絶滅家族地ワタン」として村落共同体によって保全された。ウパリー農民はこうしたワタンを手に入れたのである。

近世インドの村落には、農民だけでなくさまざまな職人も居住していた。パルテー職人と呼ばれる村抱えの職人には、大工、陶工、鍛冶などの手工業者、床屋や占星術師などのサービス提供者、不可触民として差別された皮革工や雑用役が含まれる。パルテー職人もワタンによって職務と権益が規定されており、農民と同様にワタンもち職人とウパリー職人が存在した。また、パルテー職人はその職業ごとに、職業カースト――村を超えて郷レベルで存立する職業的身分共同体――を形成した。たとえば、村のなかでは陶工が数軒だったとしても、郷レベルの陶工カーストは数十軒の共同体となる。農民たちもまた村落を横断する農業カーストを形成したが、これらの多様な職業カーストは、カースト内部での婚姻を通じて、家業やワタンを子孫へと確実に世襲させることで、インド農村の社会経済的構造を支えていた。

第12章「十八～二十世紀スウェーデンにおける世襲農場の成立過程」（佐藤睦朗）は、スウェーデン農業史研究の最新の成果に依拠して、近代移行期における「世襲農場」の成立過程を、小農自立や市場経済の浸透に着目しながら明らかにする。世襲農場とは、親族・家族内で分割されることなく代々継承される家族経営の農場（ファミリーファーム）のことであり、日本の家に類似した生産と経営の組織である。

十八世紀初頭のスウェーデンでは、農民の所有地は三割程度に過ぎず、残りの七割の農地は国王と貴族によって所有されていた。それゆえ、ごく一部の有力農民を除いて、数世代にわたって一つの家系ないしは親族内で特定の農場を継承していくことは困難であった。その後、十八世紀を通じて、犂《すき》の改良や土地整理（エンクロージャー）の実施、新農法の導入など一連の農業改良（農業革命）により農業生産力が高まって農民の経済力が上昇すると、王領地や免税地の売却による土地市場の発達を背景に、農民層の土地購入が進んで、農民所有地は十九世紀初頭に五割を超えた。その結果、大農層では、家族・親族内で子孫へと家産の継承がなされるようになり世襲農場が成立した（ただし分割相続も盛ん）。

農業革命の十八世紀につづく十九世紀のスウェーデンは人口倍増の時代となった（一八〇〇年の二四〇万人から一九〇〇年の五一四万人）。当時はまだ人口の八割が農業従事者であったため、人口増加を背景に開墾が進展して零細・小農場が増加したが、その経営は不安定なものであった。一八七〇年代以降、工業化の進展により、労働市場が発達して農業以外に生計の手段が得られるようになると、分割相続が抑制されて土地市場が沈静化し、零細・小農場でも家族内で農場所有権を確実に継承する条件が整う。と同時に、畜産需要の増加により近郊農業が発展して小農経営は徐々に安定化していく。スウェーデンにおいて小農層を含む世襲農場が成立し小農自立が完了するのは、以上のプロセスを経た二十世紀前半のことであった。

終章「家社会の成立・展開・比較」（加藤彰彦）は、本書全体の結論として、前述した二つの課題、すなわち家概念と関連諸概念の交通整理をおこなって学問分野を超えて利用することのできる理論的定義を探るとともに、家と家社会の成立・確立・展開の歴史を、各章で提起された知見と論点を検討しながら鳥瞰する。

一つ目の課題は、坂田論文で提案された家の定義を出発点に、他の執筆者の家理解を参照しつつ、家を「世代間で継承される社会組織」、家族をその「所有主体」としてとらえる視点を徹底させることで、主要概念を理論的に整合するかたちで整理し再構成する。

もう一つの課題では、前述の「日本文化の地域性調査」データから作成した統計地図を参照枠組に用いる。本書で提出された実証的知見により浮かび上がってきたのは、中近世移行期に畿内近国で成立した庶民の家が、時間経過とともに地理的にあるいは階層的に全国へと拡散していき、近世後期において、家社会、すなわち家を基礎単位とする社会が、大きな地域的多様性を保持しながら全国的に確立していった歴史である。日本社会の近代化は、そうした共通の基盤のうえに成し遂げられたといってよい。こうした日本家社会の特徴は、東アジアの父系親族社会、インドのカースト社会、ヨーロッパの夫婦家族社会と比較することによって、より深く理解することができるだろう。

注

（1）それぞれ、黒木・村武・瀬野編［一九八八］、石川・峰岸・三木編［一九八九］、永原・住谷・鎌田編［一九九二］、井ケ田・田端・布川編［一九九六］、長谷川・江守・肥前編［一九九六］、國方・永野・長谷部編［二〇〇九］。

（2）比較家族史学会ウェブサイト掲載の文献目録ならびに学会誌『比較家族史研究』を参照。なお学会サイトのＵＲＬは http://www.jscfh.org である。また学会誌はＪ-ＳＴＡＧＥ科学技術情報発信・流通総合システム https://www.jstage.jst.go.jp で閲覧できる。

（3）家の学説史・思想史の入門書として、米村千代［二〇一四］を挙げておく。

（4）調査の詳細は、泉・大給・杉山・友枝・長島［一九八三］、長島［一九八四］、Nagashima, N. & Tomoeda, H. eds.［1984］を参照。

（5）　比較家族史学会では、これまで二冊の家族事典を刊行している。一つは大事典（比較家族史学会編［一九九六］）、もう一つはその追補版（比較家族史学会編［二〇一五］）である。あわせて参照されたい。

主要参考文献

井ケ田良治・田端泰子・布川清司編［一九九六］『家と教育』シリーズ比較家族第1期4、早稲田大学出版部。

石川栄吉・峰岸純夫・三木妙子編［一九八九］『家と女性』シリーズ家族史4、三省堂。

泉靖一・大給近達・杉山晃一・友枝啓泰・長島信弘［一九六三］「日本文化の地域類型」『人類科学』第一五号。

國方敬司・永野由紀子・長谷部弘編［二〇〇九］『家の存続戦略と婚姻――日本・アジア・ヨーロッパ』刀水書房。

黒木三郎・村武精一・瀬野精一郎編［一九八八］『家の名・族の名・人の名――氏』シリーズ家族史1、三省堂。

長島信弘［一九六四］「日本文化の地域的差異」『人類科学』第一六号。

永原慶二・住谷一彦・鎌田浩編［一九九二］『家と家父長制』シリーズ比較家族第1期1、早稲田大学出版部。

長谷川善計・江守五夫・肥前栄一編［一九九六］『家・屋敷地と霊・呪術』シリーズ比較家族第1期6、早稲田大学出版部。

比較家族史学会編［一九九六］『事典家族』弘文堂。

比較家族史学会編［二〇一五］『現代家族ペディア』弘文堂。

米村千代［二〇一四］『「家」を読む』弘文堂。

Nagashima, N. & Tomoeda, H. eds. [1984] “Regional Differences in Japanese Rural Culture: Results of a Questionnaire,” Senri Ethnological Studies 14, pp.1–220.

第1部　家社会の成立史

第1章　戦国期畿内近国の百姓と家

坂田　聡

はじめに

一九八〇年代から九〇年代前半にかけて大きく進展した日本中世史の分野における「家」[1]研究は、九〇年代の後半以降停滞し、今日に至っている。この状況について高橋秀樹は、いわく「二〇年・三〇年前と同じ顔ぶれが、大きなテーマの広がりもないままに、同じような内容を書き続けている」、いわく「ベテラン研究者は全体を見ようとする目はもっているが、細かな実証が伴わずに独自の世界に入り込み、間接的にせよ『家』に関心をもつ数少ない若手研究者は個別実証的な研究こそしているが、主たる関心がほかに向けられていることもあって、『家』研究全体を見ようとはしていない」と、手厳しい批判を加える。[2]こうした高橋の憤りのなかに、中世「家」研究の現状が余すところなく示されているといえよう。

ところで、右に記した高橋による「二〇年・三〇年前と同じ顔ぶれ」の「ベテラン研究者」批判の矛先が、私や田端泰子、飯沼賢司、鈴木国弘らに向けられていることは、同論稿の他の部分において、拙論および田端・飯沼・鈴木の見解に対する批判が繰り広げられていることからも明らかである。[3]

確かに、少なくとも拙論に関していえば、その当否はとりあえずさておき、二〇年以上も前からほぼ同様のフレームワークのもと、同じ議論を繰り返しているといわれれば、あながち間違いともいいきれないし、また、若手の手による精緻な実証研究の成果を十分に踏まえておらず、歴史学の生命線である実証にもとづいた考察がともなっていない空理空論を振りかざしてばかりいるといわれれば、心当たりがまるでないわけでもなく、内心忸怩たる思いもする。

ここで、指摘された課題が的を射ているか否かを改めて吟味する作業に関しては、ひとまず棚に上げたうえで私見を記すと、高橋は拙論の実証面での「誤り」を縷々《るる》述べるとともに、その「誤った実証」にもとづく歴史的「事実」に依拠して構築された家の成立過程をめぐる坂田の見取り図は砂上の楼閣にすぎないとの手厳しい批判を展開する。だが、拙論批判に急なあまり、私なりの見取り図を提示するにあたっての大前提として、私が常々、声を大にして指摘し続けている日本中世の「家」研究自体が抱える看過しえない問題点に対して、他の研究者と同様に、高橋もまた目を向けようとはしない。

右の問題点とは何か。それは、古代の氏《うじ》から中世の家へという予定調和的なストーリーのもと、近世以降への見通しをまるで欠いたまま、中世を家社会が満面開花した時代としてとらえているという事実である。その結果、①「家」をめぐる研究が古代史と中世史の範囲だけで完結しており、典型的な家社会の時代にあたると目される肝心の近世の家研究との対話がまったくもってなされていないだけでなく、②かつて活発な論争が展開されていた、社会学・人類学・民俗学・法学等隣接学問分野における家研究の貴重な成果もほとんど踏まえていないような、日本古代史と日本中世史の研究者だけにしか通用しない、それこそ蛸壺《たこつぼ》的な議論に終始するところとなってしまった。

中世の「家」研究が停滞状況に陥った理由には、私にもいくつか思い当たるものがある。いま、そのうちの最大の要因をひとつだけあげるとすれば、それは高橋が重視している、しっかりとした実証的な研究成果を踏まえた議論の欠如といったことよりも（もちろん、歴史学が実証性を何よりも重んじる学問である以上、それはそれで主要な要因ではあるものの、最重要な要因ではない）、むしろ、豊富な蓄積をもつ他の学問分野の研究成果にほとんど関心を払おうとしない研究姿勢の広まり——ということだと思われる。

中世「家」研究の第一人者として、実証面でも全体的な議論の枠組みの面でも、バランスのとれたレベルの高い研究を展開する高橋をもってしても、近世的な特質を備えた家の確立過程について、一定の見通しを提示しているとはいえ、比較家族史学会の会員に代表される近世史の家研究者や隣接学問分野の家研究者と議論を交わそうとする研究姿勢を読み取ることができない。まさにその点にこそ、中世「家」研究が停滞してしまった最大の原因が潜んでいるのではないかと私は考えている。問題の根源は、三五年前に比較家族史学会が創設された当初には満ちあふれていた、学際的な家族・家研究を推進しようとする心意気が、今日の日本中世史におけるこの分野の数少ない研究者に、残念ながらほとんど継承されていない点に求められるのである。

だとすれば、高橋が憂える中世「家」研究の閉塞状況を打開するためには、農村社会学・家族社会学・社会人類学・法社会学・民俗学等による家研究の成果を、いま一度しっかりと踏まえ直したうえで、これらの研究と共通の土俵で議論を交わす前提作業として、まずは自らの家の定義とイメージを明示することが必要となってくる。

そこで、本章では家とは何かということに関する学際的な議論を意識しつつ、私なりに家の定義づけをおこなったうえで、畿内近国における百姓の家の成立時期を探るとともに、あわせて、家の存続と関係が深い「跡式」、「百姓株」をめぐる問題についても論じることにしたい。その結論を踏まえて、家と村の関係をどうとらえるべきか、言い換えれば、先祖代々続く百姓の家が成立したことによって、この家を基礎単位とする村が形成されたのか、はたまた、近世的な内実を備えた村が成立したことによって、永続を希求する百姓の家の形成が促進されたのか（誤解を恐れずにさらに単純化すれば、家が先か村が先か）——という問題に対する私なりの回答を提示していくことにする。

1　百姓の家と家産・家名

⑴百姓の家の成立期をめぐって

まずは、これまでもたびたび述べてきたところだが、近世に典型例を見出すことができる、隣接諸学問もイメージするような百姓の家が、一体いつ頃に歴史の表舞台に登場したのか、改めて整理しておくことにする。

この問題に関し、古代史・中世史の側の通説は、十一世紀後半〜十二世紀の院政期頃に、貴族・武士・百姓を問わず、家父長制的な家が成立するとみなし、中世という時代を文字通り家社会の時代として位置づける。[4] その際、百姓の場合は家・在家・家室等の史料用語の登場と、公的な土地台帳の世界からの女性名の消滅等が、家成立の重要なメルクマールとみなされる。[5]

一九九〇年代後半になると、家の確立を二段階でとらえ、第二段階にあたる南北朝内乱期（十四世紀）以降、家の永続が一般化するとの説もあらわれるが、[6] これらの説にあっても、家の成立期はあくまでも第一段階の院政期に求められており、院政期に形成された家のさらなる進化の過程として第二段階の家が展望されるにすぎない。そして、この立場に立ったとしても、中世後期（室町・戦国期）から近世江戸時代にかけては、南北朝内乱期にはすでに完成していた家社会が延々と続く——という平板な歴史理解とならざるをえないのである（ましていわんや、古代史・中世史の側の通説の位置を占める院政期家社会成立説に至っては、中世も近世も一貫して家社会の時代だったことになってしまい、その平板さは二段階説の比ではない）。

一方、近世史の通説的見解の大前提には、中世と近世の間に農業生産力の飛躍的発展にもとづく社会の決定的な転換をみる社会経済史的理解が存在する。[7] かかる理解を踏まえ、近世史の家研究においては、十七世紀後半のいわゆる寛文・延宝期以降、地域によっては十八世紀に至り、さまざまな技術革新や新田開発の進展により農業生産力が飛躍的に高まることによって「小農の自立」が進み、中下層の百姓までもが永続性を有する家をもてるようになったと考える。[8] つまるところ、近世史の側の理解によれば、家社会の成立期は、畿内近国のいわゆる「経済的な先進地域」でも十七世紀後半以降だということになるのである。

だが、近世に至り新たに開発が進められた新田村地域においては、これらの村に居住する百姓の家の成立期を中世にまでさかのぼらすことなど、そもそもできるわけがないのであり、また、中世以来の既存の村が存続する地域において、永続性を希求する百姓の家がたとえ近世以前に成立していたとしても、その永続が実体化するのは、あくまでも数世代のちのこととなり、結果として十七世紀後半以降に永続的な家が成立したかのようにみえるという事実についても、しっかりと踏まえる必要があろう。

以上、家の成立期をめぐる二つの代表的な見解に目を向けてきたが、見てのとおり、家の一般的な成立期について、古代史・中世史の通説と近世史の通説との間には、およそ六百年近くにも及ぶ大きな隔たりが存在していることがわかる。そして、中世を典型的な家社会の時代とみなせるか否か、両者の間ではまったく議論が交されていないというまさにその点にこそ、右の問題をめぐるきわめて深刻な研究状況の一端が、はしなくも露呈しているといえる。

これに対し私は、近世史の家研究や、隣接諸学問分野の家研究との建設的な議論を視野に入れ、百姓レベルでの家の一般的な成立期を戦国期（十六世紀）に求める説を提示した。[9] この見解は、院政期に形成された家の進歩・発展の過程として戦国期の家を展望するものではなく、逆に近世以降の百姓の家の歴史的な起源を原型遡及的に追跡し、それを戦国期に求めている点で、さらにいえば、戦国期を除く中世を家社会の時代とは考えていない点で（私の概念規定に従えば、中世は萌芽的な「家」が歴史上に登場した「プレ家社会」の最終段階）、古代史・中世史の通説的な理解よりはむしろ、近世史の通説的な理解に近い立場に立つ。[10]

では、私なりの家研究のポイントは何か。それは、家をもって通文化的な家父長制的家族ととらえるのではなく、あくまでも日本独特の組織としてとらえたうえで、その最大の特色として、家産・家業・家名の存在や、家の永続に対する志向性という歴史的事実をあげている点に求められる。つまり、私の家理解は、限定的で厳密な概念規定にもとづくものであり、だからこそ、史料用語に家と出てくれば、それだけで家父長制的な家の存在が確認されたと考えるような、厳密性に欠ける家理解とは相いれないといわざるをえないのである。

(2)家産と家名

前項の内容を踏まえ、ここで私なりの百姓の家の定義づけをおこなうと、以下のようになる。すなわち、百姓の家とは、家産・家業・家名などを、運営主体たる家長の家族内において、基本的には父系直系のラインで代々継承することによって、超世代的な永続を希求する社会組織（公的には村社会における権利・義務の単位、私的には家長の家族を中核とする経営組織）である。

先にも述べたように、右の定義は家の要件を厳密化することにより、この要件を満たさないものは原則として家とはみなさない（萌芽的な「家」にすぎないと考える）立場だといえる。

次に、家産と家名がいつ頃成立したか、これまでの私の研究によりつつ、簡単にまとめることにする[11]。

第一に家産だが、中世前期（鎌倉期）における武士と百姓の場合、親の遺産（前近代における主要な遺産は不動産としての所領）は兄弟姉妹全員に分割相続されるのが常であり、もちろん、トータルでは嫡男が優遇される傾向にはあったにせよ、女性も所領の相続ができたので、基本的には夫婦別財の形をとった。こうした状況下では、親の土地財産は代が変わるたびに子息たちによって分割されてしまうため、先祖代々継承される家産など、望むべくもなかった（家産の未成立）。

これに対し中世後期（室町期）になると、所領の細分化を防ぐ目的で親の遺産（所領）を嫡男一人が受け継ぐ単独相続がしだいに一般化してくる。それはまず、「一期分《いちごぶん》」と呼ばれる、女性、のちには男庶子をも対象とした、本人の生存中に限る所領譲与の形態（実態としては自由な所領処分権を有しておらず、単なる生存中の用益権にすぎない）の広まりという方向性をとって進行するが、実際のところ、分割相続から嫡男単独相続への移行期は、貴族の場合十三世紀末から十四世紀前半頃であった(12)。武士の場合はやや遅れて、十四世紀の南北朝内乱期を通じて徐々に移行が進み(13)、百姓の場合はさらに遅く、十五世紀から十六世紀にかけて、かかる事態が進行したものと思われる。この過程は、女性の財産相続権が衰退し、夫婦別財から夫婦同財（結果としての妻の財産権の喪失）へと転換する過程と軌を一にするものでもあった。

　こうして嫡男単独相続化と夫婦同財化が同時進行すると、嫡男が相続した財産は単なる個人の財産ではなくなり、家という組織に固有の財産、すなわち家産としての意味合いを強めることとなる。次の史料をみていただきたい。

史料1-1　吹上三郎治郎跡式・名前譲状(14)

（端裏書）

「天正三年　三郎二郎ヨリ　三郎右衛門」

譲状之事

一御先祖跡、我等譲請あと立候へ共、我等及老年ニ候、依て子息へ、跡式並に名前ゆづる処実正也、然ル上ハ、子々孫々ニ至迄、無相違跡ト可立らる者也、依而譲リ文状、如件、

天正三亥年二月吉日

譲り主

吹上三郎治郎（略押）

三郎右衛門方へ
まいる

一五七五年（天正三）、丹波国山国荘《しょう》上黒田村（現京都市右京区京北上黒田）の吹上家において、一通の譲状が作成された（史料1-1）。それによると、父三郎治郎が老齢に達したため、彼より嫡男三郎右衛門へ「御先祖跡」としての「跡式《あとしき》」と「名前」が譲り与えられたことがわかる。ここで「名前」とは家名を意味していることが明らかだが（三郎治郎という名の襲名）、一方、「跡式」は「跡職」とも記し、戦国時代に至り、すでに不動産物件からの得分権（収入権）と化していた「職《しき》」の継承――といったニュアンスを持つ語であった[15]。いうまでもなく、父から嫡男へと代々継承される不動産物件とは、すなわち家産そのものだとみなすことができる。つまるところ、「跡式」なる語は家産を意味する言葉なのである。

なお、同家には史料1-1の一五年後にあたる一五九〇年（天正十八）の「跡式田畑山林家屋敷譲状」も残っており、そこには先の吹上三郎右衛門より「惣領」の孫右衛門に宛てて「跡式」が一括譲与されたことが記されているが[16]、文章表現や記載内容の不自然さを勘案すると、同文書は明らかに、後世に作成された「偽文書」だと考えられる[17]。私見によれば、遅くとも史料1-1の段階までに、吹上家では嫡男による「跡式」＝家産の単独相続という事態が一般化したことを受け、近世のある段階に至り、孫右衛門の嫡孫が、自らの家筋こそ「惣領」家＝本家として吹上家の家産の大部分を相続する立場にあるという「歴史的事実」を、他の吹上一族（株内）に認めさせようとして、この文書を偽作したものと思われる（一方、史料1-1の「跡式譲状」の方は、文面をみても戦国期の「譲状」として何ら違和感がなく、後世に偽作された「偽文書」の可能性はゼロではないにしろかなり低い）。

ようするに、十六世紀後半（一五七五年）に作成された史料1-1の「跡式譲状」は、一五年後の天正十八年の年号を持つ「偽文書」の「跡式譲状」とセットで、孫右衛門の家筋の本家としての正統性を証明する役割を果たしたがゆえに、結果として、管見の範囲では他に類例をみない戦国期百姓の「跡式譲状」が、現代（正確には二十世紀の後半）まで伝存することとなったのである。

表1－1　今日まで続く中世山国荘住民の苗字

旧村名		苗字
本郷	旧下村	水口，横田，細見，室，橋爪，大江
本郷	旧鳥居村	鳥居，久保，辻
本郷	旧辻村	藤野，米田
本郷	旧中江村	小畠，西，柿木，岩本，村山，東奥
本郷	旧塔村	高室，塔本，西山
本郷	旧比賀江村	新井，溝口，岡本，前田，今井
本郷	旧大野村	比果，河原林，中林，林，野尻，野上，田中，中久保
本郷	旧井戸村	江口
枝郷	旧小塩村	
枝郷	旧下黒田村	井本，新谷，大東，和田，由利
枝郷	旧黒田官村	菅河，西，内田，江後
枝郷	旧上黒田村	吹上，平岩，津原，坂上谷，畠

出所：坂田［2006］，47頁.

以上、史料1‐1にみえる吹上家の事例を検討してきた。戦国期～近世を通じて、同家は確かに上黒田村の上層百姓ではあったが、山国荘の荘官を務める公文鳥居家や下司水口家ら土豪クラスとは異なり、あくまでも一般の名主身分クラスの村人だった。したがって、十六世紀後半に「跡式」＝家産が形成された吹上家のケースは、決して一部の地主的大経営農民の事例ではないということを、ここでは確認しておきたい。

おそらく、貴族や武士の場合、家産の成立期はもう少し早い時期、その前提となる嫡男単独相続が一般化した時期から推察すると、それは十四世紀末から十五世紀前半あたりのことだったのではなかろうか。

いずれにせよ、家産が形成されると、家産を用いて営まれる生業もまた、農業ならば代々農業、商業ならば代々商業といった具合に、家ごとに固定化される傾向が強まり、最終的には近世幕藩体制下における職能にもとづく公的な身分編成のもとでの家業（たとえば、農家の家業は農業、商家の家業は商業）の成立に至った。後藤みち子の研究によれば、公家の三条西家では天皇の装束の調整という職務が南北朝期末（十四世紀末）頃から世襲されるようになり、戦国期になって、それが家業として確立したとのことだが[18]、武士と百姓の場合は、公家のケースよりもやや遅れて、家業の成立をみたものと思われる。

第二に家名だが、百姓の家名としては苗字と通名があげられる。一般に近世江戸時代の百姓は「苗字・帯刀」が禁止されていたとみなされているが、それはあくまでも武士の面前や公文書等、公的な世界でのことであり、村内の私的な世界においては、彼らも堂々と苗字を用いていた[19]。それどころか、前述した山国荘では、中世後期の諸史料にも百姓の苗字が多数見受けられ、そのうちのかなりの部分は何と今日に至るまで継承されている[20]。同荘の場合、荘官や名主クラスの上層百姓の苗字（家名）は十四世紀後半～十五世紀後半（遅くとも十六世紀前半）頃に、それ以外の百姓の苗字は十五世紀後半～十六世紀後半頃に、それぞれ成立した。しかも、表1-1・表1-2をみれば一目瞭然なように、十五世

表1－2　山国荘住民の苗字の初見

年　代	苗　　字	小計
14世紀前半	今安，高室，田尻	3
14世紀後半	溝口，新井，大宅，北	4
15世紀前半	池尻，林，山吹，比果，鶴野，吹野，小畠，坂尻，由利，菅河，塩野，中江，和田	13
15世紀後半	溝尻，大野，新屋，宇津和，大西，藤野，三条原，江口，前田，庄前，野尻，此果江，竹原，森脇，長塚，小塩口，甘木，大江（大家），井鼻，坊，南，中（井本），久保，庄，塔下，下上，釜田	27
16世紀前半	鳥居，中西，横田，水口，横屋，坂上谷，平井，黒野，中畠，清水，辻，米田，上手，上野，杼木，小磯，中塚，石畠，田中，佃，西，畠，井戸，柿木原，吹上，田口，灰屋，小西，堂下（堂本），内田，江後，丹波屋	32
16世紀後半	窪田，貝井尻，麹屋，西山，森下，平谷，夷，東谷，村山，津原，丹，三宅谷，今井尻，前，辻河原，紙屋，鵜川，中井，大西後，下原，淵野辺，河原，下浦，柿木，井上，石原，前辻，塚，脇田，中，大蔵，虫生，奥，梅谷，高野，橋爪，貝田，室，野上，河原林，喜田川，東（大東），紺屋，長塚，中野，井口，槙山，上，高橋，谷川，谷口，宮井，森脇，中田	54
合計		133

注：中世の年号をもつものでも，明らかに近世に偽作されたことがわかる文書に載っている苗字は除いた．
出所：同前，51頁．

紀〜十六世紀の百姓の苗字は、宮座のメンバーである上層百姓のそれのみに限定されなかったといえる。

一方、通名については琵琶湖の北岸に位置する著名な惣村菅浦（現滋賀県長浜市西浅井町）における事例があげられる。同地においては上層百姓が十四世紀後半に、それ以外の百姓は十五世紀後半〜十六世紀前半頃に、同一の名前（字《あざな》・仮名《けみょう》と呼ばれる下の名前）を父子間で世代を超えて継承するようになるが（表1-3参照）、これは襲名慣行の一般化による個人名の家名化（通名化）を意味する事実だと考えられる。つまり、百姓の苗字使用が史料上明らかではない地域においても、遅くも戦国期には通名という形で事実上の家名が用いられていたのである[21]。

以上のように、家産や家名などを代々継承し、永続性を希求する百姓の家、農村社会学や家族社会学をはじめとする諸学問がかつて研究対象とした件の家は、一部の下層民を除くと十六世紀（戦国期）を通じて形成されたということができる。

2　跡式と百姓株

(1)跡式保全の動き

ところで、中世後期（室町期）になると、荘園や村などの内部において罪を犯し、死罪や追放処分となった者の住屋・財産等を、家族や近親の者に相続させようとする動きが顕在化してくる。次の史料は一四八三年（文明十五）の近江国菅浦の「地下法度置文《じげはっとおきぶみ》」であるが、そこには右の事実が明瞭に示されている。

史料1-2　菅浦地下法度置文[22]

（端裏書）

年代／人名	1251～1300	1301～1350	1351～1400	1401～1450	1451～1500	1501～1550	1551～1600	欠年	合計
※★兵衛四郎					4	10	7	3	24
兵衛三郎		1			5	10	7	4	27
★兵衛五郎					2	9		6	17
★左近		1		3	7	18	6	15	50
★左近五郎					1	11	5	10	27
※★左近二郎					3	14	7	12	36
刑部			1	1		6	6	6	20
※★四位					3	14	2	7	26
宮内三郎						9	2	8	19
宮内						4	5	8	17
★孫太郎	1	3			3	15	5	8	35
※★孫四郎	1			3	1	8	9	12	34
★孫						7	3	5	15
助四郎	1	1			1	2	7	5	17
★助三郎		1		2	1	7	4	4	19
彦五郎				1	3	10	3	8	25
※★新次郎			1	2	3	15	7	13	41
※★新五郎				1	7	14	4	11	37
※★新九郎					3	7	6	4	20
★新三郎	1			1	3	16	11	16	48
★又五郎				2		5	4	4	15
弥二郎			2	5	6	1		5	19
※★弥三郎		1	1		4	15	6	12	39
※★弥六					2	10	7	10	29
★与一					3	7		7	17
※★与五郎					3	12	17	11	43
★与四郎						14	5	6	25
与次郎						14	1	5	20
与三郎						3	8	4	15
★六郎次郎				2	3	14	7	11	37
★六郎三郎						2	9	6	17
★三郎次郎						6	4	7	17
六郎		3	2	3	4	14	5	12	43
★五郎						7	8	11	26
二郎					2	8	12	3	25
★萬屋						6	4	5	15

注１：菅浦住民の全人名のうち，延べ15回以上登場する人名のみをリストアップした．
２：※印は現代まで継承されている人名（屋号）．
３：★印は幕末（1864年〔文久４〕）まで継承された人名（屋号）．
出所：同前，表８．

表1－3　頻出する人名

人名＼年代	1251～1300	1301～1350	1351～1400	1401～1450	1451～1500	1501～1550	1551～1600	欠年	合計
※★藤次郎	1	3	1	4	3		5	10	27
藤細工		3	1	2	2	6		4	18
藤七		2	1	3	2	4		4	16
★藤介		1	1	3	3	11	10	7	36
※★藤四郎		1			2	10	13	7	33
藤三郎				2	1	10	7	6	26
★左藤五					2	12		2	16
★源三郎	1	1		3	1	14	9	8	37
弥源太		2			3	10	4	4	23
★源三				1	3	11	8		23
※★源内					3	6	4	6	19
★源三(右)衛門(尉)						7	2	10	19
源大夫						8	5	3	16
※★平三郎	1	1	1	4	2	16	5	5	35
平四郎		2	1	5	2	12	6	10	38
★平七		1				10		8	19
★平六			1	3	3		7	5	19
★平次郎			1	5	3	13	8	9	39
※★平介					4	12	1	5	22
★平細工					3	11		3	17
平大夫					3	10	6	2	21
※★清太郎	1				3	4	3	4	15
清六		1		2	1	9	5	7	25
清源太		2		1	3	7	2	3	18
※★清内		2	1	1	1	2	5	3	15
※★清三郎		2	1	1	3	13	14	19	53
清次郎		1		2	3	10	2	12	30
清検校			1	1	1	17		5	25
★清別当			1	1		2	6	8	18
★清九郎				2	5	5	7	9	28
※★清五					1	11	3	3	18
清大夫					3	5	4	5	17
★中五郎		2	1		1	4	2	6	16
江介	1	1	1	1	3	2	3	13	25
江四郎		1		2	1	8	2	2	16
※★丹後介				1	3	11	4	5	24
衛門太郎					2	10	2	5	19
六郎衛門尉						2	6	7	15
兵衛二郎					3	5	6	5	19

「地下置文」

定

地下法度公事題目事

於地下無正躰依子細死罪ニおこなわれ、或ハ地下をおいうしなわれ候跡の事ハ、子供相続させられ候ハヽ、無為めてたかるへく候（中略）、近年余ニ無情重祥《（障）》におこなわれ而ふひんの至候間、かさねて地下一庄の依儀一紙状、如件、

若背此儀新儀を申さるゝ仁躰候ハヽ、地下として罪祥たるへく候、

文明十五年八月十日

新五郎大夫（略押）

善道（略押）道順（花押）

史料1-2によれば、菅浦の「地下《じげ》」（ここでは村の意）において、自検断（村独自の警察権力の発動）により死刑や追放刑に処された者の「跡」、すなわち彼の住屋や土地・財産に関し、近年は無情にも、検断権を発動した一部の村人たちが、「検断得分」と称してその財産をすべて没収するようになっているが、それでは残された子息らがあまりにも不憫なので、今後はその「跡」（以下、「跡式」と記す）を子息に相続させるようにはからう旨を取り決めている。

かような内容の「置文」が制定された裏には、先祖代々の永続を希求する家が、この段階には上層百姓はもとより、中層レベルの百姓においても一定程度形成されはじめたことによって、村や領主権力の中に、かかる家を権利や義務の基礎単位、すなわち「跡式」としてできる限り保全しようとする動きが表面化したという事実が存在する。

一般に、中世社会において犯罪は穢《けがれ》を発生させる行為とみなされており、しかも、この犯罪穢《え》の発生源は、犯人

個人ではなく、彼が居住した住宅だと考えられていた。そこで、中世前期以来、領主は罪人の住居を処罰し、穢を「払う」（除去する）ために、その住居を破却または焼却するという「住宅検断」をおこなった。「家を焼く」というシンボリックな習俗は、住居をもって魂と身体を有する一個の生命体とみなす呪術的な観念が、中世の人々の心のなかに息づいていた事実について、余すところなく示している。[23]

実のところ、「住宅検断」という行為は中世後期に至っても広く見受けられる。ただ、そこでは中世前期に一般的だった呪術性がしだいに弱まり、それに代わって、「検断得分」の獲得という実利的な傾向、すなわち、検断を担当した人物や集団が罪人の屋敷・田畑・財産等を差し押さえて我がものとするために「住宅検断」を実行するという傾向が、徐々に強まってくる。史料1-2にみえる、検断を担当した村人による罪人の財産の没収行為は、右の事態の進行を如実に物語っていよう。

そして、さらに時代が下って戦国期になると、先に触れた史料1-2の「置文」の制定理由からもわかるように、死刑や追放刑に処された罪人が所持していた屋敷や財産は「跡式」として保全され、のちに子息や近親者によって、この「跡式」の相続がはかられる方向にシフトしていくこととなった。[24] これは、どちらも中世前期的な呪術的思考とは異なる実利的な思考とはいっても、「検断得分」という目先の利益を得ることよりも、村を構成する基礎単位に永続性をもった家を措定することで、村社会自体の安定的な存続をはかるという、長期的な見通しにもとづく利益を重視する新方針が、歴史の表舞台に登場したことの証左となるできごとだといえる。

当然のことながら、この動きが表面化する大前提として、家産・家業・家名などを家長の家族内にて父から嫡男へと父系直系のラインで先祖代々継承することによって、超世代的な永続を目指す家が、戦国期（十六世紀）には上層百姓のみならず、中層の百姓や一部下層の百姓のレベルでも形成されつつあったという、第1節で明らかにした動向があげられる。その点から見ても、畿内近国地域の場合、戦国期こそはまさに、近世に一般化する百姓の家の成立期にあたったのである。

(2)「家＝百姓株」論をめぐって

前項で述べたように、百姓の家を支える家産は「跡式」と呼ばれ、その父子継承がはかられたが、かかる「跡式」を村が保全する動きが顕在化するとともに、家は村社会における権利と義務の基礎単位としての性格を、しだいに強めていった。つまり、こうした動きが強まることによって、百姓の家の家産を意味する「跡式」なる語は、村社会の構成単位としての家そのものというニュアンスをも併せ持つようになったのである。[25]

今から二十数年ほど前、社会学者の長谷川善計は、かつて一世を風靡する大論争にもなった家の本質をめぐる二つの代表的な学説、すなわち、家をもって家父長制的な家族そのものとみなす見解[26]と、家は特殊日本的な経営組織であるとみなす見解[27]のいずれをも批判し、社会学者でありながら、江戸時代の村方史料を読み込んだうえで、近世百姓の家の本質は、村社会を構成する基礎単位、言い換えれば株（「百姓株」）という点にこそ求められるとの新たな学説を提示した。[28]長谷川の家＝「百姓株」説は、近世における百姓の家と村の関係性を具体的に論じている点で、歴史学者の立場からみてもなかなかに説得的な学説であり、かつて私も長谷川説に依拠して立論に及んだ。[29]

こうしたなか、近年戸石七生は、①「小農」の自立が進行した十七世紀後半（寛文・延宝期）以降、これら「小農」の小経営を含む村人たちの経営組織が、村によって「百姓株」として把握されるようになったこと、②「百姓株」の歴史的な起源を探ると、十六世紀段階の上層百姓の「百姓跡式」にまでさかのぼれることの二点について、改めて言及した。[30]

長谷川が提唱する家＝「百姓株」説は、基本的に近世の村方社会をモデルとして構築されたものだが、右の戸石の見解も踏まえると、それは戦国期の「百姓跡式」をめぐる問題の本質に迫るうえでも有効な学説だといえる。

⑶百姓の家と村の前後関係

ここで問題となるのは、百姓の家と村の前後関係、言い換えれば、永続性をもった家が先に成立して、しかるのちに村がこの家を基礎単位（「百姓株」）とするようになったのか、はたまた、近世に繋がる村が先に成立したことによって、この村の政策的な意図にもとづき、永続性をもった家の形成が促進されたのか――という問題である。誤解を恐れずに単純化すると、家が先か村が先か、どちらなのか、最後にこの問題について検討を加えたい。

戦国期に村請制にもとづく「自力の村」（近世村落に繋がる自立した政治主体としての村）が形成されたことにより、十七世紀中葉以降、村の助力によって永続性をもった百姓の家の自立が促進されたと説く稲葉継陽の見解は、後者の見解（村が先論）の代表例と目されるが[31]、この稲葉説を踏まえ、戸石は近世前期における村による百姓株の設定こそが、小百姓まで含めた百姓の家の永続化の前提となったとみなす[32]。だが、かかる戸石の見解は、「百姓株」の歴史的な起源を戦国期の「跡式」に求めた戸石自身の認識とも矛盾をきたしていると思われる。

なぜならば、⑵でも触れたように、「跡式」なる語はそもそも家産を意味する語であり、上層百姓はもとよりのこと、中層百姓のレベルにおいても「跡式」＝家産を有する永続的な家が戦国期に形成されたことによって、この「跡式」の保全に村が動くことがはじめて可能となったからである。

なお、大藤修によると、「百姓株」はそれが安定的に存続することを希求する家の論理と村の論理、そして領主支配の論理の三つが複雑に絡み合って生じた一つの現象形態にすぎず、あくまでも農民自身による家の形成が、家の「百姓株」化よりも歴史的に先行するとのことである[33]。

さらには、十六世紀後半に百姓の家が成立した結果、十七世紀初頭になると家格制にもとづく宮座《みやざ》が一般化したとする薗部寿樹の見解[34]をも踏まえた時、稲葉や戸石らの理解とは逆に、まずは戦国期に永続性をもった百姓の家が、一部の下層民を除いて形成されたことにより、戦国期から近世初頭にかけて、家産を意味する「跡式」なる語が、しだいに村の基礎単位としての家というニュアンスをも併せもつようになり、のちにはそれが、「百姓株」として確立したと理解する（「家が先」論）方が、歴史の実態に即したとらえ方だということができよう。

おわりに

本章ではかつて華々しい論争が展開された、家とは何かということに関する社会学・法学・人類学・民俗学等による学際的な研究成果に学びつつ、私なりの家の定義を明確にしたうえで、畿内・近国地域における百姓の家の成立時期を探るとともに、あわせて、家の存続と関係が深い「跡式」、「百姓株」をめぐる問題についても論じてきた。最後に、本章の内容を簡潔にまとめ直すとともに、論じ残した問題にも触れ、章を閉じることにする。

① 畿内近国地域の場合、家産・家名に着目すると、戦国期は百姓レベルでの家の成立期にあたる（ただし、一部の下層百姓や、名子《なご》・被官《ひかん》等の隷属民を除く）。この家は、家産・家業・家名などを家長の家族内部で父から嫡男へと父系直系のラインで代々継承することによって、超世代的な永続を希求する社会組織（家長の家族を中核とする経営組織）であった。

② 戦国期に永続を希求する百姓の家が形成されると、村はこの家を権利と義務の基礎単位に据え、その保全をはかるようになる。それにともない、家産を意味した「跡式」なる語は、村の構成単位としての家そのものを意味するようになった（家の「跡式」化の進行）。「跡式」は、近世に至ると「百姓株」と呼ばれた。こうして、百姓の家は「村社会の権利と義務の基礎単位」という属性をも獲得する。

③ ②の結論を踏まえた時、近世的な内実を備えた村が成立したことによって、永続を希求する百姓の家の形成が促進されたわけではなく、逆に、先祖代々続く家が成立したことによって、村がこの家を基礎単位とする組織へ

と変貌を遂げたといえるのであって、その意味では、家が先か村が先かと二者択一で問われれば、答えは家が先ということにならざるをえない。

以上のごとく、百姓の家の成立期は、近世史の通説が提唱する十七世紀後半ではないものの、かといって、古代史・中世史の通説が提唱する十二世紀（院政期）などでは決してなく、それは十六世紀（戦国期）に求められる。したがって、人口の圧倒的多数を占める百姓のレベルで永続的な家が形成されていないことを鑑みると、中世史研究者の多くが抱く「常識的」なイメージのように、戦国期を除く中世の段階を家社会の時代とみなすことなど、とてもではないが無理な話なのである。

本章の内容を右のようにとりまとめた時、かかる結論の一般化をはかるうえで避けて通れない課題として、次の二点があげられる。

第一に、「戦国期畿内近国の百姓と家」という題名からも一目瞭然だが、本章は経済的には先進地帯と目される畿内近国の事例にもとづいて、百姓の家の成立過程を展望している。それに対し、前述のごとく近世史の側からは、坂田の見解はあくまでも、畿内近国の上層百姓にのみ当てはまるものであって、他の地域において、あるいは中・下層の百姓に至るまで、先祖代々続く家が確立するのは、十七世紀も後半以降、場所によっては十八世紀を待たねばならないとの批判が加えられている(35)。

確かに、階層差や地域差により、永続性を希求する百姓の家が確立する時期に一定のタイムラグがあることは間違いない。だが、いつの時代でも、どこの地域でも、家を持つことができない不安定な下層民はそれなりの割合で存在していたわけで、すべての階層・すべての地域において例外なく家が確立する時期を追い求めたとしても、結局のところ、いつまで経っても家社会は到来しないという結論に陥らざるをえないのではなかろうか。要は、実態としてすべての階層で家が永続性をもつようになる時期を追い求めることよりも、第1節でも論じたように、百姓の家が永続を希求するようになる時期を探ることの方が、はるかに建設的な議論に結びつくと思われる。

ここで具体的に階層差の問題に論及すれば、本章で触れた山国荘の事例からも明らかなごとく、少なくとも畿内近国地域では、十五世紀後半〜十六世紀後半頃に至ると上層百姓のみならず、中層百姓も家名としての苗字を名のり始めており、一部の不安定な下層百姓や、分家できなかった次・三男、名子・被官といった隷属民を除くと、十六世紀末の段階で、永続性を希求する家が成立していた可能性はきわめて高い。

一方、畿内近国以外の地域については史料的な制約もあり、戦国期の状況を推察することは残念ながら不可能だが、これらの地域にあっても、十七世紀後半以降に百姓の家の永続を示す史料がはじめて見受けられたからといって、永続性を希求する百姓の家の成立期をそれ以前にまで引き上げるわけにはいかないと断定することには、より慎重となる必要があろう。なぜならば、永続を希求する家が歴史上に登場してから二〜三世代経って、はじめてそれが実体化すからである。

第二に、百姓の家を基礎単位とするよりも以前の段階において、村は一体何を基礎単位とした組織だったのであろうか。この点について示唆的なのが、薗部寿樹の宮座論である。すなわち、宮座の組織構成原理に目を向けた薗部は、畿内近国の宮座の場合、十七世紀初頭に家を単位とする家格制宮座が登場するまで、言い換えれば一家から家長が一人だけ座衆となるような宮座が一般化するまでは、父だけでなく子も、それも長男だけでなく次男や三男も、座衆になりえたと述べている(36)。

右の事実は、中世における村の中核組織にあたる宮座の編成原理が家を単位としたそれではなく、あくまでも「個人」を単位としたものであったこと(ただし、女性は排除される)を示している。もちろん、「個人」といっても、これは近代的な意味合いでの個人とは異なって、何らかの族縁的な関係に包摂されて存在する「個人」にすぎない(37)。

だが、たとえそうだとしても、「跡式」・「百姓株」としての家を基礎単位とする近世(私の立場からいえば戦国期以降）の村とは異なり、中世の村が「個人」を基礎単位に据えた組織であったことは間違いのないところなのである。
以上の二点を補足し、本章を閉じることにしたい。

注

（1）後述するように、私見によれば日本の中世は家社会ではなく、萌芽的な「家」が形成されつつあった段階、私の言葉でいうと「プレ家社会」の最終段階にすぎなかったと思われる。よってここでは、これまでの中世史研究において家と記されているものを、あえて括弧つきで「家」と表記することにする。

（2）高橋［二〇一四b］、二八七頁。なお、高橋［二〇一四a］の二二〇頁においても、ほぼ同様の危惧が表明されている。

（3）前掲、高橋［二〇一四b］。田端説に対する批判は二七〇頁、飯沼説に対する批判は二七一頁、鈴木説に対する批判は二七二頁、拙論に対する批判は二七四～二七六頁。拙論に対する批判が、他の研究者に対する批判よりも大きなウエイトを占めていることは、その頁数からも見てとれる。

（4）飯沼［一九八二・一九八三］、河音［一九八二］、服藤［一九九一］等。

（5）前掲、河音［一九八二］。

（6）たとえば、高橋［一九九六］、後藤［二〇〇二］、西谷［二〇〇六］等。

（7）現在では直接論及されることはほとんどなくなったものの、近世史研究者の多くが共有するこうした発想の大前提に、安良城盛昭のいわゆる「太閤検地封建革命説」にもとづく「小農自立」論があることは間違いない。安良城［一九五三］「太閤検地の歴史的前提」同［一九八四］『日本封建社会成立史論』上巻、岩波書店、安良城［一九五四］「太閤検地の歴史的意義」同［一九五九］『幕藩体制社会の成立と構造』御茶の水書房。

（8）大藤［一九九六］、渡辺［二〇〇七］、戸石［二〇一三］等。本書第3章の戸石論文も同様の立場に立つ。なお、東北地方の事例を検討した本書第四章の平井論文では、永続性を持った家の成立期を、十七世紀後半～十八世紀どころか、十九世紀に求めている。

（9）坂田［一九九七］、坂田［二〇一一］。

（10）だが、それにもかかわらず、後述するように坂田のこの見解に対しては、家の成立期が早すぎるとして、近世史の側からも厳しい批判が加えられている。

(11) 以下の見解は、坂田［二〇一二］等に依る。
(12) 西谷［二〇〇六］、第三編第三章。
(13) 同前。なお、田中大喜［二〇一一］『中世武士団構造の研究』校倉書房、は鎌倉末〜南北朝期の在地領主が分割相続から嫡男単続相続への過渡的段階として、所領を兄弟二人で均分する「兄弟惣領」なる相続形態をとっていたとするが、これに対し呉座勇一［二〇一三］「南北朝〜室町期の戦争と在地領主」『歴史学研究』第八九八号、によれば、「兄弟惣領」制は南北朝内乱という非常時を乗り切るための一般的措置であり、同時期にはむしろ、嫡男単独相続の方が例外的だったとのことである。
(14) 野田只夫編『丹波国山国荘史料』一八四号。
(15) 坂田［一九九〇］、藤木［一九九二］。
(16) 『丹波国山国荘史料』一八五号。
(17) 現在、吹上家の本家は離村しており、同文書の原本に当たれないため、残念ながら文面以外の情報を得ることができないが、かつて同文書の原本に当たった『丹波国山国荘史料』の編者野田只夫は、内容はもとよりのこと、筆跡・紙質の面から見ても、同文書は後世に作られた「偽文書」の可能性がきわめて高いと推定している。
(18) 後藤［二〇〇三］、一五三頁。
(19) 近世百姓の多くが村内で私的に苗字を使用していた事実に関しては、洞富雄［一九六六］『庶民家族の歴史像』校倉書房、豊田武［一九七二］『苗字の歴史』中公新書、等において、豊富な実例が紹介されている。
(20) 坂田［一九九七］、坂田［二〇〇六］等。山国荘の古文書調査のおりに坂田が大変お世話になっている方々、例えば、旧鳥居村の鳥居氏・辻氏、旧辻村の藤野氏、旧塔村の高室氏、旧大野村の河原林氏、旧井戸村の江口氏、旧下黒田村の井本氏、旧黒田宮村の菅河氏・西氏らはみな、中世後期の史料にその苗字がみえる方々である。
(21) 坂田［二〇〇六］、七四〜一〇二頁、坂田［二〇一一］、二四四〜二六七頁。
(22) 滋賀大学日本経済文化研究所史料館編『菅浦文書』二二六号。なお、長浜市長浜城歴史博物館編『菅浦文書が語る民衆の歴史』（同館刊行、二〇一四年）に掲載されている同文書の写真版にて校訂した。
(23) 勝俣［二〇一一］二章「中世の家と住宅検断」、勝俣［一九九〇］「家を焼く」（勝俣他編［一九八三］『中世の罪と罰』東京大学出版会）等。なお、勝俣の史料解釈の当否については、清水［二〇一五］、渡邊俊［二〇一五］「穢・祓の解釈と中世法慣習研究史」『歴史評論』第七七九号、井上聡［二〇一五］「家を焼くこと」（同前）等において論じられている。

(24) 坂田［一九九〇］、藤木［一九九二］。
(25) 近世山国郷地域における「跡式譲状」としては、一七五二年（宝暦二）の下黒田村「井本左近跡式譲状」（野田只夫編『丹波国黒田村史料』三八三号）があげられる。また、潰百姓の「跡式」の村による管理とその「跡式」の売却に関しては、一六三六年（寛永十三）の上黒田村の事例（『丹波国山国荘史料』一九三号）、一八四〇年（天保十一）の広河原村の事例（『丹波国黒田村史料』五九五号）、一八五七年（安政四）の広河原村の事例（『丹波国黒田村史料』六二七号）等があげられる。
(26) 喜多野清一［一九七六］『家と同族の基礎理論』未來社、等。
(27) 有賀喜左衛門［一九七二］『家の歴史』（同［二〇〇一］『有賀喜左衛門著作集』一一巻、未來社）、同［一九七〇］『家と親分子分』（同［二〇〇一］『有賀喜左衛門著作集』九巻、未來社）、中野卓［一九六四］『商家同族団の研究』（未來社）等。
(28) 長谷川［一九九一］等。なお、藤井勝［一九九七］『家と同族の歴史社会学』（刀水書房）も長谷川とほぼ同様のとらえ方をしている。
(29) 坂田［一九九〇］。ただし、私は有賀らと同様に、家が家産にもとづいて家業を営む経営組織であるという点も重視している。
(30) 戸石［二〇一三］。なお、「百姓株式」の実態については、本書第三章の戸石論文においても詳細な検討がなされている。
(31) 稲葉［二〇〇九］、二二一～二二五頁。
(32) 戸石［二〇一三］。
(33) 大藤［一九九六］、九二頁～九三頁。
(34) 薗部［二〇〇六］の第三章第二節。
(35) 渡辺［二〇〇七］等。
(36) 薗部［二〇〇二］の第六章、薗部［二〇〇六］の第三章、薗部［二〇一〇］の第四章等。なお、この点については本書第二章の薗部論文でも述べられている。
(37) 坂田［一九九〇］では、かかる「個人」の背後に氏《うじ》と呼びうる族縁的集団の存在を想定している。

主要参考文献

明石一紀［二〇〇六］『古代・中世のイエと女性』校倉書房。

飯沼賢司［一九八二・一九八三］「中世イエ研究前進のための試論」『民衆史研究』第二三号・第二四号。

稲葉継陽〔二〇〇九〕『日本近世社会形成史論』校倉書房。

大藤修〔一九九六〕『近世農民と家・村・国家』吉川弘文館。

勝俣鎮夫〔二〇一一〕『中世社会の基層をさぐる』山川出版社。

河音能平〔一九八三〕「中世前期村落における女性の地位」女性史総合研究会編『日本女性史』第二巻、東京大学出版会。

後藤みち子〔二〇〇三〕『中世公家の家と女性』吉川弘文館。

坂田聡〔一九九〇〕「氏連合的村落から家連合的村落へ」坂田〔一九九七〕所収。

坂田聡〔一九九七〕『日本中世の氏・家・村』校倉書房。

坂田聡〔二〇〇六〕『苗字と名前の歴史』吉川弘文館。

坂田聡〔二〇一一〕『家と村社会の成立』高志書院。

清水克行〔二〇一五〕「戦国の法と秩序」『岩波講座日本歴史』第九巻（中世四）、岩波書店。

薗部寿樹〔二〇〇三〕『日本中世村落内身分の研究』校倉書房。

薗部寿樹〔二〇〇五〕『村落内身分と村落神話』校倉書房。

薗部寿樹〔二〇一〇〕『日本の村と宮座』高志書院。

高橋秀樹〔一九九六〕『日本中世の家と親族』吉川弘文館。

高橋秀樹〔二〇一四a〕「中世の家と女性」『岩波講座日本歴史』第七巻（中世二）、岩波書店。

高橋秀樹〔二〇一四b〕「「家」研究の現在」同編『婚姻と教育』生活と文化の歴史学四巻、竹林舎。

戸石七生〔二〇一三〕「百姓株式と村落の共済機能の起源」『共済総合研究』第六七号。

西谷正浩〔二〇〇六〕『日本中世の所有構造』塙書房。

長谷川善計他〔一九九二〕『日本社会の基層構造』法律文化社。

服藤早苗〔一九九一〕『家成立史の研究』校倉書房。

藤木久志〔一九九二〕「村の跡式」同著〔一九九七〕『村と領主の戦国世界』東京大学出版会。

渡辺尚志〔二〇〇七〕『近世の村落と地域社会』塙書房。

第2章　中世・近世の宮座と家

薗部　寿樹

はじめに

本章の目的は、日本の中世・近世で、宮座《みやざ》（村落内身分集団）との関連から、家のありかたや変遷を考えることにある。村落内身分とは村落集団によりおのおの独自に認定・保証され一義的にはその村落内で通用し、村落財政により支えられた身分体系である。

1　中世前期

まず中世前期の村落と宮座について述べたい。ここでいう中世前期とは、十一世紀半ばから十三世紀半ばまでを意味するが、地域によっては十三世紀末までを含む。

中世前期の畿内近国と中国地方において、荘園や郷を単位とする臈次成功《ろうじじょうこう》制宮座が成立する。これは田堵《たと》（のちに名主《みょうしゅ》）であることが条件の古老・住人身分の者たちによる村落内身分集団である。この宮座では、住人身分の者が村の成功（頭役《とうやく》と直物《なおしもの》）を負担しつつ、臈次階梯を登って古老となっていく。下司《げし》・地頭も宮座の構成員となっている。下司・地頭は、宮座内では別格で常に上位の存在であったと思われる。

一庄内諸社
八幡宮　大歳神
くだんの二社は、庄官・百姓らの経営において恒例の神事をこれ勤行すとうんぬん、てへれば、御配分の旨を守り、両方寄合て、これを勤行せしむべし[1]

これは、一二三五年（嘉禎元）、安芸国三入荘（現広島市安佐北区可部町）における惣荘祭祀のありかたを示した史料である。荘官と百姓等がこの祭祀を共同で「経営」していることが読みとれる。

この中世前期の宮座と家との関わりで注目されるのは「名主家」である。名主は必ず名主職《しき》をもつ。名主職とは、名主の地位や名の面積などを荘園領主によって保障された名主の権利のことである。この名主職は必ずしも血縁関係者の間で相続されるとは限らない。しかし、次第に親子間での相続が続いていくことで、徐々に「名主家」が成立していった。

2　中世後期

(1)　畿内近国

畿内近国の中世後期（十三世紀半ば〜十五世紀）、個別村落単位で、乙名《おとな》・村人《むろと》身分の者たちによる臈次成功制宮座が成立する。これは、村落内身分集団の個別村落宮座への再編成を意味する。その背景には、農業の集約化、生産性の向上、集村化などの要因がある。構成員の面では、台頭する小名主や有力作人を新しい村人として宮座に取り込んでいった。その一方で、下司や地頭などは個別村落宮座から離脱していった。

官途成《かんとなり》・乙名成などの新たな通過儀礼が確立していき、個別村落宮座における儀礼となっていった。それに伴い、官途名などの身分標識が強化されていき、小百姓や間人《もうと》、被差別民など宮座から排除されていた「村人にてなき者」に対する身分差別が厳しくなった。


一惣の森にて青木と葉をかきたる者は、村人は村を落とすべし。村人にてなき者は地下を払うべし[2]

これは一四八九年（延徳元）に近江国今堀郷（現滋賀県東近江市今堀町）置文である。惣有地の森の規制を破った場合、「村人」は「村を落とす」、「村人にてなき者」は地下を「払う」という制裁を受けた。「村を落とす」というのは、村人身分を剥奪され「村人にてなき者」になることをいう[3]。「村人にてなき者」が地下を「払」われるというのは、村から追放されることをいう。

この畿内近国の個別村落宮座では、宮座成員権が親子間で継承されることにより、「宮座成員の家」が成立していく。ただし個別村落宮座の構成員は家単位ではない。有力な宮座成員家は、複数の親族や従属者を宮座に送り込んでいるのである。

(2)　名主座リング地域

中世後期（十四世紀初頭〜十七世紀）、畿内近国の外側の地域では、荘園や郷を単位として、名主頭役身分の者たちによる名主座《みょうしゅざ》が成立する。名主頭役身分とは、中世後期において名をもち宮座頭役を勤めることを身分標識とする村落内身分である。
名主座では、それまで排除されていた小名主や有力作人を新名主として宮座に取り込んでいった。一方、下司や地頭は宮座から離脱したが、公文は名主座に留まった。

志呂宮御祭頭文次第

一番　春
助貞一頭
元松一頭　　元松田畑弐町六段百歩
（中略）
六番　秋
今行一頭　　今行田　一丁二反小卅歩
両吾々　九反大廿歩
近行田畠　一丁一反小廿歩　武光近行を加う
為綱　六反小卅歩
行房畠　一反小
久時田　三反
胡舎人田　一反大四十歩
以上、四丁六反廿歩
則任一頭　　則任田畠　一丁七反百六十歩

同西仏田　八反小
同延宗田　八反八十歩　今吉大四［　］を除く
国重田畠　一丁廿歩
覚念田畠　二反大廿歩
包貞田畠　五反大卅歩
以上、五丁二反百九十歩

（中略）

右、結番の次第を守り、毎年懈怠なく勤仕せしむべきの状、くだんの如し

正安四年壬寅三月　日
右衛門尉盛□（家カ）　判あり
右衛門尉盛宗　判あり
右衛門尉盛信　判あり（下略）

この一三〇二年（正安四）美作国弓削荘（現岡山市北区建部町・久米郡久米南町）の志呂宮御祭頭文次第写は名主座の初見史料である[4]。現在でもこれ以上古い関係史料はないので、いまのところ名主座は十四世紀初頭に成立したとみられる。この志呂宮御祭頭文次第は信頼できる史料であるが、写しである。そこで次の一三一五年（正和四）、備前国吉永保（現岡山県備前市吉永町）春日神社の木札[5]に注目したい。

【表書】　【裏書】

吉永保
注進す　大明神九日相撲田楽の事
一相撲行事　左　成達
　　　　　　右　武久
一番　重行　守宗　　二番　久国　末光
三番　吉久　成友　　四番　光友　光行
五番　道則　則枝　　六番　則次　延貞
七番　国延　末吉　　八番　員則　是守
九番　末利　正光　　十番　利永　重用　久末

一流鏑馬分
一番　重光　武末　一郎丸
二番　二郎丸　武元　成時
三番　重末　友方　光成
正和四年九月十日
ただし昔よりの注文に任す

相撲田楽と流鏑馬の番付だが、名主座の史料であることはまちがいない（薗部［二〇一一b］第一編第七章）。この木札は現物が伝存しており、字体などから正和四年とみてよい。正安四年より若干さがるが、十四世紀初頭の名主座成立を示す信頼できる史料である。

この名主座が存在している地域は、以下の通りである（図2-1）。丹後・因幡国を除く中国地方（隠岐国を含む）。

図２－１　名主座分布図

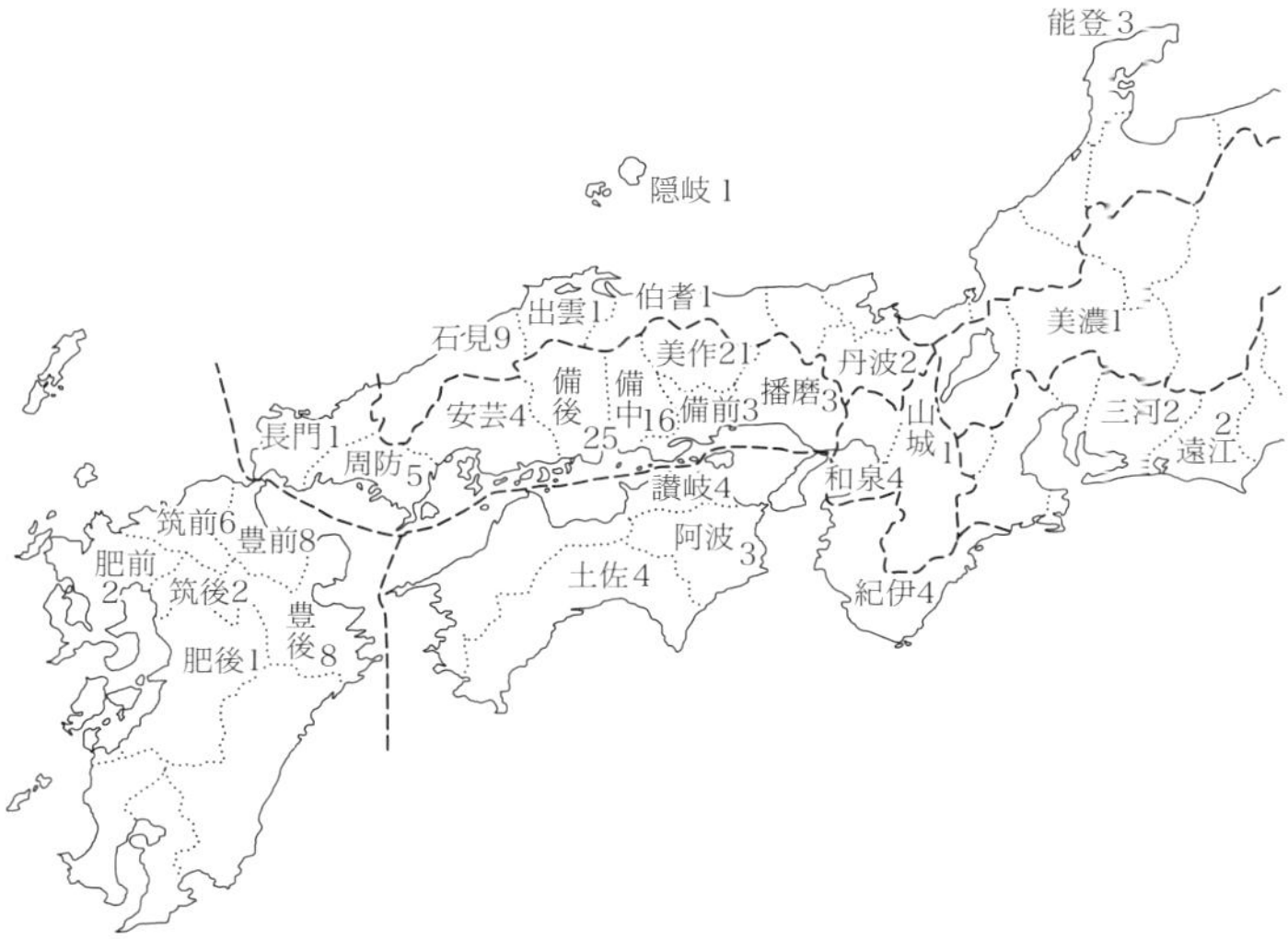

出所：薗部［2010］92頁掲載の図に加筆.

伊予国を除く南海道（紀伊国北部も含む）。西海道では日向・大隅・薩摩国を除く九州北部中部。畿内にも山城国に一例、和泉国に四例の事例がある。ただし畿内の事例は領主側の事情に基づく例外的な存在である（薗部［二〇一二b］第二編）。

畿内近国の東側でも、能登国に三例、美濃国に一例、三河・遠江国にそれぞれ二例ずつ、名主座がある。これら北陸・東山・東海道の事例は、この地域における史料の乏少性を鑑みると、貴重な残存事例といえよう。

このように、名主座は畿内近国を同心円の軸として、その外側にリング状に分布している。そこで筆者は、この名主座の分布領域を「名主座リング」と呼んでいる。

この名主座の成立により、新たな「名主の家」が再編成立した。ただしこの場合でも、名主職所持のみが宮座成員の条件なので、一つの名主家が複数の名を持ち複数人を宮座に送り込む場合もありうる。

3　中近世移行期

⑴　畿内近国

中近世移行期（十六世紀〜十七世紀半ば）の畿内近国では、個別村落宮座は年寄衆・座衆身分の者たちによる臈次成功制宮座に変質する。その背景には、領主による免田など惣有地の没収や公租賦課がある。そのために宮座が運営していた村落財政が逼迫した。

この村落財政立て直しの対応策として村落による家役の賦課がおこなわれるようになる。家役を賦課された小百姓たちは、その対価として宮座への加入を要求する。その結果、新座衆が成立し、以前からの宮座メンバーは本座衆となる。これが乙名・村人身分から年寄衆・座衆身分へと変質した背景である。

本座衆と新座衆の具体例として、紀伊国荒川荘（現和歌山県紀の川市桃山町ほか）の三船神社宮座の史料をみてみよう。

一新長座入の儀につき、互いに別心仕りまじきの事
一新長座入り候はば（ママ）、本長と先規のごとく談合なく候はば、同心申すまじきの事
　右、定むるところ、くだんの如し
慶長六年辛丑二月吉（日脱）　　安楽川本長衆(6)

※　※　※

今度本庁と新庁との間の申し分について、御法度成られ首尾御請け申す条々の事

一先規の如く、本庁衆へ諸事談合仕るべく候事
一八幡講は停止致すべく候事
一新庁へ筋無き者入れ申すまじくの事
一新庁へ新儀に入り申す者、本庁より申され次第に出し申すべく候事
一諸事、所の年寄の異見次第に相従うべきの事
右の旨背き申すにおいては、霊社の天罰を蒙るべく候なり、よって後日のため一筆を捧げ申すところ、くだんの如し

慶長拾六年七月廿七日

新庁ら

市場村（二十二人の署判省略）
上野村（十二人の署判省略）

青巖寺様
宝性院様
無量寿院様
碩学の御中進上す(7)

三船神社宮座は、荒川荘の惣荘宮座である。この史料中に、本長や本庁とあるのは本座衆で、新長や新庁とあるのが新座衆である。一六〇一年（慶長六）の文書は、新座衆の動向に対応した本座衆の定書である。新座衆の動向をめぐって本座衆と新座衆との間で裁判となり、高野山がそれに対する裁許（判決）をおこなった。一六一一年（慶長十六）の文書は、その裁許に対する荒川荘市場村・上野村の新座衆の請状（同意書）である。

ここで問題となっている新座衆の動向とは、どのようなものなのか。注目したいのは、後者の文書で「筋無き者」や「新儀に入り申す者」の新座加入が規制されている点である。この文書が新座衆の法度請状（判決に対する同意書）であることから、当時の新座にはこのような「筋無き者」や「新儀に入り申す者」たちが少なからず加入していたことがわかる。新座衆は、座入りの制限を一方的に緩和することにより、座員を増やそうとしていた。そのために、今後はこのような恣意的なことをしないようにと、新座衆が誓約させられたのである。こうした動向は、市場村・上野村のみならず、荒川荘全荘にわたるものであった。

次に、新座衆の台頭を許す背景となった家役賦課の史料をみてみよう。

　　定置目之事
一壱人に家を渡す、その者は、丸役きっと申すべく候、その隠居は半役
　　（中略）
　右の置目、今堀に御座候あいだは、相違有るまじく候、よってくだんの如し
元和三年巳ノ極月廿七日　　神主《今堀惣代》（略押）

この史料は、一六一七年（元和三）の近江国今堀村置文である。[8] ここには、家を一軒もつ者は「丸役」を、隠居は「半役」を勤めることなどが決められている。このように家ごとに賦課される役が家役である。この置文が今堀惣代である「神主」の名により出されていることから、この家役は今堀村宮座の収入であることがわかる。

これに先立つ一五九二年（天正二十）の今堀村家数帳案には、「家数之事」という書出のもと、人名が列挙され、最後に「廿九人　丸、五人　奉公人、四十一人　庵・後家、〆七十五人」と記されている。[9] この史料は、朝鮮侵略に

動員するための人掃令に基づく家数調査により作成されたものである。[10] 人掃令は、一五九二年（文禄元）に出された法令である。ここで注意したいのは、全七十五軒のうち、二十九軒が「丸」とされている点である。この「丸」という家役記載が、さきの今堀村神主の置文における「丸役」という記載と共通している点に注意したい。

一五九二年の家役は、領主への役である。一方、一六一七年の家役は、村落宮座への奉仕である。しかし、「丸」記載の共通性からみて、両者は同じ賦課基準に基づいていたと思われる。このことから、一五九二年の段階、すなわち十六世紀後半には、領主が賦課する家役の基盤ともなりうる、宮座役としての家役を賦課する体制が、今堀郷において確立していたといえよう。

中近世移行期における家役の賦課は、村落における家の一般的成立を考えるうえで、大きな指標になると思われる。生産力の向上や加地子などの在地得分の集積により、小百姓も家を形成した。そのことを前提として家役が賦課されることで、小規模な家も村落において「家」と認知された。これが、十六世紀後半の村落における家の一般的な成立である。

この家役の賦課を契機として、宮座は家を単位とする家の長子の集団となった。また宮座内部での家格差の設定、いまだ宮座に加入できない水呑百姓層への差別があることから、この時期以降の宮座を家格制宮座と呼ぶ。

⑵　名主座リング地域

名主座リング地域の中近世移行期（十七世紀）においても、新たな階層を宮座内に取り込んでいった。安芸国乃美《のみ》郷（現東広島市豊栄町）の乃美八幡宮名主座の頭文には、次のように記載されている。[11]

十三日に馬場にて中間衆、百姓座は両頭寄合候て仕り候この記載は、一五七七年（天正五）の段階で、「ははのとう」を勤める名主（頭文では給人とも呼ばれている）とは別に、宮座内部に「百姓座」が設定されていたことを示す。これは、台頭する座外の勢力を名主座内に取り込むとともに、それを「百姓座」という形で宮座内差別をしたものといえる。このような座外勢力台頭の背景には、名主座の祭祀経営に対する座外勢力の貢献があったのであろう。

備後国杭荘《くいのしょう》（現広島県三原市久井町）杭稲荷神社には、名ごとに名主に相当する当本《とうもと》がいた。当本の他に「寄《より》当《とう》」が存在した（注4藤井著書四五～五一頁）。それまで祭祀から排除されていた者を名に取り込んだのが寄当である。そして当本と寄当との間には身分差別があったのである。

このように台頭する座外勢力を宮座内部に取り込みつつ、その一方で名主座の内部に「ははのとう」と百姓座、当本と寄当というような身分差別が設定されていったのである。

そしてこの身分差別は、家に固着する形で固定化されていった。安芸国沼田新荘（現三原市本郷町ほか）田万里八幡宮、一五四八年（天文十七）の史料で[12]「とうのもと」を勤める景仁名《けいじんみょう》（京仁名）は、「京仁」という屋号になっていく（注4藤井著書一七〇～一七一頁）。これは、名（名主頭役身分）が特定の家に固着したことを示している。

美作国打穴村（現岡山県久米郡美咲町）宮代神社名主座では、本座の他に太郎座・流れ座が設置されていた[13]。本座は名座（名主家の座）であり、太郎座は本座の分家株、流れ座は分家株のそのまた分家株であった。太郎座・流れ座として、分家株を名主座に取り込んだわけである。この分家はあくまで「株」であり、実際の血縁関係をともなわなくとも成り立つ。「流れ」座という名称も、そのことを暗示している。ここでは新座という形で、座外の者を名主座のなかに取り込んだ。これによって、名主座内部に、本家・分家・又分家という家格差が設定され、それが株という形で固定されていったのである。

これは、名主頭役身分が特定の家に固着するとともに、それぞれの家の格差も固定されていたことを意味する。これこそ、名主頭役身分の家格への変質を示すものである。

以上のような動向の背景には、畿内近国同様、村落財政の危機に対応した家役賦課があると考えられる。前述したように、一五九二年に出された人掃令で、全国で村ごとに家数が調査されたことも、名主座リング地域における小規模な家の認知と家役賦課につながったといえよう。

4　近世

十七世紀（半ば）以降、家格制宮座は村落運営から乖離し、徐々に純然たる祭祀組織へと変貌する。その過程で、家格制宮座は多様化していく。

(1)　畿内近国

①年寄衆○○人宮座

畿内近国における臈次成功制型の家格制宮座は、年寄衆と若衆が反目・乖離していき、年寄衆だけの（年寄衆）○○人宮座（○○には年寄衆の人数が入る）が成立していく。これは、中近世移行期における年寄衆と若衆（または新座衆）との対立による帰結の一つである。若衆（若者組）から年寄集団（宮座）への昇任には、家格などの制限があったと思われる。このような推移を近江国今堀郷の史料でみてみよう。

定む　地下年寄と若衆置目の条々

一右一書をもって相定むうえは、向後において違乱有るべからざるの事

一地下いかざまの儀も、談合これ有るといえども、多分に付すべき事
一先規を背き、異議これ有る輩においては、惣として処罰すべき事
右、定むるところ、くだんの如し
天正十壬午年十二月八日　年寄惣分（花押）
若衆惣分（花押）[14]

一五八二年（天正十）、年寄惣分と若衆惣分とが連名で、「お互いに違乱をしない、話し合いと多数決で合意する、先例に背く者は処罰する」ということを取り決めた。この背景には、新座（脇座）衆も含めての若衆の台頭があり、その若衆と年寄衆が対立しているという状況がある。全員一致を原則とする村寄合で多数決を標榜しているのは、年寄惣分と若衆惣分との隔たりの根深さを物語っているといえよう。

そしてその結果、近世の今堀村では長《おとな》八人衆が特権的に存在する宮座となったのである。一七三三年（享保十八）の史料には「長衆」＝乙名衆として八人の名前がみえる。[15] この八人衆のうちの一人が年番で神主を勤める。長衆以外の者もいちおう「宮座」と呼ばれてはいるが、八人衆の特権性は卓越したものであった。

②村組頭役宮座

畿内近国における郷村規模の家格制宮座（臈次成功制型）の一部は、頭役を村・組が勤める村組《むらぐみ》頭役宮座となっていく。さらに頭役を勤める村や組の内部でも宮座が成立していく。その事例として大和国竜門惣郷（現奈良県吉野郡吉野町）の天満宮（吉野山口神社）宮座についてみてみる。天満宮は竜門惣郷（近世竜門二一か郷）の氏神であり、大頭を勤仕する座衆の宮座で運営されてきた（薗部［二〇〇二］第六章）。宮座の頭役帳＝大頭入衆日記（上田家文書）

によると、個人が頭役を勤めるのが原則であった。その頭役が十五世紀末から大きく変化する。一四八三年（文明十五）の大頭（九月頭）は、西谷上コヤの惣地下（個別村落）が頭役を勤めた。大頭入衆日記においては「惣地下営み」による頭役勤仕は、一五七六年（天正四）の西谷大西の御供頭（地下営み）まで全七例、村落ごとでは西谷上コヤ、香東下大谷、西谷北、西谷下南、西谷大西の五か村である。初見例以外はすべて十六世紀の事例である。このように、近世竜門惣郷の宮座の一部が村組頭役宮座となっていったのである。

⑵　名主座リング地域

①苗の同族宮座

名主座リング地域における家格制宮座（名主座型）の一部は、名が苗《みょう》に変質していき、同族宮座が成立していく。祭祀役に純化した名主頭役が特定の家の役となり、宮座は（複数の）特定の苗字の家集団となる。さらにその特定の家一族内部でも宮座が成立していく。

美作国下河内村（現岡山県真庭市落合町）に下河内神社がある。一七二二年（享保七）下河内村両社御祭名組帳[16]によると、行綱名・火之詰名・近実名・宮林名・宮ノ上名・林原名・河本名・花屋名・谷名・峪田名・宮ノ乢名および名称未詳の名一名、あわせて十二名が二名ずつ交替で当屋（年番の祭祀担当者）を勤めたという。また下河内神社は下河内村一村の氏神である。下河内神社の宮座は、下河内村という個別村落鎮守社の名主座であった。

ところが近年の下河内神社では、河本苗（岡名）・湯浅苗（土井谷名）・宮川苗（林原名）・井原苗（峪田名）・宮本苗（宮の乢名）・前田苗（日ノ詰名）・宮林苗（下河原名）・青木苗（宮ノ上名）・松尾苗（宮ノ上名）の十苗が上分・下分の二組に分かれて毎年二苗ずつで当屋を勤めている。この苗を「みょう」と訓《よ》んでいる。各苗は有力な株の本家が苗頭（名頭）となり、苗内の氏子を指揮して当屋を勤仕させている（苗頭は当屋を勤めない）。現在、苗の名称は、苗頭の姓で呼ばれている。岡名の苗頭は河本姓なので河本苗と呼んでいるごとくである。

このような下河内神社名主座のありかたは、とても示唆的である。名が名株、そして同族の苗（苗字）へとあざやかに変わっていく過程を示している。現在の下河内神社宮座は同族宮座ではないが、名を苗と書き、名頭の姓をもって苗の名称としている点において、同族宮座へ転換しつつある状況にあるといえよう。この下河内神社名主座の事例から、近世以降、名主座が同族宮座へ転換するという傾向にあることがわかる。

なお、名主座リング地域内における臈次成功制宮座が苗に変質した事例もある。讃岐国仁尾賀茂神社宮座は、臈次成功制宮座であった。ところが近世には、塩田・鴨田・河田・倉本の四苗（および後に加わったとされる吉田をいれて五苗）の家のみの同族宮座となった（薗部［二〇一二b］第四編第一章）。例外的な事例だが、参考までに記しておく。

②村組頭役宮座

同じく名主座リング地域における家格制宮座（名主座型）の一部は、宮座頭役勤仕の単位である「名」が村や組になっていき、村組頭役宮座が成立していく。さらにまた頭役を勤める村や組の内部でも宮座が成立していく。この事例として、能登国鵜川保（鵜川村）の名主座について述べたい。現石川県鳳珠郡能登町鵜川の菅原神社は、かつて鵜川天満宮と呼ばれていた。この菅原神社に、つぎのような棟札が残されている。

願主　温井兵庫介総貞　代官　丸山源左衛門尉　同　福田藤左衛門尉
庄官衆　万年藤左衛門尉　中村五助　江島九郎五郎
奉当造鑑　座主　良海　大工　鳳気至住人　藤原宗次右衛門尉
百姓衆　藤兵衛尉《サカシリ名》　五郎兵衛尉《ハ子タ名》　右衛門尉《二四三名》　近守《ワキ名》　右衛門尉《エノキ名》

左衛門次郎《タカワラ》　三郎次郎《クロミコ》　右衛尉《宮田名》　介尉《スケノサワ》　左近《一ノ屋》　三郎次郎《水口名》

時に天文三年甲午八月十六日両裳与三郎　兵衛太郎[17]

一五三四年（天文三）の棟札に、サカシリ名・ハ子タ名・二四三名・ワキ名・エノキ名・タカワラ・クロミコ・宮田名・スケノサワ・一ノ屋・水口名という十一の名がみえる。

現在、菅原神社では、黒御子名・脇名・江ノ口名・菅沢名・江ノ脇名・坂尻名・赤名・横山名・宮田名・宇賀名・榎木名・羽田名という十二の名によって構成される名主座によって秋の餅八講祭（通称イドリ祭）がおこなわれている。

一五三四年の十一名のうちサカシリ名（坂尻名）・ハ子タ名（羽田名）・ワキ名（脇名）・エノキ名（榎木名）・クロミコ（黒御子名）・宮田名（宮田名）・スケノサワ（菅沢名）の七名は、現在の名と一致する。これら十一名が鵜川天満宮の棟札にみえることから、少なくとも一五三四年の時点で十一名による名主座が鵜川天満宮にあったとみてよかろう。

次に、一八五九年（安政六）天満宮祭礼名組木札[18]表書の表記を整理して示す。

一番組	寅申	鵜川村	黒御子名	小垣村	脇名
二番組	卯酉	谷屋村	江ノ口名	七海村	菅沢名
三番組	辰戌	小垣村	江ノ脇名	谷屋村	坂尻名

四番組　巳亥　七海村　　赤名　　　　　小垣村　　横山名
五番組　午子　太田川村　宮田名　　　　竹原村　　宇賀名
六番組　未丑　竹原村　　榎木名　　　　太田川村　羽田名

この近世の名を一五三四年の名とくらべると、中世のサカシリ名は坂尻名（谷屋村）、同じくハ子タ名は羽田名（太田川村）、ワキ名は脇名（小垣村）、エノキ名は榎木名（竹原村）、クロミコは黒御子名（鵜川村）、宮田名は宮田名（太田川村）、スケノサワは菅沢名（七海村）に比定できる。二四三名は、「ふしみ」の訓みから伏見稲荷の神「宇賀神」で宇賀名（竹原村）となっているのであろう。タカワラは竹原村か。水口名は、あるいは江ノ口名（谷屋村）となったのかもしれない。一ノ屋は消滅したものか。

一方、江ノ口名（谷屋村）、江ノ脇名（小垣村）、赤名（七海村）、横山名（小垣村）は、一五三四年にはみられないので、新出の名ということになろう。

一五三四年の十一名のうち七名は継続し、四名は名称が変わったか、もしくは消滅した。それに新しい名が加わり、近世には十二の名がおかれていた。

この近世の黒御子名（鵜川村）、脇名・江ノ脇名・横山名（小垣村）、江ノ口名・坂尻名（谷屋村）、菅沢名・赤名（七海村）、宮田名・羽田名（太田川村）、宇賀名・榎木名（竹原村）という十二の名を二つずつ組み、全部で六番の名頭組としているのである。

現在の菅原神社八講祭では、鵜川村の黒御子名以外のすべての名に特定の名主はおらず、村全体で名頭役を請け負っている。すなわち、名の名称を残しながらも、実質的には村単位の村組頭役宮座に変質したのである。

近世では名主座リングの外側、東国や九州南部でも宮座が成立していく。これは、家の成立とも関連している。

表２−１　「宮座と家」変遷概念図

時代＼地域	日向・薩摩・大隅国	山陽・山陰・南海道（伊予・淡路国を除く）・和泉国・西海道北中部（壱岐・対馬国を除く）	畿内・若狭・近江・伊賀・伊勢・紀伊・播磨・丹後・丹波国	能登・美濃・尾張・遠江国	越後・信濃・駿河国以東
11世紀半～13世紀半	不明	臈次成功制宮座（惣荘・惣郷）※古老・住人身分「名主家」			不明
13世紀半～15世紀		名主座（主に惣荘・惣郷）※名主頭役身分「名主の家」	臈次成功制宮座（主に村）※乙名・村人身分「宮座構成員の家」	名主座（主に惣荘・惣郷）※名主頭役身分「名主の家」	
16世紀～17世紀半			臈次成功制宮座（主に村）※年寄衆・座衆身分「宮座構成員の家」		
		【16世紀後半～17世紀＝村落における家の一般的成立】			
17世紀半～19世紀		家格制宮座　同族宮座（苗）・村組頭役宮座	家格制宮座　年寄衆○○人宮座・村組頭役宮座・同族宮座	家格制宮座　同族宮座（苗）・村組頭役宮座	村組頭役宮座・同族宮座

注１：和泉・紀伊・播磨・丹波国は，臈次成功制宮座と名主座の混在地域である．
　２：※印は当該期の村落内身分，「○○家」は当該期の宮座の家をそれぞれ示す．
　３：17世紀半～19世紀の各地の村落内身分は全て家格差による村落内身分差別である．

なお近代以降は身分制が消滅するので、宮座は身分集団としての意義を失い、純然たる祭祀組織となる。

おわりに

最後に家成立の視点から、本章をまとめておく（表２−１を参照のこと）。中世前期、畿内近国と中国地方で臈次成功制宮座における「名主家」が成立した。中世後期には畿内近国で個別村落宮座の「宮座成員の家」、名主座リング地域で「名主の家」がさらに成立した。中近世移行期になると、畿内近国では十六世紀後半に、名主座リング地域でも十六世紀末から十七世紀には、村落において家が一般的に成立した。これ以降、宮座は家を単位とする家格制宮座となった。このような家の成立史は畿内近国と名主座リング地域におけるものであり、その外郭の地域は、この時期より遅れて村落における家の一般的な成立があったと思われる。

注

（1）嘉禎元年十一月三入荘地頭得分田畠等配分注文、長門熊谷家文書『鎌倉遺文』四八四九号。読み下し、以下同じ。薗部［二〇〇五］第二章を参照のこと。

（2）延徳元年今堀郷地下置文、今堀日吉神社文書三六三号『今堀日吉神社文書集成』。詳しくは、薗部［二〇一〇］第二章を参照のこと。

（3）仲村研［一九八四］『中世惣村史の研究』法政大学出版局、第三章。

（4）藤井昭［一九八七］『宮座と名の研究』雄山閣出版。正安四年志呂宮御祭頭文次第写、志呂神社文書一・二号『岡山県古文書集』第一輯。

（5）正和四年春日神社木札、春日神社所蔵文書一号『吉永町史』資料編。

（6）慶長六年二月安楽川荘本庁衆定書、岡家文書九号『和歌山県史』中世史料一。

（7）慶長十六年七月安楽川荘市場村・上野村新庁衆法度請状、岡家文書一一号。

（8）元和三年十二月今堀村置文、今堀日吉神社文書二四七号。

（9）天正二十年三月今堀村家数帳案、今堀日吉神社文書八号。

（10）『八日市市史』第三巻・近世、第一章第二節。なお、小栗栖健治氏によると、十七世紀初頭の熊野観心十界曼荼羅に不産女地獄・両婦地獄・賽の河原などが描かれてくる背景には、庶民層における家および家意識の形成があると指摘されている（小栗栖健治『地獄絵図『熊野観心十界曼荼羅』絵解台本』方丈堂出版、二〇一四年、八頁）。

（11）天正五年八月乃美八幡宮御祭御頭次第注文、本宮八幡神社文書一号『広島県史』古代中世資料編Ⅳ。以下の記述については薗部［二〇〇五］第二章を参照のこと。

（12）天文十七年十二月平賀弘保袖判奉行人連署打渡状写、譜録〈桂市郎右衛門保心条〉所収文書、山口県文書館所蔵文書『広島県史』古代中世資料編Ⅴ。

（13）寺阪五夫［一九六五］合本復刻版、「宮代神社の座方」『美作郷土資料』名著出版、一二〇～一二一頁。前掲注（4）藤井著書四〇七

～四〇八頁。名主頭役身分の家格の株化については、三浦秀宥［一九六九］『荒神とミサキ』名著出版、第七章第一節。

(14) 天正十年十二月年寄若衆置状、今堀日吉神社文書三六六号。以下の記述については、薗部［二〇〇五］第三章を参照のこと。

(15) 享保十八年二月産神修覆寄進帳、今堀日吉神社文書六六〇号。原田敏丸［一九八三］『近世村落の経済と社会』山川出版社、第十三章第四節。

(16) 享保七年下河内村両社御祭名組帳、所蔵者不明『落合町史』民俗編、五四六頁。以下の記述については、薗部［二〇一〇］第一編第六章を参照のこと。

(17) 天文三年菅原神社棟札、菅原神社文書『能都町史』第三巻歴史編、三八五頁。読みを若干改めた。以下の記述については、薗部［二〇一一b］第六編第四章を参照。

(18) 安政六年十月天満宮祭礼名組木札、菅原神社所蔵。

主要参考文献

薗部寿樹［二〇〇二］『日本中世村落内身分の研究』校倉書房。

薗部寿樹［二〇〇五］『村落内身分と村落神話』校倉書房。

薗部寿樹［二〇一〇］『日本の村と宮座――歴史的変遷と地域性』高志書院。

薗部寿樹［二〇一一a］「中世・近世村落と宮座」『村落・宮座研究の継承と展開』岩田書院。

薗部寿樹［二〇一一b］『中世村落と名主座の研究――村落内身分の地域分布』高志書院。

薗部寿樹［二〇一二a］「宮座儀礼の歴史民俗学的比較研究の課題――歩射儀礼を中心に」『日本中世政治文化論の射程』思文閣出版。

薗部寿樹［二〇一二b］「丹波国葛野荘の名主座について」『山形県立米沢女子短期大学紀要』第四八号。

薗部寿樹［二〇一三a］「唐菓子系宮座神饌の形成と展開」『年中行事・仏事・神事』竹林舎。

薗部寿樹［二〇一三b］「肥後国海東郷における名主座（ジンガ）について」『米沢史学』第二九号。

薗部寿樹［二〇一三c］「南海道の名主座について（補遺）」『米沢史学』第二九号。

第3章　関東における家の成立過程と村——地縁的・職業的身分共同体と家

戸石七生

はじめに

本章の目的は、近世日本の関東地方の農村地帯で家、特に百姓身分の家がいつ成立したのかを考えることである。そのため、本章では相模国大住郡横野（現在の神奈川県秦野市大字横野）という単純な構造の一山村の事例を分析し、横野村における家の成立時期を特定する。何をもって百姓身分の家の成立の指標とするかは、未だに意見が分かれている。指標としては、経営の安定性もしくは家族形態の安定性が挙げられるが、多くの研究者は結果としての家の系譜の連続性を重視している(1)。ただし、本章においては、家の跡式《あとしき》の保存・管理の制度化を指標として用いる。近世農村の家の跡式とは、構成員を失った家の最後の当主の所持する屋敷地（宅地）・耕地・山野河海に対する権利の総体を指す。特定の地域で構成員〇人の家の跡式の保存・管理が必ず制度的に保障されているのであれば、経営体としての安定性や家族形態の安定性は家の系譜の連続性をもはや左右しないからである。その場合、構成員のいない家の跡式の管理の主体は誰なのであろうか。結論からいえば、横野村の場合、構成員のいなくなった家の跡式を保存・管理したのは百姓の「地縁的・職業的身分共同体」である村であった。そして、家は村の構成単位であった。

1　日本近世の村と百姓

日本近世の村は、独自の財源と独自の意思決定機関である寄合を持ち、自治体として機能する「地縁的・職業的身分共同体」であった。

近世の村は、職業を同じくする構成員が一定の領域における屋敷地・耕地および山野河海に対する権利を支配者である幕府や藩に保障され(2)、その反対給付として年貢納入の請負を義務付けられた被支配者身分の組織とそれを基盤とする行政単位であった。村の領域は検地帳によって定められたが、検地の対象となったのは屋敷地および耕地であり、多くの場合近世の支配者は山野河海における被支配者身分の穀物生産以外の生産活動に関心を示さず、課税もなされなかった(3)。

米を単位とした年貢の納入を義務付けた石高制の全国的な実施により、近世の村は米を中心とした穀物の生産・供出の単位となり、百姓の村の構成員は制度上、自動的に農業者となった。ただし、百姓の村の構成員は、彼らの本業とされた穀物生産だけではなく、副業としてさまざまな生業に従事していた。例えば、実質上の猟師の集落も制度上は水田所持を根拠に農業者の組織である百姓の村として扱われていたと考えられる(4)。ただし、えたや非人のような賤民身分は被支配者身分でも非農業部門従事者として百姓身分の下に置かれた。賤民の村は多くの場合枝村として近隣の百姓の村の支配下にあり、独立の行政単位として認められなかった(5)。

2　日本近世の村のメンバーシップ管理法

(1)　百姓株式と家の序列

近世関東の百姓の村のメンバーシップは百姓株式《かぶしき》によって規定されていた[6]。村によって細かい差はあるが、一般に村の正規の構成員は高持百姓、村の非正規の構成員は無高百姓と呼ばれた。正規の構成員である高持百姓には幕府や藩そして村から年貢納入義務の反対給付として、生産手段である屋敷地・耕地・山野河海の用益権の所持が保障された[7]。中世の村においても序列があったが、中世に比べて、高持百姓と無高百姓の差は小さく、無高百姓にも村への貢献度に応じて正規の構成員に準じた権利が認められることが多くあった（中世の村の構造については第2章・薗部論文を参照）。また、無高百姓は株式（一次史料では「株《かぶ》」、「株敷《かぶしき》」、「式《しき》」とも表記される[8]。本章では株式で統一する[9]）や百姓株式の譲渡（金銭の授受をともなうケースも含む）を通じて村の正規の構成員である高持百姓に昇格する場合もあった。さらに、無高百姓が他の村では高持百姓として登録されている場合もあった[10]。

百姓株式所持の主体は家であった。百姓株式を新たに入手した者は以前の所持者の家の系譜を継承したとみなされ、苗字も生家の苗字ではなく、百姓株式に付随した苗字を名乗った[11]。また、所有者のいない百姓株式、つまり跡式は識別のために最後の所有者に因んだ名前が付けられることが多かった（名跡《みょうせき》）。近世の跡式も中世同様売買・譲渡の対象になったが、中世と異なり、領主のような上位権力（「公儀」）に処分権はなく、その役割は跡式の新しい所有者を文書上で承認することに限定されていた。百姓株式の移動は、多くの場合村役人より上位の者に届け出ることはなかったと考えられるが、岡山藩では当事者が大庄屋と庄屋共に藩に届け出るケースもあったようである[12]。

中世では事業請負の反対給付としてさまざまな得分権をともなう役職（「職」）が設定され、土地などに対して非常に重層的な請負と得分の関係が成立した。この重層的な請負と得分の関係は「職の体系」と呼ばれ、天皇を起点とする中世社会の支配秩序の体系でもあった。[13]「職」は、律令制や荘園制に由来するもの（郡司職、名主職、地頭職、本家職、公文職など）と、律令国家や荘園とは独立の在地社会の秩序によって形成されたもの（百姓職、作職、下作職）に大別される。第2章・薗部論文における「村落内身分」もこれに相当する。そして近世の百姓株式は、後者に属する職が近世期に百姓の仲間団体である村によって分割され、株化され、個々の家に割り当てられたものである。家（とその成員は）反対給付として村の領域内の屋敷地・耕地・山野河海の用益権をあてがわれ、村から穀物生産という事業を請け負った。これが百姓株式の内容である。

⑵ 百姓株式と分割方法

百姓株式は、現代の株式会社の株式同様に、分割が可能であった。分割の種類には三種類あった。①数的分割（株数表示）、②量的分割（石高表示）、③質的分割（格表示）である。具体的に説明すると、①によって、村は株式の総数の増減により所有者の数をコントロールすることができる近世末期の横野村のように百姓株式の総数が決まっていた村もある。[14]ただし、①の数的分割では、百姓株式所有者の数しかコントロールできない。百姓株式の内容に差をつける場合は、百姓株式を石高表示することで、不均等な分割であることを明示することができる。これが②の量的分割である。この②量的分割方式は、近世の多くの村で採用されており、そのような高持百姓の百姓株式は全て石高表示されていた。これを持高と呼ぶ。持高は村の財源である村入用の各家からの徴収額を決定する際などに、参照元として利用された。[15]ただし、量的分割は連続変数によるコントロールであるため、百姓株式の石高表示にあまり差がない場合は、所有する家間の序列が分かりにくいという問題がある。メンバー間の序列を強調した分割方法が③の質的分割であり、例えば、下野国芳賀郡西高橋村（現在の栃木県芳賀郡芳賀町大字西高橋）では、長百姓・頭百姓・小百姓の三つの格の百姓株式が存在した[16]。

(3) 村のメンバーシップと併合方法

百姓株式は、現代の株式会社の株式同様に、併合が可能であった。近世後期の関東農村では、空き家・耕作放棄地が少なくなかったため、村によって零細経営の整理・統合がおこなわれた[17]。所有者のいない百姓株式の併合はその手段の一つであり、村はより魅力的な経営条件の整備により、新規就農者の獲得を目指したのである。複数の百姓株式の併合が行われると、百姓株式に付随した屋敷地・耕地・山野河海の用益権は統合され、名跡のうち整理の対象になったものは消滅した。日本近世の百姓の家やその家産・家業・家名が必ずしも自律的な存在ではなく、村によるコントロールの対象となりえたことを示している。

横野村にも合百姓と呼ばれる百姓株式併合の事例がある。一七四三年の宗門改帳の記載では、「此勘六儀小高ニ而百姓相続成兼申候ニ付、七郎兵衛と合百姓仕候」、つまり、七郎兵衛養子勘六の財産が少ないので、養父七郎兵衛と合百姓になったとしている。七郎兵衛の子は娘四人のみで、息子はいなかった。一七三八年の勘六と七郎兵衛、両方の家の持高をみるとそれぞれ一・〇三二七九石と三・三四三三八石なのに対し、一七四三年では四・三七六一七石とちょうど両家の持高を足した数になっている。

3　横野村の概況と村内組織

(1) 概況

横野村は東海道の平塚宿の西を北上したところに位置する山村である。航空写真でみる限り大字横野の半分程度が

表3－1　横野村人口・高持百姓数・潰跡数

		総人口	男(人)	女(人)	譜代下人(人)	譜代下女(人)	高持百姓数	潰跡数
1738	元文 3	340	162	171	記載ナシ	記載ナシ	66	4
1742	寛保 2	335	166	169	1	3	66	記載ナシ
1743	寛保 3	324	166	158	1	3	65	記載ナシ
1744	延享 1	321	162	162	1	3	65	記載ナシ
1745	延享 2	328	164	164	1	2	65	記載ナシ
1746	延享 3	335	170	165	1	2	66	記載ナシ
1748	延享 5	319	166	153	1	2	66	記載ナシ
1749	寛延 2	319	166	153	1	2	65	記載ナシ
1758	宝暦 8	295	159	136	1	1	64	記載ナシ
1770	明和 7	298	154	144	記載ナシ	記載ナシ	63	記載ナシ
1771	明和 8	296	153	143	記載ナシ	記載ナシ	62	記載ナシ
1772	明和 9	297	155	142	記載ナシ	記載ナシ	63	記載ナシ
1797	寛政 9	288	150	138	記載ナシ	記載ナシ	65	記載ナシ
1839	天保10	257	129	128	記載ナシ	記載ナシ	63	記載ナシ
1843	天保14	271	133	138	記載ナシ	記載ナシ	61	2
1850	嘉永 3	277	125	152	記載ナシ	記載ナシ	59	4
1851	嘉永 4	300	140	160	記載ナシ	記載ナシ	60	3
1853	嘉永 6	306	145	161	記載ナシ	記載ナシ	60	3
1855	安政 2	303	146	157	記載ナシ	記載ナシ	60	3
1856	安政 3	302	146	156	記載ナシ	記載ナシ	60	3
1857	安政 4	287	141	146	記載ナシ	記載ナシ	60	3
1859	安政 6	295	142	153	記載ナシ	記載ナシ	60	3
1862	文久 2	299	144	155	記載ナシ	記載ナシ	60	3
1863	文久 3	291	142	149	記載ナシ	記載ナシ	60	3
1864	元治 1	285	142	143	記載ナシ	記載ナシ	60	3
1865	元治 2	288	141	147	記載ナシ	記載ナシ	62	2
1869	明治 2	308	151	157	記載ナシ	記載ナシ	60	3
1870	明治 3	308	149	159	記載ナシ	記載ナシ	59	4

山であるので、後述の村明細帳の耕地面積から概算すると、村の面積は一五〇町歩ほどではないかと考えられる。家屋の位置をみると、数軒の家の集まりが散在している[18]。航空写真で見ると、屋敷地と耕地が入り混じっているのに対し、山林と屋敷地・耕地の区別ははっきりしている[19]。

一八三五年（天保六）の「村明細帳」によると、横野村の村高は二八九石四斗六升七合四勺で、耕地面積は畑六五町一反七畝九歩、田三反五畝であった[20]。村の主な産業は薪炭と葉煙草の生産である。居住者のいる高持百姓の世帯はおおむね五九〜六六軒で推移していた（表3-1）。先行研究では従属農民とされている「譜代下人」は、高持百姓の家二軒の構成員として一七四二年から一七五八年にかけて三〜四人が記載されているのみである。それ以外の期間は宗門改帳の形式が変更され、奉公人と共に譜代下人も記載されなくなるが、その人口が大きく増加したとは考えられない[21]。他、一八二九年（文政十二）の「貯穀高書上帳」をみると「地借り」一軒がいたことが分かるが、それ以外の史料にはみられない。よって、十八世紀以降の横野村はおおむね高持百姓とその配偶者および近親者によって構成されていた村だと考えてよいだろう。非百姓身分については、少なくとも白泉寺住職（曹洞宗）、修験一人と妻子、番非人一人とその妻子が居住していたことが同年の「村明細帳」に記載されている。一七三八年の持高をみると（表３－２）、持高の判明している家六二軒のうち、三石以上四石未満の家が一六軒と最も多い。逆に、三石未満の家は二一軒、四石以上の家が二七軒であるので、おおよそ三石を切ると横野村では零細経営であり、四石を超えると大規模経営であるといえる。

表３－２　横野村の高持百姓数（1738）

持高（石）	家数（軒）
10石以上	4
9石以上10石未満	1
8石以上9石未満	0
7石以上8石未満	1
6石以上7石未満	2
5石以上6石未満	7
4石以上5石未満	10
3石以上4石未満	16
2石以上3石未満	10
1石以上2石未満	10
1石未満	1
不明	4
総計	66

横野村の成立年代は不明であるが、古代から中世移行期にかけて横野村の一帯は摂関家領である相模国波多野荘の一部であったと考えられる。村の成立に関する資料としては、今井高保家に加羅古神社の縁起が伝わっている。それによると、鎌倉幕府打倒のため丹沢山中に潜伏していた木曽義仲の家来、今井兵部と井沢小六が建久年間（一一九〇〜一一九八年）に偶然出会い、定住するようになった地を「横野郷」と名付けたのが村の始まりである[22]。その後、横野村の名が史料に登場するのは一五五九年（永禄二）に作成されたと伝えられる「小田原衆所領役帳」で、北条氏康の三男である為昌の家臣大藤新兵衛の知行地として「八貫文　中郡波多野　横野」の記載がある。「小田原衆所領役帳」では秦野市に三三あった「元禄郷帳[23]」の村のうち横野含めて一五村の名前が確認できる[24]。このころには既に秦野の近世村が成立しつつあり、各村の領域も

確立しつつあったと考えられる。

戦国時代は後北条氏の家臣の所領であったことは前述の通りであるが、天保六年「村明細帳」によると、小田原の役（一五九〇）の後は徳川家康の領地となり、一六〇八年（慶長十三）までは代官支配が続いた。その後、一七四〇年（元文五）に代官支配に復するまでは、旗本の知行地であり、知行主も四度交代した。九〇年に及ぶ代官支配を経て一八三〇年（文政十三）に小田原藩領となった[25]。

(2) 村内組織

秦野市の近世文書や民俗語彙には村内組織を指す用語が少なくとも五種類登場する。地縁的組織や同族的組織を厳密に区別するのは困難であるが、本章の議論の材料となる組織があるので、個々の用語を取り上げて概観したい。

まず、全国の近世農村に見られた「五人組」がある。五人組は近世日本の村でよく見られた近隣の家による協同・年貢納入・相互扶助組織であるが、本章で詳しく後述する。

第二に、一九八〇年代の民俗調査によると、「ニワ」という組織がある[26]。近世から現代の間に再編成された可能性もあるが、同じニワに属する家は地理的にまとまりがあり、同姓がほとんどを占めるニワもあるが、そうでないニワもある[27]。よって、ニワは必ずしも同族組織ではなく、地縁組織としての性格の方が強いものと考えられる。一九八〇年代の民俗調査では、ニワを二〜五に分割したものが「組」と呼ばれた。一組あたりの軒数は六〜七軒になる。日頃の労働交換[28]は「組」が単位となり、ニワが機能するのは葬式の時である。労働交換としての機能と地縁的組織的性格から、一九八〇年代の「組」が制度的に五人組の系譜を引く可能性は高いと考えられる。

第三に、「ケイトウ」については、姓を同じくする集団を指す。一八七二年（明治五）の戸籍によれば、横野村の家（不在者含む）は伊沢、今井、山口、相原他十姓から構成されていた（表3-3参照）。ただし、潰れた家を再興した場合、実家の姓ではなく再興した家の姓を継承することが聞き取り調査から判明している。[29]

第四に、「地縁（ジエン）」がある。横野村や神奈川県の他の地域ではジルイ、ジシンルイとも呼ばれる。便宜上、本章ではジエンで統一する。神奈川県大和市深見宮下では、ジエンは名田を共有していた家同士であるという伝承がある。[30] つまり、ジエンは中世にさかのぼる同族関係（おそらく血縁関係）ということになる。先行研究によると、必ずしも相互的な関係ではなく、ある家が別の家を一方的にジエンと認知しているものの、その逆が成り立たない事例もある。[31] 二〇〇二年の筆者の横野村における聞き取り調査でも、相互的なジエンもあれば、一方的なジエンもあるという先行研究同様の結果が得られた。[32] いずれにせよ、ジエンが五人組と異なる制度であることは確かである。

最後に「親類（シンルイ）」であるが、これは現在も通用する民俗語彙であると同時に、近世文書では頻出する単語である。だが、この「親類」を一般的に定義するのは非常に困難である。近世の家族史関係の訴訟関係の村方文書においては訴訟の当事者の他に、領主権力・村役人・五人組・親類の四者が利害関係者として頻出するが、前三者の範囲が非常に明確なのに対し、「親類」の範囲は非常に不明確である。管見の限り、親類の代表者としては祖父、両親の兄弟など近親者の男性が登場することが多い。近世文書では五人組と区別して明記されており、親類と五人組とは異なる制度であると認識されていた。

表3－3　横野村の姓（1872）

姓	屋敷地数
山口	14
吉田	12
柏木	8
伊澤	7
今井	4
関野	3
石田	3
相原	3
宇佐美	2
北村	2
井上	1
小澤	1
森本	1
白瀬	1
不明	8
総計	70

注：明屋敷を含む.

4　近世横野村における百姓株式数の変遷と固定化

この節では、まず横野村における百姓株式数の変遷を検地帳・宗門改帳のような住人をリストアップする形式の史料によって観察し、百姓株式数固定化の年代の推定を試み、次いでそれらの史料の形式をさらに詳細に他の史料と併せて分析することで横野村における百姓株式数固定化の要因を議論する。本章では史料の残存状況に基づき、便宜上一六七一年から一七三七年までを初期、一七三八年から一八〇〇年までを近世中期、一八〇一年から一八七〇年までを近世後期と呼ぶことにする。

横野村の百姓株式数について情報を提供する史料のうち、最も早い時期のものと思われるのが検地帳である一六七一年（寛文十一）の「相州大住郡横野村御縄打水帳」であり、検地の年として前述の天保六年「村明細帳」に記載されている。[33] 検地帳に登録された名請人七五人のうち屋敷持が七〇人である。[34] 屋敷持の百姓であることは百姓株式の所有者としてほぼ十分条件である。よって、この時点における百姓株式を所有する家は七〇軒程度であると考えられる。七年後の一六九八年（元禄十一）にはその屋敷持のうち、「与治ヶ戸《よじかいと》」に属する九軒が隣村の菩提村に編入され検地帳が改定されており、[35] 横野村の屋敷持の百姓は六一人に減少することとなった。[36]「与治ヶ戸」は「よじかいと」という読み仮名の示す通り、与治の名を冠した小集落で、現在のニワに相当する地縁組織だと考えられる。宗門改帳や村入用帳を見ると、「与治ヶ戸」の百姓は横野村に出作をしており、菩提村編入後も村入用を負担したり、横野村と菩提村の入会紛争の契機になったりするなど横野村と深い関係を持ち続けたようである。[37] なお、名請人のうち屋敷を持たない五人のその後は不明である。

中期に入ると、一七三八年（元文三）から一七九七年（寛政九）までは宗門改帳が断続的に残存している。宗門改帳の残存状況の詳細は表３‐１の通りである。近世中期の特徴は、何よりも百姓株式数の増加がみられることである。近世中期の宗門改帳は一七三八年のものを除き、死潰または引越による明屋敷《あきやしき》（空き家のこと。家の跡式もしくは潰跡《つぶれあと》と同じ意味でも用いられることがある）の名跡を記載していないので、必ずしも百姓株式所有者である高持百姓の数が百姓株式の数と一致するとは限らないが、最低でも宗門改帳に記載されている高持百姓の数だけ百姓株式だあるのは確かである。表３‐１を見ると一七三八年から一七五八年までは六五〜六六で推移している。一七七二年から一七九七年までは二五年の空白がある。一七七〇年代については、人口は不明であるが村入用帳に触番給を棟割(38)で負担した記録があり、一七七三年、一七七七年、一七七九年、一七八二年には百姓の家が六二軒であることが判明している。よって一八世紀後半の横野村の百姓株式数は六一〜六三の間で変動していたと考えられる(39)。

近世後期に入ると宗門改帳の形式が変更され、潰跡（構成員を失った家の跡式のこと）が五人組への帰属含めて明記されるようになる。構成員のいる家の軒数は五九〜六一軒で推移しているが、潰跡も含めて計算すると、一八四三年（天保十四）から最後の宗門改帳が作成された一八七〇年（明治三）まで百姓株式数が六三軒に固定されている。近世後期の宗門改帳で残存する最古の一八三九年のものでは、家数は六三軒であり、潰跡は記載されていない。高持百姓数の数と潰跡の数が記載されるようになるのは一八四三年からであるので、一八三九年の高持百姓数が六三であるのは偶然の一致かもしれないが、おおよそ横野村の百姓株式数は一七九七年から一八三九年の間に固定されたと考えられるのではないか。一八二一年（文政四）の五人組帳が残っているが、潰跡の記載はない。一七七〇年代から一七九〇年代にかけて六二軒で固定されていたのが、何らかの契機により六三軒に増加した可能性も排除できない。ただし、記録にはないとはいえ、潰跡が一軒もない状況というのも考えにくいため、一七七〇年代に既に六二に固定されていた可能性は低い。

いずれにせよ、横野村の百姓株式数は十八世紀後半から十九世紀にかけての約八〇年間で徐々に六三に収束したことが分かった。次章では、史料的制約の大きい近世初期を除いた時期について、宗門改帳の形式を他の文書と照合しながら議論し、横野村の百姓株式の固定化の要因を探りたい。

5 近世横野村における百姓株式数固定化の要因

まず、近世中期については、潰跡もしくは明屋敷の記載があるのは一七三八年の宗門改帳のみである。宗門改帳の末尾に次郎助跡、杢左衛門跡、小平次跡、又兵衛跡の四の潰跡の株式名がまとめて記載されている。よって、一七三八年の時点では構成員のいる家六六軒の他、潰百姓の株式が四あったことになる。つまり、村全体の百姓株式数を合計すると七〇となる。これは偶然かもしれないが、一八七二年（明治五）の屋敷地数と一致する。だが、その後も宗門改帳が作成され続けたにもかかわらず、十九世紀に入るまで潰跡の数が記載されることはなく、実際に構成員のいる家と、百姓株式の村全体の総計がどの程度乖離しているのかは不明である。潰跡には、明屋敷と田畑および入会権が付随しているのであるから、村が全く無関心であったとは考えられない。特に入会権は、何度も近隣の村々との争論の火種となっていた。[40] 逆にいえば、そのように村が資源管理に強い関心を寄せていたにもかかわらず、十八世紀においては百姓株式の数は領主に提出される公的性格の強い文書では厳密に明記されていない程度には、管理は緩やかであったのかもしれない。

それに対し、十九世紀の近世後期の宗門改帳は個々の家の五人組への所属を明確にするようになっており、各組の潰跡も明屋敷という形で明記するようになり、管理が緻密になっている。明屋敷は匿名ではなく、当然最後の当主の名と共に記録されている。よって、近世後期では横野村の百姓株式は村と五人組の二重の管理を受けているといってよいだろう。もちろん、一七三八年時点で潰跡の処分に五人組が既に何らかの影響を及ぼしていた可能性は否定できないが、筆者は、潰跡の五人組への帰属が代官所／小田原藩といった領主に提出される文書で明確に記された意義は大きいものだと考えられる。要するに、潰跡の帰属を村だけではなく五人組にも、領主権力が文書上で認めることになり、五人組の村に対する交渉力が増したのである。

近世中期の横野村の百姓株式の数が、少なくとも公的性格の強い文書のうえでは固定されていなかったという事実を鑑み、さらに村に管理上の主導権があったという仮定を置いて議論を進めると、近世後期に個々の家に対する五人組の帰属が公的文書で明確になったことと、百姓株式数が固定されたこと、さらに数の管理によって百姓株式のコントロールが厳密になった時期が重なることの間に、なんらかの関係性を推論しうる。

それでは、なぜ五人組が公的文書に登場することによって、百姓株式のコントロールが厳密になるのであろうか。まず、村というプレイヤーの戦略に注目してみよう。前述した通り近世中期に村に百姓株式の管理上の主導権があったのであれば、近世後期においては、村は従来よりも五人組の意向を尊重せざるをえなくなるであろう。前述の通り百姓株式は分割したり統合したりすることが可能である。村が潰跡を管理していたとしても、分割や統合のような株式の数を変動させるような戦略は、どの五人組に新しい／消滅した百姓株式が所属するかという問題に直結するので、五人組の同意なしにどの戦略も採用できない。よって、百姓株式制度は五人組というプレイヤーの交渉力の強化により、村全体として数における柔軟性を失うことになる。

次に、五人組の戦略をみてみよう。五人組は労働・年貢納入における相互扶助組織であり、意思決定組織である。(41)横野村でも同様である。(42)村と五人組が決定的に異なるのは、その規模である。村には数十から数百の家がありうるが、五人組には多くても七～八軒の家しかない。近世日本の家族は基本的に小家族なので、人一人の増減は家一軒の存立に影響する。家一軒の増減は村の存立には直結しないが、組の存立には直結するのである。要するに、五人組は人口や家数の増減に非常に敏感に反応する。人口変動リスクに対して非常に脆弱であるといってよい。地方書の代表である『地方凡例録』で「欠落により耕作者がいなくなった田畑は親類か五人組に耕作させ、五人組も独身者が多く、耕作が難しいときは、耕作者がみつかるまで村役人が責任を負い、村で耕作すべき」と述べているのも単なるお題目ではなく、実際にそのような事態が多くみられたということなのであろう(43)。よって、たとえ人口が減少したとしても、五人組が同一性を保持しようとすれば、家の軒数を減少させる百姓株式併合という戦略は五人組にはない。人口不足の状態において、五人組が解体され、プレイヤーであり続けられない場合もあった。下野国芳賀郡では、潰百姓が出て五人組の家数が減少した場合、家が再興されるまでの間、残った家に他の組の編入を進めて「仮組」を構成したという(44)。盛んに分家がなされるような人口過剰状態においても、五人組は当然ながら人口圧力により規模を維持できないので、村によって解体・再編成される。そのような場合は、五人組はもはやプレイヤーではありえないので、戦略は考えなくてよい。結論として、五人組という人口変動リスクに対して非常に脆弱なプレイヤーの存在は、人口不足という条件下においては百姓株式数を固定化させる方向に働くと言える。先行研究では、村単位の説明のみがなされていたので、人口不足の状態で百姓株式が固定されたという現象については、かろうじて領主権力による規制という説明があるのみであった。だが、筆者は、村や領主の他に、村のサブユニットというプレイヤーの戦略を考慮することで、人口不足の村で百姓株式に対する需要不足にもかかわらず、百姓株式の数が固定されたという現象を説明できると考えている。

五人組の戦略によって村が採用しうる戦略が制約されるという説明が横野村に当てはまるのか。それには、まず横野村が人口不足であるか、少なくとも、横野村の住民に人口が不足しているという認識がなければならない。表3-1をみる限り、近世後期は徐々に回復基調にあるものの一八三九年は二五七人と、三四〇人と最大であった一七三八年に比べ、人口を大きく減らしている。さらに、横野村の史料では前述の通り高持百姓以外の百姓身分は非常に限られている。百姓株式に対する需要が発生したとしても、それは村内の非百姓身分ではなく、村外人口の社会的移動によるものであると考えられる。

村外人口を考慮するのであれば、横野村だけではなく、かなり広域的な人口変動についての検討が必要である。相模国については、速水融の研究がある。それによると、一七二一年の相模国の人口を基準にした場合、一七五六年の人口は九七・七％、一七八六年には八九・四％、一八二二年には八六・三％、一八六四年には九七％、一九七二年には一一四％となっている。[45] 要するに、横野村で百姓株式数が固定したと思われる十九世紀の前半は相模国の人口が底を打った時期であった。さらに、横野村は東海道の裏街道である矢倉沢往還[46]に近く、つまり江戸に人口が流出する条件が整っている。少なくとも、増加傾向にあったことを支持する積極的な材料はないので、減少傾向にあったという評価でよいだろう。

横野村の百姓株式の需要低下については、いくつか傍証となる史料がある。近世中期については、一七四二年（寛保二）に横野村の理右衛門が土屋村の定六を娘婿に取り、「田畑家財山林竹木諸道具等」を残らず譲る代わりに「持参与金子拾五両」を受け取ったという記載のある証文を定六の親次兵衛に差し出している。[47] 娘婿といっても、「遺跡《いせき》ニ貰」とあるので、定六はただの娘婿ではなく、跡取り養子としての縁組である。これは、理右衛門が自身の百姓株式を一五両で定六に売り渡したことを意味している。ところが、一八七〇年の上大槻村から横野村に送られた村送状では、上大槻村の百姓茂右衛門弟長七が横野村百姓伝七の養子になるにあたって、「田畑山林敷金等附遺シ不申候」と明記されており、[48] 横野村の百姓株式に値段がついていないことが分かる。上記の二事例から判断するのは早計かもしれないが、近世中期においては人口過剰により百姓株式に希少性が生じており、入手に一五両もの大金が必要であった。これに対し、近世後期においては百姓株式に値段がつかなくなっているということは、百姓株式が少なくとも希少性によって生じる価値を失っていたといえる。希少性を失った原因としては、潜在的な需要の不足、つまり人口不足が最大の要因であると考えるのが妥当であろう。

さらに、横野村の五人組がどのくらい力があったのかという点も検討しなくてはならない。五人組の起源については諸説あり、大別すると同族を村落組織化のために構成しなおしたもの、もしくは同族とは独立した協働組織（今日の農村における生産組合のようなもの）として、家を組織したものに分かれる。[49]横野村については、後述の一七九〇年代期の村方騒動の際に構成員が幼少の男子一人のみの家の親類が、五人組を外されて迷惑したと苦情を申し立てている記録が残っており、[50]同族関係というよりは、協働組織であった可能性が高い。もちろん、一九六〇年代の住宅の配置[51]からして、同姓の家が近隣に位置するケースも多く、五人組と同族が部分的にあるいは全体的に一致することも多々あったと推測できる。よって、横野村においては同族と五人組は対抗的なものではなく、補完的なものであると考えるべきであろう。現存する最初の横野村の五人組議定は一六八〇年（延宝八）に作られた不審者取締用の短いものであるが、『秦野市史』によると、秦野市で最古のものだという。[52]よって、横野村の五人組は秦野市では早い段階から発達しつつあったと考えられる。関東甲信の幕領中心に五人組の設置が命じられたのは、一六三〇年代とされているので、[53]畿内近国以外の地域としては、早期に発達した部類なのではないだろうか。その後のものでは、五人組帳は一七四〇年（元文五）、一七七九年（安永八）、一八二〇年（文政四）、一八七〇年（明治三）と残存する。これらの五人組帳では、前文の長さはそれぞれ異なるものの、一六八〇年の議定とは異なり、個々の家の五人組への帰属が明確になっている。一七四〇年のもの、一八七〇年のもの以外については、前文については特筆すべきものはない。一七四〇年のもの、一八七〇年のものは、庄屋と名主等細かな用語の違いはあるが、ほぼ『地方凡例録』に収録されている五人組前書の例文と同じである。[54]とはいえ、当時広く流通した言説における五人組の役割を知る史料であるので、一七四〇年の五人組帳から、養子縁組に関する部分を紹介することとする。

一養子ハ親類を撰、相応之養子可致候、娘斗持入聟致候共、親類之内慥成養合可申候、然共其娘ニ年不相、他人

ニ而も吟味之上先之親類江其趣相違し、其上ニ而養子可致候、たとへ男子有之候共、親ニ不孝又ハ不行跡候ハヽ、名主五人組立合度々加異見而も用ひ不申族有之候ハヽ、其訳名主五人組道々ニ而訴之其上他人養子候とも可致候、又壱人之了簡、三男迠有之百性ハ惣領病身歟不届者ニ而跡式譲かたく存候ハヽ、次男三男之内江ゆづり候節是又名主五人組立合訴之上可申付事

五人組の役割を知るうえで興味深いのは、「たとへ男子有之候共、親ニ不孝又ハ不行跡候ハヽ、名主五人組立合度々加異見而も用ひ不申族有之候ハヽ、其訳名主五人組道々ニ而訴之其上他人養子候とも可致候」という部分である。たとえ実の息子があっても、素行のよくないものは名主や五人組が注意し、それでも従わなければ他人を養子とすべき、ということである。つまり、親子の情より村や五人組の意見を優先するように五人組の前書では勧めているのである。また、長男が病気がちか、素行が悪いなどの理由で、次三男に跡を継がせたいときは名主と五人組が立ち会うよう求めている。形式的に流通していた言説とはいえ、領主権力の認識では、五人組は、村と並んで家の事情に立ち入るべきとされた存在だったのである。岡山藩では、高持百姓は独身になると親類、名主、組頭に対して後継者を指名した「内存書」を提出しなければならなかった[55]。

さらに、横野村で五人組が相対的に力を増した決定的な出来事と思われるのが、一七九〇年代の村方騒動であった。名主によって年貢の二重取りがされたにもかかわらず、過剰取立て分の返済が迅速に行われなかったので、組頭の一人が反名主運動を繰り広げて村内を二分し、村政が麻痺し、小前百姓に対する村役人の統制が困難になった[56]。一七九七年の宗門改帳では名主が二人となっている。組頭四人のうち三人が辞任し、残った組頭一人が新しく就任した三人の組頭と連番で名主を勤めるようになったため、名主が世襲であったころに比べ、村役人の交渉力は低下したと考えられる[57]。以上、横野村の百姓株式数の固定化の要因と考えられる論点について検討した。結論としては、横野村では

百姓株式が固定化した時期に人口不足状態にあり、村方騒動その他による村役人の権力の弱体化等の原因により、五人組の交渉力が増大したため、村が、百姓株式の管理に際して五人組の意向を無視できず、以前に比べて個々の家の同一性を保持せざるをえなくなったといえる。

おわりに

以上、一六七一年から一八七〇年にかけての横野村における家の成立過程を観察し、分析した。その結果、遅くとも一八三九年には横野村で全ての家の跡式の村による保存・管理が制度化されていたことが判明した。これは遅くともその時期に、横野村において村の基礎単位としての家の組織化が完了したことを意味している。さらに、横野村は一六七一年の検地帳において名請人のほとんどが高持百姓から構成されており、高持百姓に準じる譜代下人や地借りのような村の構成員は近世を通じてネグリジブルな存在であり続けた。よって、横野村の家の成立過程については、その開始時期を一六七一年以前にさかのぼることが可能であり、完了時期は百姓株式数が固定され、構成員のいない家が百姓株式として村の管轄下におかれた十八世紀後半から一八三九年にかけての約八〇年の間のことであったと言える。その時期に相模国で広域的に人口が減少したことにより、村々の間で人的資源の取り合いになり、さらに村方騒動により村役人の指導力が弱まるという村の固有の事情もあり、村のサブユニットを構成する個別の家の存続が重要性を増し、結果として百姓株式の分割・併合による増減が難しくなったことが考えられる。

もっとも、横野村のような単純な構造の村の事例にどこまで一般性があるのかという疑問もある。それについては、次のように答えることができよう。近世における百姓身分の家の成立とは、百姓身分の「地縁的・職業的共同体」である村が住人の家をその構成単位として包摂し、組織化する過程に他ならない。つまり、村による住人の家の百姓株式化こそが、近世百姓身分の家制度の特徴なのである。したがって関東地方においては、横野村より規模が大きく、主従関係や血縁関係に基づいた同族のような集団が多大な影響力を持つ複雑な構造の村では、村による住人の掌握や管理には限度があり、村による家の百姓株式化は限定的であった。そのような村においては横野村より遅れて家が確立したか、もしくは、近世には村の構成単位である百姓株式としての家が確立しなかったと考えるべきであろう。

最後に、百姓株式は必ずしも硬直的なばかりの制度ではなく、柔軟な一面を持っていた制度であることを強調して終わりたい。村は所有者のいない百姓株式が生じた時、必ずしも血縁原理にこだわらなかった。村が重視したのは、むしろ人柄や妻子の有無など、定住の見込みであった[58]。そうして所有者をみつけた百姓株式がまた所有者を失えば、村は跡式を管理しながら根気強く新しい所有者を探した。つまり、家の系譜は続いていても、血縁に着目すれば、中身は入れ替わっているのである。これは、おそらく東海道など早くから開発が始まった街道沿いの地域の特徴であると考えられる。交通の便利な地域では、人の往来が多いからである。百姓株式は、人口の自然増加が見込めない時代に、村の自然資源に対する権利の管理の緻密化によって、末端に至るまでの流動的な人的資源の囲い込みを村が目指した制度であった。

注

(1)　百姓身分の家の成立過程について、経営の安定性を重視した論者としては、白川部や薗部らがいる（白川部達夫［二〇一〇］「村と百姓身分」『〈江戸〉の人と身分 2』山本英二共編、吉川弘文館、薗部寿樹［二〇〇三］「丹波国山国荘における家格制の形成とその背景」『山形県立米沢女子短期大学紀要』三八、一〇五頁）。家族形態に重点を置いたものとしては、坂田、平井の研究がある（坂田［二〇一二］、平井［二〇〇八］）。成立の結果としての家の系譜の連続性を重視したものとしては、森本の研究がある（森本一彦［二〇〇六］『先祖祭祀と家の確立』ミネルヴァ書房、五頁）。坂田の研究については本書の第1章・坂田論文、薗部については第2章・薗部論文、平井については第4章・平井論文も参照。

(2) 支配者が武士ではなく、公家や寺社である場合もあった。そのようなケースについては尾脇秀和［二〇一四］『近世京都近郊の村と百姓』思文閣出版を参照。

(3) 吉田ゆり子［二〇〇五］「兵農分離と身分」『日本史講座5　近世の形成』東京大学出版会、一五八頁。

(4) 原田信男［二〇〇九］『江戸の食生活』岩波書店、二〇五頁。

(5) 塚田孝［一九八七］『近世日本身分制の研究』社団法人兵庫部落問題研究所、二一一～二一二頁。

(6) 百姓以外の身分にも株式があり、村の管理下にあった。近畿の大工・杣・木挽などが典型的である詳細は戸石［二〇一五］を参照。

(7) 白川部［一九九九］によると、公権力の検地帳による権利の保障と、村の百姓株式に付随する権利の保障が対抗する場合があった。筆者は、前者は中世における支配者による当知行安堵（実行支配の承認）、後者は中世における中間層や被支配者間における当知行安堵の系譜を引くと考えている。当知行安堵については、藤木久志［一九九七］『村と領主の戦国世界』東京大学出版会、第六章「村の当知行」を参照。

(8) 「株」については、大石久敬著、大石慎三郎校訂［一九六九］『地方凡例録　下巻』近藤出版社、一一四ページを参照、「株敷」は武蔵国秩父郡上名栗村（現在の埼玉県飯能市大字上名栗）などにみられる。学習院大学資料館所蔵史料「町田家文書」、七五三八、七五四二、一四八九〇。「式」については平野［二〇〇四］四四八頁を参照。

(9) 先行研究では「百姓株式」という表現より「百姓株」という表現が多い。だが、「百姓株式」の「式」は中世の「職」に由来するものであり、第1章で扱った「跡式」という語とも密接な関係があり、中近世の連続性を考えるうえで重要なものである。桜井英治［一九九三］「株」『日本史大辞典』、平凡社。

(10) 田中圭一［二〇〇二］『村からみた日本史』筑摩書房、一九六～二〇一頁。

(11) 戸石［二〇一三］、五五頁、平野［二〇〇四］、四五六～四五七頁。

(12) 内藤［一九六八］、二二五～二二九頁。

(13) 「職の体系」については分厚い研究蓄積がある。研究史をコンパクトにまとめたものとしては、飯沼賢司［一九八六］「職（所有の形態）」『日本大百科全書』小学館、永原慶二［一九六五］「職」『国史大辞典』吉川弘文館、西谷正浩［二〇〇六］『日本中世の所有構造』塙書房、六二一～六四四頁がある。

(14) 横野村の他、百姓株式の総数が決まっていた村の例としては、備前国上道郡沼村（現在の岡山県岡山市東区沼村）（内藤［一九六八］）や、和泉国高島郡富木《とのき》村（現在の大阪府高石市）等がある（桑原恵［二〇〇七］「近世農民の「家」と家族」『徳島大学総合科学部人間社会文化研究』一四）。

(15) 小学館［一九六二］「高割」『日本国語大辞典』。

(16) 平野［二〇〇四］、四六一頁。

(17) 佐藤［一九六七］、頁、平野［二〇〇四］、二五七〜二六〇頁。

(18) 秦野市史編さん委員会［一九六七］『秦野市史　別巻　民俗編』秦野市、一四頁。

(19) Google Earthで二〇一五年八月二九日に確認。

(20) 秦野市史編さん委員会［一九六二］『秦野市史　第二巻　近世史料1』秦野市、八六〜九三頁。

(21) 秦野市史編さん委員会［一九六九a］『秦野市史　近世史料統計編2』秦野市、三〇〜五六頁。

(22) 池田正一郎［一九七七］『からこだ明神縁起考』、六〜八頁。

(23) 幕府の命によってなされた郷村調査に基づき作成された。相模国分の完成・提出は一七〇二年（元禄十五）。平凡社［一九八四］『日本歴史地名大系一四巻　神奈川県の地名』、七五九〜七六〇頁参照。

(24) 「小田原衆所領役帳」で確認できる村の名は、今泉、尾尻、落合、落幡、上大槻、下大槻、北矢名、渋沢、菖蒲、千村、寺山、名古木、東田原、蓑毛、そして横野である。「小田原衆所領役帳」には記載がないが、隣村と対になる名を持つ西田原や南矢名なども既に成立していたと考えられる（前掲、秦野市史編さん委員会［一九六二］、七頁）。「小田原衆所領役帳」の内容については、平凡社［一九八四］『日本歴史地名大系一四巻　神奈川県の地名』並びに早稲田大学所蔵の写本「北条氏分限帳」を参照した。

(25) 前掲、秦野市史編さん委員会［一九六二］、八八頁。

(26) 前掲、秦野市史編さん委員会［一九六七］、一四〜一五頁。

(27) 一九八〇年代の調査では五三軒中二四軒が山口姓である。近世横野村の姓については本章表3-3、一九八〇年代の姓については世帯一覧表（前掲、秦野市史編さん委員会［一九六七］、一五頁掲載）を参照。

(28) 秦野市では「テマガリ」と呼ばれた。前掲、秦野市史編さん委員会［一九六七］、四三頁参照。

(29) 戸石［二〇一三］、五七頁。

(30) 八木透［二〇一三］「地類地親類」青木美智男・森謙二編著『三くだり半の世界とその周縁』日本経済評論社、一九四頁。

(31) 前掲、秦野市史編さん委員会［一九六七］、四七頁。

(32) 戸石七生［二〇〇五］「近世南関東山村における村落の構造と成立過程」『秦野市史研究』二四、一四〜一八頁。

(33) 前掲、秦野市史編さん委員会［一九六二］、八八頁。
(34) 秦野市史編さん委員会［一九八九b］『秦野市史　近世史料統計編1』秦野市、一二二一～一二二四頁。
(35) 一七四四年（延享一）「村明細帳」では菩提村に編入された百姓が一一軒となっているが（前掲、秦野市史編さん委員会［一九六二］、七七頁）、数字に大きな違いがないので、本章では個別名や屋敷の有無の判明する検地帳の数字を優先する。
(36) 前掲、秦野市史編さん委員会［一九八九b］、一二二五～一二二六頁。
(37) 前掲、秦野市史編さん委員会［一九八九a］、一四九頁、前掲、秦野市史編さん委員会［一九六二］、五三七～五四〇頁。
(38) 家一軒当たりの負担が同額の賦課方法のこと。軒割とも言う。大野瑞男［一九九二］「村入用帳」『国史大辞典』、吉川弘文館。
(39) 前掲、秦野市史編さん委員会［一九八九a］、一五五～一六〇頁。
(40) 前掲、秦野市史編さん委員会［一九六二］、三七二～三七三、四八三～四八四、四九九～五〇一、五〇一～五一三、五一六～五一八頁。
(41) 煎本増夫［二〇〇九］『五人組と近世村落』雄山閣、九三～一一七頁。
(42) 一八二八年（文政十一）の「村方議定連印帳」によると、年貢については「御年貢諸夫銭之儀、触当候其日九ツ時相納可ㇾ申候。若不参致候者は、其五人組ニて弁済可ㇾ致候事」とあり、五人組が村への年貢の納入に連帯責任を負う決まりであった。寄合については、「若病気等ニて難ㇾ出節は、組合を以其趣急度相届ケ可ㇾ申候事」とあり、寄合に欠席する場合は同じ五人組の構成員が必ず届け出るよう定められていた。秦野市史編さん委員会［一九六二］、七〇頁。
(43) 前掲、大石久敬著、大石慎三郎校訂［一九六九］、一一四頁。
(44) 平野［二〇〇四］、四五七頁。
(45) 速水融［二〇〇九］『歴史人口学研究』藤原書店、一〇九～一一八頁。
(46) 現在の国道二四六号。
(47) 史料の全文は左記の通りである。

遺跡証文之事

一貴殿弟勘右衛門女房なつ共ニ我等遺跡ニ貰申候為持参与金子壱両只今慥ニ請取申上ハ畑屋敷山林竹木家材不残相譲申所実証成御（闕字）公儀様御法度之條々ハ不及申孝行之趣相守可申為後日依而証文如件

寶暦弐年　　申二月日

横野村

親　平兵衛　（印）

仲人　五兵衛　（印）

親戚

同　孫兵衛　（印）

組頭　太郎左衛門（印）

同　紋左衛門（印）

同　何兵衛　（印）

同　理右衛門（印）

同　源兵衛　（印）

名主新右衛門（印）

羽根村

金三郎殿

(48)　史料の全文は左記の通りである。また、高木侃先生から、村送状に持参金や財産に関する文言が記載されているのは非常に珍しいとご教示をいただいた。

村送り一札之事

一相州大住郡上大槻村百姓茂右衛門弟長七与申者当午三拾四才ニ相成候処此度其御村方伝七遺跡ニ縁付遣シ申候尤田畑山林敷金等附遣シ不申候此度村方人別相除其御村方御人別ニ御差加へ可被下候為後日送り一札仍而如件

明治三年庚午年

上大槻村

名主　太右衛門（印）
横野村
御役人中

(49)　一六四〇年の信濃国佐久郡下桜井村の「五人組一札」では、親類だけで五人組を作ることを禁じる項目があるので、実際には親類関係を基盤にした五人組が多かったのだろう。前掲、煎本［二〇〇九］、二六、三三、四六、八九〜九一頁、渡邊［二〇〇七］、二二一頁。
(50)　前掲、秦野市史編さん委員会［一九八三］、六二九頁、戸石七生［二〇一六］「日本伝統農村と村・五人組・百姓株式」『共済総合研究』七二、六八頁。
(51)　前掲、秦野市史編さん委員会［一九八七］、一四〜一五頁。
(52)　前掲、秦野市史編さん委員会［一九八三］、三七〇〜三七一頁。
(53)　前掲、煎本［二〇〇九］、三九〜四二、四四頁。
(54)　前掲、大石［一九六九］、九六〜一〇五頁。
(55)　内藤［一九六八］、二〇七〜二一一頁。
(56)　前掲、秦野市史編さん委員会［一九八三］、六六九〜六七二、六七四頁。
(57)　同前、六七六〜六七七頁。
(58)　戸石［二〇一三］、五〇〜五二頁、平野［二〇〇四］、四六〇〜四六四頁。

主要参考文献

朝尾直弘［一九八一］「近世の身分制と賤民」『部落問題研究』六八。
大藤修［一九九六］『近世農民と家・村・国家』吉川弘文館。
坂田聡［二〇一一］『家と村社会の成立』高志書院。
佐藤常雄［一九八七］『日本稲作の展開と構造』吉川弘文館。
佐藤常雄・大石慎三郎［一九九五］『貧農史観を見直す』講談社。
白川部達夫［一九九四］『日本近世の村と百姓的世界』校倉書房。

白川部達夫［一九九九］『近世の百姓世界』吉川弘文館。

戸石七生［二〇一三］「前近代移行期南関東農村における農家数減少とその対策」『共済総合研究』第六四号。

戸石七生［二〇一五］「日印の伝統農村の共済機能」『共済総合研究』第七〇号。

内藤二郎［一九六八］『本百姓体制の研究』御茶の水書房。

平井晶子［二〇〇八］『日本の家族とライフコース』ミネルヴァ書房。

平野哲也［二〇〇四］『江戸時代村社会の存立構造』御茶の水書房。

渡邊忠司［二〇〇七］『近世社会と百姓成立』思文閣出版。

第４章　近世後期における家の確立――東北農村と西南海村の事例

平井晶子

はじめに

本章では、東北農村と西南海村に焦点をあて、家が、いつ、どのように確立したのかを歴史人口学的方法を用いて考察する。

歴史人口学は、人口学的研究を国勢調査以前の社会に応用する学問であり、さまざまな戸口資料をもとに過去の人口・家族パタンの解明をめざす(1)。徳川日本については、人別改帳や宗門改帳といった戸口資料が豊富にあることから、世帯や人口、さらには個人のライフコースに関する研究が盛んにおこなわれてきた。本章では、世帯やライフコース分析を得意とする歴史人口学的方法を家研究に応用し、家らしい家が一般化してくるプロセスを、世帯・個人の側からとらえ直してみる。

第1節では、歴史人口学的アプローチで家を論じる枠組みを従来の家研究と関連づけて整理する。第2節では分析で用いる資料や方法を簡単に紹介し、第3節・第4節で、東北農村と西南海村の事例分析をおこない、第5節で近世後期における家の確立についての見通しを述べ、本章のむすびとしたい。

1 村落社会における「家の確立」――その研究史

(1) 家とは何か

社会学では、家の本質をめぐり三つの家論が展開されてきた。一つ目は家の本質を生活保障の場とみなす有賀喜左衞門（[一九四〇]一九六五〜七一）の「経営体としての家論」であり、二つ目は家の超世代的連続性を重視する鈴木榮太郎（[一九四〇]一九六八）の「直系家族としての家論」、三つ目が普遍的概念で説明する戸田貞三（[一九三七]一九七〇）や喜多野清一（[一九六五]一九七六）の「家長的家族としての家論」である。

従来、三者の相違点が強調され家の本質が問われてきたが、実は基本的な家理解は共通している。すなわち、①家は家業と家産を維持するもの、②家は直系親族または嫡子により一子相続されるもの、③家の世帯構造は直系家族である点、④（これら三つの大前提として）家は永続性をもつことである。①家業家産の維持については、鈴木や喜多野は永続性を維持するために、有賀は家成員の生活を保障するためにと、位置づけは違うがともに家業や家産を維持しなければならないという。②一子相続については、家を直系家族とみなす鈴木の場合、それが直系親族の一子残留による相続であることは当然であるが、家を経営体ととらえた有賀（[一九六〇]一九七〇）も、家の内部構造を嫡系と傍系に区別し、嫡系による継承が構造的特徴であるという。喜多野は一子相続であることを明示していないが、家は直系親族から構成される場合が多いことや「継嗣の選定」が必要なことに言及している。④永続性については、有賀は家業と家産の維持を重視し、鈴木は直系性、戸田・喜多野は系譜性に重きをおいたが、いずれも永続性を取り上げ、永続性を「家」の不可欠な要素と位置づけた。

表4－1　2つの位相からみた家変動に関する研究

位相	地域	時期	家の成立の指標	出所
村と家 ＝家の成立	近畿	16世紀	家産・家名・家業の存続 永続性への強い志向性	坂田（第1章）
	近畿	16世紀半ば	家役の賦課による 家格制宮座の成立	薗部（第2章）
	中国・四国・ 北中部九州	16世紀末～ 17世紀	家役の賦課による家格制 宮座の成立	薗部（第2章）
	関東	1671年以前か ら1839年まで に完了	家の跡式の保存・管理の 制度化	戸石（第3章）
家の内的特質 ＝家の確立	近畿	18世紀前半	一子相続	大竹（1982）
	中部	18世紀後半	家産・家名・家業の継承	長谷部ほか (2009)

(2)　家はいつ成立し、いつ確立したのか

村落における家の成立をめぐる議論は、本書第1章から第3章まででも述べられているように諸説さまざまあるが、議論の位相としては二つに大別できよう。一つは「村」との関係から家をとらえる位相であり、もう一つは「内的特質」から家を論じる位相である。

村との関係から家をみる場合、村の構成単位として家が自立しているかどうかが重要になる。他方、家の内的特質に注目する場合、家が村の自立的単位であることを前提に、実際の世帯の存在形態・世帯を構成する個人のライフコースが問題になる。ここでは、前者、すなわち村との関係から家を理解し、自立的存在になる過程を「家の成立」、後者、すなわち社会学で定義されたような家的特質を獲得する過程を「家の確立」と峻別し、議論を進める。

本書の第1章から第3章まで、さらにはそこで俎上に載せられている種々の家論はおもに村との関係で家をとらえるものであり、家の成立に焦点をあてている。では、家はいつ成立したのか。表4－1の上段にまとめたように、畿内では十六世紀に、西国（中国・四国・九州、ただし一部を除く）では十六世紀から十七世紀初頭に、関東では十七世紀末ごろから家が成立してきたことがわかる。畿内で成立した家が十六世紀から十七世紀にかけて関東・九州へ展開したのである。

この自立的存在として立ち現れてきた家が、実際に家らしい特徴を備えて

いくのはいつなのか。表4-1の下段にまとめたように、近畿では十八世紀前半、中部では十八世紀末ごろと言われている。摂津国（現兵庫県尼崎市）では新田開発が一通り落ち着いた十八世紀初頭、次男や三男に分割できる土地が不足し、単独相続になったことから家が確立していった（大竹［一九六二］）。信濃国（現長野県上田市）では、十八世紀末から市場経済化が進み、経営体として家を維持する必要が高まったことから、家・同族社会が確立した（長谷部ほか［二〇〇九］）。

では、近畿・中部以外の地域ではいつ家が確立したのか。以下では東北の仁井田村と九州の野母村の事例から家の確立プロセスを検討してみる。

2　宗門人別改帳と歴史人口学

(1)　宗門人別改帳

近世の戸口資料は、徴税や徴兵のために作成された人別改帳の流れを汲むものと、キリシタン禁制のために領民が仏教徒であることを調べ、記録させた宗門改帳の流れを汲むもの、両者が統合してできた宗門人別改帳など、さまざまなタイプのものがある。本来目的の違う資料であるが、いずれも村民を把握するために作成されたものであり、基本的な内容は類似している。具体的には、村の総人口などの村情報、各戸の構成員や持高などの家情報、個人の名前や年齢、続柄などの個人情報が記載されている。資料によっては、村情報として村高や移動人口が記録されることもあれば、家情報として家屋の数やその大きさ、家畜の数、所属する五人組が書かれているもの、個人情報として生国や奉公先、縁付先が詳述されているものもある。

資料4-1は、次節で分析する陸奥国安達郡仁井田村（現福島県本宮市）の一八〇〇年（寛政十二）の人別改帳から一軒分を取り出したものである。一軒分が取り出せることからも分かるように、資料は「一打《いちうち》の単位」ごとに、持高、家成員の名前、年齢、続柄、家成員の総数が書き上げられている。この「一打の単位」ごとの成員数は一人から一〇人程度であり、村の戸数も毎年変わることから、おそらく現実の「戸」の範囲を示していると考えられる。よって以下では、この単位を世帯と称し分析する。

第3節で扱う仁井田村、第4節の野母村ともに、このような記録が、村の全戸についてほぼ毎年作成されていた。しかも、両村とも一〇〇年をこえる期間の資料がほぼ連続して残されている。そのため世帯やライフコースの変化を知るうえで、またとない情報を与えてくれる。

資料4-1　寛政十二年申年三月「安達郡仁井田村人御改帳（村控）」

持高　本田九石八斗四升八合
　新田弐石壱斗弐升九合
借高　新田九升三合　　寛政八辰年より五年来庄吉へかり地
作高本新〆拾弐石七升
一、平次郎女房いそ　年廿九　身請引込申候
一、嫡男平蔵　年八ツ（後筆）「帳面仕立後死失」
一、親平兵　同五拾九
一、女房りつ　同五拾六
　〆五人内　二人男
　　三人女
一、家主平次郎　年三十四　当村遠藤新十郎方給取

（遠藤家所蔵）

⑵　歴史人口学的アプローチ

戸口資料の歴史人口学的分析に際しては、資料に登場する世帯や個人をタテにつなぎ、世帯や個人を追跡することが重要になる。そのため、世帯ならびに個人にＩＤを付け、情報をつないでいく。これにより個人であれば、（村にいる限り）生まれてから死ぬまでを追跡することができ、だれの子どもとしてどの家に生まれ、いつ奉公に行き、また戻り、何歳で結婚し（離婚し、再婚し）、何人の子どもを産み、何歳で死んだのか、まさにライフコースを再現することができる。

表4－2　本章で用いる分析指標

地域	世帯	ライフコース	位相
東北農村（仁井田村）	世帯の永続性 相続形態 家産の推移 世帯の規模と構造	結婚年齢の分布 兄弟別ライフコース	家の内的特質 ＝ 家の確立
西南海村（野母村）	世帯の構成メンバー	結婚パタン	

例えば、一七四〇年にＪ家で生まれたはつ[2]は、世帯主の弟夫婦（定介、いの）の長女（第一子）として生をうけ、一五歳で結婚する。彼女には結婚当時、一二歳と九歳の弟がいたが、婿養子与四郎（二四歳）をむかえている。そして、この夫婦には子どもが生まれた記録がないまま[3]、七年後に離縁する。その後、はつは二五歳のとき、近隣の村へ縁付いたため、はつの仁井田村での記録はここで終わる。

このように人別改帳に記載された内容を時系列に沿ってつないでいくと、生まれてから村を出るまでのライフコースが再現できる。これを束にして人口学的分析をおこなうのが歴史人口学である。また、本章ではこの方法を世帯にも応用し、世帯についてもその誕生から消滅までを追跡し、その軌跡を再現した。

歴史人口学的方法を用いるためには、資料を読解し、シートに整理し、データベース化するという長い作業が必要になる。しかし、近世の戸口資料は、その膨大な労力に見合うだけの豊富な情報をわれわれに与えてくれる。本章では、ユーラシア・プロジェクトで作成したデータベースを利用する[4]。

歴史人口学的方法を用いた分析で扱いうるのは、（前節の整理でいうと）家の内的特質を問う位相であり、家の確立をめぐる問題である。具体的には、表4-2に示した指標を用い、家の変容にアプローチする。本来なら、東北と九州で共通の指標を使うべきであるが、そこは前近代、資料上の制約があり希望通りとはいかない。個々の資料に即し、現段階で最良と考えられる指標を用い、家の変化をとらえてみたい。

3　東北農村の変容――仁井田村の事例(5)

(1)　地域と資料

東北農村の事例として取り上げるのは陸奥国安達郡仁井田村である。(6) 仁井田村は商都郡山と城下町二本松のほぼ中間に位置する街道沿いの農村であり、少なくとも一五八五年には「高目録」に登場する（成松［一九九二］）。仁井田村の戸口資料は、名主である遠藤家が代々作成し管理してきたもので、一七二〇年から一八七〇年までの一五一年間のうち一四六年分が残存している。遠藤家は一七二〇年に同郡荒川村より使わされた名主であるが、遠藤家の歴史は古く平安時代には下野国の国守を務めた藤原村雄の子孫といわれている（成松［一九九二］）。

人別改帳に登場するのは四〇七五人（男性二一一五人、女性一九五五人、性別不明五人）で、延べにするとおよそ六万人に相当する。資料に登場する世帯は三四九戸、延べ約一万五千戸である。以下ではこれら六万人、一万五千戸の情報をもとに世帯とライフコースの変化をみていく。

仁井田村の人口は、観察初年（一七二〇年）に五四〇人、世帯数は一三二戸、平均世帯規模は四・一人で、しばらく安定していた。ところが十八世紀後半になると冷害などが頻発し人口が減少し、一八二〇年には三六六人にまで落ち込む。その後は徐々に増えはじめ明治を迎える頃には観察初年の水準まで回復した。人口が減少するあいだ、それと連動して世帯数も減少した（一時は九〇戸にまで落ち込む）が、平均世帯規模はおよそ四人を維持した。その後、人口が回復し始めると、世帯数は増えず（およそ九〇戸前後で固定）、人口増加分を既存の世帯が吸収し、平均世帯規模が六・〇人にまで拡大した。

(2) 世帯の変容

仁井田村では、家的特質はいつごろ一般化したのか、すなわち家の確立時期はいつなのか、①永続性、②相続形態、③家産の推移から検討してみる。

①永続性

世帯の永続性をみるため、まず全世帯の存続期間を観察した。世帯が新しく創設される時点を「世帯のはじまり」、転出や絶家によりそれまで存在していた世帯が消滅することを「世帯のおわり」ととらえ、全三四九戸の存続期間を調べた。

表4-3に示したように、終始存続した世帯はわずか一〇%（三六戸）で、一〇〇年以上続いた世帯でさえ一八%（六三戸）しかなかった。逆に、過半数の世帯（六一%、二一二戸）は分家や転入出のため五〇年さえ続かなかった。世帯がこれほど短命なのはなぜなのか。まず思いつくのは経済的理由である。そこで持高を指標に経済階層別の存続率を求めた。ところが、存続期間と持高は必ずしも相関しておらず、持高が多くても短命の世帯がみられた。では、何が影響しているのか、時代の変化に注目してみた。

観察期間が一五一年であることを考慮し「五〇年以上続いた世帯」というのを指標に、時代による変化を調べた（表4-4）。すると「五〇年以上続いた世帯」は、一七七〇年時点で全世帯の半数しかなかったが、その割合は徐々に増え、十九世紀中葉には八割を超えるまでに増えていた。たしかに十八世紀（一七二〇～一七八〇年）は分家や絶家が多かった。たとえば子どもがいるにもかかわらず、その子どもを婚出させ絶家することも珍しくなかった。しかし、十八世紀末から変化が生じ、十九世紀（一八一一～一八七〇年）になると分家も絶家も少なくなる。

つまり、世帯の永続性は十九世紀に入り強化されたのである。

②相続形態

表4－3　仁井田村における世帯の存続期間

期間	家数	割合（%）
終始存続	37	10.3
101-150年	27	7.8
51-100年	73	20.9
1－50年	212	60.9
合計	349	100

表4－4　仁井田村における「永続する注)」世帯の割合（%）

観察時点	10年分の平均（%）
1770年代	53.4
1780年代	55.9
1790年代	61.9
1800年代	64.6
1810年代	65.5
1820年代	65.4
1830年代	71.7
1840年代	77.5
1850年代	79.5
1860年代	84.0
全期間の平均	67.8

注：「永続する世帯」とは、50年以上存続した世帯。

相続については、単独相続か分割相続かを調べてみた。具体的には、分家に注目し、分家に際し、家産である持高が分割されたか否かを観察した。

仁井田村では観察期間の一五〇年の間に一一八戸の分家が誕生したが、分家段階で家産を分割したケースはひとつもなかった。その代わり、分家の半数が本家から土地を借り、新たな世帯をスタートさせていた。しかも、その半分で、借りた土地が数年から数十年後に分家のもの（分家の家産）になっていた。

このような時間をかけて家産を分家に移すケースを分割相続に含めると、十八世紀は単独相続と分割相続が併存していたことになるが、十九世紀になると分割相続が消え、単独相続に収斂していたことがわかる。

つまり、単独相続という家的特質も十九世紀になり一般化したのである。

③家産の推移

全世帯を対象に持高の量的変化、具体的には持高を減少させた世帯割合を観察し、家産を維持する傾向がいつ一般化したのかを検討してみる。

表4－5に示したように、十八世紀（一八一〇

表４－５　仁井田村における階層別の持高減少世帯数

		18世紀 総世帯数 （戸）	減少 世帯数	減少率 （%）	19世紀 総世帯数 （戸）	減少 世帯数	減少率 （%）
下層	無高	2,253	0	0	929	0	0
	５未満	816	9	1.1	248	1	0.4
中層	10石未満	2,330	45	1.9	1,192	5	0.4
	15石未満	1,884	47	2.5	2,783	12	0.4
上層	20石未満	731	34	4.7	1,163	14	1.2
	20石以上	688	52	7.6	571	13	2.3
合	計	8,702	187	2.1	6,886	45	0.7

年まで）は、年平均二・一％の世帯で持高が減少していた。しかも、その四分の一で減少幅が一〇石を越える大幅な減少となっていた（分家を創設することもあり、持高を頻繁に・大量に減少させていたのは上層である）。ところが、十九世紀になると持高を減らす世帯そのものが年平均〇・七％と三分の一に減り、さらに減少幅も半分以下に低下していた。

つまり、十八世紀には弱かった家産維持の傾向が十九世紀に入り強くなったのである。

このように永続性、単独相続、家産の維持という家的特質は、十八世紀末から十九世紀初頭にかけて浸透していき、十九世紀中葉までに一般化したことがみえてきた。

⑶　世帯形態とライフコースの変容

家の確立は世帯形態やライフコースにどのような影響を与えたのか。逆に、どのような世帯形態やライフコースの変化が家の特質を変化させたのか。ここでは紙幅の都合もあり、①世帯規模・世帯構造、②結婚年齢、③兄弟別ライフコースに絞り検討する。

①世帯規模・世帯構造

図４－１に示したように、十九世紀初頭までは三人以下の小規模世帯から四人から八人の中規模世帯まで幅広く分散していたが、十九世紀中葉以降、小規模世

図４－１　仁井田村の世帯規模の分布の推移（%）

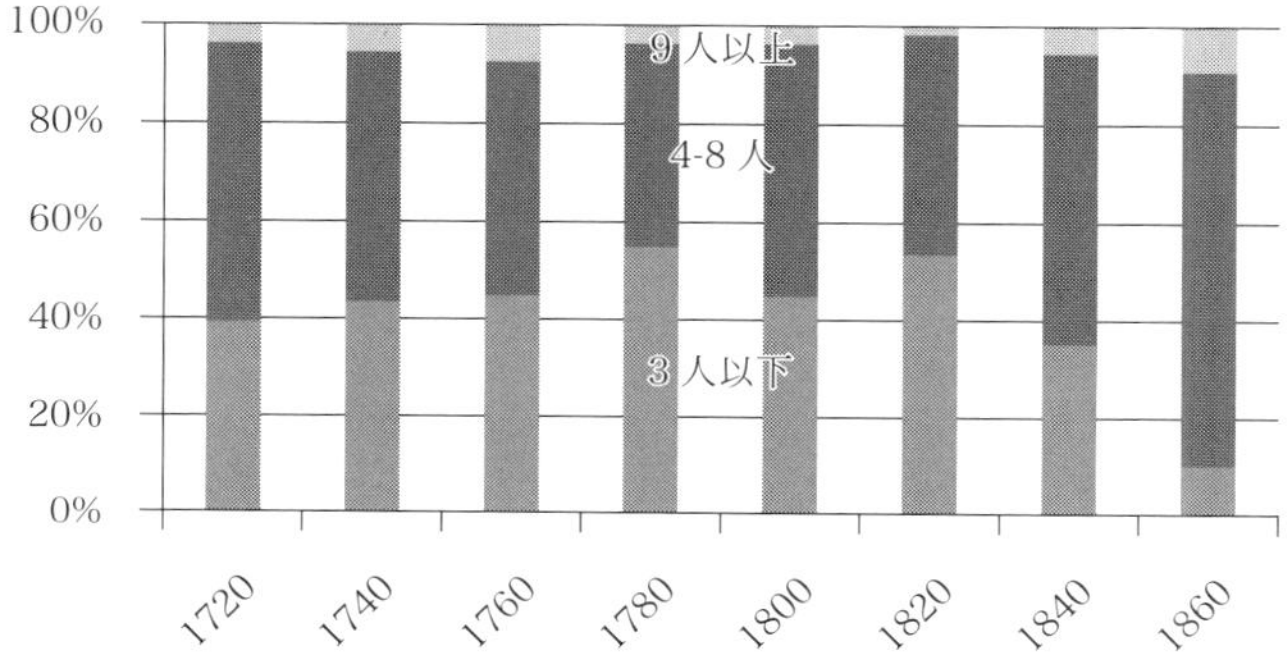

図４－２　仁井田村の世帯構造の推移（%）

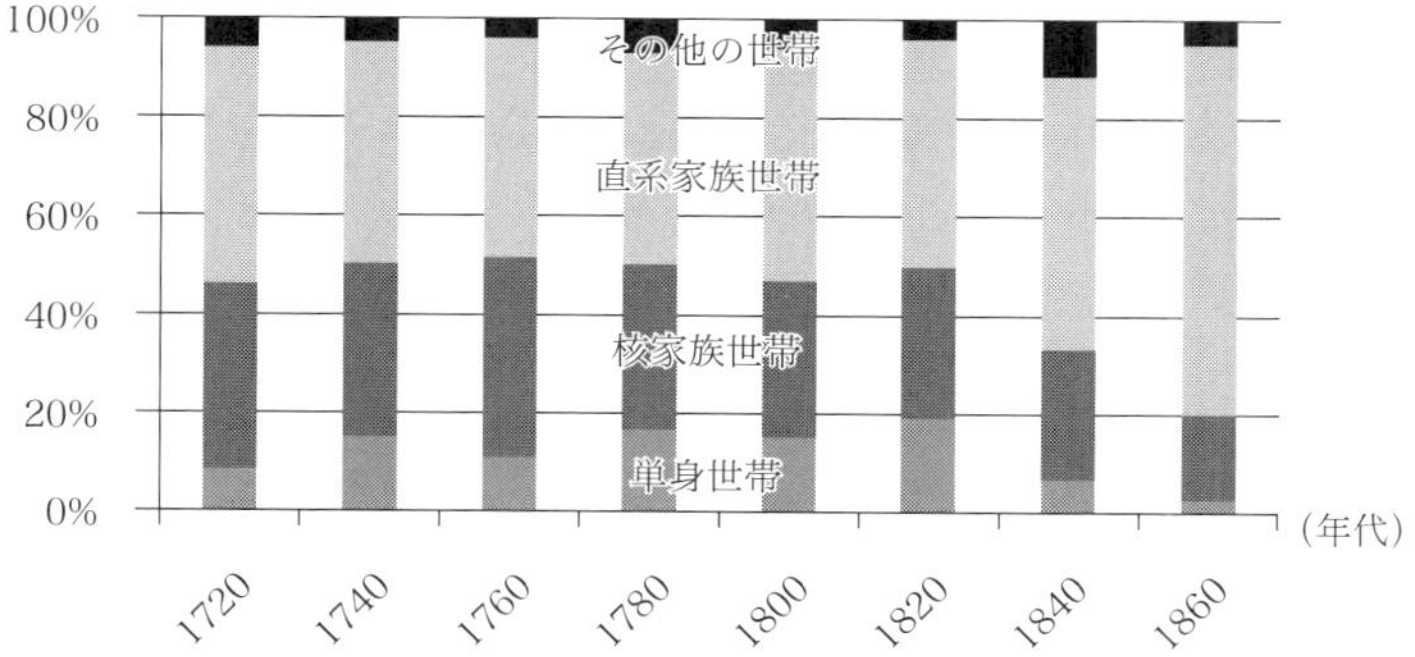

注：「その他の世帯」はおもに「複合家族」であるが、ほかに「核家族＋未婚のきょうだい」「きょうだいのみの」なども含まれる。

帯が減少し、四人から八人の中規模世帯が大多数になっている。また、世帯構造を見ても（図４-２）、中規模世帯が増えた十九世紀中葉以降、単身者や核家族世帯が減り、直系家族世帯が増えている。

家が確立するまでは多様な形態の世帯で村が構成されていたが、家が確立した社会では、世帯規模や世帯構造が中規模の直系家族世帯へ収斂している。

②結婚年齢

次に、（前近代社会では）出生や死亡よりも社会的な影響を受けやすい結婚を取り上げる。なかでも大きな変化がみられた結婚年齢に注目する。ここでは、結婚年齢の推移をわかりやすく示すため、結婚がもっとも多く発生する年齢層、「結婚頻出

表4-6　仁井田村における「結婚頻出年齢」での結婚発生率（%）

結婚年	女性（%） 10–24歳での結婚	男性（%） 15–29歳での結婚
1720–49	73.9	59.4
1750–79	77.9	72.0
1780–09	80.0	70.0
1810–39	80.3	80.3
1840–70	87.2	83.5

期」（女性では一〇～二四歳であり、男性では一五～二九歳）を定め、その年齢層での結婚発生率を求めた（当時は死亡率も離婚率も高く再婚が多かったため、ここでの結婚には再婚も含む）。

表4-6に示したように、男女とも「結婚頻出期」の結婚割合は十九世紀になると格段に上がっている。十八世紀は女性の「結婚頻出期」の結婚割合が七割しかなかったが、段階的に頻出期に集中していき、十九世紀中葉以降は九割弱の結婚が頻出期に生じている。男性も同様で、十八世紀は六割に満たなかった頻出期の結婚が、十九世紀になると八割になっている。

（再婚を含んでいることもあり）もともと結婚は人生のさまざまな段階で発生するイベントであったが、家が確立する過程で変化し、結婚が許される年齢が頻出期の一五年程度に限定されていったのではないか。つまり、ある特質をもつ家が一般化する（家の確立）とは、その構成員にその特質（家）に合った生き方を求めることであり、その一例が、結婚年齢を特定の年齢層に収斂させ、「相応しい」年齢で結婚するという結婚パタンを登場させたと考えられる。

③兄弟別ライフコース

家が確立し、単独相続が一般化することは、長男と次三男のライフコースにどのような影響を与えたのか。ここでは、長男と次三男という出生順位の差がもたらす男性のライフコースの違いに注目し、家の確立の個人にとっての意味を検討する（乳幼児死亡率が高いことや養子が頻出する当時の状況を踏まえ、長男や次三男を社会的続柄として扱う。すなわち、それぞれ取り扱うイベントの発生時までに死亡した兄弟や、養子などで家の成員ではなくなった兄弟を除いたなかでの出生順で「長男」「次男」を定義する）。

あととりの前戸主との続柄を「長男」「次男」「その他」に分け、十八世紀と十九世紀を比べたところ、長男相続が基本である点は観察期間を通して変わらないが、「長男」が相続する割合は十八世紀の六割から十九世紀の八割へ圧倒的に高くなる。また「長男」のあととり化と反比例するように「次男」が養子に出る割合が四割から七割弱に増えている。

仁井田村では観察当初から長男相続という緩やかな傾向はあったが、あまり厳密なものではなく、次三男が継承することもあれば、長子である姉が婿をとり相続する（姉家督）こともしばしばみられた。ところが、家が確立するなかで「長男」相続の割合が高まり、「次男」が養子に出る割合も高まった。出生順によるライフコースの固定化が顕著になった。

家が確立した社会では結婚年齢が相応しい年齢に収斂したように、あととりか、養子かについても、出生順でパタン化している。あととりを確保することが容易でない東北農村では家を存続するために養子は不可欠であった。出生順別にライフコースを固定し、早々に「長男は生家のあととり」、「次三男は他家のあととり」と定めることは、個々の家だけではなく、村（地域）単位で家の存続率、家の永続性を高めることにつながったのではないか。家の確立とは、このように個々の家だけではなく、社会として家の存続を可能にするライフコースパタンを生み出すものだったのではないだろうか。

⑷　家の確立＝世帯・ライフコースの均質化

十八世紀、仁井田村に生きた人びとは個々の事情に合わせて多様な世帯で多様なライフコースをたどりながら暮らしていた。しかし、十八世紀末から人口減少など社会状況が変化するなか、彼らの暮らしにも変化が生じた。世帯は単独相続で家産を維持しながら永続性を保つものへと変化し、結婚や継承・離家などライフコースも均質なものへ変化した。そしてほとんどの人が中規模の直系家族世帯のなかで生きる社会をつくりだした。

家の確立とは、このように均質な世帯のなかで、パタン化されたライフコースを生きる人びとによって実現されていったと考えられる。

4　西南海村の変容——野母村の事例(7)

(1)　地域と資料

九州の海村については、おもに中島満大による肥前国彼杵郡野母村（現長崎市野母町）の研究をもとに、家の確立につながる内容を拾い出してみたい。

野母村は長崎半島の先端に位置し、近世には漁業、とりわけカツオ漁が盛んな漁村であった。村の規模はひときわ大きく二五〇〇人から三〇〇〇人が集住する。これだけの人口規模の村で戸口資料が残っていると、たとえ一年であってもさまざまなことが分かるが、野母村の場合、一七六六年から一八七一年まで一〇六年分（欠年はわずか七年）の宗旨御改絵踏帳が残されており、人口学的分析に良質の情報を提供してくれる。ただし、野母村の資料には、持高や移動情報が少なく、東北と同じような分析は難しい。そこで家との関連が類推できる世帯構成員の推移や結婚パタンの変容から家の変化にアプローチしてみる。

(2) 世帯の変容

観察初年の一七六六年、野母村の人口は二三六四人、戸数は三六八戸、平均世帯規模六・四人であった。人口は徐々に増え、一八五九年には最大の三六二一人（観察初年の約一・五倍）に達した。[8] 人口増加分は世帯数の増加（同年、五二五戸、約一・四倍）で対応しており、世帯規模（同年、六・九人）には大きな変化はみられなかった。ただし、明治に入った一八六九年、人口が増えていないにもかかわらず急激に世帯数が増えた。それまで同居していた既婚のきょうだいやイトコが独立したためである。一年で年十軒も増えるのは実態の変化というよりも登録・記載の変化と考えるのが妥当であろう。そのため野母村の資料に記載された単位が、そもそも厳密に世帯といえるのか、疑問が残る。このこともあり野母村については仁井田村と同じ家の歴史人口学的分析をおこなうには至っていない。

以下では世帯構成メンバーの推移という視点から、なんとか世帯の変容にアプローチしてみる。

野母村の世帯は、全期間をトータルでみると、およそ七割が親・子・孫からなる直系親族で、残りの三割がその他の親族（きょうだいやその配偶者、イトコ、オジ、オバ、甥、姪など）で構成されている（中島［二〇一五］）。野母村では傍系親族は結婚するといずれは分家するが、分家するまでの期間が比較的長く、他地域に比べると「その他の親族」割合が比較的多い（仁井田村ではおよそ一割）。また、時系列的にみても、この直系親族と傍系親族の構成比にほとんど変化はみられなかった。

では、世帯を構成する要素に全く変化がなかったのか、というとそうではない。図4-3、図4-4に示したように、「名子《なご》」に大きな違いがみられた。十八世紀は人口の二〜三％が名子で、とくに四〇歳以降では名子が五％以上を占めていたが、十九世紀になるとその名子がいなくなる。

一般に、名子とは家の隷属的成員を示すと考えられているが、具体的にどのような人を指すかは時代や地域により異なる。野母村の場合も、「イトコの妻」が「名子」と記されていることもあれば、親族関係が不明な人が「名子」

図４－３　野母村の年齢別名子割合（男性）

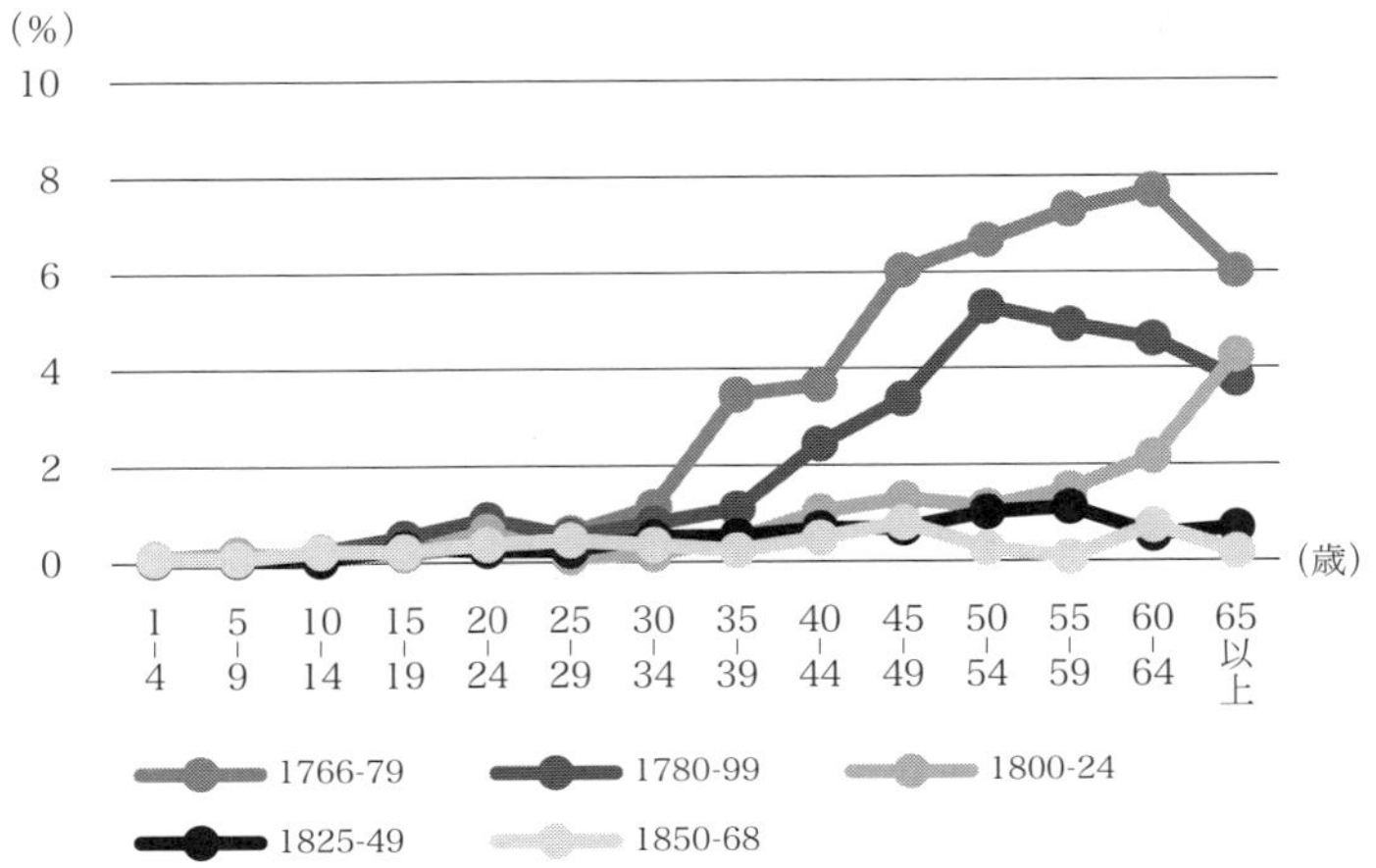

図４－４　野母村の年齢別名子割合（女性）

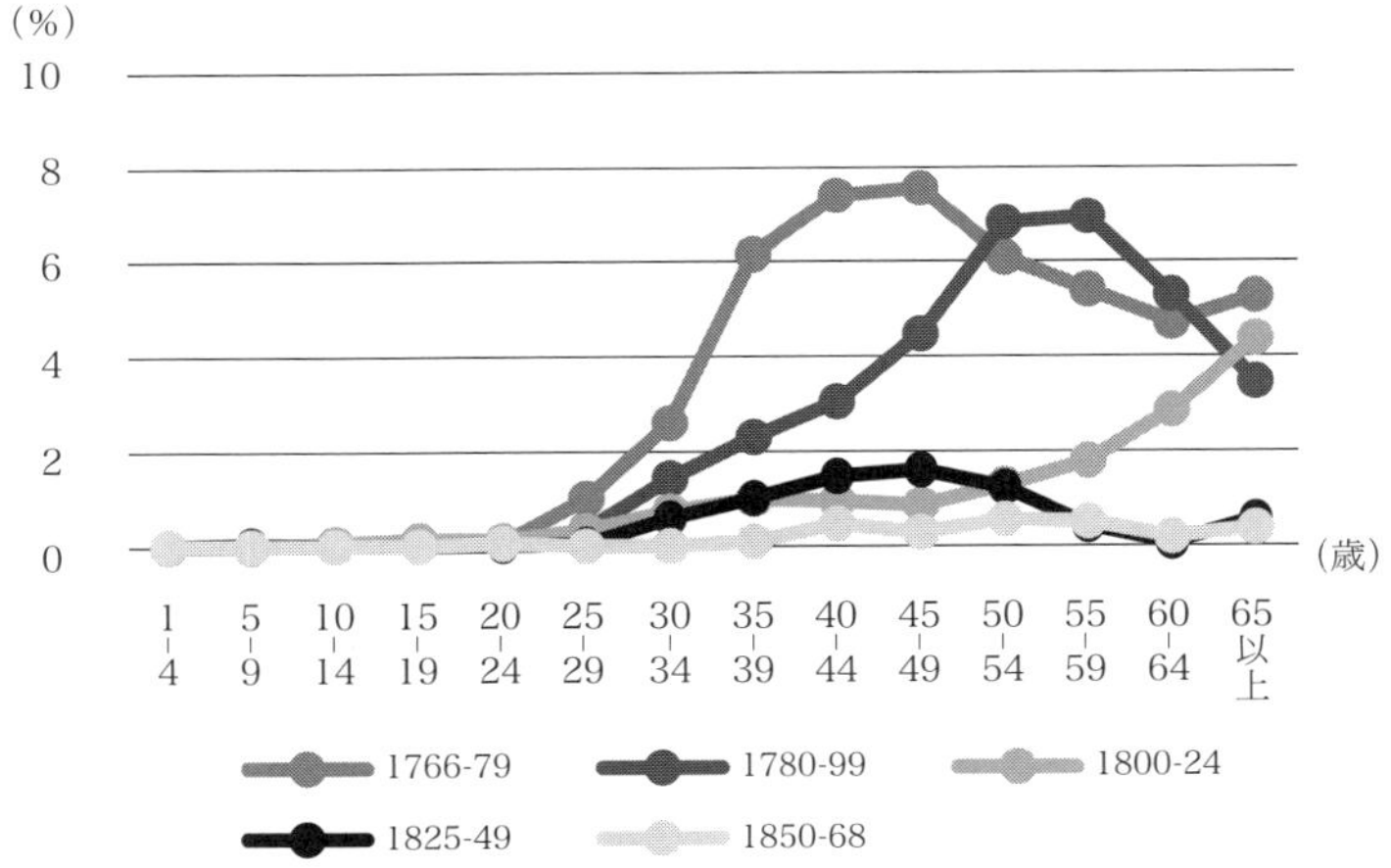

と記されていることもあり、「名子」の意味するところはかならずしも明らかではない。しかし、世帯を把握する際に、「名子」がいなくなり、「親族呼称」で記載するようになった点は、家の特徴を理解するうえで大きな変化といえるのではないか。

かつて徳川期の戸口資料の記載形式を分析した際、「名子」など非親族を含む世帯は十七世紀にはしばしば登場するが、徐々にその登場回数は減っていた

表4－7　野母村の結婚パタンの推移

	「同年」タイプ 登録時期：結婚＝出産	「標準」タイプ 登録時期：結婚→出産
18世紀中葉	7－8割	2－3割
18世紀末から19世紀前半	6割	4割
19世紀中葉以降	4割	6割

出所：中島［2015a］「西南海村の人口・家族・婚外出生」の図4より作成。

（平井［二〇一五］）。野母村における「名子」の減少が、実質的に隷属的存在の減少を意味するのか、それとも記載基準の変更など、世帯のとらえ方の変化を示しているのかは明らかではないが、世帯から「名子」と認識される人が減り、世帯が「親族の続柄で記録された成員」のみになっていくという変化は確かに確認できた。

⑶　結婚パタンの変容

次に結婚パタンの変化に注目する。野母村では一九四〇年代でもアシイレやスソイレといわれる慣行があり、正式な結婚手続きをする前に、社会的に認められた実質的な結婚生活がはじまることがめずらしくなかった（中島［一九九五］）。

近世においても（結婚登録をする前に実質的な結婚生活をはじめていたのか）結婚と出産の届け出が「同年」というケースが数多くみられた。もちろんすべての結婚が出産と同時というわけではなく、この「同年」タイプが半数で、残りは「標準」タイプ（結婚登録した後で出産が登録される）であった。しかも、この結婚登録パタンは時代で大きく変わっていた（表4－7）。

十八世紀中葉（一七六〇年代、七〇年代）、七～八割という圧倒的多数が結婚と出産を「同年」に登録していた。ところが、十八世紀末から十九世紀前半（一七八〇年年代から一八三〇年代）にかけて「標準」が増えはじめ、十九世紀中葉（一八四〇年）以降は「標準」が六割と、多数派になっている。

つまり、第二次世界大戦後になってもアシイレが残っていた野母村であるが、結婚の登録形態は、近代のはるか以前、十八世紀末から「標準」へ向けて動き始めていたのである。

⑷ 世帯とライフコースの標準化

西南海村の事例として、野母村の世帯の構成員や結婚登録パタンの推移をみてきた。野母村については、人口学的研究が展開し始めたところであり、東北と同じような家の歴史人口学的考察を十分展開することはできず、「家の確立」がいつ、どのような形で進んだのかという問いへの直接的な答えを提示することはできなかった。

しかし、そんな野母村においても、家へとつながる大きな流れはみえてきた。すなわち、世帯を構成する成員から「名子」がいなくなること、アシイレを「当たり前」とし、結婚と出産登録が同時であった社会が、出産前に結婚登録をおこなう「標準的結婚」へ大きく舵を切ったことである。上からの近代化が始まるおよそ一〇〇年前に、九州の海村でも世帯・ライフコースに標準化への動きが始まっていたのである。しかも、それらの変化は、東北と同じ時期、すなわち十八世紀末であった。

おわりに

村落において家が確立したのはいつか、この問いを掲げて東北農村と西南海村の歴史人口学的分析を試みた。それぞれ資料も違えば生業も異なる。人口規模も違えば人口変動パタンも違う。当然、分析できる内容には制限があり、必ずしも同じ土俵で議論ができたとは思っていない。しかし、近世後半の東北と西南の村で、思いがけず同じベクトルの変化、すなわち、世帯およびライフコースの均質化、いいかえると家的な、もしくは標準的なるものへの収斂が起きていた。しかも、この動きは両村において十八世紀末からはじまり、十九世紀中葉までにある程度の完了をみることができた。すなわち、標準的なパタンへ変化する流れを確認することができた。地域によりこの流れを生み出した動因は違うかもしれない。しかし、同じ方向へ向けた動きが、十八世紀末から起きていたことはどのような意味をもつのか。十八世紀末からはじまる近代への動きから目が離せない。

注

(1) 歴史人口学の方法や日本の歴史人口学の資料・特徴については、速水［二〇〇九］、落合［一九九九］を参照。

(2) この事例の詳細については、平井［二〇〇八］の一二一～一二三頁を参照。

(3) はつは出産していたかもしれないが、年一回しか「お調べ」がないため、出産から「お調べ」までに死亡した赤子の出産は記録されない。

(4) 本章の分析は、文部省科学研究費創成的基礎研究「ユーラシア社会の人口・家族構造比較史研究（一九九五～一九九九）」（研究代表者速水融）で作成・整理された資料・データベースを使用している（通称、ユーラシア・プロジェクト）。当プロジェクトの詳細は落合［二〇一五a］を、当プロジェクトで作成した戸口資料・データベースの詳細は森本・平井・小野［二〇一五］を参照。

(5) 本節の仁井田村の分析は、平井［二〇〇八］の研究成果をもとに、東北・西南地域の家の確立という視点からまとめなおしたものである。紙幅の都合から必要最小限の論述に留めたので、詳細については拙著を参照していただきたい。

(6) 仁井田村については、拙著以外にも多くの歴史人口学的研究が行われてきた。たとえば落合［二〇一五b］、黒須［二〇一二］、岡田［一九八］などである。また、仁井田村の状況については本宮町史編纂委員会編『本宮町史』［一九九二］や成松［一九九二］を参照。

(7) 本節は、中島満大による野母村の研究成果（中島［二〇一五a］）（中島［二〇一五b］）（中島［近刊］）をもとに、家の確立に関する東西比較の視点からまとめたものである。本文では野母村の詳細を紹介することはできなかったが、この村は歴史人口学的にたいへん興味深い地域である。最近同氏は野母村に関する総合的な研究成果を『近世西南海村の家族と地域性――歴史人口学から近代のはじまりを問う』（中島［二〇一六］）として発表されたので、ぜひとも参照していただきたい。

(8) 人口増加は転入など社会移動ではなく、出生率の上昇によりもたらされた。

主要参考文献

有賀喜左衛門〔一九六〇〕「家族と家」『哲学』三八（再録：〔一九七〇〕『有賀喜左衛門著作集』IX、未來社）。

有賀喜左衛門〔一九六五〕『日本の家族』至文堂（再録：〔一九七一〕『有賀喜左衛門著作集』XI、未來社）。

大竹秀男〔一九六二〕『封建社会の農民家族（改訂版）』創文社。

落合恵美子〔一九九九〕「家族史の方法としての歴史人口学」野々山久也・渡辺秀樹編『家族社会学入門――家族研究の理論と技法』文化書房博文社。

落合恵美子〔二〇一五a〕「徳川日本の家族と地域性研究の新展開」落合恵美子編著『徳川日本の家族と地域性――歴史人口学との対話』ミネルヴァ書房。

落合恵美子〔二〇一五b〕「日本における直系家族システムの二つの型――世界的視野における『家』」落合恵美子編著『徳川日本の家族と地域性――歴史人口学との対話』ミネルヴァ書房。

岡田あおい〔一九九八〕「譲渡型戸主の特徴――陸奥国安達郡仁井田村の人別改帳を中心にして」『帝京社会学』第一一号。

喜多野清一〔一九六五〕「日本の家と家族」『大阪大学文学部紀要』第一一号（再録：〔一九七六〕『家と同族の基礎理論』未來社）。

黒須里美〔二〇一二〕「婿取り婚と嫁入り婚――東北農村における女子の結婚とライフコース」黒須里美編著『歴史人口学からみた結婚・離婚・再婚』麗澤大学出版会。

鈴木榮太郎〔一九四〇〕『日本農村社会学原理』時潮社（再録：〔一九六八〕『鈴木榮太郎著作集』I・II、未來社）。

戸田貞三〔一九三七〕『家族構成』弘文堂（復刻版：〔一九七〇〕新泉社）。

中島満大〔二〇一五a〕「西南海村の人口・結婚・婚外出生」落合恵美子編著『徳川日本の家族と地域性――歴史人口学との対話』ミネルヴァ書房。

中島満大〔二〇一五b〕「野母村における続柄の分析」家研究会報告。

中島満大〔二〇一六〕『近世西南海村の家族と地域性――歴史人口学から近代のはじまりを問う』ミネルヴァ書房。

中島満大〔近刊〕「統計地図と民俗調査からみた『西南日本型結婚パターン』の持続性」『社会学雑誌』第三三号。

成松佐恵子〔一九九二〕『江戸時代の東北農村――二本松藩仁井田村』同文舘出版。

長谷部弘ほか〔二〇〇九〕『近世日本の地域社会と共同性』刀水書房。

速水融〔二〇〇九〕『歴史人口学研究――新しい近世日本像』藤原書店。

平井晶子［二〇〇八］『日本の家族とライフコース――「家」生成の歴史社会学』ミネルヴァ書房。

平井晶子［二〇一五］「宗門人別改帳の記載形式――記載された家族を読む」落合恵美子編著『徳川日本の家族と地域性――歴史人口学との対話』ミネルヴァ書房。

本宮町史編纂委員会編［一九九二］『本宮町史』（資料編　近世）本宮町。

森本一彦・平井晶子・小野芳彦［二〇一五］「歴史人口学の資料とデータベース」落合恵美子編著『徳川日本の家族と地域性――歴史人口学との対話』ミネルヴァ書房。

第2部　近現代における家社会の展開

第5章　家・宮座・共同体
——近代移行期における家墓の普及と座送り慣行

市川　秀之

はじめに

「家と共同性」という本書の主題のもとで、筆者に与えられた課題は、宮座《みやざ》や墓制に表れる村レベルでの組織構造と家との関連性である。筆者の専門は歴史民俗学であり、これまでは村落空間論や溜池などの農業水利を主として研究し、近年は歴史のなかで伝統的といわれる民俗がどのように形成されたのかを家や村との関連において研究してきた。そのような立場からこの課題に立ち向かうときには、国や領主といった大きな枠組みから家を論じるのではなく、具体的なフィールドに即して村——家——人の関係性の変化を歴史のなかで明確にしていくことがとりあえずの目標となる。筆者のフィールドは近畿地方の村落にほぼ限定されており、そこで得た事例をもとに与えられた課題に可能な限り対峙することとしたい。

1　民俗学における家に関する議論

民俗学における家研究の蓄積は決して少なくはない。民俗学の基礎を築いた柳田國男にとっても家は主要なテーマであった。柳田の家や村に対する認識の変遷については岩本由輝の『柳田國男の共同体論』(1)に詳しい。岩本は同書のなかで『郷土生活の研究法』(2)に登場する「労働組織のなかでも最も古いかたちは、村の組織であったと思われる。それから家族組織それ自体が労働組織であった。いわば村も家もともに労働組織の別名であったのである」という箇所を柳田の共同体認識の到達点として高く評価する。周知のように柳田は昭和十年代より家における祖先祭祀を重視するようになり、それは『先祖の話』(3)に結実していく。『先祖の話』においては年中行事や葬送儀礼などさまざまな視点から、先祖を祀る集団としての家について説明がなされる。柳田は日本人の基層文化をなすものとして祖先祭祀を位置付け、それは後の民俗学研究に大きな影響を与えた。

柳田以後においても民俗学からの家研究は多いが、その代表者ともいえる竹田旦は『「家」をめぐる民俗研究』(4)『民俗慣行としての隠居の形態』(5)などにおいて、家を「家族によって営まれる生活共同にもとづく文化的・社会的な組織単位」としたうえで、その相続や隠居の社会的形態の類型化をおこなっている。また竹田聴洲は主として家と宗教の関係に着目し、『祖先崇拝』(6)以降の多くの著作のなかで、家や同族と祖先崇拝との深い関連について葬送や墓地、寺堂などさまざまな視点から考察を加えている。(7)

このように民俗学からの家研究は、大きく分類して、家そのものの機能や形態、その継承をとりあげた「実態としての家」に関する研究と、祖先祭祀を中心とした「意識としての家」に関するものがある。前者においては柳田が述べ岩本が評価した労働組織としての家という性格が重要であると思われるが、この視点からの研究はそれほどおこなわれていない。また後者においては「実態としての家」を前提としながら、それをいかに認識するかが祖先祭祀を中心に考察されてきた。家訓・家憲などの研究もやはり「認識としての家」に関する研究といえるだろう。

ただこれまでの研究のなかでこの二つの家の区別はそれほど意識されず、したがって家の実態とそれに対する意識の関係性についても主題化されることはなかった。この区分は歴史学においてもそれほど強く意識されず、時には両者は混同して論じられてきたきらいがある。

本章では主として「意識としての家」を中心に、家と村の関係を考えることとしたい。ただ「意識としての家」を歴史的に考察するときにも、その前提として「実態としての家」、ことにその成立をどのように理解するのかは重要である。そこでここでは最初に「実態としての家」の成立について少し触れておくこととする。また村との関連において家のさまざまな性格の成立や変遷を分析する際には、村のどの程度の割合の家がその状況であったのかが重要であるが、この点についても可能な限り明確にしつつ論を進めることとしたい。

2　「実態としての家」の成立時期

⑴　畿内村落の寛永期の状況

家の成立時期については、研究者が専門とする時代ともあいまって、さまざまな説が出されている。それぞれの立場については本書においても各執筆者が述べているのでここでは触れないが、以下では柳田が強調した労働組織としての家という面に着目しこの問題に対することとしたい。

いうまでもなく、「家」の語は、居住のための建築物と、そこに暮らす家族などの小集団、そして農業や商業を営む労働組織の三つの意を含んでいる。集団・組織としての家の成立について考える時にも、建築物としての家との関連において考察するのはその可視性からみても有効な手段であろう。

近畿地方には近世初期の一六四四年（寛永二十一）を中心に作成された「人数帳」「家数人数等改帳」などの名称の文書が幕府天領の村のいくつかで残されている（以下「改帳」と総称する）[8]。これはその内容や形式に若干の違いはあるが、登録人名・持ち高・家族名と年齢・家屋規模などを記したもので、当時の階層と家族、家屋の関係を知りうる貴重な資料である。これまで大和国根成柿《ねなりかき》村（現奈良県大和高田市）・和泉国豊田《とよた》村（現大阪府〔以下同〕堺市）・河内国更池《さらいけ》村（現松原市）・同碓井《うすい》村（現羽曳野市）・同若江《わかえ》村（現東大阪市）・同富田林《とんだばやし》村（現富田林市）のものが知られている。最初に「改帳」からうかがわれる各村の概況を述べておこう。

　根成柿村は中世荘園に起源をもつ平野部の村落で、「改帳」[9]によると家数四四軒であるが、うち「役の家」と記されているのが六軒、あと庄屋・肝煎・神主などを除くと一七軒が下人、七軒が「こつしき」と呼ばれる身分であった。「改帳」には持ち高の記載がないが、庄屋仁介およびその隠居は七軒の下人家をもち、自家にも下女三人をかかえており当村では破格の存在であったと思われる。また他の役屋の家も一、二軒の下人家をもっている。この下人は主屋とは独立して記されているが、家屋規模は大半が桁行《けたゆき》一間半であり、主屋の屋敷内の長屋状の附属家に住んでいたと考えうる。いわば譜代下人に近い存在だったといえよう。根成柿村では下人をもたない家は六軒だけであり、きわめて中世的な経営の名残をとどめた村だといえるだろう。住居については役屋層の母屋は仁介の二四坪を除けば一〇坪前後であり他村と比較しても小さい。附属屋としては役屋層において、隠居のほかに、物置・稲屋・道屋などがみられるが、これらは下人の家にはみられない。

　碓井村は中世の史料にその名がみえ、一六一〇年（慶長十五）の検地帳にも村高五八八石余りであることから中世以来の村落であるといえる[10]。石川に沿った平野部の村落である。「改帳」[11]によれば家数四五軒で、うち二九軒が役屋である。村内では庄屋九兵衛が別格の存在で、下人下女九人を抱えている。それ以外に下人をもつ家は一四軒であり、おおむねこれは持ち高一〇石以上の階層である。住居のうち母屋は庄屋九兵衛の五五坪から寡婦と思われる与作女房の一坪まで多様であるが、他村と比較してやや大きめである。附属屋としては稲屋、灰屋が多く記載されており、座敷、隠居を持つ家も一軒ずつある。

　豊田村は南北朝期以降その名が史料に散見する丘陵部の村落である。「改帳」によると家数四四軒、うち三五軒が役屋である。中世以来の土豪小谷家とその分家左太夫家がそれぞれ七五石、四六石という持ち高で、ともに二五名程度の下人下女をもつ。この両家以外に下人をもつ家は八軒ある。住居については両小谷家は三六坪の母屋を持つが、大半は一〇坪ないしはそれ以下で規模は小さい。附属屋として隠居・灰屋などがみられる。

若江村は平安時代から多くの史料が残る荘園に起源をもつ平野部の村落である。「改帳」[12]によると村高二七〇〇石余り、戸数二三一軒の大村である。「改帳」には無高百姓が、高持層の門屋として記載されているのが他村にない特色である。この門屋とは別に一五石以上の高持はたいてい下人をもっている。住居のうち母屋については庄屋長兵衛の五〇坪から門屋層の一坪半まで多様であるが全体的には小規模なものが多い。「改帳」記載の建物は、母屋・隠居・座敷・蔵だけで、当時当然存在したであろう小屋など生業用の附属家は記載されていない。

更池村は中世の史料はないが、文録検地帳が残り、やはりその歴史は中世にまでさかのぼると思われる。西除川沿いの低地に所在している。「改帳」[13]によると家数四八軒、村高一四四石余りの村であるが、そのうち三七軒が「河田」と呼ばれる被差別身分のものであった。河田身分の持ち高は最高でも三石六斗、大半は一石以下であり、その他の村人とは明確な差がある。また庄屋清右衛門が下人四名をもつほか、七軒が下人をもっている。河田の住居はみな大変に小さく身分的制約があったことをうかがわせる。附属屋としては小屋・物置・座敷・蔵の記載がある。

富田林村は十六世紀に浄土真宗興正寺の寺内町として新たに開発された寺内町であり丘陵上に所在している。「改帳」[14]によると一八九軒という大村である。この時期には河内有数の在郷町になりつつあった。そのため大半は町人であり、高をもつのは一〇軒だけで持ち高総計も九三石にすぎない。この一〇軒には階層差がほとんどなく、すべての家に下人がいる。主屋規模の平均は四〇坪で他村より格段に大きい。附属屋としても大半は蔵をもっている。

以上が「改帳」からみる寛永期の各村の概況である。階層構造、下人の存在形態などさまざまな情報が読み取れるが、ここでは住居のなかでも生業用の附属屋に注目することとしたい。筆者は近世の小農の成立をもって現在に連続

名前	持高(石)	母屋(坪)	稲屋(坪)	その他(坪)	馬屋	牛馬(匹)
喜衛門女房	無高	6				
仁助	無高	5.25				
仁兵衛	無高	4.5				
宗兵衛	無高	13.75	3		有	1/4
七右衛門	無高	9				
孫八	無高	6				
後家やく	無高	4.5				
市兵衛	無高	6				
忠兵衛	無高	4.5				
計		平均	計	計		
45人		13.84	11軒	灰屋13軒　座敷１軒		

する近世的な家の成立と考えているが、小農とは自己の生産手段、すなわち単婚小家族を主体とする労働力や、自己の農具、家畜などによって生産を営む自立的な農民を指す。このような農民を住居面からみると、生産に必要な農具、肥料、家畜などを収納する空間、あるいは収穫物を収納したり作業をする空間を持つ必要がある。寛永期の各村の生業用附属屋の所有状況を確認すると、碓井村においては稲屋と灰屋のいずれかをもつのは四五軒中一七軒であり、階層との関係をみると六石余りを所有する作右衛門まではおおむねこれらをもつが、それより下の階層では三軒が生業用附属屋をもつだけである（表５−１参照）。更池村では五石余りをもつ与三兵衛までは小屋をもつが、それより下の階層では一人がもつだけである。村全体では河田を除く階層では一二軒中七軒が小屋をもち、河田身分では小屋をもつものはいない。豊田村でも六石所持の善右衛門まではほぼ生業用附属屋である灰屋をもつ。ムラ全体では四四軒中二〇軒が灰屋をもっている。富田林村では一〇軒中五軒が柴屋、小屋をもっているが、七軒が蔵をもっておりこの地の町場化を反映したやや特殊な状況を示している。根成柿村については持ち高の記載がないが、下人をもつ階層の家についてはすべて稲屋等の生業用附属屋をもっている。また若江村では生業用附属屋に関する記載がみられない。ただ他村と比較すれば同村でも広範に生業用附属屋が存在したことが想像される。以上をまとめると寛永期の畿内農村では生業用附属屋をもつ階層は全体の約半分であり、

表５－１　碓井村の階層と住居

名前	持高(石)	母屋(坪)	稲屋(坪)	その他(坪)	馬屋	牛馬(匹)
九兵衛	73.7995	53	12・22	隠居 12　灰屋 6.75	有	2
忠右衛門	29.1751	38	10	灰屋 12	有	2
次郎兵衛	27.3845	36	3.75	灰屋 2	有	1
久助	24.299	18	3		有	1/3
九右衛門	22.6214	31.5	7		有	1
長吉	19.2932	18	4		有	
利右衛門	19.0607	21		灰屋 6	有	1/2
九郎兵衛	18.884	22.5	3	灰屋 7.5	有	1
善右衛門	17.2233	18		灰屋 4.5	有	1/2
佐右衛門	15.1573	21	3	灰屋 2	有	1/2
庄左衛門	14.814	29.75		座敷 5		1/5
久右衛門	10.7435	9				1/2
長二郎	10.616	18		灰屋 3	有	1/2
長兵衛	7.497	9				1/4
彦兵へ	6.532	18		灰屋 4.5	有	1/3
与右衛門	6.3325	15		灰屋 4.5	有	1/4
善次郎	6.181	13.15		灰屋 1.5		1/3
作右衛門	6.150	12		灰屋 3		1/2
叉助	5.7501	10				1/4
五郎兵衛	3.391	7.5			有	1/5
地衛門	3.066	9	3.75			1/5
孫兵へ	2.7415	15			有	1/4
円光寺	2.6991	17.5–15		灰屋 3.75		
吉兵衛	2.472	12				
弥右衛門	2.266	10				
与へい女房	1.941	10.5			有	1/5
宗右衛門	1.375	8				
小右衛門	1.225	11			有	1/5
甚七郎	1.161	4.5				
与三右衛門	1.023	10				
たつ兵へ	0.93	4.5				
喜右衛門後家	0.882	6				
三六	0.836	5				
四郎右衛門	0.666	12.5				
与作女房	0.615	1.5				
茂右衛門	0.5943	6				

おおむね五石以上の持ち高の農民に限定されていることがわかる。この時期にはこれらの階層を小農とみなすことが可能であり、柳田が述べた労働組織としての家については、村落住民の半分程度でみることができ相当な広がりを確認することができる。しかしながら、いまだそれが成立していない階層も広くみられたということにも注意を向ける必要がある。

(2) 寛永期以降の状況

それ以降は当該の地域で、生業用附属屋などの一村内の全体的状況を示す史料を見出すことができず、追跡が困難であるが、一六八二年（天和二）の摂津国我孫子村《あびこむら》（現大阪市住吉区）の「家数人別出生帳」には、持ち高、家族の氏名や出生箇所のほか、母屋の梁や桁行、棟数などが記されている。たとえば三八石余りをもつ理右衛門は梁三間、桁行七間半の家に住んでおり男二人、女三人の五人家族であるが、棟数の項には「但棟数四つ小屋共」と記されており、母屋を除くと三棟の小屋をもっていたことがわかる。この小屋を生業用附属屋とすることができるだろう。この史料には九三軒が記載されているが、このうち二軒は隠居であり持ち高の記載がない。また二六軒は持ち高がない「水呑百姓」であり、そのすべてが同村の本百姓の借家に住んでいる。したがって水呑百姓には家屋に関する記載がない。それ以外から寺や宮田、他村から小作にはいっているものを除くと六三戸となり、これがこの時期の我孫子村の本百姓の数になる。持ち高が最大の権右衛門は一一四石余りをもち、三六坪余りの家に住み、それ以外に八棟の小屋を所有している。本百姓のうち大半の家は小屋をもっており、小屋をもたないのは二戸だけである。一石以下の持ち高しかない階層も一三戸存在するがそのうち小屋をもたないのは一戸のみである。また本百姓であっても屋敷については他の本百姓からの借家であるものが一七戸あるが、このうち一戸だけが小屋を所有しないだけである。これらのことから十七世紀末の段階になると畿内村落では石高が非常に少ない借家住まいの階層も含めて、ほぼ全階層が生業用附属屋を所有するようになっていることがわかる。この時期には「実態としての家」はほぼ成立したとみてよいだろう。

また一七二四年（享保九）の河内国新家村《しんげ》（現東大阪市）「家数人別牛馬員数帳」には、三三軒の家が登録されているが、そのうち七軒が無高である[15]。この史料には「本屋」のほか、「灰屋」「稲屋」などの生業用附属屋が記載されているが、持ち高三斗の階層までが灰屋を所有しており、生業用附属屋を持たないのはほぼ無高層に限定されるようになっている。

これらの例から畿内の村落においては、十七世紀前半には地域差を内包しながらも村落の約半数程度、石高でいえば五石以上の階層において労働組織としての性格をもつ実態としての家が成立しており、十七世紀後半から十八世紀前半には、土地を持つ階層の全体において「実態としての家」が成立していたことがうかがわれる。「実態としての家」の性格とその成立時期を以上のように措定し、以下、「意識としての家」の成立過程について、墓制・年中行事書の二つの視点から考察することとしたい。

3　墓制からみた「意識としての家」の成立

民俗学における墓制研究は両墓制を中心に展開されてきた。そこで中心的に論じられたのは、祖先祭祀や霊魂観の問題であり、これはいうまでもなく柳田國男が『先祖の話』で示した、家々の祖霊への信仰を日本人の基層文化とする思想を裏付けることを目的とした研究であった。

このような流れとは全くべつに、二〇年ほど以前より、主として考古学の立場から現存する墓地に建つ墓石を悉皆《しっかい》調査することが多くおこなわれるようになった[16]。ただ民俗学としてその成果に学びそれを活用する動きは残念ながら

図5-1　大阪狭山市内の墓標・先祖代々之墓の推移

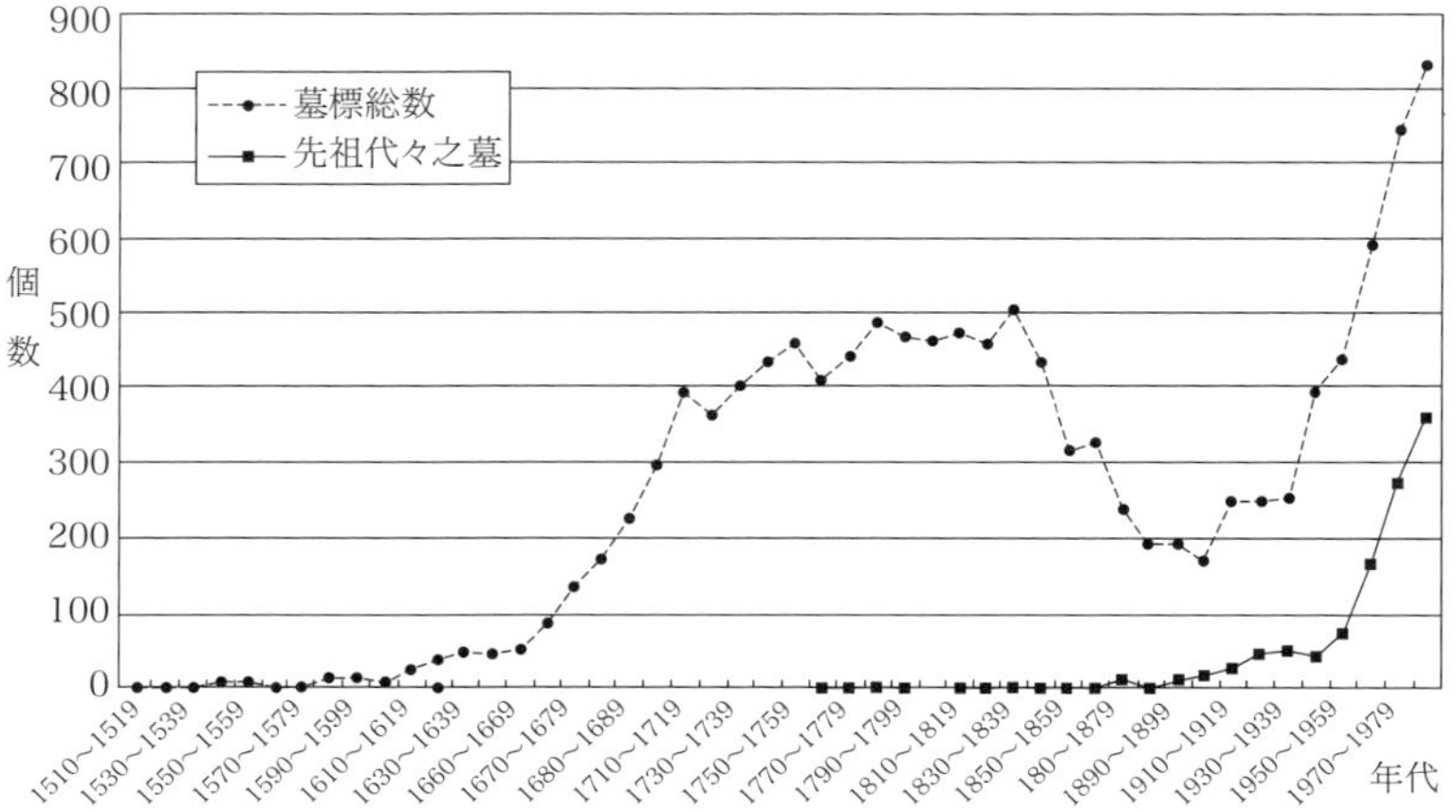

みられない。墓石の悉皆調査の場合、文献史料のみの考察では限界がある村落全体にわたる家の動向をある程度把握しうることに大きなメリットがある。筆者も以前勤務していた大阪狭山市内の墓石について、市町村史の石造物編編纂のために悉皆調査する機会を得た。この調査では大阪狭山市内の合計一万四九六二基の墓石を調査することができたが、その際に先祖代々之墓がどのように成立したのかその過程について筆者は分析をおこなった[17]。また同様の墓石の悉皆調査のデータが、それまでにいくつか提出されていたため、それらも合わせた考察をおこなった[18]。結果としては、先祖代々の墓は十八世紀の半ばに登場し、明治以後に急増することが明らかになった（図5-1）。この結論は単純なものではあるが、柳田が強調した祖先祭祀を日本の信仰体系の基層におく思考を相対化するものであろう。石に刻まれる人名に着目すると表5-2にあげた大阪狭山市半田のこざまい墓地のデータが示す通り、十七世紀の半ばまではすべて個人の墓であるが、一六五〇年ごろに二人の名前を記した墓があらわれる。これはその戒名から夫婦墓と考えられるが、このタイプのものがそれ以後増加していく。墓石の数は一七〇〇年ごろまで増加し、以後グラフは水平状態を保つようになる。これに示される墓石建立ならびに夫婦墓建立の定着は、いずれも死者を祭祀する子孫が安定した状態で存在することを意味しており、

庶民階級における近世的な家（実態としての家）の確立を墓石の面から示すものといえるだろう。十八世紀に入ると、三名以上の戒名が記された墓石が増加する。このような墓石は、その建立年代と死亡年代の関係は多様であるが、ともかくも異なる世代の人を一つの墓に刻むものであり、完全に継続する存在としての家を前提としたものといえる。その延長上に十八世紀の半ばに最初の先祖代々之墓が登場し、明治以後それが主流になっていく。出現当初の先祖代々之墓は戒名を併記するものが多く、死者のための墓から先祖のための墓へという移行が段階的に進行したことがわかる。

次に墓石の形態に注目すると、近世初期には仏像や一石五輪塔といった仏教的祭祀対象物を墓石とするものが大半であったが、次第に仏教的意味合いを本来もたない石柱に変化していく過程が観察できる。石柱、ことに直方体の石柱の場合には四面に字を刻むことが可能であるため、この変化は、一基に刻まれる人名の増加にも対応したものと考えられる。つまり墓石は死者供養を目的とする仏教的な石塔・石仏などから、次第に記念碑的なものにその性格を変化させていくのである。墓石の増減とその内容の変化は、近畿地方の農村部ではほぼ共通するが、考察の範囲を広くとると、先祖代々の墓は江戸では少し早く十八世紀の始めからみられるようになる。[19]また山村では明治以後に出現するところもあって大きな地域差がある。[20]全体的には都市から平野部農村、山間部の村落へと普及していったことが明らかである。階層との関係について触れると、村落の上層部では先祖代々之墓は普及せず、中層以下の階層において一般化していく。以上を整理すると、庶民の墓石は十六〜七世紀の誕生当初は死者を供養する死者祭祀を目的として建立され、十七世紀から十八世紀にかけて複数の人名を刻む墓石がみられるようになり、やがて先祖代々の墓が登場する。これによって墓石は祖先祭祀の性格を帯びるようになる。その原因としては近世初めの家の成立、そして近世後期から近代にかけての家意識の高まりを考えざるをえないだろう。先にみたように近畿地方では「実態としての家」は十七世紀前期には五石以上の階層で広範にみられるようになっており、十七世紀末には全階層に普及している。

年代	総数	戒名1名	戒名2名	戒名3名	戒名4名	戒名5名	戒名6名以上(1基の戒名数)	先祖代々
1880〜1889	11	1	7	1	2			
1890〜1899	17	8	7	2				1
1900〜1909	22	6	10	4				3
1910〜1919	34	4	17	4	2		1(6)	7
1920〜1929	19	11	4	3			2(7)	3
1930〜1939	27	8	9	5	1			8
1940〜1949	58	34	10	3	4	1	1(8)	4
1950〜1959	35	14	12	1	3	1	1(6) 1(7) 1(9)	5
1960〜1969	72	12	37	6	3	1	3(1) 1(11) 1(25)	19
1970〜1979	85	17	35	2	3	2	3(6) 1(7) 1(10) 1(12) 1(27) 1(28)	26
1980〜1989	164	41	52	4	8	2	1(6) 3(7) 2(8) 1(9) 2(10) 1(11) 3(12) 2(14) 2(15) 1(16) 2(17) 1(18) 1(19) 1(21) 3(22) 1(23) 1(24) 1(25) 1(26) 1(27) 1(33) 1(47)	66
1990〜1995	71	8	27	3	3	2	2(6) 5(7) 1(9) 3(11) 1(18) 2(21) 1(25) 1(32)	34

墓石については夫婦墓の成立と増加をこれに対応する現象とすることができるだろう。先祖代々之墓は「意識としての家」の表象とすることができるが、このような意識としての家が近世後期には村落の中下層に至るまで普及したことが重要であると考えられる。

4　年中行事書からみた「意識としての家」

村落の上層部の家については、個人ごとに墓石を建立するのが基本であり、墓石から「意識としての家」の変化をうかがうことは直接的には難しい。しかしながらやはり十八世紀末から十九世紀始めにかけての時期が「意識としての家」の形成という点で一つの画期となるものと考えられる。筆者は近畿地方ことに南河内地域の事例を検討しただけであるが、この地域では十八世紀末ごろから各家でおこなう年中行事の内容を記した文書が作成されるようになる。この類の文書は行事の記録というよりも、おこなうべき行事の内容を子孫に伝える目的のものが多い。史料5-1は大阪府藤井寺市小山の小泉家文書で、一七八四年（天明四）ころに作成されたと

表５－２　こざまい墓地の戒名数の推移

年代	総数	戒名1名	戒名2名	戒名3名	戒名4名	戒名5名	戒名6名以上（1基の戒名数）	先祖代々
1530～1539	1	1						
1540～1549	3	3						
1550～1559	3	3						
1560～1569	1	1						
1570～1579	3	3						
1580～1589	4	4						
1590～1599	1	1						
1600～1609								
1610～1619	2	2						
1620～1629	3	3						
1630～1639	1	1						
1640～1649	8	7	1					
1650～1659	9	8	1					
1660～1669	13	13						
1670～1679	23	22	1					
1680～1689	25	24	1					
1690～1699	28	26	2					
1700～1709	40	38	2					
1710～1719	60	44	9	1				
1720～1729	46	37	7					
1730～1739	46	33	9	2			1(11)	
1740～1749	34	25	7	1				
1750～1759	60	44	14	1	1			
1760～1769	42	27	10	4	1			1
1770～1779	45	22	15	3	2		1(33)	
1780～1789	43	25	12	4	2			
1790～1799	45	30	13		1			
1800～1809	41	17	20	2	1			
1810～1819	54	21	11	3	3			
1820～1829	39	21	12	3	3			
1830～1839	46	18	23	4				
1840～1849	29	14	8	5	1	1		
1850～1859	19	7	8	4				
1860～1869	24	7	12	2				1
1870～1879	17	7	7	3				

みられている。表題には「格式覚」と記されている。この表題には記された年中行事を行うことがその家の格式を示すという意識が明確に表現されており興味深い。ここでは「格式覚」の正月の部分をみてみよう。

史料5-1

正月　朔日朝、すへ魚塩もの、糸よりか鯛か・鱠、大根、柿・汁、さかな、きさミ大こん・壺、大こん、牛房・飯、夕食同断、徳兵衛礼請ニ来候故夕食振舞

（貼紙）「正月朔日朝ぞうに、みそ・小皿、数の子、牛房、こんふ、大こん・餅・豆ふ、いも、尤朝節ヲ夕節ニ致し候」

（以下略）

史料5-1には非常にこまかく正月の料理が記されており、このような料理を正月に出すことが家の伝統であるという意識が示された史料だといえる。

このような文書は村落の上層部を中心として作成されたもので、これまで特定の学問的な名称を与えられていないためここでは年中行事書と呼んでおきたい。このような文書を作り、それまでからおこなわれてきた年中行事を継続していかなければならないという意識がこの時期に芽生えたのであろう。その背景として実態としての家の存在形態がいまだ不安定な小農層において、ことさら意識としての家を強調する動きがあり、このような動きにそれまで家意識を強調する必要がなかった上層農民が刺激されたこと、また上層農民といえども十八世紀後半には商品作物栽培の盛行や村落への貨幣の導入によって村落内での地位に不安定さが感じられるようになったことなどがあげられよう。

いま一つの例をみてみよう。史料5-2は、大阪府松原市三宅の橋本家文書の「家伝年中行事」で一八〇三年（享

和三）に作成されたものである。やはり正月の部分だけを紹介することとしたい。

史料５-２

一、正月　元日　朝　米のめし・汁（鰤切身　大根）、菜は盃ゑそ壱疋宛ニ柿膾、昼夕飯米のめし茶漬
二日朝米めし、菜は（にんじん　大根　油上）汁なし　朝せち祝候より餅切、同切仕舞候上、餅焼たべさせ、酒呑ませ、肴は牛蒡、但下部残らず祝餅一重宛祝い申し候　夕、米めし・大根汁
三日　朝　米めし・大根汁・菜はむろ壱疋宛　昼米めし・茶漬　夕米めし、菜は大根・にんじん・ごぼう
但し同夜鏡分開き候
一、年玉持参ニて年礼の出入人の女中、并外々より之供・法中の供へ祝餅一重　宛祝中候、但、正月廿日切、廿日過候はば、出し申さず候

このような文書が村落の上層部を中心に十八世紀末ごろを画期として作成されたことと、「意識としての家」の形成の間には明瞭な関係があると思われるが、それを考察するうえでは文書の存在のみならず年中行事書に記された行事そのものに目を向ける必要がある。

先にあげた史料５-２は非常に詳細に橋本家の行事を描いたものであるが、正月に雑煮の記載がないことが注目される。近世後期の橋本家ではある種の餅なし正月をおこなっていたのである。餅なし正月は、民俗学で古くから注目されてきた民俗事象で、各地の旧家などで正月に餅をつかない、飾らない、食べないなどのことを意識的におこなうことを意味している。坪井洋文はこの行事に注目し、『イモと日本人』においてこの行事とイモ文化の関係を強調したが[21]、それ以後の研究ではその家の行事としての性格が注目されたり、また多彩な生業の複合を表現する文化として

評価されるようになってきている。[22] 先進的な農業生産がおこなわれていた近世河内の富農層における餅なし正月については、生業との関連以上に家の習俗としての性格に着目すべきだろう。先にみた小泉家の「格式覚」においても、後世の貼り紙に元旦に雑煮を食べることが記されており、作成当初には雑煮の慣習はなかったようである。

商家として著名な大阪の鴻池家でも餅なし正月をおこなっていたことについては坪井も引用しているが、[23] これによると鴻池家が遠祖とする山中鹿之助がある年元旦の雑煮に餅入り雑煮を作ることができず、ありあわせのカブラを餅の代用としたことにちなんで鴻池家恒例の行事となったとのことである。この伝承の出典は明治中期に出された『浪華百事談』に求められるようである。[24] ところが鴻池家に残された天保頃に作成された年中行事書によると、当時の鴻池家では正月に雑煮を食べていたことが記されている。[25] 鴻池家の餅なし正月はそれ以後に山中鹿之介の伝承を加えて成立した習俗であるが、その成立の影に家の歴史を追体験するという意識の高まりが感じられるだろう。餅なし正月のように他と異なった年中行事をおこなうことには、家の歴史をメンバーが再経験・再認識する機能がある。正月行事などの年中行事は家を単位としておこなわれ、このような年中行事を意識的におこなうことによって家の歴史を認識し、その結束を固めるといった意味あいがあったものと思われる。このような行事の成立も、「格式覚」の貼り紙や、鴻池家の行事の変化からみると近世後期以降の現象とみることができるだろう。

以上述べてきた墓石や年中行事書の分析から照射されるのは、「実態としての家」というよりも、むしろ家に対する意識の問題であった。またそれが作用するベクトルには、墓のように家の内部と外部の双方に向けられたものと、年中行事書のように家の結束を固めるといったように家の内方向に向けられたものの二通りが存在する。このような形で「意識としての家」の性格が十八世紀後半以降徐々に強調されてくるのである。

このような「意識としての家」を強調する動きは、村と家との関係性をよく示す神社祭祀組織である宮座においても観察しうるだろう。しかしながら、神社祭祀組織である宮座から家をとらえるためにはいま少し準備作業が必要となる。

5　宮座をめぐる家と村

(1)　宮座・村・家

「宮座」とは歴史学の辞典などでは、特権的な神社祭祀組織といった説明をされることが多い言葉である。もともと大正時代から中世の商工業の座の残存として神社の組織が注目され研究されてきたことかもわかるように、歴史学で議論されてきた用語であった。昭和十年代に肥後和男によっておこなわれた近畿地方の現地調査に基づく研究によって、宮座は村落内の一定の家だけが加入を認められる株座と、その村落に居住するすべての家が加入できる村座に分類された。肥後の研究は『宮座の研究』に集大成されるが[26]、そのなかでは村座もまた宮座の一部として認められ、肥後以後も民俗学的な研究が進められてきた。株座は薗部寿樹（本書第2章）がいう家格制宮座とほぼ等しい実態をもつものである。肥後のいう村座あるいは宮座という概念を民俗学的立場から使用することについて筆者は以前から疑問をもっている。民俗学的立場とはこの場面では、現在の観察や聞き取り調査のデータに基づいて考察する立場を意味しており、この立場から「宮座」の語を使うことについて筆者は批判的な立場であるが[27]、近世以前について「宮座」の語を使用することにさしたる問題はないと思われる。本章では歴史的な分析を中心とするため、ここでは宮座あるいは肥後のいう株座・村座という概念を用いることとしたい。

家と村の関係を宮座を舞台として考えるときに、まず考慮すべきは肥後がいうところの村座と株座という枠組みであり、その歴史的な経過である。これについて肥後自身も株座から村座へと形態が変化してきたことを述べている。肥後は『宮座の研究』のなかで宮座にともなう組織上の特色を列挙しているが、そのなかで肥後が注目するのは一つは入座・若座・中老・年寄といった年齢的階梯的な組織であり、いま一つは一年神主や当屋のようにメンバーが役職を交替で務める当屋制である。ともにいわゆる株座のなかにも村座のなかにもみられるものであるが、年齢階梯はいうまでもなく人を単位としたものであり、当屋にはさまざまな種類のものがあり「当人」というように人を呼ぶ言い方もあるが、基本的には家を単位としたものである。肥後は家と人の区別については、人を単位とする場合でもそれは家の代表者としての人なのだと表現している。[28] しかしながらこの人と家という問題は、それぞれ個別の事例の分析の中で検討せざるをえない性格をもっている。たとえば、次男・三男が宮座に入れるのか、あるいは養子の場合にはどうなるのかといった具体的な局面において、人・家と村の関係性が顕在化するのである。ここではこの問題がもっともよく表現される株座における座送り慣行をとりあげ、宮座をめぐる人・家・村の関係性の歴史的な推移について考察をすすめていきたい。

(2) 座送り慣行

先にも述べたように人・家と宮座を考えるうえで、次男三男や養子がどう扱われたのかは重要な問題である。ここでは株座が多い大阪府南部と和歌山県紀ノ川筋における、近世後期から近代への変化について考察を進めたい。以前に筆者が大阪府泉南市葛畑の民俗調査をおこなったさいに、同地の宮座文書を調査する機会があった。[29] 宮座文書は黒箱と呼ばれる木箱のなかに集納されていたが、そのなかに一八二九年（文政十二）の次のような文書があった。

史料5-3

座送り一札の事

一、当村仁兵衛倅幸左衛門と申す者、其の御村源助方養子に参り申し候処、当村四社大明神本座に偽り御座なく

候間、其の御村本座へ御加入下され候様仕度御座候、之に依り座送り一札件の如し
今畑村座惣代　忠次郎
同村神主　藤左衛門
文政拾弐丑三月
葛畑村御座衆中

この文書は葛畑村からは葛城山系を越えたところにあたる紀州の今畑《いまはた》村（現在紀ノ川市）の仁兵衛の息子の幸左衛門が葛畑村に養子に行くに際して、今畑村の宮座の総代と神主がこの者が宮座のメンバーであることを葛畑村の宮座に対して保証したものである。

次にあげるものはこの宮座文書に含まれた同種の文書の一覧である。

①一八一九年（文政二）二月「座送り一札」紀州那賀郡畑中村八幡宮座頭→葛畑村宮座暦（歴）々衆中
②一八二四年（文政七）二月「座送り一札の事」紀州新田村座頭→葛畑村御役人中
③一八二七年（文政十）八月「座送り之事」熊取谷朝代村年寄次三郎→葛畑村役人中
④一八二九年（文政十二）三月「座送り一札之事」今畑村座惣代→葛畑村御座衆中
⑤一八七六年（明治九）正月「座送り一札之事」葛畑村宮座神主・宮役→紀州今は田宮座暦（歴）々中

⑤は一八七六年（明治九）に葛畑村から出した文書の控えであるが、それ以外はいずれも他村から葛畑村の宮座に出されたものである。すなわち文政期の葛畑村周辺では養子が座入りするときに、このように出身の村の宮座からその者が出身村の宮座のメンバーであることを保障する文書の発注が必要であったのである。この文書の内容は当時の私にとってある種の驚きであった。宮座は村内の組織であり、他の村の宮座とは本来独立した存在であるのに、なぜ

このような文書が必要なのかというのが筆者の疑問であった。筆者は他村から養子をもらうときに、その村においてその人の家が宮座のメンバーであることを保障するような文書を座送り証文、そしてそのような証文を必要とするような宮座内での慣行を座送り慣行と呼称することとし、他の事例を集めて一九九八年に「座送り慣行をめぐる近世宮座の動向」という論文を発表した[30]。私が集めたのは泉南・南河内・紀北を中心に三〇ほどの事例であったが、そののち伊藤信明氏が紀伊を中心に二〇〇余りも同種の文書を検討し、「座入り考」という論文を著している[31]。非常に詳細な分析であり、私のかつての考察に加えて、伊藤氏の論文の成果も加えてこの座送り慣行について考えたい。私が収集した資料から導き出した結論は、以下の通りであった。

①座送り慣行の分布地は、紀北・泉南・南河内の一部である。
②座送り慣行は十八世紀前半に紀の川筋の粉河付近で成立した。
③座送り慣行は十八世紀後半から十九世紀前半に盛行し明治以後衰退する。
④座送り慣行のなかには、宮座争論によって座のメンバーとそれ以外が対立し、その解消を契機として養子の座入りが認められるようになり、それにともなって成立した例がある。

このうち①②の例についても伊藤氏の研究によってもおおむね認められているが、③について伊藤氏の分析によると、明治以後減少はするものの文書の発注自体はされていることがわかっている。先にあげた葛畑村の⑤の文書はその一例であろう。しかしながら近代に座送り証文が徐々に減少していく傾向は明確である。

ここで問題となるのは、この座送り慣行が意味するものである。宮座のなかには養子の加入を認めないものがあることについては肥後の『宮座の研究』も述べるとおり、近代に至ってもいまだ多くの事例がみられた。このような養子の宮座への加入制限が次第に緩和されていくなかで、この座送り慣行が成立したことは容易に推測ができる。このように養子の宮座への加入を容認する動きの背景に、一つにはそれを認めないと宮座そのものが継続できないという状況があったものと思われる。また次に述べる河内国滝畑《たきはた》村（現大阪府河内長野市）の例のように、宮座争論の和解、すなわち村落内の平準化に対応して座送り慣行がおこなわれるようになったものもある。

滝畑村の近世宮座については鳥越憲三郎氏の詳細な研究がある[32]。滝畑村は大阪府と和歌山県の境界部近くに所在する山間村落であるが、村の家は公事屋株《くじやかぶ》と部屋株にわかれていた。鳥越はこの差別を「中世的呼称である公事屋は村の本百姓をさし、また部屋とは部屋住まいの者、すなわち二・三男の分家筋の家の意[33]」としている。一七八八年（天明八）には公事屋は六一軒、部屋二〇軒という状況であった。この公事屋の中に宿老座という宮座が組織されておりその家数は三六軒と定められていた。一八三三年（天保四）、座外のものより宿老座への加入をもとめる要求があり、その後滝畑村を支配する狭山藩を巻き込む宮座争論へと発達した。この争論は一八四一年（天保十二）に決着したが、結果的には宿老座は解体し、宮座は滝畑村全体で営む村座へと姿を変えたのである。

この改革以前には宿老座では養子の加入は認められていなかった。一八二七年（文政十）に、他村からの養子である人物が年寄になったことに対して他の村役人らがその差し替えを願いでた文書には次のような表現がみられる。

（前欠）何程之筋目よき人たりとも他所より養子に参り候者、宿老座へ加はる事ならずと伝わり来る座にて御座候故、宿老座へ相ならぬ人は村役人と奉り候事等是迄一切御座なく候（後略）

この文書は家の格式を意味する筋目が良いものであっても養子のものは、滝畑村の宮座である宿老座に加わることができず、したがって村役人にもなれないことが記されている。他所での宮座のメンバーであるという筋目の論理より、滝畑という場所で生まれたという在所の論理が優先していることがわかる。ところが滝畑の宿老座においても宮座争論の最中から、他所からの養子の座入りを認めるようになり、それにともなう座送り証文がみられるようになる。

鳥越は天保期の六通を紹介するが、そのうち最古のものは一八四〇年（天保十一）でありいまだ宮座争論が決着する以前のものである。

このように宮座争論に際して、座送り慣行がみられるようになった例は、他地域においてもみることができるので紹介しておきたい。紀伊国伊都《いと》郡山崎《やまざき》村（現和歌山県かつらぎ町）では宮座的組織として薬師講があり正徳年間以来何度も座内と座外で争論が生じていた。一八四八（嘉永元年）の「定書」には薬師講の人数が減ったために、座送り証文があれば他村からの養子の入座を認め、またそれがない場合には当人の入座は認めないがその息子の代からの入座は認めることが記されている[34]。また安楽川庄の三船神社の宮座でも近世中期から宮座争論が起こっているが、一七九七年（寛政九）に一応の決着をみて「宮座儀定書」が作成されている。そのなかで座送り証文があって、加入金を支払えば養子の座入りを認めることが記されている[35]。

滝畑のみならず近世後期に各地で起こった宮座争論においては、座外の人からの、村からの費用が座に使われることへの不満や、座への加入要求が示され、座内・座外の区別をなくしていわば村内での筋目の論理を否定する動きが強く表現される。またその争論のなかで養子の座入りも認められるに至っているのであるが、村外からの養子については「筋目」のものであることを求めているわけである。つまり村内での、株座から村座への移行、いわば筋目の平準化と同時並行的に、筋目の論理を村外に要求する、すなわち座内と座外の差別化を求める動きがこの座送り慣行からうかがわれる。その背景には当然のことながら商品作物の導入など生産面での変化によって交流範囲が拡大し婚姻圏も広域化したことがあるだろう。このように筋目や家格といったものが、村の内部的には平準化していくことは、いうまでもなく村落の生産構造の変化やそれにともなう経済的階層の変化によって生起した現象と考えられる。その一方で、婚姻圏の拡大を背景に宮座の成員であるということが村を超えた価値をもち始めたことが、この座送り慣行の変遷を通じて指摘できる。「実態としての家」の格差が意味を失う一方で、家の由緒や宮座に加入していることに意味を認める「意識としての家」が村落を超えた意味をもってくることが座送り慣行の分析から明らかになるのである。

おわりに

近世の後期、村落内における家の階層構造が平準化し、また旧来の秩序が崩壊し「実態としての家」の意味合いが大きく変化するなかで、株座が解体して村座となるような平準化が生じた。しかしながらそのような村落内での動きとは逆行するように座送り証文のような「意識としての家」の意味を広域に求める動きも近世後期には生じている。村落の中層以下の階層における先祖代々之墓の成立や上層における年中行事書の成立・普及なども「意識としての家」の顕在化として理解できる。ここでこれまで検討してきた事例をもとに、冒頭で述べた「実態としての家」と、「意識としての家」の関係について多少の検討をおこないつつ本章のまとめと代えたい。

「実態としての家」とは、系譜・家職・家産・家名などが現実的に継承されていることを指標とするものである。加えて労働組織としての性格を持つことを本章では強調してきた。これに対して「意識としての家」とは、家にかかわるさまざまなものを永続的に継承していくという強い意志と、過去から将来にむけての家の永続について自覚することを意味するものであり、たとえば家憲を制定したり、年中行事を継続する事を目的に年中行事書を作成することなどはその一つの表現と考えられる。また系譜や家職、行事などをこれまで継承してきたことについてメンバーが再認識したり、また時にはそれを顕彰したりするといった行為も「意識としての家」の存在を前提としたものである。家の先祖を総体としてまつる祖先祭祀はそのもっとも強い表現と考えられる。「意識としての家」は系図や由緒書のようなテキスト、あるいは墓・仏壇・位牌などの祖先祭祀にまつわる諸装置、さらには座敷や玄関といった家屋の格式空間などに可視的に表現されるため、われわれはそれを読み取ることができる。「実態としての家」の平準化は、株座が宮座争論によって村座化していく過程に典型的にみられるが、それに対応するように「意識としての家」の顕在化が本章で示した先祖代々之墓や年中行事書の成立、家独自の年中行事の確立などの形で近世後期に生起したのである。また座送り慣行にみられた「意識としての家」のもつ価値の広域化、普遍化の動きは、近代以降に国家レベルへと拡大していく家意識の強化の前提をなすものと考えられるが、これについては今後の課題とせざるを得ない。

注

（1）岩本由輝［一九七八］『柳田國男の共同体論』御茶の水書房、三頁。
（2）初出は柳田國男［一九三五］『郷土生活の研究法』刀江書院、一三三頁。
（3）柳田國男［一九四六］『先祖の話』筑摩書房。
（4）竹田旦［一九七〇］『「家」をめぐる民俗研究』弘文社。
（5）竹田旦［一九六四］『民俗慣行としての隠居の形態』未來社。
（6）武田聴洲［一九五七］『祖先崇拝』平楽寺書店。
（7）竹田の家と先祖祭祀に関する論文は、以下の文献にまとめられている。竹田聴洲［一九九六］『竹田聴洲著作集第六巻　日本人の「家」と宗教』国書刊行会。
（8）改帳」に記された家屋と家族構成、持ち高などの関係については以下に述べたことがある。市川秀之［一九八八］「村」『摂河泉文化資料』四〇。
（9）「根成柿村棟株控帳」一六四四年（寛永二一）大和高田市史編纂委員会編［一九八二］『大和高田市史』史料編、大和高田市役所、八八四〜八九四頁。
（10）羽曳野市史編纂委員会編［一九九八］『羽曳野市史』第二巻、一〇頁。
（11）「碓井村人数帳控」一六四四年（寛永二一）羽曳野市史編纂委員会編［一九八三］『羽曳野市史』第五巻、羽曳野市役所、一九一〜二〇〇頁。

(12)「若江村人数家数万改帳」この史料については全文が刊行されていないため、以下の文献所載の表を参照した。高尾一彦［一九五八］「江戸初期の農村構成とその発展」『神戸大学文学会研究』第一六号。また塩野芳夫氏にもこの史料に関して以下の研究がある。塩野芳夫［一九五〇］「近世初期の農民経営」『ヒストリア』第二七号。

(13)「更池村家数人数万改帳」一六四四年（寛永二一）松原市史編さん委員会［一九七四］『松原市史』第四巻、松原市役所、二九九〜三〇七頁。この史料については多くの研究があるが、以下のものを代表としてあげておきたい。朝尾直弘［一九六七］『近世封建社会の基礎構造』御茶の水書房。

(14)「富田林村万改帳」一六四四年（寛永二一）富田林市史編集委員会［一九七二］『富田林市史』第四巻、富田林市役所、二六八〜三一六頁。

(15)この史料については翻刻がなされておらず、ここでは以下の文献に載せられた表を参照した。布施市史編集委員会［一九六六］『布施の民家』布施市役所、一八頁。

(16)代表的なものとして以下の文献をあげておきたい。白石太一郎ほか［二〇〇一］『近畿地方における中・近世墓地の基礎的研究』国立歴史民俗博物館。

(17)ここでいう先祖代々之墓とは家の先祖を総体としてまつる目的の墓をさし、具体的には墓石の表面の刻字に「先祖代々」「先祖」などの文字を含むものを意味している。また近代以降にみられるようになる「〇〇家之墓」も同様の性格を持つものとしてこれに含めている。

(18)先祖代々之墓については以下の論文を発表している。市川秀之［二〇〇二］「先祖代々之墓の成立」『日本民俗学』第二三〇号。

(19)東京都牛込神楽阪付近の墓地では一七二〇年以降に先祖代々之墓が登場する。関口慶久［二〇〇〇］「御府内における近世墓標の一様相――東京都牛込神楽様周辺寺院群の墓標調査から」『立正考古』第三八号。

(20)京都府右京区山国では明治以後になって先祖代々之墓が登場する。竹田聴洲［一九六六］「両墓制村落に於ける詣墓の年輪（一）――丹波国桑田郡山国庄比賀江村」『佛教大学研究紀要』第四九号。竹田聴洲［一九六八］「両墓制村落に於ける詣墓の年輪（二）――丹波国桑田郡山国庄比賀江村」『佛教大学研究紀要』第五二号。

(21)坪井洋文［一九七九］『イモと日本人――民俗文化論の課題』未來社。

(22)坪井以後の研究のうち代表的なものとして以下をあげておきたい。都丸十九一［二〇〇九］『餅なし正月の世界――地域民俗論序説』岩田書院。安室知［一九九九］『餅と日本人――「餅正月」と「餅なし正月」の民俗文化論』雄山閣出版。

(23) 坪井洋文［一九七九］『イモと日本人――民俗文化論の課題』未來社、一一八～一一九頁。
(24) 坪井は鴻池家の自営を宮本又次の文献から引用しているが、宮本は『浪華百事談』から引いている。この随筆は一八九三年（明治二五）から一八九六年にかけて書かれたものである。宮本又次［一九五九］『鴻池善右衛門のことども』『社会と伝承』第三～四号。作者不詳［一八九三～九六］（『浪華百事談』『日本随筆大成』第三期二［一九七六］吉川弘文館。
(25) 「年中行事」。この史料については以下の文献に写真が載せられている。八木滋［二〇〇三］「豪商を数字で読む」『大阪人』五七。
(26) 肥後和男［一九四二］『宮座の研究』弘文堂書房。
(27) 市川秀之［二〇一二］「肥後和男宮座論の再検討」『国立歴史民俗博物館研究報告』第一六一号。
(28) 肥後和男［一九四二］『宮座の研究』弘文堂書房、一二〇頁。
(29) 市川秀之［一九九五］「信達葛畑の宮座と宮座文書」『泉南市信達葛畑・信達楠畑地区民俗資料調査報告』泉南市教育委員会。
(30) 市川秀之［一九九八］「座送り慣行をめぐる近世宮座の動向」『京都民俗』第一六号。
(31) 伊藤信明［二〇〇七］「座送り考――入座者の宮座筋目保証手続きについて」『和歌山県立文書館紀要』第一二号。
(32) 鳥越健三郎［一九七三］「株と宮座の変遷」『河内滝畑の民俗』大阪府教育委員会。
(33) 鳥越健三郎［一九七三］「株と宮座の変遷」『河内滝畑の民俗』大阪府教育委員会、一三頁。
(34) 安藤精一［一九六〇］『近世宮座の史的研究』吉川弘文館、八〇頁。
(35) 安藤精一［一九六〇］『近世宮座の史的研究』吉川弘文館、四五～五一頁。

主要参考文献

市川秀之［二〇一三］『「民俗」の創出』岩田書院。
竹田聴洲［一九九六］『竹田聴洲著作集第六巻　日本人の「家」と宗教』国書刊行会。
肥後和男［一九四二］『宮座の研究』弘文堂書房。

第6章　家・同族論からみた家族企業の全体像——三井の別家に注目して

多田　哲久

はじめに

近世都市の大商家・三井は、近代に入ると財閥化していく。この財閥化は、近世の家・同族から「家族の生成（家の構成員が親族に限定）」と「企業の生成（家と店の分離）」が起こるとともに、その家族と企業が結合していく過程といえる。この過程を図式化すれば、図6-1のようになる。

近代の研究の多くは、このうち近代の家族・企業に焦点を当て、それらの特徴や問題点を明らかにしてきた。たとえば、家族に関しては、個々の家族成員よりは家族全体の優先（家への埋没）、父系の親子の同居（直系家族）、男女の不平等などを指摘してきた。また、企業に関しては、企業を家業の延長線上で認識・構成（非近代企業、番頭経営）、労務管理における終身雇用・年功序列・温情主義（日本的経営）などを指摘してきた。

他方、近代の研究の多くは、近代の変化の過程で家族や企業から排除されていく近世の家・同族の諸部分（図6-1の黒色部分）については、あまり焦点を当ててこなかった。排除される部分は、家族化・企業化にかかわる範囲内で言及するか、みえにくいものになっていったといえる。とはいえ、三井財閥研究をみると、近世の家・同族の諸関係が明治期後半になっても継続していたという指摘も、少数ながら存在する。

図6－1　近世の三井越後屋から近代の三井財閥へ

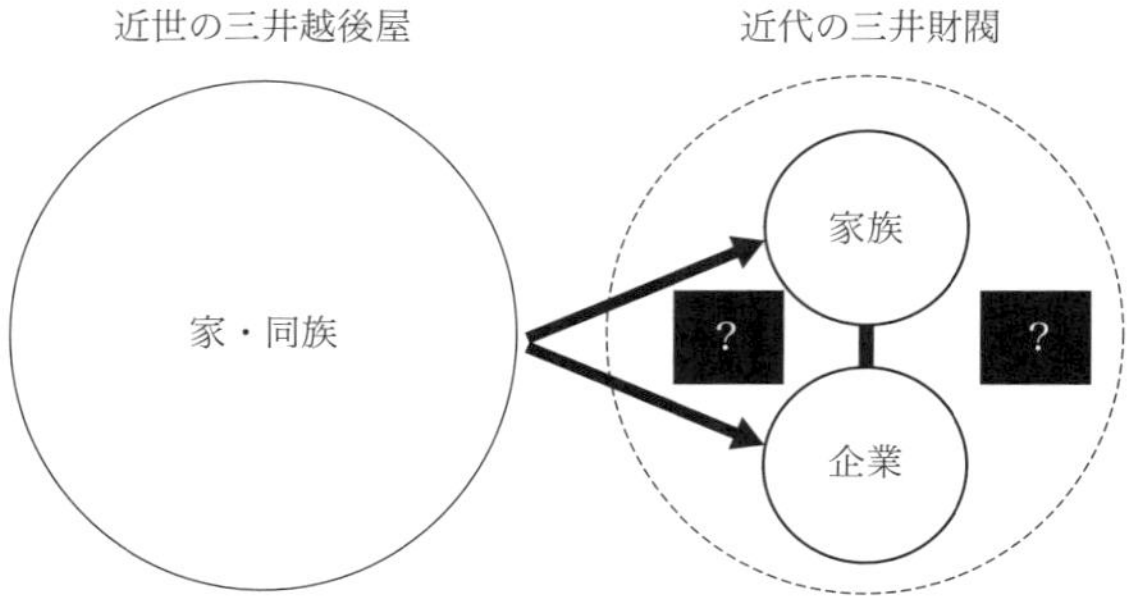

そこで、本章では、近世の三井越後屋が近代に入って財閥化する過程で、家族や企業から排除される別家（非親族奉公人の家で、同族の構成単位）が、その後、三井との間でどのような関係になっていったのか、昭和初期まで時期を延長してみていきたい。そして、その結果を踏まえて、家・同族論からみた近代の三井財閥の全体像を考えてみることにしたい。

以下、第1節では、近世の三井越後屋の家・同族と近代の三井財閥の家・同族の素描、およびそれらと関連する三井研究の紹介をおこなう。第2節では、近代になって、三井の別家がどのように家族や企業から排除されていったのかをみていく。第3節では、家族や企業から排除された別家が、その後、三井とどのような関係にあったのかをみていく。第4節では、第2節と第3節の結果を踏まえて、家・同族論からみた三井財閥の全体像について考えてみることとする。

1　三井と家・同族論

(1)　近世の三井越後屋と家・同族論

三井の初代・三井高利（法名・宗寿）は、一六二二年に四男末子として伊勢松坂で生まれた。高利が生まれた頃の三井家は、伊勢松坂の豪商と親類関係にあり、高利の長兄も江戸と京で呉服商売をおこなっていた。高利は、長兄の江戸店で呉服商売を習い始め、その後、母親（殊法）の世話のために松坂に帰り、両替商売をおこなった。長兄没年の一六七三年に、屋号を越後屋とし、京に呉服物仕入店、江戸に呉服店を開店した。一六八三年には江戸に両替店、一六八六年には京で両替店を開業、一六八七年には幕府払方御納戸呉服御用、一六九〇年には大坂御金蔵銀為替御用を担い、一六九一年には大坂で呉服店と両替店を開業した。こうして高利は、わずか二〇年足らずで、京・江戸・大坂に呉服店と両替店をもち、幕府御用も勤める大商家に、三井越後屋を発展させ、一六九四年に七三歳で没している。三井の二代目・高平（法名・宗竺）は、一六五三年に高利とその妻・寿讃の長男として伊勢松坂で生まれた。高平は高利の没後、多数の兄弟を取りまとめ集団運営体制を築いていった。家・同族論の観点から、高平のとくに注目すべき点は、第一に一七一〇年に家政と家業を統括するための機関・大元方《おおもとかた》を設置したこと、第二に一七二二年に三井の家政と家業の根幹となる家憲「宗竺遺書《そうちくいしょ》」を制定したことである。この大元方と「宗竺遺書」は、家業の浮沈や家政の内紛で紆余曲折を経ながらも、近代の財閥化まで維持された。高平は一七三七年に八五歳で没している。

この三井に関する研究は、さまざまな学問分野でおこなわれてきた。最も基本的な文献としては、財団法人三井文庫から刊行されている『三井事業史』（本篇五冊と資料篇五冊）があげられる。三井八郎右衛門高棟傳編纂委員会［一九八八］『三井八郎右衛門高棟』（東京大学出版会）も必読書である。一九六七年からは、『三井文庫論叢』が毎年刊行されている。多数にのぼる三井の文献を収集するに際しては、安岡重明編［一九八二］『日本財閥経営史　三井財閥』（日本経済新聞社）の巻末にある文献目録が有益である。また、『三井文庫論叢』第二四号［一九九〇］からは、各年の三井関係文献目録が掲載されている。

社会学の家・同族論からの三井研究としては、三井の家・同族を概括的に説明したものとして、有賀喜左衛門［一九七二］『家（日本の家族）改題』（至文堂）、中野卓［一九七八］『商家同族団の研究　第二版（上）』（未來社）がある。また、「宗竺遺書」や三井家憲を素材とした研究に、森岡清美［一九六六］「祖先祭祀と日本の世俗化」（『東洋学術研究』第二五巻第一号、四三～五六頁）、米村千代［一九九九］『「家」の存続戦略』（勁草書房）などがある。ただ、歴史学や経済史・経営史などに比べると、社会学の三井研究が活発であったとは決していえない。

その理由は、社会学の家・同族論が農家や中小商家を「原型」と考えてきたこと、家族社会学が核家族や新しい家族を対象にしていったことにある。結果として、都市の大商家はほぼ手つかずのまま残され、言及されるとしても、原型としての家・同族との違いのほうが強調されることになった。

たとえば、中野卓は、三井越後屋の非親族や本別家関係について、次のような指摘をおこなっている。「家と店の分離がここまでも及ぶと、家の内部に子飼奉公人が含まれることも、またそれが分家を創設して同族団の内部に奉公人分家が含まれることも、なくなる。親族的家成員のみが本家の家成員となり、家はすなわち家族と一致する、そしてこれにともなって、同族団も一種の父系的親族団体と一致することになるのである」(1)。このように中野は、三井について、家と店の分離が進んだ結果、家から非親族が排除されるとともに、同族の構成単位から別家が排除されたことを強調している。これは、原型としての中小商家の家・同族が、家に子飼奉公人を含んでおり(非親族の家成員を含んでおり)、その子飼奉公人が本家から家をもたせてもらう(同族の構成単位である別家にしてもらう)のとは、まったく対比的な描き方である。

こうして三井越後屋は、社会学の家・同族論では、近世の段階ですでに非親族や別家が存在しない異質な家・同族として言及されたままであったが、他方で、多くの三井研究をみると、三井においても別家の指摘がたびたびおこなわれ、別家まで含めた三井の範囲が、同族と呼ばれてきたのが実情である。たとえば、岩崎宏之は、「高利の長男高平(宗竺)の『宗竺遺書』によって本家六軒、連家三軒(のちに五軒)の家が三井家同苗の家と定められた。三井家とはこれら十一家の同苗の家を中核としてその周囲に別家や奉公人までを含めた家集団の総称である」(2)と述べている。ただ、こちらの非親族や別家を含める研究は、それではなぜ非親族や別家を三井越後屋に含めることができるのかという点について、家・同族論の観点から掘り下げた分析・考察をおこなっていない。

そこで、筆者は、三井越後屋に別家を含めることができるか否かについて、家・同族論のキー概念である系譜関係

図6－2　近世の三井越後屋の全体像（18世紀後半）

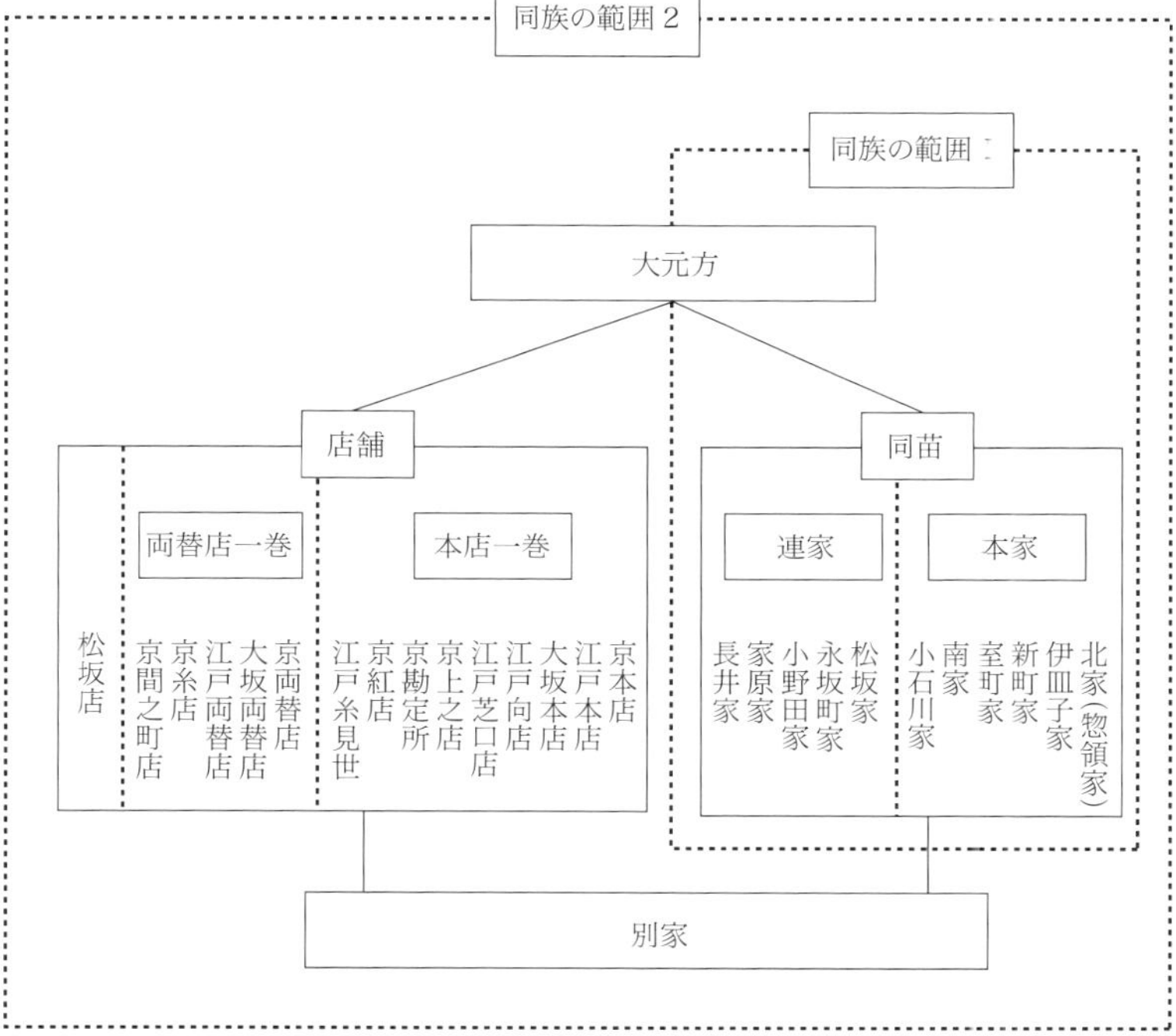

出所：多田［2010］，6頁．

（本家と分家との間で相互にその出自関係を認知し合うことによって設定される関係を指す用語）と生活連関（経済・宗教・儀礼・生活互助・社交・娯楽など生活上の諸関係を包括的に指す用語）を使用して分析・考察したことがある(3)。結果としては、①系譜関係をみると、系譜的本源としての本家と、その本家から分岐した別家ということを、三井家と奉公人の家は、相互に認知し合っていること、②生活連関をみると、三井家は奉公人の家にとって、いざというときの「最後の砦」になっていること、それゆえ三井越後屋に別家を含めることができるという指摘をした。それを図式化したものが、上の図6-2である。

ここで「同族の範囲1」は、中野のいう三井の同族の範囲であり、「同族の範囲2」は筆者の指摘した三井越後屋の同族の範囲＝三井越後屋の全体像になる。図6-2により、家・同族論からみた近世の三井越後屋の全体像を説明しておきたい。

右側の同苗《どうみょう》とは、初代・高利に連なる三井親族の一一家（「宗竺遺書」のときは九家。近代になると連家のうち三家は別の家へと替わる）を指しており、このうち本家の一番右にある北家（惣領家）が初代・高利、二代目・高平へと続く家で、学術用語でいうところの「本家」に当たる。本家とは初代・高利の男子の家々、連家とは娘、娘婿、孫娘婿、曾孫娘婿の家々で、学術用語でいうところの「分家」に当たる（北家を除く）。「分家」は同苗外に新たに創設されることはなく、同苗内の子弟は、自分の生まれた家を継ぐか、同苗内の他家を継ぐか、同苗外に養子や婚姻に出るなどしていた。同苗各家には持分が定められており、賄銀がその比率にしたがって各家に配分された。各家の比率は、北家二八・二％、伊皿子家一三・六％、新町家一二・三％、室町家一一・四％、南家一〇・二％、小石川家一〇・二％、松坂家三・六％、永坂町家二・七％、小野田家三・二％、家原家一・四％、長井家一・二％、余計二％、合計一〇〇％であった。

左側の店舗は、本店一巻（呉服店など）と両替店一巻と松坂店の三つにわけられ、十八世紀後半には図中の各店が所属していた。

上側の大元方は、先にも触れたように、家政と家業の統括機関であり、同苗と上級奉公人の数人で運営され、だいたい月二回寄合がもたれていた。なお、中野は三井越後屋について、「家と店の分離」を強調していたが、それは中小商家と比較した場合の程度差であり、大元方が家政と家業の両方を統括していたということは、結局「家と店の分離は不完全」であったということを押さえておきたい(4)。

下側の別家は、普通、店舗に勤めて退役した非親族奉公人の家を指している。三井の場合、中井信彦によれば、「要は十二、四才で『子供』として雇傭してから凡そ二〇年前後を勤続した奉公人を『首尾克暇』（円満退職の意）せしめることを原則として、それら円満退職者に対して越後屋の屋号と暖簾を『元手銀』（『望性銀』とも書く）と共に分与する制度であった」とされる[5]。また、三井は同苗の家のほうも、通例の家に比べて大家で、別家を出していた（台所別家と呼ばれる）。いずれにしても、非親族奉公人の家である別家が同族に含まれているという点は、家の構成員が親族に限定されていく近代の家族（近代の家）とは大きく異なるところである。

そして、この別家は大きく三つにわかれていた。図6-3は、一八三一年頃に京本店と大坂本店で創出されていた別家を図式化したものである[6]。

同苗を中心にして内側から、①家督。上級の役職で退役する奉公人の家。家督は、三井越後屋に勤めている間でも、自分商売することを認められていた。自分商売の際には、越後屋の店名前だけではなく、別の店名前が使用されることもあった。初期においては自分商売の店や家屋敷が三井から与えられることもあった。三井姓を名乗ることを許されている者もいる。三井同苗から養子に入っている家もある。②相続講員。相続講に加入している一般の別家（先に中井が述べた二〇年前後で円満退職した奉公人の家で、退役時の役職としては中級）。相続講は一七二四年に設立され、中級の役職で退役した奉公人に加入資格があり、京都、江戸、大坂、松坂にそれぞれあった。入講・退講の自由があり、入講者は、毎月一日、日を定めて集まり、家業経営、諸事の示し合わせなどをし、大病や不時の災害によって身上不如意になった際は、資金援助が受けられた。③暖簾差免者かつ非相続講員。相続講に加入していない一般の別家。三井の暖簾の授受状況が記載されている「家名暖簾印差免切手控」[7]に名前や退役した店や職階などが記入されているが、相続講に加入していないため、史料上、その後の動向が不分明な別家群である。

図6－3　三井の別家（1831年頃の京本店・大坂本店の場合）

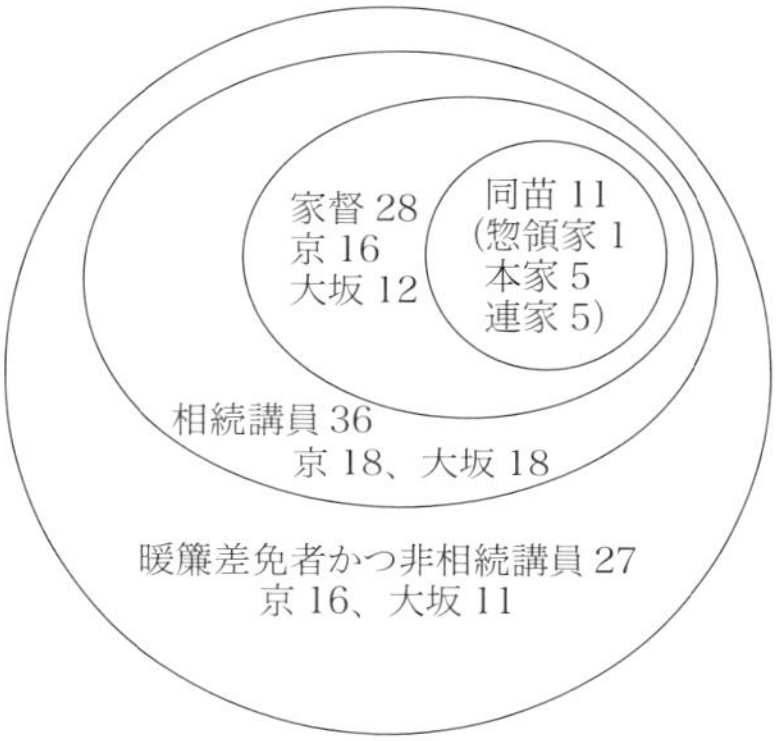

出所：多田［2013］，140頁.

(2) 近代の三井財閥と家・同族論

前項では、近世の三井越後屋の全体像を示した。ここでは、図6-2と図6-3を前提にして、近代の三井財閥に話を移したい。

近代になると、三井では別家の排除が課題となってくる。安岡重明は、この別家の排除の流れを、大きく二つの内容にわけて整理している。「第一。主家（商家同族団）の家産の所有と管理に対する別家たちの潜在的な発言権の否定。別家たちが主家の家産に対して所有権をもっていたというと不正確になるが、別家は家産の管理運営には発言権をもっていたし、主家の相続人の選定に当たっても発言権をもっていたことは、たしかである。……大商家の多くは、民法・商法の施行に当り、別家たちのこのような権利を整理しておくことを望んだ。……第二。家制度の側面から見た別家の同族団からの排除。元別家の集団は、主家が健在なかぎり、主従の情誼から、別家どうしの親睦のため社会生活面からも主家との関係の継続を望んだ場合が多い。主家の側は、元の別家の事故（たとえば破産）にまでは責任を持ちたくないので、社会生活面での関係も一定の整理をしようとした[8]」。

すなわち、安岡によれば、別家は近代に入ると、一つに財産からの排除、もう一つに生活保障からの排除を受けるということである。また、安岡は、近代になって別家が排除される理由について、「民法・商法の施行」や「元の別家の事故（たとえば破産）にまでは責任を持ちたくない」といったように、法制度への対処や、過度な生活保障への対処をあげている。

それでは、この二つの排除が、具体的に三井の財閥化のなかでどのように進行したのか。観点を変えれば、家族や企業がどのように生成していったのか。この点については、次の第二節で整理することとして、ここでは、排除後の本別家関係が、その後どのようになったのかについて述べている、二つの見解をみておきたい。

安岡は、先の別家の排除に続けて、次のように述べている。「第三。しかしながら大商家の主人側は、元の使用人たちの平穏な生活の維持に無関心であったわけではない。彼らがみじめな境遇に陥っていることは、情誼以外にも主家の評判にかかわるからである。……三井家でも相続講廃止後、再発足した相続会に一定の関係をもっていた」[9]。また、朴慶洙は、「三井家との関係が表面上解除された後においても、会［相続会―引用者］の趣旨はあくまでも主家の繁栄長久と各自の家の隆昌に置かれ、主家・別家の間の共同体的情誼が保たれることは、注目に値する」[10]と述べている。

すなわち、安岡や朴は、三井の場合、別家の排除後にも「一定の関係をもっていた」「共同体的情誼が保たれる」という表現で、本別家関係が継続していたという指摘をしている。また、安岡は、近代になっても本別家関係が継続する理由について、情誼と評判をあげている。別家側からすれば、三井との関係が続くことは、以前からの情誼とともに、財産への潜在的な発言権や生活保障ともかかわるため、メリットがあることは明らかである。これに対して、三井側のメリットは一見わかりにくいかもしれない。家族や企業の生成からすると、別家は排除の対象で、デメリットが先に想像されがちであるからである。しかしながら、三井側にしても、情誼と同時に、評判を維持する、あるいは評判をよくするといった意味で、近代になっても本別家関係を維持するだけの理由があったということである。

この本別家関係の理由に関連して、中野の次の指摘も押さえておきたい。中野は別家創出について、「主家としての喜び誇りであるとともに世間様への義務だとして、主家にその能力のあるかぎり必ず実行された。もし実行しなかったとしたら主家家長は世間から道徳的非難をうける。しかも、そのような道徳的評価は家の、また、ただちに店の信用に関する評価に結びついていた」[11]と述べている。また、別家の生活保障について、「同族中の一軒が取引上破綻に立ち至ると、最後には本家がその責任をとってやることもあってこれは本家自身の信用の保持のためにも必要な処置であった。分家・別家はそのような迷惑をかけまいと未然に努力する。それが分家・別家の信用を高めることともなった。もちろん本家は、自身の破滅を賭してまでも末家の急を救おうとはしないが、多少の損をおそれて大損を

図6－4　別家組織の変遷（京都の場合）

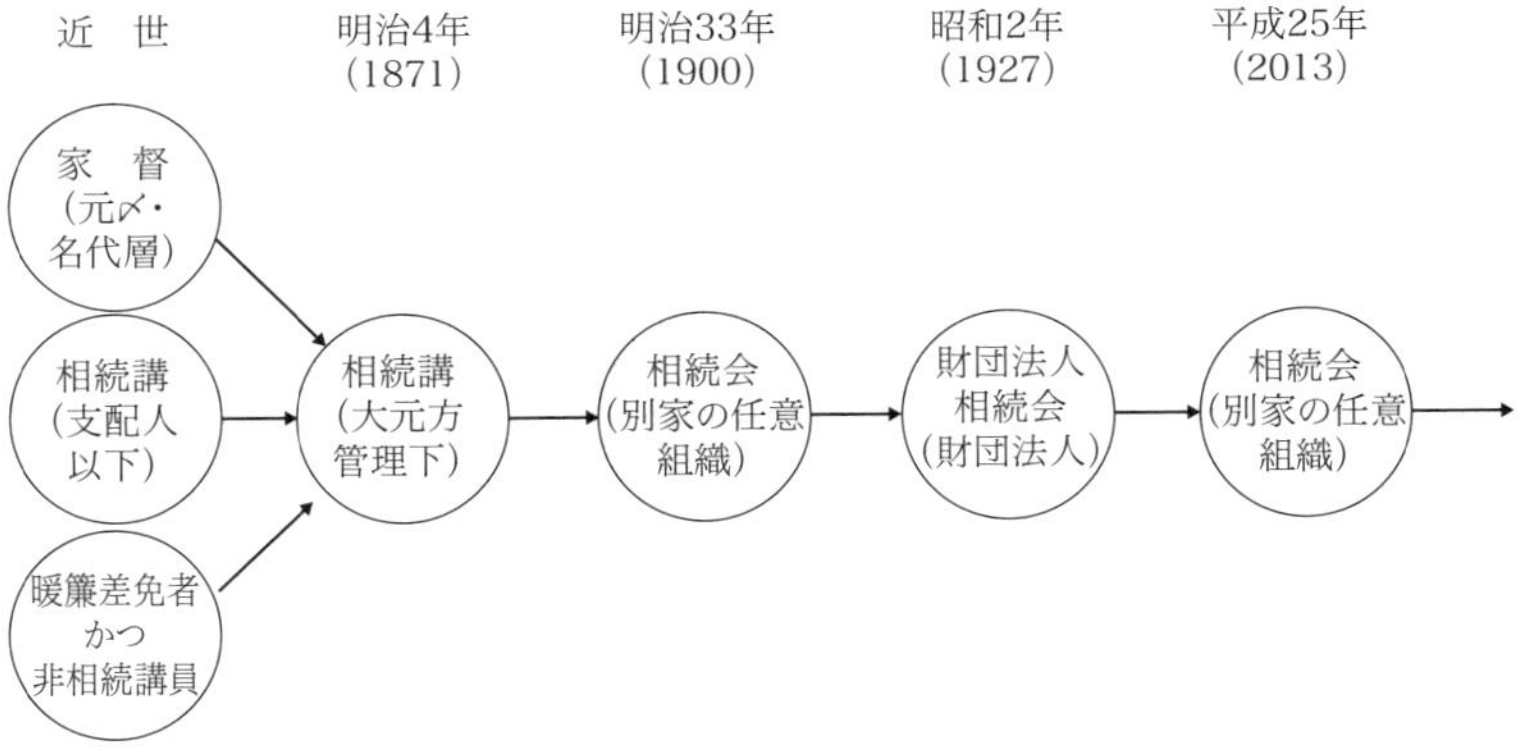

まねくことはさけようと末家を支援した」[12]。中野の議論は、中小商家について述べたものであるが、三井のように巨大財閥になると社会的注目度は高く、信用は依然として大きな問題であった。

それでは、排除されながらも「一定の関係をもっていた」「共同体的情誼が保たれる」とされる三井の本別家関係は、具体的にどのようであったのか。実は、この点に関しての三井研究は軽視・看過されてきたというのが実情であり、先の安岡や朴の指摘も、明治期後半を取り出した部分的・断片的なものであった。つまり、三井に関する近代以降の本別家関係の継続面を集中的に分析・考察した研究は、これまでなかったといえる。そこで、次々節の第三節において、この関係継続の部分を、昭和初期にまで時期を延長して、できるだけ幅広くみていくことにしたい。

2　三井における別家の排除

三井の別家の排除は、いくつかの段階にわけられる。図6－4は、それを図式化したものである。

まず、一八七一年に、別家に関する一度目の組織改革がおこなわれる。この改革は、近世に家督・相続講員・暖簾差免者かつ非相続講員の三つにわかれていた別家を、すべて大元方管理下の相続講に加入すべきとしたものである。このことは、別家側からすれば、別家＝相続講員として、資格や権利が明確化したことになる。他方、三井側からすれば、組織的にあいまいさを残していた近世の別家群の範囲を確定し、三井の責任を限定化するものであったといえる。

もっとも、改革後の新たな相続講は、生活保障の内容という点でいえば、とくに際立った変更をおこなっておらず、近世との間に大きな違いは見出されない。たとえば、相続講から三井へ提出された願書の内容をみると、近世と同様、家督相続、養子縁組、離縁、金銭、死亡届など、別家の人的側面や生活面に関する願書となっている[13]。

これに対して、財産からの排除という点では、明治前中期に大きな排除がおこなわれていた。安岡は、次のように述べている。「三井家では、改革者三野村利左衛門の方針によって明治九年（一八七六）七月三井銀行設立のさい、使用人たちはその地位に応じて同銀行の株式を所有することになった。明治二六年（一八九三）七月の合名会社三井銀行への改組の直前には行員の所有株は、資本金二〇〇万円のうち約四〇万円であった。三井家は商法施行に先立って、これらの株式を買い上げたいということで、同二五年（一八九二）末決算による一株当り実価一七〇円（額面一〇〇円）に割増しを加えた二〇〇円でもって大元方へ買いあげた。『三井銀行八十年史』では、三井家仮評議会で同意をえたように記している。この会には行員は参加していないから、行員たちは決定の結果を押しつけられたのであろう。こうして三井家の別家制度は、三井銀行の株主化（明治九年）とその株式の買い上げ（同二六年）を通して実質的に廃止されたものと推定される[14]」。

つまり、三井では、一八七六年と一八九三年の二回にわけて、所有と管理に対する別家の潜在的な発言権の否定をおこなったということである。その過程は、一八七六年の段階では、まず近世以来の潜在的な発言権から株式に基づく発言権へ、次に一八九三年の段階では、株式の買い戻しによる発言権の無権利化へと進んだということである[15]。

次に、一九〇〇年の二度目の組織改革についてみてみる。三井は一九〇〇年の家憲施行に際して、大元方で預かっ

図6－5　近代の三井財閥の組織図（1900年）

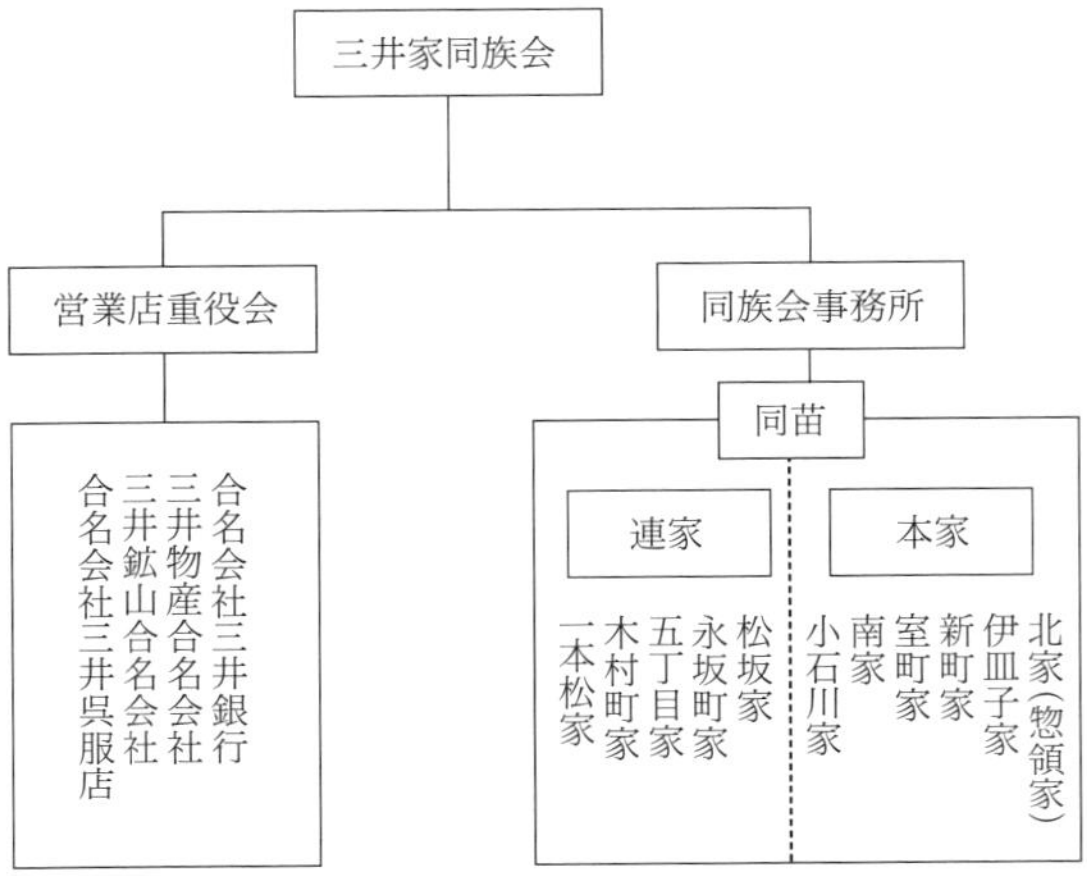

出所：三井文庫［1980a］，647頁～653頁を参照し，著者作成．

ていた講金を、相続講に払い戻し、今後大元方で管理をおこなわないことに決める。相続講は、組織を変革するか、解散するかという選択を迫られたが、京都では、払戻金の一部を基本金にして、名称を相続講から相続会に改め、任意組織を設立していった。また、東京でも、同じ事情により、東京相続会を設立していった。つまり、この時点から、三井と別家は、組織的に別々になったことになる。この一九〇〇年時点の三井の組織図を示せば、図6-5のようになる。

この近代の図6-5を近世の図6-2と比べてみると、近代の三井財閥では別家が排除され、同族が同苗のみで構成されており、「家族の生成（家の構成員が親族に限定）」が完了していることがわかる。また、大元方による一元管理ではなく、家政を担当する同族会事務局と事業を担当する営業店重役会という専担機関がそれぞれ存在しており、「企業の生成（家と店の分離）」が進んでいることがわかる。ただし、三井家同族会が最終的な統括機関となっている点では、いまだ家と店の分離は不完全であった。

この「企業の生成（家と店の分離）」が完了するのは、一九〇九年の三井合名会社の設立のときである。図6-6は、一九〇九年の三井財閥の組織を表わしたものである。

三井合名会社は、家政と事業を合わせて統括管理してきた三井家同族会から事業を引き継ぎ、同苗を出資社員とし、資本金五千万円（全額払込み）で発足した。三井家同族会のほうは、このときから三井家同族の家政管理機関にその役割を限定していった。この三井合名会社と三井家同族会が明確に区別された形は、構造的には、図6-1の近代の家族と企業の結合部分と同形であり、同時に図6-1の黒色の部分をみえにくくするものであったといえる。

最後に、一九〇〇年以降の相続会の動向についてみてみると、京都の相続会は、一九二七年に財団法人化していく。第二次世界大戦後も、そのまま財団法人として活動を続けていくが、二〇一三年に財団法人を解散し、再び任意組織に戻っている。

図6-6　近代の三井財閥の組織図（1909年）

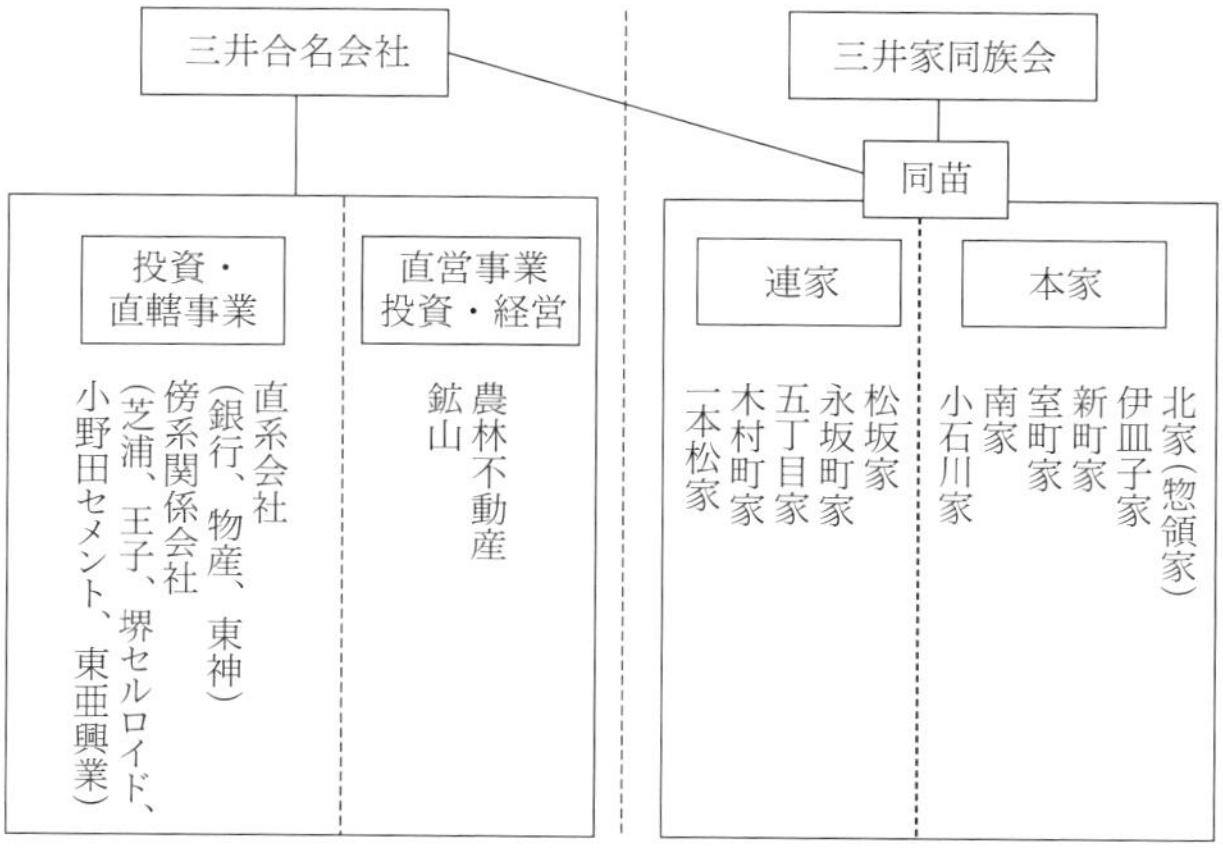

出所：三井文庫［1980b］，8頁を参照し，著者作成.

3　三井における本別家関係の継続

前節でみたように、別家は一九〇〇年に組織上、三井から明確に分離された。そこで、本節では、一九〇〇年以降の三井の本別家関係に焦点を当てていく。はじめに相続会を通した本別家関係、次に冠婚葬祭を通した本別家関係をみていくこととする。

(1)　相続会

一九〇〇年に京都で設立された別家組織・相続会の規約は全三八条からなるが、そのうち七つの条文に「三井家」という単語が出てくる。史料6-1は、それらの一部を抜き出したものである。

史料6－1　相続会規約

第三条　本会ハ三井家ノ繁栄ヲ祈リ崇清殿ノ遺訓ニ遵由シ会員ノ団結ト親睦トヲ保チ吉凶相慶弔シ兼テ勤勉貯蓄ノ精神ヲ発達セシムルヲ以テ目的トス

第二十六条　各会員ハ毎年四月及ヒ十月定期総会ヲ開クノ日ニ於テ先ツ相共ニ八阪北野両神社ニ参拝シ三井家ノ繁栄ヲ祈リ其祖先ノ霊ヲ祭リ総会後懇親会ヲ催スヘシ

第二十八条　評議員会ハ三井家又ハ会員ノ吉事凶変ノアル場合ニ応スル為メ一定ノ規定ヲ決議シ吉凶ノ起ルニ際シテハ本会ノ名ヲ以テ慶弔ノ礼ヲ行フモノトス

第二十九条　三井家又ハ会員中ニ吉事凶変ノアルニ際シ多数ノ助手ヲ要スルトキハ会員ハ会長ノ通知ニ依リ速ニ助手ノ労を執ルヘシ

第三十六条　本会ハ第三十一条ニ依リ救助金ヲ寄贈スルニ方リ受贈者カ三井家ヨリ受領シタル暖簾章及ヒ三井家祖先ノ霊牌ヲ還附セシムルコトアルヘシ

出所：財団法人三井文庫所蔵史料「相続会規約」［続二三九三－四－一］。

第三条には、相続会は三井家の繁栄を祈り、崇清殿（北家三代目・高房）の遺訓を守り、会員の団結と親睦を保ち、吉凶の慶弔をし、勤勉貯蓄の精神を発達させることを目的とすると書かれている。第二六条には、相続会員は毎年四月および十月に定期総会を開く日に、まず一緒に八坂北野両神社に参拝し、三井家の繁栄を祈り、その祖先の霊を祭り、総会後は懇親会を催すことと書かれている。これらは、先に引用した朴が、「会の趣旨はあくまでも主家の繁栄長久と各自の家の隆昌に置かれ」ると指摘したところである。

第二八条には、評議員会は、三井家または会員に吉事凶変がある場合に応ずるため、一定の規定を決議し、吉凶が起こるに際しては、相続会の名前で、慶弔の礼をおこなうこととすると書かれている。第二九条には、三井家または会員中に吉事凶変がある際に、多数の助手を要するときは、会員は会長の通知により、速やかに助手の労を執ること と書かれている。ここからは、吉事凶変を介した三井と別家の関係継続がみてとれる。

第三六条には、相続会は第三一条により救助金を寄贈するにあたり、受贈者が三井家より受領した暖簾章および三井家祖先の霊牌を還付させることがあると書かれている。ここからは、相続会の生活保障の側面がわかるとともに、別家は依然として三井の暖簾や三井家祖先の霊牌を所持していたことがわかる。

相続会は、東京でも設立されることになり、全三〇条の規約が作成されている。東京相続会の場合、会の設立に際して、設立趣意書・規約を三井同族会事務局に提出したことを示す史料が残っているが、その提出に対して、一九〇一年に三井家同族会事務局から東京相続会へ、次の史料6-2のような文書が送られている。

史料6-2　三井家同族会事務局から東京大元方への返書

今般同志相謀リ東京相続会ナルモノ設立ニ付右規約相添ヘ聞置レ度旨御届出之趣キ了承右ハ至極美挙ト存候依テ当局ニ於テモ承リ置候ニ付爾後本会ノ状況ニ関シテハ時々御報告相成候様希望致候也

出所：財団法人三井文庫所蔵史料「東京相続会設立趣意書并規約」[特一六四-七]。

史料6-2には、今回、同志が計画して東京相続会というものを設立し、その規約を添えて聞き置かれたいとお届け出の趣旨を了承、それは美挙と存じ当局でも承りおきますので、これ以降本会の状況に関してはときどきご報告なさるよう希望いたしますと書かれている。このように、三井家同族会事務局は、東京相続会が設立されたことを承知し、東京相続会の状況に関してときどき報告することを希望しており、三井側も、別家の行く末に関し、無関心でなかったことがわかる。

京都では、一九二七年に相続会を財団法人化していく。財団法人相続会は、組織の性格上、規約から「三井家」という単語がなくなり、「教育の普及発達」という公共的な内容が掲げられるようになる。そのため、三井との関係は規約からはとらえられなくなるが、これにより、三井家との関係が断絶したのではない。たとえば、一九三一年には、史料6-3のような「事業ノ報告」がなされている。

史料6-3　事業ノ報告

同年十一月十日　本財団建設以来逐日発展ノ現状ヲ報告シ併セテ将来ノ隆昌ヲ祈ランカタメ役員一同三井家祖先ノ墓所（在阪本泰門庵）ニ参詣ス

同年十一月二十八日　本財団会館建設三周年ニ相当スルヲ以テ三井家祖先ノ御染筆ニ係ル書画ノ展覧会ヲ催ス

出所：財団法人三井文庫所蔵史料「財団法人相続会報告書」[特八四六-二]。

一九三一年十一月十日には、財団法人相続会が設立以来逐日発展している現状を報告し、あわせて将来の隆昌を祈るため、役員一同、三井家祖先の墓所（在阪本泰門庵）に参詣したと書かれている。また、同年十一月二十八日には、財団法人相続会の会館建設三周年に相当するため、三井家祖先の筆になる書画の展覧会を催したと書かれている。ここからは、財団法人になっても、別家側は、三井家とのつながりを確認・表出しようとしていたことがわかる。

また、財団法人相続会は毎年春と秋の二回、総会を開いているが、その際、相続会側から三井側に案内・招待がなされ、三井側からは各家の執事が参加していた。史料6-4は、そのことを示す三井の同苗・新町家の日誌である。

史料6-4　新町家表詰所の日誌

昭和十五年四月六日　　午後四時ヨリ相続会招待ニ出席ス
昭和十五年十月十二日　相続会秋季総会ニ付招待ニ因リ午後四時今井和山盧出席ス

出所：財団法人三井文庫所蔵史料「日誌昭和十五年　上下」［新四九七、新四九八］。

一九四〇年四月六日には、午後四時より相続会の招待に出席したと、十月十二日には、相続会秋季総会につき招待により、午後四時に今井和山盧（新町家の執事）が出席したと書かれている。ここからは、財団法人相続会になっても、三井と別家の間で人的交流があったことがわかる。

以上みてきたように、一九〇〇年以降、三井と別家は別組織になったのであるが、相続会（京都）の規約には、三井家の繁栄を祈り、慶弔のつきあいを続け、暖簾や三井家祖先の霊牌を所持していることを示す記述がみてとれた。三井家同族会事務局も、相続会（東京）に会の状況報告を希望していた。また、任意組織の相続会が財団法人化した一九二七年以降も、三井家墓所に参詣したり、三井家関連の展覧会を催したり、同苗の家が相続会総会へ参加していた。明治、大正、昭和初期にわたって、三井と相続会の関係は継続していたということである。

(2)　冠婚葬祭

まず、結婚式である。一九四一年に、三井の娘である聴子が結婚しているが、その際の結婚披露招待名簿をみると、肩書に相続会会長として、山下源之助の名前が記載されている[16]。別家が三井の結婚式に招待される関係は、継続していたことがわかる。

次に、葬式である。史料6-5は、別家が葬儀をおこなった際、三井がどのように対応していたかを示す史料である。

史料6‐5　中井つる葬儀

四月二十一日　一、本邸ヨリ電話、中井つる遺骨夜九時十九分京都駅着ニ付太田出迎
四月二十三日　一、中井つる葬儀ニ付御供左ニ
一、香奠五つ　　一、榼一対　　一、盛菓子一対
右高公様鋹子様ヨリ　　外ニ　煮〆五十人前
一、香奠　壱両疋
右高棟様、苞子様ヨリ　以上、御供　確
四月廿四日　一、中井つる葬儀ニ付午后二時黒谷本坊へ焼香ノ為太田参詣

出所：財団法人三井文庫所蔵史料「北三井家油小路邸日誌」［北三五一］。

史料6‐5によると、三井の別家・中井家の「つる」は、一九四〇年四月二十一日に遺骨となって京都駅に到着する。その際、三井から執事の太田が出迎えに出ている。二十三日には、お供えとして、北家当主高公と妻鋹子の名前で香奠などが出され、北家の先代である高棟と妻苞子の名前でも香奠が出されている。そして、二十四日の黒谷本坊でおこなわれた葬儀には、執事の太田が参詣し焼香している。

中井家は、つるの舅に当たる先代の三郎兵衛が、明治維新の変革期に三井を支えた重役の一人で、別家のなかでもリーダー的存在であった。中井家当代は先代が起こした自分家業を発展させ、大成功を収めていた。そのような別家であるため、三井の対応は非常に厚かったといえるかもしれないが、ここでは別家各家に対する対応の厚薄は置くとして、三井側からも葬儀の礼をおこなっていたということを確認しておきたい。

最後に、法事に関してみていく。表6‐1は、一九三六年におこなわれた三井の北家二代目当主・高平（鶴操院殿

表６－１　鶴操院殿林山宗竺大居士二百回忌法要の概要

<table>
<tr><th>日時・金額</th><th>内容</th><th>別家の関与</th></tr>
<tr><td>9月25日</td><td>京都真如堂、午前10時より、開闢、法要、参列者106人。</td><td rowspan="3">京都の法事に、相続会として香料20円、会長・山下源之助、副会長・浅井為松が参列。</td></tr>
<tr><td>9月26日</td><td>京都真如堂、午前10時より、中日、法要、参列者71人。午後3時半より5時半まで、油小路邸、逮夜、僧侶18人、参列者146人（東京今井町邸でも逮夜、同時挙行）。</td></tr>
<tr><td>9月27日</td><td>京都真如堂、午前10時より、当日、法要、僧侶24人、参列者149人（東京野方斎堂でも同時挙行、参列者278人）。</td></tr>
<tr><td>9月29日</td><td>顕名霊社で改めて二百年祭、参列者123人（東京顕名霊社でも同時挙行）。</td><td>顕名霊社の二百年祭典に、会長・山下源之助、副会長・浅井為松が参列。</td></tr>
<tr><td>10月 7 日</td><td>滋賀県安土の沙沙貴神社に法事終了報告（施主北家11代目高公の名代永島雄治）。</td><td></td></tr>
<tr><td>10月 9 日</td><td>奈良の春日大社に法事終了報告（施主北家11代目高公の名代永島雄治）</td><td></td></tr>
<tr><td>10月11日</td><td>伊勢神宮に法事終了報告（施主北家11代目高公の名代三井源右衛門）。</td><td></td></tr>
<tr><td>総額</td><td>48,625円97銭</td><td></td></tr>
</table>

出所：三井八郎右衛門高棟傳編纂委員会［1988］，551頁～553頁，897～951頁より作成．

林山宗竺大居士）の二百回忌法要に関するものである。

ここで三井の法事の流れを簡単に紹介しておけば、法事は京都と東京で同時におこなわれ、同苗はできるだけ京都の法事に参列することとされていた。法事は大きく三つにまとめられ、第一は、三井の菩提寺である京都の真如堂で法事がおこなわれる（東京でも同時挙行）。第二に、三井では没後百年を経過した同苗当主夫妻は、顕名霊社に合祀されるため、百回忌以上の場合、顕名霊社でも祭典がおこなわれる。第三に、真如堂と顕名霊社の法要が終了すると、滋賀県安土の沙沙貴神社、奈良の春日大社、伊勢神宮に、法事終了の報告がおこなわれる。

この一連の法事のなかで、別家との関わりをみれば、真如堂の法事に、相続会として香料二〇円、会長・山下源之助と副会長・浅井為松が参列している。また、顕名霊社の祭典に、会長・山下源之助と副会長・浅井為松が参列している。

次の史料6-6は、このうち顕名霊社の祭典の参拝に関して、北家の執事から山下源之助宛に送られた回章である。

史料6-6　顕名霊社臨時祭典　回章

鶴操院殿二百回遠忌御法要無滞被為済候ニ付、来ル九月二十九日午前十時ヨリ下鴨顕名霊社ニ於テ二百年祭典執行可相成候間御参拝相成度、此段通知候也

追而肴料トシテ金壱封被下候間御受納相成度、尚参否貴名ノ下ニ御記入被下度候

昭和十一年九月二十七日　　北三井家々扶

山下源之助殿

出所：三井八郎右衛門高棟傳編纂委員会［一九八八］、九三三頁。

史料6-6には、鶴操院殿二百回遠忌御法要がとどこおりなく済み、来る九月二十九日午前十時より下鴨顕名霊社において二百年祭典を執りおこなうので、ご参拝くださるよう、このことを通知しますと書かれている。ここから祭典の参拝は、三井側からの求めによって、別家がおこなうという形になっていることがわかる。

高平の二百回忌は三井側の法事に関するものであるが、別家側の法事の一例として、一九四〇年におこなわれた山下源之助家の法事を、史料6-7にあげておく。

史料6-7　山下源之助先祖安山理泰禅定門二百回忌

三月三日　一、相続会長山下源之助先祖安山理泰禅定門二百忌法要於真如堂本堂修行ニ付

一　香奠　参拾円（前記之通リ）

右相供相成リ太田焼香致候

出所：財団法人三井文庫所蔵史料「北三井家油小路邸日誌」［北三五一］。

史料6-7には、三月三日に相続会長の山下涼之助の先祖・安山理泰禅定門の二百忌法要が真如堂においておこなわれたが、その際、北家の執事である太田が香奠三〇円を供え、焼香をしたと書かれている。

表6-1、史料6-6、史料6-7を通して、三井と別家はお互いの法事にそれぞれ参列していたことがわかる。

4　結果の考察

ここまで、近代以降の本別家関係の変遷を、第2節では別家の排除に焦点を当て、第3節では本別家関係の継続に焦点を当て、それぞれみてきた。

三井の場合、生活保障からの別家の排除は、まず大元方管理下の相続講へと別家を一本化し、組織的にあいまいさを残していた近世の別家群の範囲を確定し三井の責任を限定化した。次に、相続講を廃止し、無限定な生活保障の終焉を明確化したということであった。また、財産からの別家の排除は、まず三井銀行の株式を別家に持たせ、近世以来の潜在的な発言権から株式に基づく発言権へと転換し、次にその株式を三井に買い戻し、発言権の無権利化をおこなったとされる。

この別家の排除は、観点を変えれば、近世の家・同族からの家族・企業の生成ということでもあった。そして、近代の変化の方向は、家族化・企業化にあるため、近代の研究の多くは、家族・企業の生成という観点から財閥に焦点を当て、別家に関しても、家族化・企業化にかかわる範囲内で言及してきた。ただ、その結果、本別家関係の継続という側面が軽視・看過されてきたことも否めない。

その本別家関係の継続について、本章では相続会と冠婚葬祭に注目して整理した。別家は相続講の廃止後、任意組織として相続会を設立した。その相続会（京都）の規約には、三井家との関係が継続していることを示す記述がみてとれた。三井側も相続会（東京）に対して、会の状況に関してときどき報告することを希望していた。任意組織の相続会が財団法人化し、規約から三井家との関係が消えても、依然として三井家祖先の墓所に参詣したり、三井家関連の展覧会を開いており、総会には三井同苗の家に招待がなされ執事が参加していた。また、冠婚葬祭に関しては、三井の結婚式に別家を招待している史料、別家の葬式に三井がお供え・参詣している史料、三井の法事と別家の法事にお互いそれぞれ参列している史料を示した。本別家関係の継続については、すでに一部の研究が明治期後半の相続会を念頭に置いて指摘していたが、本章では、明治、大正、昭和初期にわたり、相続会だけではなく、各家の冠婚葬祭も含めて、関係が継続していたことを指摘した。

それでは、本別家関係の排除と継続という一見矛盾する実態を踏まえて、近代の三井財閥の全体像をどのように理解していったらよいであろうか。少なくとも、近代を通して継続する本別家関係を、排除を促す家族化・企業化の観点のみからみて、たんなる残存や封建遺制といったとしても、実態を正確に反映しているとは思われない。この点に関して、ここでもう一度確認しておきたいのは、本別家関係の継続の理由である。安岡は評判、中野は信用をあげていたが、要するにこれは、三井財閥のなかで本別家関係が継続しているのは、三井財閥自体が、評判・信用という点で、継続を必要としていたということであり、決して残存でも封建遺制でもないということを意味している。別家の排除と継続という相反と同時併存の実態を、三井財閥のなかにしっかりと位置づけることができる表現、しっかりとイメージすることができる表現が必要である。

そこで、本章では、内核と外核という表現を使用し、近代の三井財閥の全体像を表わしてみたい。すなわち、冒頭の図6-1の家族・企業の部分を内核、本別家関係の継続の部分（図6-1の黒色部分）を外核とみなすということである。そうすると、別家の排除と継続という相反に関しては、近代になって別家は、内核から排除されると同時に、外核へと再編されたとみていくことができる。また、別家の排除と継続の同時併存に関しては、近代の三井財閥は、内核と外核から構成される二重構造を持つ社会単位であったとみていくことができる。

そして、内核・外核、再編、二重構造が認められるとすれば、改めて、近代の家族・企業と本別家関係の間の相互作用が視野に入ってくるが、このことは、近代の家族・企業の特徴や問題点の生成に関する議論を補強することにもなるであろう。なぜなら、近代の家族・企業の特徴や問題点が生じる機構には、近世の家・同族の関係性のなかで現に生きている人たちが存在し、近代の家族・企業の関係性のなかで現に生きている人たちと相互作用し、影響を与えるという側面もあると考えるからである[17]。また、このことと関連して、近現代の家族・企業の特徴や問題点のルーツとして、近世の家・同族に言及する研究もあるが、相互作用が視野に入れば、時代を飛び超えて無媒介に類似事象同士を連結することなく、時間経過に沿いながら分析・考察することができるようになる。このことは、歴史的連続性の議論を補強することにつながるであろう[18]。さらに、外核という位置づけが認められれば、内核との間の相互作用だけではなく、内核とは相対的に自律した外核自体の独自展開も視野に入ってくる。本章は、近代における近世の本別家関係の継続（系譜関係や生活連関の継続）を示すことに力点があったため、近世と近代の間の本別家関係の質的・内容的変化を示すことはできなかったが、外核自体に焦点を当てていけば、外核の継続と変化の両面を分析・考察できるということである。

おわりに

本章は、近世の三井越後屋が近代に入って財閥化する過程で、家族や企業から排除される別家が、その後、三井との間でどのような関係になっていったのか、昭和初期まで時期を延長してみてきた。結果としては、三井の本別家関係は、一部の研究が指摘した明治期後半の相続会だけではなく、明治、大正、昭和初期にわたり、冠婚葬祭も含めて、関係が継続していたことがわかった。この結果を踏まえて、本別家関係を三井財閥のなかにしっかりと位置づける必要性を指摘し、家族・企業の部分を内核、本別家関係の継続の部分を外核ととらえることを提起した。このようにとらえると、近代になって別家は、内核から排除されると同時に、外核へと再編されたとみていくことができる。また、近代の三井財閥は、内核と外核から構成される二重構造をもつ社会単位であったとみていくことができる。そして、内核・外核、再編、二重構造といったことが認められるのであれば、改めて、近代の家族・企業と本別家関係の間の相互作用も視野に入ってくる。このことは、近代の家族・企業の特徴や問題点の生成や歴史的連続性に関する議論を補強することにつながる。さらに、内核とは相対的に自律した外核自体の独自展開も視野に入り、外核の継続と変化の両面を分析・考察できるということであった。

以上が本章の要約であるが、最後に本書の性格上、本章に求められている現代との関連について述べて、終わりに代えたい。

周知のように、第二次世界大戦後、一九四六年に三井財閥は持株会社の指定を受けた。七月十六日に三井家同族会は三井家同族会の解散を決議、九月三十日に三井本社は臨時株主総会で解散を決議している。また、一九四七年に民法が改正され、家制度（近代の家族）が廃止される。こうした流れは、内核であった近代の家族・企業が排除されていく過程、観点を変えれば、現代の家族・企業が生成する過程であったといえる。

その際、研究アプローチの仕方としては二つある。一つは、現代の家族化・企業化を変化の方向に定め、近代の家族・企業については、それと関わる範囲内で言及するアプローチである。このアプローチが重要であることはいうまでもないが、本章の観点からすれば、近代の家族・企業の諸関係、および近世以来の家・同族の諸関係が継続しているか否か、外核化しているか否かを分析・考察するアプローチも重視していきたい。構図としては、明治・大正・昭和前期も第二次世界大戦後も同様である以上、前者のアプローチのみでは旧来の諸関係がみえにくくなり、みる人にはみえるが、みない人にはまったくみえなくなってくるからである。

この現代の家族に関連して、筆者は、「家も核家族も新たな家族も末子相続的家族も、同時代に存在する文化項目であることを明確化しておかなければ、A↓Bの単線的進化論に絡め取られやすいのではないか。また、それぞれの社会に家族の個性というものがあるとすれば、それはその社会に存在する家族の文化項目の組み合わせから生じてくるのではないか」と述べたことがある。[19] ここでは文化項目・意識を強調し、本章のような内核や外核という用語はないが、いずれにしても、みえにくくなった家・同族を、現代においてどのようにみていくかに焦点を当てたものであった。

また、現代の家族企業に関連して、筆者は、「家業の指標として、所有者・経営者が家・家族成員への事業承継を志向していることを挙げるとすれば、日本の事業所の九七・一％が中小企業で、七八・三％の中小企業経営者が親族関係にある者を後継者に希望しているという数値は、日本が家業社会であることを示していないか。大企業でも、オーナー経営者一族への世襲が、たびたび話題になることとも合わせて、家業はもっと一般的な事業形態と捉え直してみてもよいと思われる」と述べたことがある。[20] すなわち、財閥解体によって、家族と企業との結合がなくなったとは決していえないのであり、家族企業から経営者企業へというような発想だけではみえてこない現実があるということである。もちろん、このことは、内核において経営者企業への圧力が強く働き、家族的要素が排除されようとする傾向があることを否定するものではない。ここでの主張は、そうして一旦排除されたとしても、外核に家族的要素が再編され、再び内核と外核の相互作用が開始され、そこから日本の企業の特徴や問題点が生まれてくるというアプローチも必要ではないかということである。

注

(1) 中野［一九七八］、一二八頁。
(2) 岩崎［一九六八］、二七頁。
(3) 多田［二〇一〇］。
(4) 大元方での審議内容は、朴［一九六九］、三五五頁には、次のように書かれている。「寄合での審議範囲は、同苗各家への賄料及び雑入用の支給をはじめ、婚姻死亡などの吉凶事や、養子・相続・勘当・移住・普請・分家分出など、各家の家内の重要な問題と、営業店の商いの評議・店同士の連携・各店の営業状態や決算の吟味などの経営問題、そして奉公人別家の創出や合力にいたるまで、商家同族団が抱えている殆どすべての事柄にわたっており、寄合では折々の議題に関して最終的な審議決定を下している」。
(5) 中井［一九七〇］、三八頁。なお、奉公人に関してのより詳しい分析・考察は、西坂［二〇〇六］を参照のこと。
(6) 図6-2の店舗にあるように、三井越後屋の店舗は京本店・大坂本店以外にも多数あり、それらの店舗も別家を創出していた。ただ、史料上、別家の数をまだ確定できていないため、今回は一例として京本店と大坂本店の事例だけを示した。
(7) 財団法人三井文庫所蔵史料「家名暖簾印差免切手控」［続一一七九］。
(8) 安岡［一九六八］、二〇二頁〜二〇三頁。
(9) 安岡［一九六八］、二〇三頁。
(10) 朴［一九六九］、三五六頁。
(11) 中野［一九七八］、八〇頁。
(12) 中野［一九七八］、八五頁。

(13)　財団法人三井文庫所蔵史料「相続講諸伺願」[続一三四七、続一三四八、続一三四九、続一三五〇]などを参照のこと。
(14)　安岡［一九九八］、一〇五頁〜一〇六頁。
(15)　ただし、三井の場合、すでに近世の段階で、「宗竺遺書」により同苗のみに持分率が設定されていたこと、家と店の分離が進み大元方のような統括機関が存在していたことから、一般の商家のように、所有と管理に対する別家の潜在的な発言権が大きかったか否かは考えてみるべき問題かもしれない。むしろ、一八七六年の株主化は、三野村のリーダーシップにより、近代に入って、三井銀行行員の発言権が伸長したようにみえなくもない。ただ、いずれにしても、一八九三年の株式の買い戻しにより発言権の無権利化へと進み、別家の潜在的な発言権が否定されたことには違いない。
(16)　財団法人三井文庫所蔵史料「松本三井両家結婚披露招待名簿」[新六八八―二]。
(17)　相互作用や影響の具体的な分析・考察は今後の課題であるが、ここで三井の先行研究を使用し簡単に補足しておきたい。安岡［一九九八］、三一〜三四頁によれば、三井は一八七二年に赤字の呉服店を切り離す際、別家たちに三越家を創設させて、呉服店を譲渡している。これは、三井が経営の指導と監督を非公式に継続しつつ、破産の場合の責任を回避するものであったとされる。そして、呉服店の経営が好転すると、三井親族を別家の養嗣子にし家督相続させることで、三越家の財産を回収している。また、安岡［一九九八］、一一二〜一一七頁では、一九〇三年の三井銀行の臼井喜代松「使用人給与制度私議」の分析・考察をおこなっているが、それを踏まえて、次のように述べている。「明治から大正にかけて採用された給与・退職金制度は、欧米のように永い歴史的経過ののちに近代的個人が成立し、それを前提として成立した制度ではない。主従関係の一定度の解体の時点で、そのような社会的雰囲気を前提とした上で、良質の職員・経営幹部を雇用するために採用された制度である」（安岡［一九九八］、一一七頁）。本文で述べた相互作用や影響は、たとえばこのような近世の家・同族の存在を前提として、近代企業のなかに現われて来る諸事例を念頭に置いている。
(18)　たとえば、間［一九六四］、中根［一九六七］の研究は、近世の家と近現代の企業・組織との関連を重視している点で、本章の立場を補強するものである。ただし、両研究とも企業・組織の分析・考察に主眼があり、近現代における近世の家・同族の存在を示したうえで、相互作用や影響を問うという方法を採ってはいない。
(19)　多田［二〇〇五b］、八四頁。
(20)　多田［二〇〇五a］、二八頁。

主要参考文献

〈日本語〉


有賀喜左衛門［一九七二］『家（「日本の家族」改題）』至文堂。

岩崎宏之［一九八八］「三井財閥における同族支配」歴史人類学会『史境』第一六号、二六頁〜三五頁。

喜多野清一［一九七六］『家と同族の基礎理論』未來社。

多田哲久［二〇〇〇］「近代初期における家・同族団の再編」神戸大学社会学研究会『社会学雑誌』第一七号、一五五頁〜一六八頁。

多田哲久［二〇〇五a］「現代日本における家業の展開——京都在住者の事業承継に注目して」北原淳編『東アジアの家族・地域・エスニシティ——基層と動態』東信堂、二七頁〜四三頁。

多田哲久［二〇〇五b］「家族変動の枠組への一視角——家研究の視点から」漢陽日本学会『漢陽日本学』第一五号、六五頁〜九〇頁。

多田哲久［二〇一〇］「家・同族の変容とその特質——大商家・三井を事例として」漢陽大学校日本学国際比較研究所『比較日本学』第二二輯、一頁〜二八頁。

中井信彦［一九七〇］「共同体的結合の契機としての『血縁』と『支配』」三井文庫『三井文庫論叢』第四号、一頁〜五七頁。

中根千枝［一九六七］『タテ社会の人間関係』講談社。

中野卓［一九七八］『商家同族団の研究　第二版（上）』未來社。

中野卓［一九八一］『商家同族団の研究　第二版（下）』未來社。

西坂靖［二〇〇六］『三井越後屋奉公人の研究』東京大学出版会。

間宏［一九六四］『日本労務管理史研究』ダイヤモンド社。

長谷川善計・竹内隆夫・藤井勝・野崎敏郎［一九九一］『日本社会の基層構造』法律文化社。

朴慶洙［一九八九］「商家同族団の組織と理念——江戸時代三井家を事例として」日本民族学会『民族学研究』第五四巻第三号、三五一頁〜三五九頁。

藤井勝［一九九七］『家と同族の歴史社会学』刀水書房。

三井八郎右衛門高棟傳編纂委員会［一九八八］『三井八郎右衛門高棟傳』三井文庫。

三井文庫［一九八〇a］『三井事業史　本篇第一巻』三井文庫。

三井文庫［一九八〇b］『三井事業史　本篇第三巻上』三井文庫。

森岡清美［一九六六］「祖先祭祀と日本の世俗化」『東洋学術研究』第二五巻第一号、四三頁〜五六頁。

安岡重明編［一九八二］『日本財閥経営史　三井財閥』日本経済新聞社。

安岡重明［一九九八］『財閥経営の歴史的研究──所有と経営の国際比較』岩波書店。

米村千代［一九九九］『「家」の存続戦略』勁草書房。

〈中国語〉

多田哲久［二〇一三］「近世都市の大商家における家・同族──三井を事例として」首藤明和・王向華・宋金文編『中日家族研究』浙江大学出版社、一二七頁〜一五九頁。

第7章　明治民法「家」制度の構造と大正改正要綱の「世帯」概念
——立法と司法における二つの「家」モデルと〈共同性〉

宇野文重

はじめに——本章のねらい

一八九八年（明治三十一）、紆余曲折の末に制定された明治民法は[1]、一九四六年（昭和二十一）の日本国憲法の制定を受けた、翌年の民法第四編親族編・第五編相続編の改正を経て、今もなお「現行民法」であり続けている。終戦後のいわゆる「家族法改正」の基本方針は、いうまでもなく「家」制度の廃止であったが、現行民法から「家」制度的規定が完全に撤廃されたわけではないことは[2]、最近の最高裁判所判決を通しても看取できるところである[3]。

しかし、一九四六年当時、民法上の「家」制度廃止、具体的には「戸主権規定の削除」と「家督相続制度の廃止」を柱とする改正に対しては、強い抵抗と反対があった。それは、改正作業を担った民法学者・我妻栄が国会答弁にて「特定の法律制度としての家族制度を廃止しても、道徳的理念としての家族制度は脆弱化されるものではない、否、これによって、却って新しき時代に即應した家族制度を発展せしめ得る」と発言せざるをえなかったことにも現れている[4]。つまりこの民法改正は、あくまで法制度上の「家」の廃止に留まることを強調する必要があったのである。

ここで我妻が述べた、廃止されるべき法制度上の「家」とは何か、他方、反対派はなぜ「道徳的理念としての家族制度」が脆弱化することを危惧したのか、さらに終戦直後の法学者が展望していた「新しき時代に即応した家族制度」とは何なのか。こうした論点を検証するには、現行家族法の起点である明治民法の「家」制度の構造とその後の展開を知ることが不可欠となる。そこで本章では、明治民法の「家」概念について、二十世紀前半の立法と司法の動きを追いながら、社会的実態と法との関係にも注目しつつ論じていきたい。

さて、本書はそのタイトルに『家と共同性』とあるように、〈家〉と、それをめぐる〈共同性〉がテーマとなっている。そこで本章では、〈家〉という概念の法的な位置づけについて、基本的にはほぼ時系列的にその展開を追っていく。ここでいう「法的な位置づけ」というのは、民法という実定法規範だけでなく、法典が編まれる起草の過程という動態的な次元、あるいは裁判という紛争解決の現場、また法学説という法解釈学者の法的思考・営為を指す。

まず、第1節で明治民法の「家」制度の構造を概説し、第2節では起草委員であった梅謙次郎と富井政章の議論から当時の法学者が民法に想定していた「家族像」を示したい。第3節では、裁判の場で明治民法がどのように運用されたのかを検証し、司法における「家」概念の具体像を論じる。第4節では、一九二五年および二七年に公表された臨時法制審議会の「民法改正ノ要綱」（以下、大正改正要綱と表記）における「家」を分析する。立法上の「家」概念と社会的実態としての家族共同生活との関係がどのように捉えられたのか、法と社会との関係にも注意しながら検討したい。なお、3、4節で論じた司法と立法の動きと同時並行的に形成され、相互に影響を与えた「身分法学説」[5]も重要であるが、紙幅の関係上、適宜、簡単に言及するにとどめる。

一方、〈共同性〉については、全節を通じて、以下の二つの観点で言及する。第一に、「家産」の共同性である。「家産」の共同性とは、先祖伝来の田畑家屋敷などの動産・不動産について、人々がこれを個人の私有財産ではなく「家」の「財産」として認識し、永続的な継承を志向する財産であるとともに、彼等にとって、今、現在を生きている当代の家族共同生活を維持するためのほぼ唯一の経済基盤であるという意味での〈共同性〉を有している、ということを指す。また、農家にとっての「家産」とはすなわち「農地」であり、そこには当然、農村共同体における〈共同性〉という要素も含意される。つまり、農村の維持には農業経営のための「家業」と「家産」の継承が不可欠となるため、農家・農業が継承できるか否かは個別の「家」の問題にとどまらず、村の〈共同性〉が維持できるか否かということとも不可分である。慣習上の分家を例にとれば、分家によって村落共同体の構成単位が増える場合もあり、そうした意味でも村の〈共同性〉に関する論点であるが、本章ではこれを直接取り上げる余裕はないので、明治民法および大正改正要綱の分家規定に若干の検討を加えたい。

二点目として、居住・生計・扶養の〈共同性〉を挙げる。一八七一年（明治四）に制定された戸籍法は、明治十九年式戸籍を経て、明治民法の制定とともに再度の改正を受けるが、戸籍の単位である「戸」の登録に際して、居住・生計・扶養の実態があることを要件としなかった。「戸」はあくまで、戸籍上の記載にとどまるものであり、徐々に「紙の上の家」として観念性を強めていく。観念化しても戸籍は、法的ないし統治の最小単位として措定されつづけるが、他方で、実態を伴った居住・生計・扶養の単位となっている家族共同生活単位――すなわち「世帯」――が法的な意味での「家」として理解される場面が存在する。本章では、その具体的な様相を示していきたい。

1　明治民法の「家」制度の構造

(1)　「前古無類の新制度」としての明治民法「家」制度

一八九八年（明治三十一）に制定された明治民法上の戸主権規定と家督相続制度について、この時代に生きた法制史学者の中田薫は「前古無類の新制度」と評した。しばしば近世の武士の「家」をモデルとしたといわれる明治民法の「家」制度であるが、それを中田は、「家族居住の指定、婚姻の承諾、離籍の言渡等の三四の軽微なる権利を掲げて、これを戸主権と名付け、戸主権と戸主の財産権の相続を称して、家督相続という、前古無類の新制度というし」[6]と論じた。

この見解は、現在では批判の多い中田独自の「近世家父長権不存在説」が前提となってはいるが[7]、明治民法の起草段階から施行後に至るまで、身分法学者は中田と同様に、明治民法の戸主権規定について、戸主と家族員の間の個別的な権利義務規定の「束」にとどまり、戸主には家長としての包括的な権力が与えられていないと解釈した[8]。また、こうした民法上の「家」制度は、伝統的な「家」を強調する立場からも強く批判され、とくに先祖伝来の「家産」を所有するのは「家」そのものであるべきなのに、民法は「家」を法人化せず、戸主個人の私有財産としたことが問題とされた。その意味でも、中田の表現にあるように、それまでの「家」観念、「家」意識からすれば、明治民法の「家」制度は、「前古無類の新制度」に他ならなかったのである。

(2) 「戸籍」という「家」

明治民法には「家」の定義規定はない。しかし、起草委員は明確に、「家」とは「戸籍」のことであると説明している。すでに明治四年に制定施行されていた戸籍法は、当時から家族政策の柱となっていたが[9]、民法典の制定にあたってもその核としての役割を与えられて「家」制度の根幹を支えた[10]。

明治民法で「家」のメンバーとなるのは、「戸主、および戸主と戸籍を同じくする親族（家族員）」である。図7-1に示したように、例えばXを戸主とする戸籍では、直系卑属であるA、B、Cとその配偶者、それらの子の世代であるa、b、cとその配偶者、さらにはその下の世代のa^1、a^2の世代に至っても、実際の居住や生計の状態は一切問われずに、「入籍」の手続きをすれば、Xを戸主とする「家」の家族員となる。また、Xの隠居や死亡によってAが家督相続をすれば、Aを戸主とする「家」に、その傍系親であるBやb、cおよびその配偶者もAの「家族員」となる。このように、現在の戸籍では原則として「一組の夫婦とその間の未婚の子」という単婚家族が記載されるのと異なり、明治民法においては、複数の夫婦と傍系親まで含めた「大家族」が想定されているのである[11]。

(3) 戸主権と財産所有主体

こうした「家」の頂点に立つ戸主のもつ権利とは、家族に対する居所指定権（七四九条）、婚姻・離婚・養子縁組・養子離縁・分家・入家に対する同意権（七五〇条）などである。これらはいずれも、戸主の意思表示に違反した家族に対する離籍・復籍拒絶という制裁権を含んでいた。たとえば、戸主の居所指定に従わなかった家族員は、最終的に離籍、すなわち戸主の戸籍から廃除されるという制裁を受け、その結果、家督相続権を喪失すること、戸主の戸籍にわが子がいる場合には子に対する親権を喪失するという不利益を生じた。また、戸主は七四七条の家族員に対する扶養義務を免れるので、家族員から戸主への扶養請求権も失われた。しかし、戸主から扶養してもらう必要も、親権喪失の恐れもなく、また相続に利益のない家族員にとってはこうした制裁は実効性のないものであった。婚姻同意権についても、戸主の同意がなくても、婚姻届そのものは親権者の同意があれば受理されるため、戸主が祖父母や伯父母など親権者でない場合には、上記の不利益を甘受すれば、自ら望む婚姻を実現することは可能であった。

　また、戸主権には、親権とは異なり、濫用を理由とする剥奪制度は存在していなかった。近世期には相続をした途端に放蕩を始めたり、商売に身が入らず身代を潰してしまったりするような家

図7－1　Xを戸主とする戸籍＝明治民法上の「家」

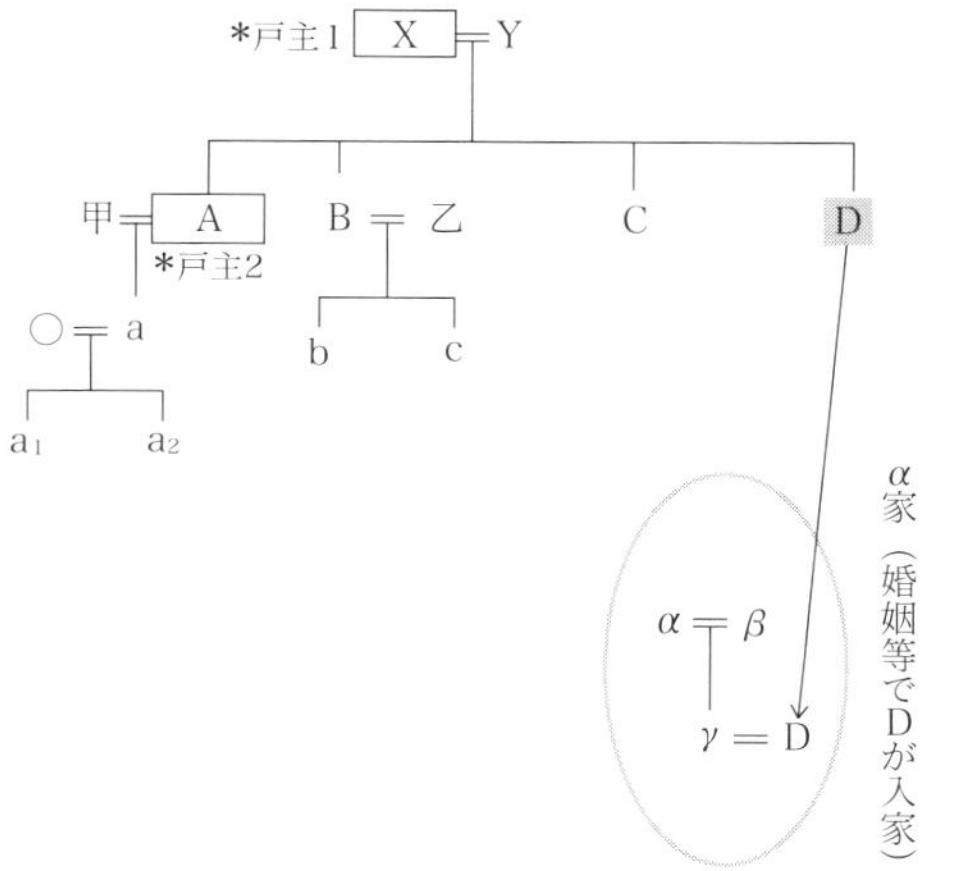

長を強制的に隠居させる慣行があったことが知られている。[12] また明治民法施行以前にも、「一家ノ浮沈」に瀕するような危機を招いた戸主を強制隠居させる「廃戸主制度」があった。廃戸主は行政上の処分でもあり、戸主が拒否する場合は訴訟で解決した。[13] これは、いわば家長権／戸主権の濫用から家族共同生活の単位であった「家」の経済的基盤を保護する制度であった。

しかし、明治二十三年に制定された旧民法は、廃戸主制度を導入しなかった。なぜなら、戸主は、「家産」であるところの財産に対して「私的所有権」を有している「所有権主体」だからである。つまり戸主は権利主体たる個人であって、強制的にその法的地位を廃し、所有権を剝奪するという仕組みは、近代法の原理すなわち所有権の絶対性・排他性の観点から、また個人の意思の尊重という理念からも容認されないためである。[14]

明治民法でも廃戸主制度は採用されず、戸主の権利として設定された婚姻同意権や居所指定権の濫用の弊害も指摘されたものの、戸主権剝奪制度は導入されなかった。その前提には、やはり戸主権を有する戸主を財産権の主体として保護するという原則があった。起草委員の一人であった富井政章は、近世以来の「家」そのものを「家産」の所有主体として設定することは――たとえば「家」を法人として「家産」の所有主体とすること――は、もはや許されず、あくまで戸主の地位にある個人の所有財産として民法に規定することを明言した。[15] つまり民法は、家族生活の経済的基盤としての「家産」の共同性を否定しているのである。ただし、戸主には家族に対する扶養義務が規定されており、起草者が「家産」の共同性に一定の配慮していることも注意すべきである。[16]

2　明治民法の二つの「家」

(1)　伝統的な「家族制度」と起草委員たち

明治民法の起草過程で、「家」を法人化することを否定し、「家産」の所有主体はあくまで個人とすることとされたが、「家族制度」ないし「家」が民法に導入されることは法典論争の影響もあって既定路線であった。起草委員であった穂積陳重、富井政章、梅謙次郎は、「権利」と「義務」の体系である近代ヨーロッパ民法の中に「家」を組み込むという難題に取り組む必要があった。

法典調査委員会で、富井政章は、民法の「家族制度」のあるべき姿について、「昔シノ家族制」は「今日及ヒ今日以後ノ社会ニハ到底適シナイ」ことを「断言シマス」と述べたうえで、「今日法律ヲ以テ家族制度ヲ砕クト云フコトハ宜ナイ」ためその「善イ所ヲ存シ其弊ヲ改メ」、「同時ニ各人ノ発達ヲ図テ往ク」「唯無暗ニ家族制度ヲ強クスルト云フ方ニ偏傾シテハナラヌ」と「確信」[17]していると述べた。こうした認識、すなわち、すでに伝統的な「家族制度」は「外国ト交際ヲ開キ」「社会ノ状況ガ変ワッテ」[18]、「世ガ進化シ」たために「時勢ガ許サナイ」[19]という現状認識は、起草委員三人に共有されていた。

ところで、ここでいう伝統的な「家族制度」とは、幕藩期の「家族制度」ないし「家」制度を指すと考えられる[20]。すなわち、「家業」、「家産」、「家名」が「三位一体」として継承される一個の経営体が「家」であり、「家」という団体の生業としての「家業」、その経済的基盤としての「家産」、対外的表示としての「家名」を有する。この団体としての「家」の長が「家長」であり、その構成員は家長の血縁家族員および奉公人である。非血縁者たる奉公人も「家」の成員とされた点が、近代以降の法制度上の「家」との違いである[21]。

幕藩期の「家」制度の最も大きな特徴は、「家」と家長との関係である。「家」は単なる構成員個人の集合体ではなく、それを超えて永続的に継承される観念的な存在である。家長は、当時「当主」と呼ばれたように、連綿と続く「家」の当代におけるリーダーにすぎず、先祖代々継承されてきた「家」を、その代において預かる管理人、支配人的存在であった。したがって、家長にとっての最も重大な責務は、祖先伝来の「家」を損なうことなく子孫に継承させることであり、「家」の永続という最大の利益に反する家長は強制的に排除される。また、家長権や家長の権威は、家長個人の資質に基づくのではなく「家」の継承者たること、すなわち「家」の威光によるものである。

以上を要すれば、「家長権はより上位の価値たる『家』の維持繁栄のために行使されるべきであり、その限りにおいて正当性が附与[22]」されているという点が、「伝統的な家」のもっとも本質的な要素であるといえよう。起草委員たちは、こうした伝統的な「家」を克服する新しい「家族制度」を民法に構想すべきと考えていたのである。

⑵ 「分家」規定と「家」の多様性

従来の慣習や制度を遺しつつ、新たな社会の「進化」に対応できる規定として構想されたものの一つが、「分家」規定である。明治民法の「分家」は、慣習上の分家とは異なり財産の分与を要件とせず、戸主の同意があれば、戸主の「戸籍」から家族員が分離独立し、家族員自身を戸主とする新しい戸籍を作ることを認めた。つまりは、民法の「分家」とは、「分籍」にほかならない。慣習上の分家においては、財産の分与や居住の区別が必要とされ、また隠居分家などを別として「一戸前」として共同体の構成員となるのであれば、村落共同体からの承認などが要件となっていた[23]。民法上の「分家」は、こうした村落共同体的規範——村という〈共同性〉——とは断絶した「戸籍の分離」であった。

ただし、起草委員も「分家」における、経済的基盤の必要性を度外視していたわけではない。むしろ、独立の生計基盤を有する家族員について、その共同生活の実態を戸籍ないし民法上に反映させる意図をもって、民法の規定を起草しており、実現はしなかったが、法定推定家督相続人の分家についても、本人が成年で独立生計が可能であり、相続人の意思と戸主の同意があれば認める案を提示したのである(24)。

こうした分家規定の構想は、相続法ともリンクしている。すなわち、法典調査会では、単独相続を採用するか分割相続制とするのかをめぐり激しく対立した結果(25)、妥協的解決として「家督相続」と「遺産相続」の二本立てとすることとなった(26)。戸主の地位は「家督」の相続として単独相続とし、戸主以外の者の財産相続については、直系卑属が平等に分割相続する「遺産相続」が採用されたのである。この結論に至った要因として、戸主でなくても独自の財産を形成する新しい時代が到来するはずであり、そのためには、非戸主たる家族員の財産相続のルールも必要であるという認識があったことが挙げられる。

つまり、西洋諸国と同様の経済社会の「進化」――資本主義経済化――にいずれ達すること／達すべきことが自明視されていたわけであるが、同時に、起草委員たちは、日本社会はまだその段階には到達していないため、ただちに「家」を全廃できないという認識も抱いていた。したがって、一方で大家族を想定した「戸」を「家」として設定して戸主の地位を継承する家督相続を規定しつつ、これが時とともに淘汰されることを予想して、他方で財産を築いた非戸主家族員が伝統的な「家」＝「戸」から独立し、自らの「家」を形成することを促すために、「分家」と遺産相続(27)のシステムが構想されたといえる(28)。ここに、民法の分家規定が「分籍」手続きとして設定され、かつ明確な要件とはなされないまでも、経済的基盤を備えた家族員の「分家」が前提とされていることがみて取れる。

ところで、分家規定の議論で最も強い批判を浴びたのは、法定推定家督相続人の分家についてであった。起草委員の梅謙次郎は、たとえば、医者の家で医師に向いていない長男を分家させて軍人などにし、素質のある養子を迎えて相続させるという事例や末子相続慣行を挙げて、「家業」の継承や慣習への配慮から、法定推定家督相続人も含めての分家の自由化に理解を求めた。他方、反対派の三浦安は、「家ヲ重ンズルノハ血統ヲ重ンズルノデアルカラ勝手次第ニ自分ノ子ヲ分家シテ養子ヲスルノハドウデアロウカ」という血統主義を主張し、「長子相続嫡子相続」が「古来カラノ家族主義」であり、分家の自由化は「慣習ヲ一変シテ国ノ精神ヲ破」るもので「家族主義」が失われるとの危機感を示した。

梅がいうように、家業の継承や相続慣行を重視すれば法定推定家督相続人の分家も認めるべきとの結論になるが、三浦のように血統主義に家族制度の根本原則を求める「家」理解からは分家は制限すべきものとなる。他にも、別の規定での議論で、新規の「戸籍」を設けることについて系譜性のない「家」が増えることを危惧する委員もおり[29]、「家」ないし伝統的な「家族制度」の本質をどこにみるかは多様であったといえる[30]。

(3) 明治民法の二つの「家」

このように起草委員たちは、錯綜する「家」理解が展開されるなかで民法の編纂に取り組んだ。富井と梅は、それぞれ独自の構想をもとに各条文を起草していたと考えられるが、ここでは明治民法の構造として実現した梅のビジョンをみてみよう[31]。

梅は、民法上の「家」を戸主が支配する「無形ノ家」と、夫/父が支配する「事実上ノ生活」の二つに切り分けて構成した。家長権としては、戸主権が「無形ノ家」すなわち戸籍のために設定され、「事実上ノ生活」には夫権・親権がそれぞれ設けられた。

さらに梅は、かつてローマの大家族が時と共に自然淘汰され「文明国」にふさわしい「小家族」となったのと同様に、戸主が支配する「無形ノ家」は、時勢が進めば自然に消滅し、近い将来日本にも親権・夫権ないし夫婦をもって組み立てる新しい家族像が登場すると考えていた[32]。したがって、時代とともに姿を消す「無形ノ家」については、きわめて理念的なローマ法的な家長権、すなわち家族員に対する絶対的排他的権力を有する家長像をベースに、国家機関でさえもその行使に介入できないような（すなわち戸主権剥奪制度を認めない）「一家ノ主権者」としての戸主像を設定した。こうした絶対的家長権としての戸主権は、近世日本的な家長権の在り方、すなわち家長であっても「家」の利益に反する権力行使は許されないという「家」に制限され、覊束《きそく》される近世的家長権像を否定したうえに成立したものである。戸主権を覊束する存在は、国家であれ、「家」であれ、もはや存在しないという「強い」戸主権像は、近世日本のそれとは断絶しているのである。

3　身分法判例法理の形成と展開

(1)　戸主権濫用判例法理

明治民法の「無形ノ家」と「事実上ノ生活」という「家」の二元的構造において、当時最も批判された点の一つが、戸主権と親権の競合である。一つの「家」の支配が戸主と親との二系統に分断され、その権力行使においていずれが優越するのか／すべきかという点で、伝統的な「家」制度の強化を主張する保守的論者からも、「家」に否定的な論者からも攻撃され、戸主権と親権の一元化が論じられるようになった。

ところで、明治民法の施行後、その解釈・運用が展開されるなかで、ドイツ法学を中心とした外国法学説の摂取が盛んとなり、いわゆる「学説継受」と「概念法学」の形成が始まった。ただし、当時の西洋法には存在しなかった「家」制度すなわち戸主権と家督相続を柱とする民法第四編第五編においては、体系的な外国法学説の継受はなされなかった。他方、裁判においては当然ながら家族間の紛争も争われることとなり[33]、民法施行直後から身分法判例が蓄積されることになる。ここでは、戸主権の濫用をめぐる判例法理と婚姻に関する著名な判例を取り上げたい。

まず、戸主権濫用判決は、戸主の居所指定に違反した家族員に対して、戸主が下した離籍の制裁が不当な権利行使であると判断されたものである。大審院は、明治民法施行直後の一九〇一年（明治三四）に、戸主権は「家政ノ整理ニ必要ナ範囲内ニ於テノミ行使スヘキモノニシテ絶対無限ニ行使スヘキ権利ナリト謂フヘカラス」と判示し(34)、以後、戸主権行使を「一家ノ整理上必要ナ範囲」に限定するという戸主権濫用法理が確立した(35)。

問題は、ここで大審院がいう「一家」という単位が具体的にどのようなものであるかという点である。裁判所は、具体的な「一家」の要件を明示していないが、下級審から大審院までの戸主権濫用判決約四十例を検証した結果、事実認定において、戸主と家族員との居住・生計・扶養の共同性が重視されていることは明白であるといえる(36)。

たとえば、戸主が、死亡した長男の遺された妻子に対して離籍制裁権を発動した例において、長男夫婦は戸籍上は戸主の家族員ではあるが、死亡した長男は、その生前から戸主の同意を得たうえで、妻子とともに「独立の生計を営み……別居」してきた事実が重視された例や(37)、妻の実家に同居してその家業を手伝い、事実上の入夫となっていた家族員に対して、単に戸主（死亡した夫の父）の「家」に入籍をした事実のみでは戸主権の行使は正当化できないとした例が挙げられる(38)。たしかに、戸主の制裁権発動の動機として、離籍を利用して死亡した家族員の遺妻の相続権や子に対する親権を剥奪するという悪意が推測できる事例も多いが、そうした場合でも裁判所は必ず、戸主の世帯と家族員の世帯の生活の共同性を確認しており、これは戸主権の濫用を認めなかった事例にも該当する(39)。

つまり裁判所は、戸籍上で戸主という地位にあり、戸主と同一戸籍の家族員であること、すなわち民法上の「家」の戸主とその構成員であるということよりも、事実として居住・生計・扶養の共同性があるのか否かを判断の基準としており、この「世帯」という単位を「一家」として把握し、その範囲を超えて行使された戸主権を濫用と判断したのである。

(2)　婚姻関係をめぐる判例法理

婚姻関係をめぐる判例の動きもきわめて重要である。とりわけ、一九一五年（大正四）の「婚姻予約有効判決」と一九二五年の「男子貞操義務判決」が著名である。

「婚姻予約有効判決」[40]は、当時の身分法学者が最も注目していた「内縁」問題にかかわる事例である。この事件は、村落共同体の慣習的手続に従っていわゆる「足入婚」をした事例であるが、足入れの数日後に女性が実家に戻り、その後男性側から「離別」を申し入れて破談となったが、女性側から名誉棄損を理由に損害賠償請求がなされた。大審院は、当該男女の関係を「婚姻予約」と認定し、予約の不履行により損害賠償責任を生じることを認めた[41]。

当時を代表する身分法学者・穂積重遠は、本件を高く評価した。その理由は、民法が規定する届出婚が浸透していない村落においては内縁の夫婦が多く存在し[42]、夫によってその内縁関係を一方的に解消された妻に対する保護を認めた事例であるととらえられたためである。こうした社会的「弱者」たる妻や子の保護という観点とともに、穂積や彼の弟子である中川善之助の問題意識として現れたのは、人々が従っている規範すなわち慣習と、制定法たる民法規範との乖離《かいり》である。彼らの立場は、社会的実態とかけ離れた国家制定法を批判し、その懸隔《けんかく》を埋める裁判所の立法的機能に期待をするとともに、社会的実態を重んじて民法がこれに近づくべきことを主張するものであったといえよう。

一方、「男子貞操義務判決」[43]は、民法上に明文規定のない夫の貞操義務を大審院が正面から認めたことでよく知られている。明治民法は、裁判離婚原因として妻の不貞行為を挙げたが、夫については姦通罪等で有罪になった場合のみを離婚請求原因として認めていたため、夫には妻に対する貞操義務はないと解釈されていた。これに対し、大審院は妻子を捨てて他女と同居する夫に対し、妻を代理した人物の恐喝事件という刑事訴訟においてこの論点だけを取り上げて中間判決を出し[44]、民法に夫の貞操義務規定がないことを批判し、夫婦に同等の貞操義務があることは婚姻の本質からいって当然であると判示した。

しかし、この著名な判決が世に現れたのは突然の奇跡ではなく、それまでに蓄積された離婚判例法理の土壌があったことは、穂積をはじめ、先学が指摘している。[45]下級審を含めた多くの離婚訴訟において、夫の不貞行為は明治民法八一三条五号における「配偶者による重大なる侮辱」として認定され、司法においては夫の貞操義務は長らく肯定されてきたものであった。つまり、夫の貞操義務を認める判例法理とは、社会の実態と制定法規範の齟齬《そご》を司法が埋めてきたことを示すものであった。

ところでこの訴訟の終局判決では、夫とその不貞行為相手方の女性に対し、妻への不法行為責任を認めている。この判例は現在も維持されているが、「妻」という法的地位に基づく利益を保障したという意味でも「妻」の地位の保護を図った事例であるといえる。先に挙げた婚姻予約有効判決も同様である。法律上の妻と事実上の妻という相違はあるが、裁判所において「妻」としての実態・実質をともなうと評価された関係に対して、法的保障が明言されたということができる。これは、次節の大正改正要綱とも深くかかわってくる論点である。

4 大正改正要綱の「家」概念

(1) 改正要綱に対する評価と特徴

司法の場において、「独立生計」の「世帯」と「妻」に対する法的保護をめぐる判例法理が形成されていた一九〇〇〜二〇年代、立法も動き始める。第一次世界大戦後、工業化や資本主義経済の進展にともない、労使関係の変動、地主小作関係の動揺のほか、明治前半期以降に継受された理念としての「個人主義」に対する反発や危機感も現れるなど、社会・経済構造の転換期を迎えることとなった。

一九一七年（大正六）、内閣直属の機関として設置された「臨時教育会議」は、一九一九年に「教育ノ効果ヲ完カラシムベキ一般的施設ニ関スル建議」を採択し、教育において尊重されている「家族制度」が法律では「軽視」されていると指摘した。これを受けて同年七月臨時法制審議会が設置され、「現行民法中我邦古来ノ淳風美俗ニ沿ハサル」民法親族編・相続編の改正作業に取り掛かった[46]。

一九二五年に親族編、一九二七年に相続編が公表された大正改正要綱は、ごく一部を除いて実際の改正には至らなかったが、戦後の民法改正に影響を与えたことはよく知られている。本要綱の特徴として挙げられるのは、「淳風美俗」にかなう「家」制度を強化する復古的な要素と、新しい家族関係である「小家族」に対応して個人の権利を拡大する要素とが対立しつつ併存していた点であり、後者が戦後の改正に繋がったと理解されている。

ただし、この要綱は究極的には「家」の再編強化を図ったものと考えられており、論者によって復古的要素と「進歩的」要素のいずれを評価するのか、といういわば二項対立的に把握される傾向にあった。しかし近年、こうした発想を相対化してとらえる議論も現れている。たとえば、従来「進歩的」な要素ととらえられてきた、夫婦とその未成熟子を中心とする「小家族」をモデルとし家族の権利を伸長すると位置付けられてきた規定が、むしろ「家」制度強化の観点から導入されたことを指摘し、これを「法の現代化現象」の一例ととらえる見解や[47]、要綱の力点を「一家平和」にみたうえで、国民の「平準化」の進行と民主主義思想の広がりの影響を指摘する見解などである[48]。

本章でも、復古的／「進歩的」要素を二項対立的に把握するというよりも、要綱の「家」概念を（１）改正の方針とされた「共同生活即チ所謂世帯ノ関係」を軸とする構造、（２）民法規範と社会的実態の乖離の是正、（３）共同体崩壊に対する危機感と国民再統合の必要性という観点から、分家と婚姻の規定を取り上げて検討したい。

(2)　分家規定と「家」の実質化

大正改正要綱は分家規定の改正を以下のように提案している。

「第四　分家

一　直系卑属ニ非ニザル成年ノ男子ニシテ独立ノ生計ヲ立ツルコトヲ得ル家族ハ、戸主ニ於テ之ヲ分家セシムルコトヲ得ルモノトスルコト。

二　成年ノ男子ニシテ独立ノ生計ヲ立ツルコトヲ得ル家族ハ、戸主ノ同意ナクシテ分家ヲ為スコトヲ得ルモノトスルコト。

三　前二項ノ場合ニ於テハ家ニ在ル父母、父母共ニ在ラザルトキハ家ニ在ル祖父母ノ同意ヲ得ベキモノトスルコト。但父母、祖父母ハ正当ノ理由ナクシテ同意ヲ拒ムコトヲ得ザルモノトスルコト。

四　前三項ノ条件具備スルモ、特別ノ事情アル場合ニハ家事審判所ハ分家ヲ為サシメザルコトヲ得ルモノトスルコト。

五　法定ノ推定家督相続人ハ分家ヲ為スコトヲ得ザルモノトスルコト。[49]」

（傍線部引用者、以下同）

従来、注目されてきたのは第二項の「分家の自由化」である。独立生計を営む家族員は、たとえ戸主の同意なくとも自身の意思のみで分家ができるようになった点が、新しい家族形態に対応した「進歩的」要素とされる。それは、改正の方針を議論する幹事会で示された「調査要目」からも導き出されてきた評価である。

「調査要目（其二）

第二　家ノ観念ヲ定ムルニ付或程度ニ於テ共同生活即チ所謂世帯ノ関係ヲ考慮シ（瑞西民法第三三一条第一項参照）独立ノ生計ヲ立ツル者ハ本則トシテ別ニ家ヲ立ツルコトヲ得シムルヲ可トセスヤ[50]」

民法上の「家」を「共同生活即チ所謂世帯」と位置づけ、「独立ノ生計」単位を「家」とするという方針は、単婚小家族的な「世帯」をイメージさせる。例えば、戦後の家族法改正を主導した我妻栄は、大正改正要綱は「独立の生計を立てる弟達は長兄の意に反して分家しうる」こととなったとし、戸主たる兄の意思に反して、家族員が自らの世帯を単位とする「家」＝「戸」として独立することを想定する。さらに我妻に、こうした改正案は「人情の然らしむる所、又淳風美俗ではないか」と述べ、「この淳風美俗が資本主義社会の進展に伴う家族共同生活の現実相に順応した理想である」と評価している(51)。

しかし、要綱はこの第二項に先んじて、戸主の傍系親族のうち独立生計を立てる家族員に対して、戸主側から強制的に分家をさせる「強行分家」(52)を規定している。つまり、「分家の自由化」を実現する第二項の規定では、独立生計の実態をもつ家族を、観念的な戸籍のくびきと戸主の支配権から解放することが目指されているが、「強行分家」規定においては、戸主の強制によってでも戸籍としての「家」から切り離し、独立世帯という実態と戸籍＝法律上の「家」を合致させるという規範が提示されたのである。

さらに、第五項では、明治民法と同様に法定推定家督相続人の分家は禁じられており、「家」をタテに継承するための制度保障がなされた。「分家の自由化」と「強行分家」および「本家の継承」が「三つで一つ」となって「分家」法を構成しているのである。

また、家督相続における長男子単独相続が緩和され、法定推定家督相続人以外の直系卑属に「家産」を分割できる規定が設けられたことで、家族員の経済的基盤は保障され、分家の自由化も強行分家も裏書されたといえる。また、「本家」の家督相続人には、「家ヲ維持スルノニ必要ナル部分」の継承を保障し、その先にある農村共同体における農地の分散防止(53)、および本家継承のルールの維持がめざされた。

ここには、従来の学説が指摘するように、家族員の自由・権利の拡大を主張する委員たちと、戸主権の強化や直系系譜を重視する一派の対立／競合／妥協をみることができるが、より根源的に目指されていたのは、家族員の意思であれ、戸主の命令であれ、家族共同生活の実態に即した単位を法律上の「家」とし、戸籍の空洞化を克服することである。また、共同生活の実態をともなった「本家」の継承は、経営体としてのみならず、祖先祭祀の主体という観念的な観点からも「家」を実質化することになる。

民法上の「家」である戸籍が形骸化しつつあることは、民法と社会規範との懸隔が広がっていることの一例であり、身分法のみの問題ではなかった[54]。この懸隔を埋めなければ、資本主義化、個人主義化が進展し農村共同体の分解が進んでいく中で、国家の法システムが国民ないし国民生活を捕捉できなくなり、国家の求心力が低下するという危機感があったといえよう。こうした共通認識の下で、分家の自由化も強行分家も、「家」の空洞化の克服を課題としていたのである。

(3) 「世帯」イメージの多様性

分家規定によって「独立生計」を営む「世帯」を民法上の「家」とする構造は、本質的に法律上の「家」の実質化を目指していた。これを最も自覚していたのが、改正を主導した穂積重遠と主査委員長の富井政章であった。審議委員のなかには、仁井田益太郎のように、夫婦と未成年子の婚姻小家族をモデルとすべきことを明確に主張する論者もいた[55]。他方で、主査委員長の富井は「実際ノ共同生活」と一致するように、「家」の規模を「少シ小サクシテ其代リニ固クスル」と発言している[56]。これと同じ路線を提示したのが、幹事であった穂積重遠である。

穂積は、「西洋の『小ファミリー』」を「もう少し広げた」範囲を法律上の「家」とすべきことを明言している。前節でも述べたように、穂積は「進歩的」な立場で「弱者」たる妻や家族の地位を向上させた側面に注目されることが多いが[57]、基本的な発想として、日本社会において「家」は観念的なものにとどまるのではなく実体をもっているものととらえていたと考えられる。たとえば、穂積が高く評価したスイス民法のなかでも、特に彼が注目し、上述の「調査要目（其の一）」でも参照された同法三三二条第二項は、血縁でなくても共に家族的生活を送る使用人・奉公人を「家」の成員として規定するものであった。穂積は自著の中で、本条を日本でも適用すべきと主張している[58]。

つまり、穂積のイメージする「家族共同生活の実態」とは、夫婦と未成年子を中心とする小家族を排除するものではなく、それを含むものであったが、彼自身としてはそれをまさに「もう少し広げ」て、生計を同じくし一つ屋根の下で共に日々をすごす非血縁者も含めた[59]――その意味で伝統的な――実体のある「家」であった。さらに、穂積は、家長が絶対的排他的権力によって支配する「家」ではなく、家（父）長の「温情」によって平和が保たれる生活共同体であってこそ[60]、堅実な「家」として社会的に存在しうると考えていたのではないだろうか[61]。

(4)　婚姻関係の尊重と「家」制度の親和性

このように、委員の間で「世帯」イメージにはやや幅も対立もあり、また社会的実態としても家族生活の実相は多様であったはずであるが、居住・生計・扶養の単位である「世帯」を民法上の「家」として実質化するという方向性は共有されていた。実質化された「家」内部で重要となるのは、妻の法的地位である。具体的には、夫婦間の離婚原因規定の平等化や、妻の無能力規定の廃止、夫の庶子の入家に対する妻の同意権や遺産相続権の新設などである。これらの規定は、通説によれば妻の地位の向上、権利の拡大という「進歩的」要素を象徴するものであるが、これが同時に法律婚の重視・尊重であったことが重要である。蓑輪明子はこの点について、「家」の強化のために、妻を「より主体的に位置づけ直す発想」であったとし、さらにこのことが相続制度における非嫡出子の差別を徹底することになったと指摘した[62]。法律婚と非嫡出子の対立というテーゼは、明治民法においてというより[63]、「進歩的」な「小家族」世帯を法規範に取り込んだ大正改正要綱によって、より明確に現出したといえよう。

ただ、ここで注意を要するのは、大正改正要綱では「法律婚」の成立要件が大きく変わり、慣習的な儀式を遂行したことをもって法律婚の成立を認めたという点である。つまり、婚姻の届出は未了であっても儀式を経た夫婦であれば、法律上の夫婦として認めることとしたのである。当然、その間に生まれた子も嫡出子となる。換言すれば、これまで「戸籍」が取りこぼしていた男女関係ないし家族関係、家族共同生活をも「戸籍」に吸収するということである。「妻」の法的地位の向上・権利拡大は、こうした新しい「法律婚」を前提としている点に注意する必要がある。

ただし、この儀式婚について要綱では具体的な要件は示されておらず、もちろん実現もしなかった。しかし、この方針は改正の目玉ともいえる扱いを受けた婚姻法の大転換であり、「家」の実質化の要でもあった。事実として存在する夫婦関係と親子関係を、儀式婚の挙行という慣習を媒介にして法的に承認することによって、社会と法規範との乖離を解消し、民法上の「家」の空洞化を食い止めることを目指したといえる。これはある意味で、社会に対してまんべんなく法の網をかけることを試みたものともいえるかもしれない(64)。

おわりに――二つの「家」モデルと家意識

明治民法の起草過程において、梅謙次郎は社会進化論の立場から、大家族を想定する「家」と戸主権は自然淘汰され、夫婦・親子を中心とする「小家族」の時代が到来すると予知し、民法の「家」を、戸主が統率する観念的な「家」と父・夫が支配する「事実上ノ家」との二重構造で構想し、いずれ観念的な「家」にかかわる規定を削除することまで見通していた。明治初期にフランスに留学し、自由主義と個人主義という文明国の思想を継受して三十代初めに東京帝国大学の教授となったスーパーエリートの梅の法学的思考はきわめてすぐれているが、西洋社会ないし日本社会の「進化」を、ある意味「楽観的」に信じていた。

この梅の見通しは、半分的中したといえるだろう。司法は戸主権の絶対的な行使を否定して家族の利益を図り、民法の「家」の観念性は多くの論者に批判された。一九一〇年以降になると、「個人主義」的志向や「民本主義」思想が幅広く受容され、資本主義経済の成長が現れてくるが、〈行き過ぎた「個人主義」信奉〉への危機感や資本主義への懐疑も生まれた。それらは、社会ないし国家の共同性の喪失につながるものとして警戒された。民法学の領域でも、絶対的排他的な所有権という理念が批判され、社会や共同体の利益を慮った所有権の理論の構築が目指された。

身分法に関しても、明治民法の「家」制度が社会の実態とかけ離れていることへの批判は強く、穂積や中川は「家」制度の法体系のなかで妻子や家族の権利保護のための理論を構築することに尽力した。しかし、「家」という枠組みを完全に解消し、戸主を廃止するという議論は両者を含めて皆無であったといってよい。

それはやはり、時代的・歴史的な前提からして当然とはいえ、家族生活の本質に「共同性」と「団体性」を見出していたということであり、したがって当時において家族共同生活の単位を「家」と称することに違和感を抱かなかったためだと推察できる。繰り返しになるが、重視されたのは、社会に実在する家族共同生活と民法上の「家」との懸隔であり、目指されたのは、事実であるところの居住・生計・扶養の単位である「世帯」を民法上の「家」に「昇格」させることであった。

そうした意味で、「世帯」を「家」と呼ぶことは自然なことであったろうが、さらにはこの「世帯」という家族共同体に対しても、〈アトミックな個人がフラットな立場で存在し、それらの個人を単に数量的に合計した共同生活体〉という以上の含意、すなわち「家」と呼ぶにふさわしいだけの「団体性」を読み込んでいたといえる。(65) 穂積の言説からくみ取れるように、家族共同生活にはこれを統括し支配的地位に座る家父が不可欠であり、その意味で家族員相互の関係は非対称的ではあるが、家父の「温情」によって「平和」な共同体として維持され得るとの理想が抱かれていたといえよう。

戦後に至り、「世帯」を単位ないし基準とする立法や行政、司法判断が現出する。それだけでなく、高度経済成長期以降に単婚小家族世帯、いわゆる「核家族」が一般化する傾向のなかでも、固定的性別役割分業による夫婦間の経済力の不均衡と性別役割の内面規範を媒介に、「家」観念は継承されていったといえる。[66]

他方で、「はじめに」で述べたように、戦後の民法改正における「家」制度の廃止という方針は、人々の抵抗感や不安感を抱かせるものであった。戦後の厳しい状況のなかで、しかも社会保障が充分に整備されていなかった当時において、「家」を基礎とする親族ネットワークは、生活保障の最後の砦、セーフティネットとして機能しており、それを維持する装置としての「家族道徳」の強調は、単なるイデオロギーに止まらない効果を上げたと想像できる。[67]「家」制度の廃止によって、厳しい生活の現実がますます救いがたくなっていくと危機感にとらわれた人もいるであろう。「世帯」を別にし、独立生計を営む単位が生活実態に即していたとしても、他方で、「本家」を軸とする「家」のネットワークの存在に精神的にも経済的にも依拠せざるをえない状況もまた存したといえよう。

以上のように、二つの「家」モデル、伝統的・復古的・観念的な「家」と、居住・生計・扶養の単位である「世帯」という二つの「家」概念は、近代日本の家族をめぐる法の基層に、ともに存在し続けてきたといえるのである。

注

（1）明治政府は明治の初年から民法編纂に取り組み、江藤新平が主導した一八七一年「御国民法」、翌年の「皇国民法仮規則」などの民法典草案が編まれた。その後、お雇い外国人であるG・ボアソナードがフランスから来日し、彼と彼の弟子である日本人で作り上げたのが一八八三年制定の「旧民法」である。しかし、この「旧民法」は、同じくお雇い外国人ロエスエルの手になる「商法」とともに、日本古来の道徳・慣習・規範に相反するといった批判が浴びせられ、帝国議会における「民（商）法典論争」の末に施行延期となった。旧民法については大久保泰甫・高橋良彰『ボアソナード民法典の編纂』雄松堂、一九九九年他多数。

（2）現行民法の条文としては、七三〇条直系血族および同居親族の扶け合い規定などが挙げられる。

(3)　たとえば、最判平成二十四年九月二十五日（非嫡出子の相続分二分の一規定に対する違憲決定）。嫡出子と非嫡出子の法的地位に差異が設けられたのは、「家督相続人」の順位を整序するためである。白水・宇野［二〇一五］、蓑輪明子［二〇一五］参照。また平成二五年一二月一六日には最高裁が七五〇条夫婦同氏の原則については合憲、七三三条再婚禁止期間について違憲の判断を示した。

(4)　我妻栄［一九六八］「民法改正要綱と家族制度との関係」『民法研究Ⅶ-②』有斐閣所収（初出［一九四六］「法律タイムズ」一-三）五頁。なお、原典である一九四六年十月二三・二四日臨時法制審議会第三回総会提出資料は、国立公文書館公式サイトの「再建日本の出発一九四七年五月日本国憲法の施行――民法と刑法」で閲覧することができる。

(5)　戦前の民法学では、民法典の親族・相続法領域を講学上「身分法」と呼んでいた。現在でも「身分行為」という概念が用いられているように、「身分行為論」は、現行家族法学でも基礎となっているが、この理論は一九三〇年代に中川善之助によって、明治民法の親族法規定の解釈理論として主張されたものである。当時から「家族法」という用語はあったが、これは戸主と家族員（戸主と戸籍を同じくする者）との間の関係を定めた規定（戸主の権利義務規定など）を指すものであり、「婚姻法」「親子法」「親族法（夫婦・親子以外の親族関係の規定）」と並列的に用いられる概念であった。中川身分法学説については親族法の論稿で触れられないものはないといっていいほど蓄積があるが、山畠正夫ほか［一九七六］「中川善之助――人と学問」『法学セミナー四月号臨時増刊』日本評論社、水野紀子［一九八八］「中川理論――身分法学の体系と身分行為理論に関する一考察」『民法学と比較法学の諸相Ⅲ』信山社、宇野［二〇一六ａ］等を参照。本章では、原則として「身分法」「身分法学」の用語を用い、文脈上必要がある場合には現行法の意味での「家族法」「家族法学」の表現を用いる。

(6)　中田薫［一九五六］『徳川文学に見えたる私法』岩波書店（初出［一九二五］創文社）、一三九頁。

(7)　中田は、近世日本には家長権は存在せず、厄介者に対する保護と親権があるのみであり、また「家督」とは「跡式」を相続することであるが、実質的には「家名」もしくは「家産」の相続であったと述べ、明治民法上の戸主権と家督相続制度はこれとは異質なものと位置付けている。中田の家父長権不存在説は、一九八〇年代の法制史学会における鎌田浩、石井紫郎、大竹秀男らによる「家父長制論争」に代表されるように、現在は批判されている。同論争については、鎌田浩「法史学界における家父長制論争」『比較家族史研究』第二号、弘文堂等参照。現在の通説的見解では、近世日本の国制は家父長制的構造を有していたとされている。詳細は、大竹［一九七七］、水林彪［一九八七］、山中至［一九九二］等参照。

(8)　青山道夫［一九四三］、白石［一九九二］等。

(9)　利谷［一九六二］、同［一九六二］等参照。

(10) 福島正夫・利谷信義［一九六八］等多数。戦後に明治期の戸籍法研究が進展し、近代家族法史研究を深化したといえる。

(11)「大家族モデル」が採用されたのは複合的な要因によるといえるが、まずは法典論争を受けて「伝統的」な「家」をモデルとすることが既定路線であったことが挙げられる。ただし、法典調査会の起草者や委員たちの「家」ないし「家族」イメージはきわめて多様であり、各人にとっての「伝統的」な「家」はさまざまであった。当初、委員の一人であった渋沢栄一などは、戸主制度の廃止を主張したほどである。編纂の経緯と委員たちの「家」概念の多様性については利谷［一九七二］、有地［一九七七］、法典調査会の委員の経歴等について七戸克彦［二〇〇九―一二］「現行民法典を創った人々（一）～（三〇・完）」『法学セミナー』第五四巻第五号～第五六巻第一一号参照。起草者たちは、当時の家族形態や婚姻、離婚、分家、相続等々の慣行が多様であったことも一定程度承知していたと考えられるが、慣習の把握および国家法規範との接合が困難であったことに加え、いずれは日本も到達しなければならない「文明国」にふさわしい法規範の制定が第一命題であったため、社会的実態を反映させることよりも全国に均一的な「家」モデルを提示する必要性が優先されたといえるだろう。そうした前提のもとで、なぜ「伝統的」な「大家族」モデルが採用されたかについては、本章第2節(2)参照。

(12) 笠谷和比古［一九八八］『主君「押込」の構造』平凡社等。

(13) 廃戸主制度については、近藤佳代子［一九八三］「明治民法施行前の廃戸主制度と『家』制度」『阪大法学』第一一三号、宇野文重［二〇〇三］「廃戸主制度における『家』と戸主権」『法制史研究』第五二号、村上一博［二〇一四］「明治・大正・昭和戦前期における判決例の研究（二）」『法律論叢』第八七巻第一号等参照。

(14) 利谷［一九七二］。

(15) 第一二八回法典調査会『法典調査会議事速記録』第四三巻、七五丁（日本学術振興会版、以下『速記録』と略記）。

(16) 戸主の扶養義務者としての順位は配偶者、直系卑属、直系尊属、傍系親に次ぐものであり、「戸主」としての扶養義務順位は五位と後順位である。とはいえ、戸主の扶養義務を七四七条に単独の規定として設定したことは、これが「家産」を排他的・独占的に継承する戸主の特権と表裏一体の義務であるという起草者の構想を示している。戸主の扶養義務と「家」については、藤原玲子［一九六二］「明治前半期における『家』制度――扶養法を通して」『日本史研究』第六二号（のちに片倉比佐子編［二〇〇三］『日本家族史論集一〇　教育と扶養』所収、吉川弘文館）、宇野［二〇〇九］一一五頁以下参照。

(17) 第一三六回法典調査会『速記録』第四五巻、九四～九五丁。

(18) 前掲注（16）『速記録』第四五巻、九五丁。

(19) 梅謙次郎［一九〇二］「家族制ノ将来ヲ論ス」『法学志林』第三三号、二七～二八頁。
(20) 幕藩期の「家」の定義については、鎌田浩［一九七〇］『幕藩体制における武士家族法』成文堂、大竹［一九七七］、水林［一九六七］、山中［一九九二］等参照。
(21) 中野卓［一九六八］『商家同族団の研究（第二版）』未來社。
(22) 鎌田・前掲注（20）三〇頁。
(23) 慣習上の分家については、竹内利美［一九五三］「農村家族の動態——分家慣行を中心として」『東北大学大学院教育研究科研究年報』第二号、中川［一九三七］、林研三［一九八六］「系譜関係の成立と消滅　羽後村落における分家慣行の変容」『札幌法学』第七巻第二号、長谷部弘・高橋基泰・山内太編［二〇〇九］『近世日本の地域社会と共同性——近世上田領上塩尻村の総合研究Ⅰ』（とくに第五章第二節、刀水書房）等参照。
(24) 第一二九回法典調査会『速記録』第四三巻、一八一丁、富井政章発言参照。
(25) 分割相続制を強く主張した梅は、現在は家長の庇護のもとにある家族員も、社会が「進化」するにともなって——資本主義経済が進展するという意味と重なる——、自由な経済活動を実践できるようになるはずであるから、兄弟で家産を分割相続すべきであると考えていた。しかし、当時の日本において家産という資本は多くの場合において脆弱であり、またイデオロギー的にも「家」の縮小につながるこうした発想には反発も大きかった。
(26) 利谷［一九七一］。
(27) 明治民法の遺産相続は、被相続人の配偶者を相続人としていない。配偶者の相続権は大正改正要綱で提案され、実際には戦後の改正によって実現した。
(28) こうした発想のベースには、当時継受された「社会進化論」の発想がある。のちに穂積陳重は『法律進化論』（一九二四年）を著し、当時の法学者に多大な影響を与えた。
(29) 第一二九回調査会『速記録』第四三巻、一六七丁裏面～一七〇丁表面、一八〇丁表面。いずれも長谷川喬の発言。
(30) 有地［一九七七］参照。
(31) 有地［一九七七］、宇野［二〇〇九］参照。富井の明治民法の構想については、宇野［二〇〇九］参照。富井は、近代法的所有権の弊害（所有者一人の意思のみで財産を費消することが可能となり、一家の生計が破綻してしまうなど）を見越したうえで、民法上の「家」をあまり観念的に規定してしまうと家族共同生活の実態との齟齬を生じ、戸主権の濫用を招くことを危惧した。そのため、戸主と家族員の間の権利義務関係の規定に家族共同生活の実態が反映されるように、居住・生計・扶養の単位である「世帯」を想定して構想し、戸主権剥奪制度の導入も試みたが、法典調査会の議論の攻防のなかで退けられた。

(32) ちなみに梅は、民法改正のための常設委員会を設置し、制定後に民法を「改良」することを見込んでおり、時代の変化に即応する法改正を展望していたと考えられる。岩田新［一九三〇］『日本民法史――民法を通じてみた明治大正思想史』同文社。梅に関する研究業績は多数にのぼるが、岡孝［一九九二］「明治民法と梅謙次郎」『法学志林』第八八巻第四号、岡孝ほか［一九九八］「民法一〇〇年と梅謙次郎（特集）」『法律時報』第七〇巻第七号、日本評論社等参照。

(33) 裁判制度そのものについては、一八七五年（明治八）にフランスの破毀院に倣った大審院を頂点とする三審制が整備され、上等裁判所、府県裁判所が設置されたため、家族に関する裁判も明治八年頃から存在する。明治前期の民事裁判については、林屋礼二ほか編［二〇〇三］『明治前期の法と裁判』信山社、同ほか編［一九九八］『図説判決原本の遺産』信山社参照。

(34) 大判明治三十四年六月二十日「離籍取消ノ訴」『民録』六輯三巻。以下、検索の便に資するため、判決年月日は元号で表示する。

(35) 長崎控判明治四十年七月二日「離籍取消請求事件」『法律新聞』第四三八号（一九〇七年）他。

(36) 詳細は宇野文重［二〇〇二］『わが国近代家族法における「家」原理の展開』九州大学博士論文。また戸主権濫用判決については、青山［一九四三］、杉之原舜一［一九四〇］「判例から観た戸主権の濫用」『親族法の研究』所収、日本評論社等参照。

(37) 長崎控訴判決明治四十年九月二十八日「離籍取消請求事件」『法律新聞』第四五九号（一九〇七年）八～九頁など。

(38) 大阪控判明治四十年三月二十六日「離籍登記取消請求控訴事件」『法律新聞』第四九三号（一九〇八年）一七～一八頁。

(39) 東京控判大正四年五月二十四日「離籍取消請求ノ控訴事件」『法律新聞』第一〇四二号（一九一五年）二三頁。ただし父たる戸主の婚姻同意権がからむ場合はこれに該当しないと考えられる。

(40) 大判（民事連合部）大正四年一月二十六日「損害賠償請求ノ件」『民録』第二一輯。本件については唄孝一［一九九二］「内縁ないし婚姻予約の判例法研究」『唄孝一・家族法著作選集』第三巻、日本評論社、（初出［一九六二］）参照。

(41) ただし、本件原告（被上告人）であった女性については、契約の不履行ではなく「不法行為」に基づく請求であったことなどを理由に、敗訴となっている。

(42) 当時、内縁が比較的多かった理由については、小石壽夫「内縁」穂積重遠ほか編［一九三七］『家族制度全集　法律篇Ⅰ婚姻』所収、河出書房等参照。

(43) 大判大正十五年七月二〇日（中間判決）『刑集』第五巻、三一七頁以下、終局判決は大判昭和二年五月十七日「恐喝事件」『法律新聞』第二六九二号、六〜七頁。

(44) 終局判決に至る前に、裁判所は、審理を整理するために訴訟手続きの途中で、請求原因の存在などについて判断を示すことができる。これを中間判決という。

(45) 穂積重遠〔一九二四〕『離婚制度の研究』改造社、山中至〔二〇〇二〕「『破綻主義離婚法』の系譜」『時代転換期の法と政策』所収、成文堂参照。

(46) 臨時法制審議会については、主に堀内〔一九七〇〕〔一九七六〕、利谷信義・本間重紀〔一九七六〕「天皇制国家機構・法体制の再編」『大系日本国家史　５近代Ⅱ』所収、東京大学出版会参照。なお、刑法と信託法などの改正も実施されている。

(47) 蓑輪〔二〇〇八〕、同〔二〇一五〕。

(48) 山本起世子〔二〇一三〕「民法改正にみる家族制度の変化　一九二〇年代〜四〇年代」『園田学園女子大学論文集』第四七号。

(49) 堀内〔一九七〇〕。

(50) 堀内〔一九七〇〕、五六二頁以下。

(51) 我妻栄〔一九三八〕「近代に於ける家族の共同生活」『家族制度全集　史論編Ⅳ』所収、河出書房、一五三頁以下。

(52) 穂積〔一九三八a〕、三四三頁。

(53) 相続法に関しては当時の農村共同体の解体という問題意識が前提となっている。これは日本特有の問題ではなく、ヨーロッパで先行していた資本主義化に関わる問題であった。近藤〔一九八三〕、蓑輪〔二〇〇九〕。戸主権の制限のための廃戸主制度導入にも、戸主単独の意思による土地（≒農地）処分への規制という側面もあったといえる。

(54) この点は大正期の「法の社会化」や法社会学の生成という論点ともつながっている。伊藤孝夫〔二〇〇〇〕『大正デモクラシー期の法と社会』京都大学学術出版会、吉田克己〔二〇〇二〕「社会変動期の日本の民法学——鳩山秀夫と末弘厳太郎」『北大法学論集』第五二巻第五号等、宇野〔二〇一六a〕も参照。

(55) 大正八年十一月十五日第二回主査委員会での発言。堀内〔一九七〇〕、六〇八頁参照。

(56) 大正十四年一月二十六日第一九回総会での発言。『臨時法制審議会総会議事速記録』六三〜六四頁。

(57) 穂積身分法学ないし家族像のいわゆる「進歩的」部分を評価すべきであること、法史学上も重要であることを否定するつもりは毛頭ないが、穂積身分法学をより多面的に考察する必要性があることを指摘したい。なお、穂積の家族像や戦前と戦後の「家」概念の連続性について触れた近著として、大村敦志〔二〇一五〕『民法読解　親族編』有斐閣、宇野〔二〇一六a〕等参照。

(58) 穂積［一九三三］。穂積におけるスイス法の影響については、小沢奈々［二〇一五］『大正期日本法学とスイス法』慶応大学出版会参照。

(59) 重遠の父・陳重の邸宅は、典型的な和洋二館が並立した大邸宅として有名である。前潟由美子・田中厚子によれば、陳重自身は洋館に起居していたが、嫡男であった重遠をはじめ子ども七名は家事使用人とともに和風の屋敷で生活していた。家族構成は、陳重・歌子夫婦、重遠を含む子ども七人、重遠の妻、老婦人一人、執事、書生三人、下男一人、女中八人という二四名という大家族であり、重遠の乳母であった老女中は個室の女中部屋を与えられていたであろうと指摘されている。穂積家は、血縁家族よりも使用人数が多い家族形態だったのであり、このことが重遠の「家」イメージの形成に無関係であったとは考えにくい。小泉和子編［二〇一二］『女中がいた昭和』（前潟・田中執筆第五章）河出書房新社、八七頁以下参照。

(60) 穂積が担当し、大正改正要綱と一体不可分に構想されていた家事審判所は、「温情」に基づく家族紛争解決を旨とする制度とされた。ここでは、戸主や親権者の不当な権利行使を国家機関である家事審判所（当初は司法機関以外での想定でさえあった）が介入して家族員個人を保護することが想定されているが、同時に要綱では明治民法に比して戸主権強化・親権強化が図られている。これを二項対立的に評価することも可能であるが、家事審判と要綱との一体性から考えて、いずれにしても、前提としては、「正当な権利行使によって家族員を庇護する家長像」が想定されているものといえる。ここでは、労使関係や地主小作関係においてその「崩壊」が実感されていた「家父長的温情主義」の立て直しが、家族制度において試みられていたと理解することができるのではないだろうか。宇野［二〇一六a］も参照。

(61) この点について、蓑輪［二〇一五］、山本・前掲注（46）参照。

(62) 蓑輪［二〇一五］、四二頁以下。

(63) 白水・宇野［二〇一五］参照。

(64) 前掲注（54）参照。なお明治民法起草者の法規範と社会規範ないし慣習に関する立場を論じたものとして、川口由彦［一九九九］「民法典と民衆世界」『法律時報』第七一巻第四号、星野英一［一九七〇］「編纂過程から見た民法拾遺——民法九二条・法令二条論、民法九七条・五二六条・五二一条」『民法論集　第一巻』有斐閣等、また梅の「法」観念について、片山直也［一九九八］「『最近判例批判』を読む」『法律時報』第七〇巻第七号、瀬川信久［一九九二］「梅・富井の民法解釈方法論と法思想」『北大法学論集』第四一巻第五・六号参照。

(65) 家族員の不法行為責任を共同生活の単位が負うとする「家団」論を提唱した末弘厳太郎の議論も同様の要素をもつ。

(66) たとえば、妻は夫から「うちの嫁」と呼称され続けていたり、夫婦別姓を支持する立場の中に、一人っ子ないし娘だけの核家族世帯において、実家の苗字＝家名を継承してほしいためという意見があることなども、「世帯」における「家」観念の現出の一つであろう。

(67)　現在においても、家族による扶養や介護が前提となっている現実がある。介護うつや老老介護、また子世代における非正規雇用の増大や婚姻率・出生率の低下の中にあらわれる「生きがたさ」の現状をみると、社会保障制度の充実は必須である。しかし、その実現可能性は低く見積もらざるをえず、政治的言説としてはむしろ家族責任や「家庭」の強調によってこれを回避するという方向性が示唆されている現状もある。なお、認知症を患らった高齢者の介護に対する家族の法的責任について、最判平成二十八年三月一日「損害賠償請求事件」参照。

主要参考文献

青山道夫［一九四三］「判例に現はれた身分権の濫用」『判例身分法の研究』所収、日本評論社。

有地亨［一九七七］『近代日本の家族観　明治篇』弘文堂。

宇野文重［二〇〇九］「明治民法起草委員の『家』と戸主権理解」『法政研究』第七四巻第三号。

宇野文重［二〇一六a］「中川善之助——身分法学の父と戦時」松本尚子ほか編『戦時体制と法学者』国際書院。

宇野文重［二〇一六b］「青山道夫——教養主義時代の学際的家族法学者」松本尚子ほか編『戦時体制と法学者』国際書院。

大竹秀男［一九七七］『「家」と女性の歴史』弘文堂。

近藤佳代子［一九八三］「民法改正要綱における廃戸主制度の導入とその意味」山中永之佑編『日本近代国家の法構造』所収、木鐸社。

白石玲子［一九九二］「〈シンポジウム〉日本近世・近代国家の法構造と家長権（近代の部その二）」『法制史研究』第四二号。

白水隆・宇野文重［二〇一五］「非嫡出子相続分最高裁違憲決定——非嫡出子をめぐる〝事柄の変遷〟」『法学セミナー』第七二一号。

利谷信義［一九六二］「『家』制度の構造と機能（一）」『社会科学研究』第一三巻数第二・三号。

利谷信義［一九六三］「『家』制度の構造と機能（二）」『社会科学研究』第一三巻第四号。

利谷信義［一九七二］「明治民法における『家』と相続」『社会科学研究』第二三巻第一号。

中川善之助［一九三七］「大家族と分家」『家族制度全集史論篇Ⅳ　家』河出書房。

福島正夫・利谷信義［一九九六］「明治前期における戸籍制度の発達」『福島正夫著作集』第二巻所収、勁草書房（初出一九五九年）。

穂積重遠［一九三三］『親族法』岩波書店。

穂積重遠［一九三七］「民法改正要綱解説（一）序言及び婚姻」『家族制度全集法律篇Ⅰ婚姻』河出書房。

穂積重遠［一九三八a］「民法改正要綱解説（四）家・親族会及び扶養義務」『家族制度全集法律篇Ⅳ家』河出書房。

穂積重遠［一九三八b］「民法改正要綱解説（五）相続及び遺言」『家族制度全集法律篇Ⅴ相続』河出書房。

堀内節［一九七〇］『家事審判制度の研究』中央大学出版部。

堀内節［一九七六］『続家事審判制度の研究』中央大学出版部。

水林彪［一九八七］『封建制の再編と日本的社会の確立』山川出版社。

蓑輪明子［二〇〇八］「一九二〇年代の『家』制度改正論」『一橋社会科学』第五号。

蓑輪明子［二〇一五］「臨時法制審議会の民法改正要綱における「家」の強化論」『歴史評論』第七八五号。

山中至［一九九二］「〈シンポジウム〉日本近世・近代国家の法構造と家長権（近世の部その一）」『法制史研究』第四二号。

第8章　下北村落における家の共同性
——オヤグマキとユブシオヤ・ムスコを中心として

林　研三

はじめに——現代の家・家連合・村落《ムラ》

本章は二〇一五年の第五六回比較家族史学会でのシンポジウムでの報告をもとにしたものである。このシンポジウムでは「家と共同性」や「家社会」をキーワードとして掲げ、それぞれの報告者のフィールドでの家や家連合としての同族、村落組織をめぐる実証的知見を提示し、帰納的に「新たな」家理論の構築を志向することを目的としていた。ここでの「共同性」には二つの意味が込められている。一つは家内部の共同性であり、他は家と家の共同性としての家連合である。しかし、この二つの共同性は連動していることは言うまでもない。家の構成原理と家連合のあり方は必ずしも同一ではないが、全く関連性がないわけでもない。さらに、この共同性を家と全体社会の関係にまで拡大してみると、家内部の構成原理が家外の社会構成原理に反映するという「日本社会の家族的構成[1]」という考え方や、全体社会での政治構造等が家の構成に反映し、家自治や家長権を生んだという考え方も提示されてきている[2]。

本章ではこういった連動性を、村落社会での家と家の共同性を中心として、より微細な形で検証していく。ここでの「微細な形」という言葉で意図していることは、家と家をとりまく社会としての村落《ムラ》[3]の関係を、特定の地域を事例として取り上げ、そこでの変化を踏まえ検討していくということである。前述の「日本社会の家族的構成」論では、一般的な社会構成が主題となり、日本社会の地域性、あるいはローカルな家と村落《ムラ》の関係が等閑視されがちであった。また、後者では特定地域での同族としての家と家の関係が提示されつつも、それは「全体的な給付関係」に埋め込まれつつ、「ムラ（部落）」は「特殊な意味を持つ家連合の複合」(4)とされているが、それ以上の家と「ムラ（部落）」の関係は容易に読み取れない。さらに、何よりも双方ともその提唱・調査時期が、おおむね我が国の戦後の高度経済成長期以前であったので、それ以後の村落社会における家や家の共同性については言及されていない(5)。

家の先行研究では一方で精力的な歴史研究があり、レヴィ＝ストロースの家研究が取り上げられることはあっても、我が国の現代の家や家連合、同族についてはさほど関心がもたれていないように思われる。従来家とともに語られることの多かった村落《ムラ》は、最近のコモンズ論の影響もあり、いくつかの分野で注目されてはいるが、そういう分野でも村落《ムラ》のなかの家やその共同性については言及されることはほとんどない。

これは現行法の下での「家や家連合、同族への否定的な評価」のなせるわざかもしれないし、その背景には近代化によって「衰退していく慣習」という先験的な思い込みがあるのかもしれない。しかし、慣習は衰退していくだけなのか。もしそうであるならば、その衰退過程を検証することが必要であるし、このことは「慣習上の家」についても同様であろう。

本章では戦後日本社会において大きな社会変動をもたらしたとされる高度経済成長期とそれ以後の村落社会における家と家連合の変化に焦点を合わせる(6)。高度経済成長期には村落社会での多くの慣習が衰退したとされているが、その後の変化については、少なくとも筆者の専攻する法社会学の分野では、入会《いりあい》慣行や漁業慣行等以外ではほとんど検証されてこなかった。果たして家や家連合は衰退・消滅したのか。ここでは下北半島での若干の家連合を事例として取り上げ、この問題に接近していきたい。取り上げる事例から現代の家や家連合の存立要件の一つを導きだすことが本章の目的である。

1　対象地と事例紹介

⑴　東通村目名

本章の対象地は青森県下北郡東通《ひがしどおり》村の農村である目名《めな》集落である。東通村は一八八九年（明治二十二）の町村制以来の行政村であり、それ以来一度も合併を経験することなく今日に至っている。村内は二九の行政区に分かれており、目名地区（大字目名）はその一つである。同地区は目名本村四一戸とそこからの枝村である高間木《たかまぎ》一〇戸、向《むかい》坂《さか》九戸、および藩政期からの集落である立山《たてやま》の五戸から構成されている。(7)

下北半島は一九六〇年代の九学会連合調査の対象地であったが、それ以前から当該地を調査していた竹内利美らは九学会連合下北調査委員会の報告書とは別に、集落別のモノグラフを掲載した報告書を出版している。その竹内の調査対象の一つが目名地区であったが、その約三〇年後の一九九六年に私自身も当地を調査した経験がある。本章では一九六〇年代の竹内利美らの調査報告（竹内［一九六八］、竹内報告と称する）と私の調査報告（林［二〇一三］、林報告と称する）を家族・親族慣行の点で比較し、当地における家の共同性・家連合の様相とその変化を探りたい。

目名地区（大字目名）には目名本村とその枝村である高間木、向坂、立山が含まれていることは既述したが、本章が主として扱うのは目名本村である。目名本村四一戸のうち五戸（うち三戸は近年の転入戸）が非農家であり、これらは目名生産森林組合の非組合員である。目名生産森林組合は一九八〇年（昭和五十五）に設立され、約九〇〇町歩の林野を保有している。組合員数三八戸はこの組合の設立以前からの数字であり、一九九六年当時も変化はなかった。

当該地で注目される家族・親族慣行はユブシオヤ・ムスコ関係とオヤグマキであるが、これらについて竹内報告は以下のように述べていた。

「各姓の系譜はだいたい分明で、本源的な家とみられるのは、一一戸である。古いところはすでに明確な分派伝承を失っているが、ともかくこうした本支の系譜につながる家々は、オヤグマキの名で一応一つのまとまりをもってはいる」。「村内各戸をむすぶ親族関係の網の目はかなり密でしかも交錯している。イトコマキとこれを呼んでいるが、オヤグマキ（本分家）とイトコマキ（親族仲間）は、むしろ村内で混融して一つの交際圏を描くといった方がよいようである。さらに、ユブシゴ（ヨボシゴ、エボシゴ）の慣習が近年まで残っていて、男子（主として跡取）は結婚適齢期になると、しかるべき人物を村内から立てて、オヤになってもらった。[8]」（傍点は引用者）

すなわち、オヤグマキは本分家集合、イトコマキは「親族仲間」といわれ姻戚関係を含む家連合であり、ユブシオヤ・ムスコ関係は当時すでに衰退しているとの指摘であった。ユブシオヤ・ムスコ関係については九学会連合調査時に当地に近接する蒲野沢《がまのさわ》集落を調査した竹田旦によっても同様な指摘がなされていた。[9]

しかし、ユブシオヤ・ムスコ関係は以下の事例でもみられるように一九九六年当時比較的頻繁に取り結ばれていた。その締結理由としては、往時と同様の「しかるべき人物をオヤにして、コの面倒をみてもらう」、「実の親が言えないようなことも息子に言ってもらうため」ということとともに、「縁が遠くなったので」、「オヤグマキになるために」、「息子がいないので、ユブシムスメをとった」、「ナコード（仲人）になってもらうため」といった理由も述べられていた。つまり、近年では個人と個人の関係としてではなく、家連合としてのオヤグマキを構成する契機としてユブシオヤ・ムスコ関係が利用されており、そのことを端的に表していたのが「ユブシムスメ」であろう。

さらに当地ではモライッコとよばれる子どもが存在していた。これについては当地だけでなく下北半島のいくつかの集落では戦前から報告されてきたが、おおむね小学校在学時の年齢層の子どもを他地方から「もらってきて」養育していたのである。東通村教育委員会の調査報告では以下のように記されている。

「もらい子はむつ市の一部や東通村に広く見られた慣習である。戦前までの下北は畜産、山林、農、漁と仕事がいくらでもあったので、多くは津軽や三戸地方から、小学校へ入るころの男の子や女の子をもらってきて育てたのである。もらい子は学校に入れてやり食事なども自分の子と同じようにさせ、子供でもできるような夏の馬の送り迎えなど、女の子だと子守や、炊事の手伝いなどをさせていた[10]」

このモライッコについては、他の報告でも「自分の子と同じように」との記述があり、一九九六年にも同様なことは聞かれたし、他地方からだけでなく、目名本村内部でも子供のやりとりがあったことは次節の事例でも紹介されている。成長後のモライッコがどうなったかということを含めて、モライッコは家や家族のあり方、その変化を示唆する一つの事象である[11]。

(2)　事例紹介

本項では一九九六年現在のユブシオヤ・ムスコ関係やモライッコの事例を若干紹介し、次節での一九六〇年代との比較につなげたい。以下の事例でも示されているように、ユブシオヤ・ムスコ関係は少なくとも一九九〇年代にも新たにとり結ばれていたのである[12]。

〈事例１〉（図８－１参照）

Ａ（昭和一Ｘ生）の兄三人は死亡している。幼少時にＣ夫婦がＡのユブシオヤになった。Ａの婚姻時のナコードはＣ夫婦であった。Ａの長男ＢのユブシオヤはＳ・Ｓ（昭和二Ｘ生・本村）であり、平成〇Ｘ年にＡが依頼してなって

図８－１　ユブシオヤ・ムスコとモライッコ（事例１）

（１Ｍは長男、２Ｍは次男、４Ｍは四男、１Ｆは長女）

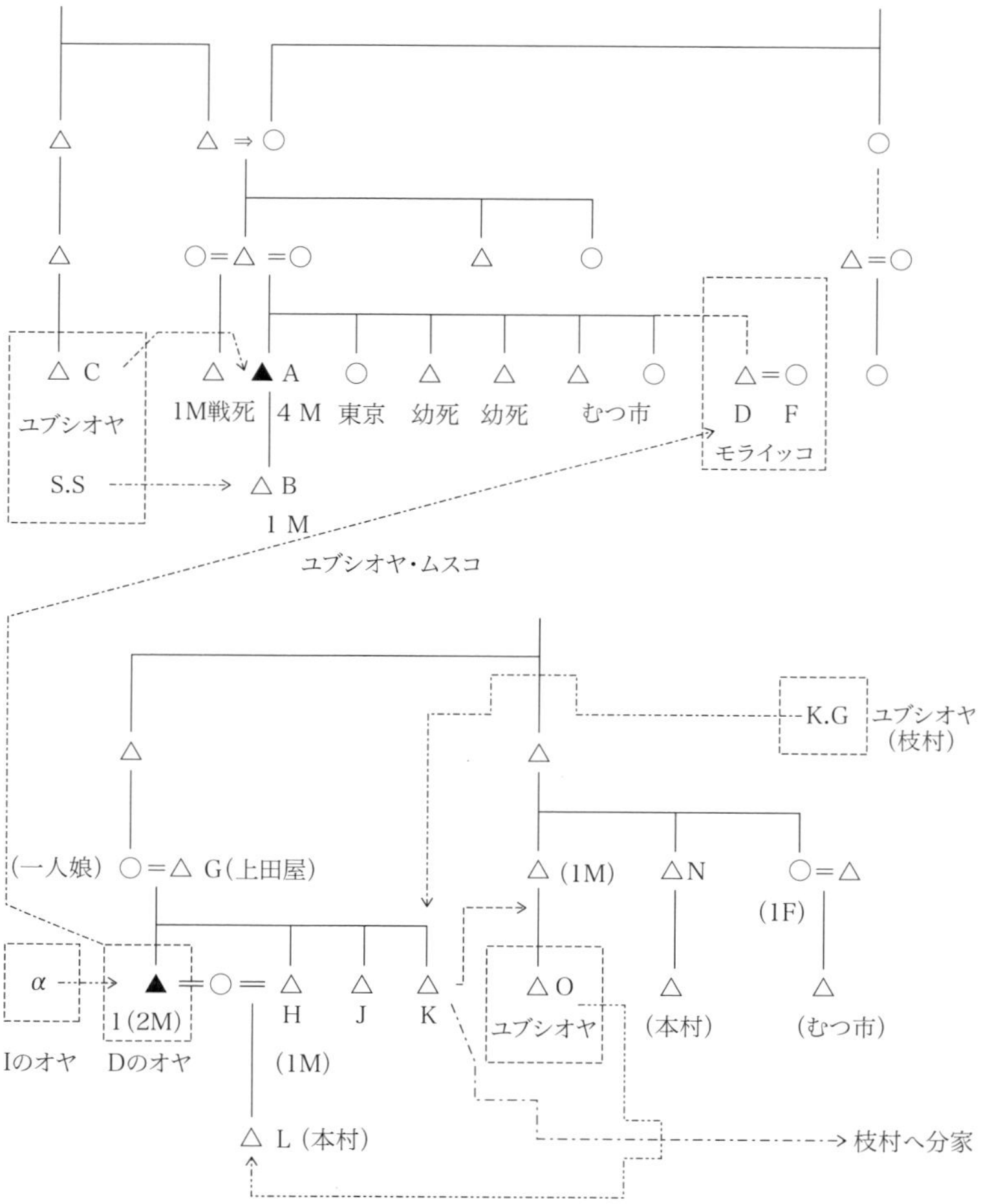

もらった。その年のＡ宅新築時にオヤグマキを呼んだが、その時にこのことを知らせた。平成○Ｘ年にＢが結婚した時にはＳ・Ｓ夫婦がナコードになった。

モライッコのＤ（昭和○Ｘ生）は福島県出身で実親はこの近辺で炭焼きをしていた。三歳頃に当家にもらわれてきた。実親との間では「二〇歳になったら戻す」という約束だったようだ。実際には昭和二Ｘ年に結婚し（ナコードはＡ家の本家の主）Ａ宅で生活していたが、昭和三Ｘ年に現住地に移転した。妻Ｆ（昭和〇Ｘ生・青森県内出身）も四歳の時に本村Ｘ家にもらわれてきたモライッコである。移転時には田三反、原野九反、一五坪の家屋を分与された。

Ｄは二〇歳の頃にＧのユブシムスコになりたいと申し入れたが、Ｇが「上の子にしろ」というので、長男Ｈをユブシオヤにした。その後Ｈが死亡したがその妻が弟のＩ（昭和〇Ｘ生）と再婚したので、現在はＩ夫婦がユブシオヤである。現在、Ｄ家のオヤグマキにはＡ家とＩ家、妻を育てたＸ家が含まれる。

Ｉ自身のユブシオヤは本村居住のα（没）であるが、Ｈの長男Ｌ（昭和二Ｘ生）のユブシオヤは本家のＯである。そのＩの弟であるＫ（昭和一Ｘ生）は子どもの頃に本家に行き（もらわれた）、結婚後にそこから昭和四Ｘ年に枝村に分家した。その時には田五反、畑一反、宅地と家屋を本家から分与された。Ｋの結婚の時のナコードはＮ（没・本村）だったが、昭和五Ｘ年頃に自分の意思で同じ枝村居住のＫ・Ｇ（昭和〇Ｘ生）のユブシムスコになった。

〈事例２〉（図８−２参照）

Ａは津軽出身でむつ市内の大湊で働いていたが、本村居住のＫ・Ｇの父のユブシムスコになる。長男のＢ（昭和二Ｘ生）は二〇歳頃に本村居住のＴ・Ｓのユブシムスコになる。きっかけはキャグ（友人）であるＹが「一緒にキョウダイになろう」と誘ってくれたので、ユブシムスコになったという。これ以前にＹはすでにＴ・Ｓのユブシムスコであった。他にＮ・Ｔ（図では省略）も同じオヤのユブシムスコであったが、Ｎ・Ｔはその後死亡したので、現在ではその妻が「ユブシアネになる」という。ただし、Ｂの結婚時のナコードはむつ市在住のオバ夫婦であった。

本家のＣ（大正〇Ｘ生）はその分家（むつ市）の子であり一歳の頃に養子となったが、当時の本家には他にもモライッコがいた。その一人は本村内に婚出している。さらにＣより二五歳ほど年上のモライッコ（北海道出身）Ｄもいた。このモライッコは通称デコと呼ばれていた。Ｄは一〇歳の頃、当家の隣の家にもらわれてきたのを当家の「マゴ

図8-2　ユブシオヤ・ムスコとモライッコ（事例2）

(am は養子)

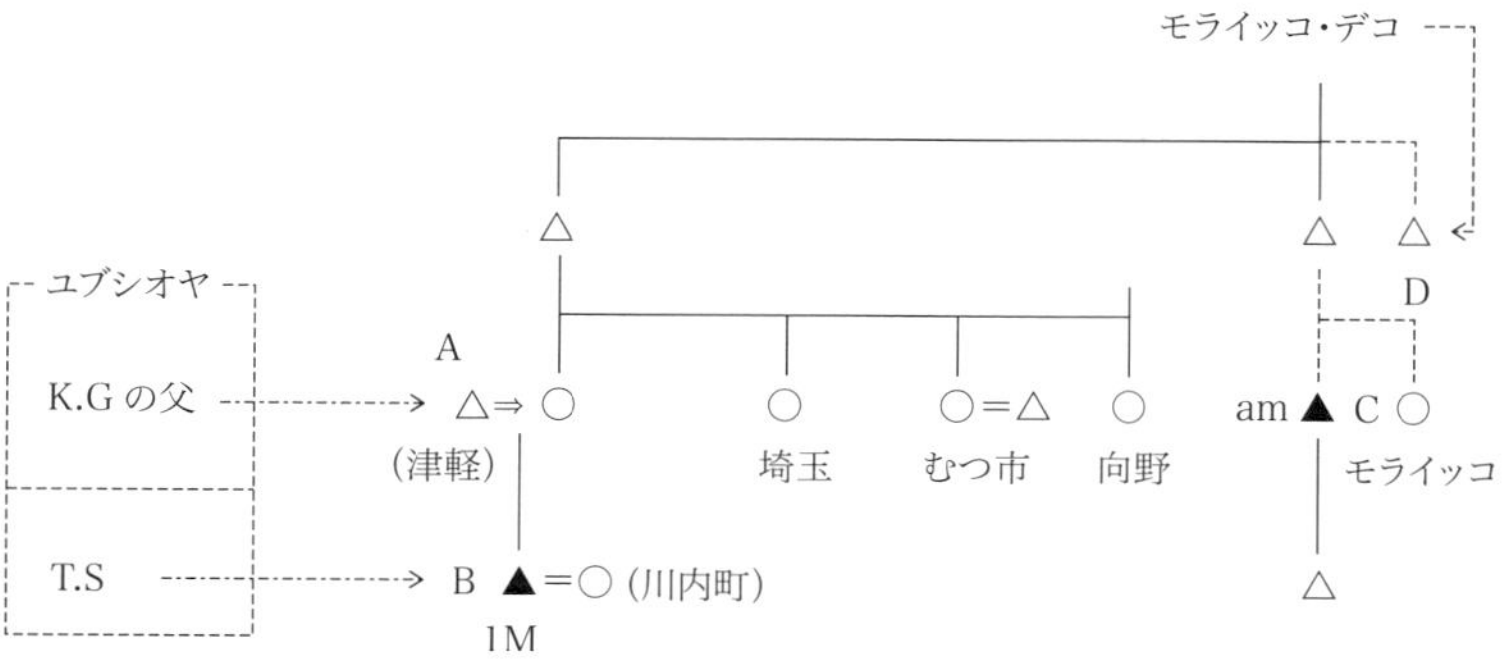

バアサンが引き取った」という。Cが三〇歳の頃にデコは死亡したので、葬式もここでやった。当家の墓碑にはデコの名前も記してあるし、Cの父の法事の時にデコの法事も一緒におこなったが、葬儀や法事にデコの兄弟等は来なかったという[13]。

〈事例3〉（図8-3参照）

A（大正〇X生）の母Bは目名本村の別の家に姉妹でもらわれてきていたが、そのもらわれてきた家から当家に婚入してきた。その妹のCも本村のZ家に婚入した。Aは昭和一X年にDと結婚した。その時のナコードは本村の者であったがユブシオヤではない。Aのユブシオヤはいないが、このことはAは二X歳から三X歳頃まで軍隊に入っていて、当地には不在だったことが関係しているのかもしれない。Aの妻DはW家で生まれたが、幼少期にY家にもらわれそこで育てられそこから婚入してきた。Aと年齢が近いモライッコIは津軽出身であるがその兄とともに当村にもらわれてきた。当時Iは五、六歳であって「妹みたいな感じ」であったという。兄は他家で育てられた。成人後Iは近隣地区に婚出したが、兄は津軽に戻った。さらに、モライッコのFとGの兄弟は樺太出身であり、母親が死亡したので、敗戦直後父親とともに五所川原市に引き揚げてきていた。当時Fは一二歳、Gは四歳であった。二人をAが父親から「譲り受け、Gを背中におぶって、Fの手をひいて」

図８－３　ユブシオヤ・ムスコとモライッコ（事例３）

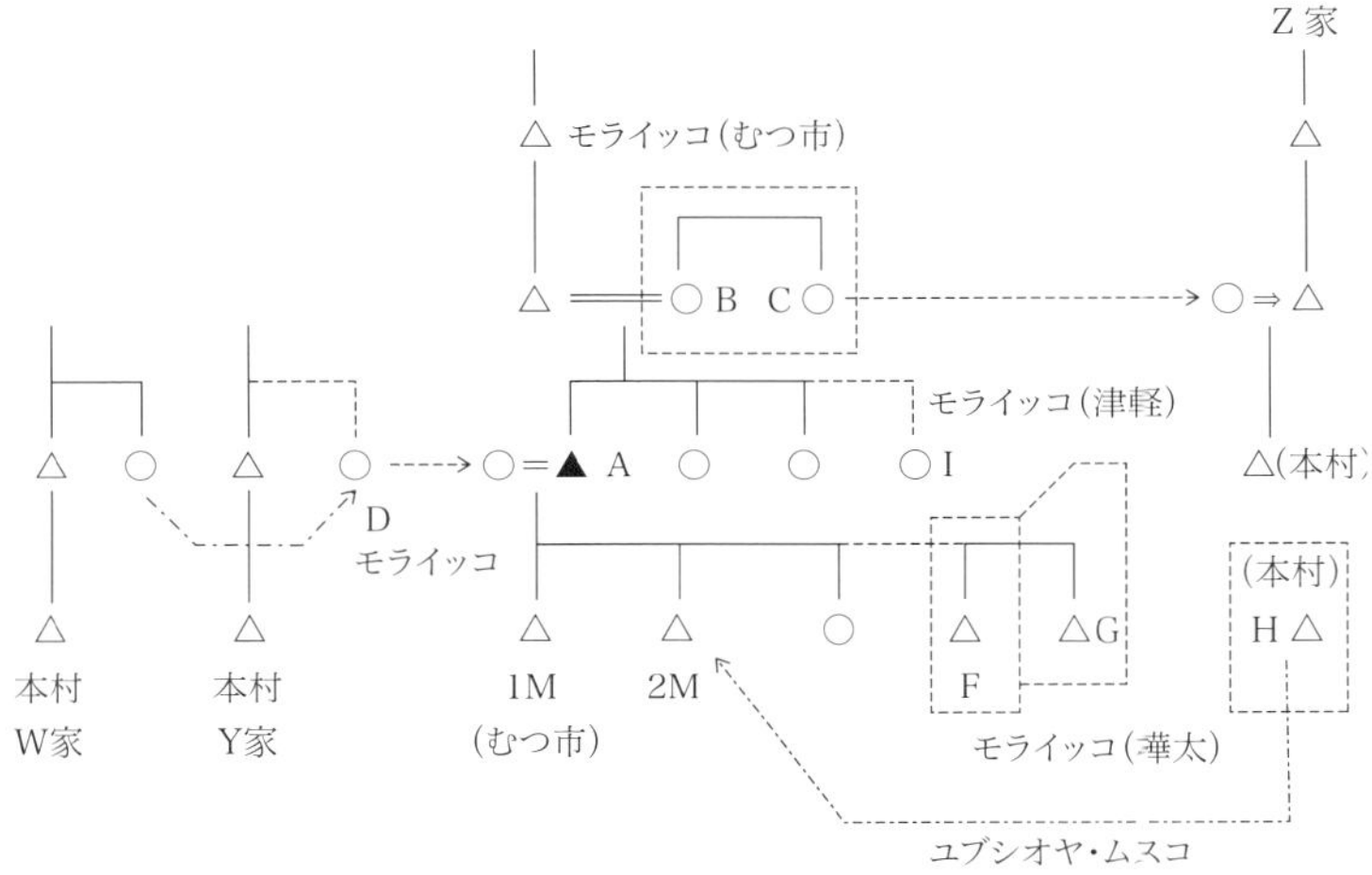

戻ってきた。Gは隣家で、Fは当家で育てた。Fは七、八年間当家にいたが、後に他出し、現在は他県に在住している。Aによると「Fはオヤグマキであるが、Gは違う」、その理由は「Gはほとんどこの家にいなかったから」という。Aのユブシオヤもユブシムスコもいないが、当家を継承した次男はHと昭和五X年にユブシオヤ・ムスコ関係を結んだ。

2　家族・親族慣行の変化

(1)　一九六四年と一九九六年の比較

前節での事例を踏まえ、家族・親族慣行に関しての五項目について、竹内報告と一九九六年当時を比較してみた結果が表８－１である。これによると、親族語彙の一つであるオヤグマキの意味が変化しており、イトコマキという言葉は使用されていない。というよりその言葉を確認できなかった。部落内婚率は低下しており約一四％であった。また、竹内報告では「本源的な家」が一一戸であったが、一九九六年では「本家筋」の家は七戸に減少している。竹内報告での「本源的な家」がどの家かは特定できないが、この言葉が「本家筋」の家に該当するならば、七戸しか確認でき

表8－1　家族・親族慣行の変化

項目	1964年	1996年
親族語彙	オヤグマキ（本分家関係）とイトコマキ（親族仲間）	オヤグマキ（本分家関係、姻戚関係、ユブシオヤ・ムスコ関係他を含む）
本家	「本源的な家」は11戸	本家筋の家は７戸
ユブシオヤ・ムスコ関係	衰退化	活性化
モライッコ	記述なし １戸を「他姓分家」として記述	過去の事例あり ２戸居住
部落内婚率	約40.6%	約14.7%
共有林野をめぐる棲み分け（本村と枝村）	権利戸は目名本村居住 非権利戸は枝村居住	本村と枝村での権利戸と非権利戸の混住

なかったということである。転入戸（非権利戸・非農家で竹内報告以後の転入）を除く他の家はすべて本家が特定されていたからである。

さらに先の目名生産森林組合の組合員（権利戸）は、竹内報告では旧来の三八戸であり本村に居住し、そこからの分家の非組合員が枝村に居住するという「棲み分け」がなされているとされていたが、三〇年後には本村にも非権利戸が五戸居住し、権利戸のうちの三戸は枝村と隣接地区に居住しているので、「棲み分け」は崩れてきている。さらに一九九六年以降そのうちの一戸が脱退したので、二〇一五年七月現在の組合員数は三七戸である。

モライッコについては竹内報告では記述はなく、あきらかにモライッコが当主である家は「他姓分家」として指摘されていた。一九九六年当時には本村一戸、枝村一戸に該当者が居住している。上記の事例でもみたように、以前の世代では少なくないモライッコが確認でき、「育てた家」とのオヤグマキの関係が維持されている場合も少なくない。

こういった比較のなかで最も注目されるのは、前節での事例でも示したユブシオヤ・ムスコ関係である。上記のように竹内報告では「最近まで残っていて」とされ衰退化を明言していたが、一九九六年にはむしろ活性化しており、それによるオヤグマキの生成が目立っていた。そこでどのような契機によってオヤグマキが生成されているかを整理してみると以下のようになる。

①家成員の離脱

②ユブシオヤ・ムスコ関係によるオヤグマキ

③モライッコにとっては「育てられた家」との関係はオヤグマキである。「育てた家」からもモライッコの家は同じ扱いである（〈事例３〉参照）

①は従来のオヤグマキの生成契機であり、竹内報告ではこのうちの本分家集合のみをオヤグマキとしていたことはすでに言及した。九学会連合調査の報告書のなかで、このオヤグマキについての定義を試みていたのは蒲生・大胡[14]であった。それはむつ市関根を対象とし、姻戚関係をも含むおおむね自己を中心とした上下二世代までの尊属・卑属の範囲をオヤグマキとしていたが、これらの点は一九九六年の目名のオヤグマキとも共通している点が多い。③の場合はモライッコを家成員とすると、①に含まれることになる。もちろん他出後に連絡を取り合う場合であるが、このことは①の場合も同じである。

これらに対して、一九九六年当時の目名では、既述のように②のユブシオヤ・ムスコ関係によるオヤグマキが増えてきているように思われる。そのなかには事例で示した個人的なきっかけだけでなく、オヤグマキになるためにユブシオヤ・ムスコ関係を取り結んでいる例もあるし、そのためには娘しかいない場合は「ユブシムスメをもらった」という事例も確認されていた。さらに、オヤグマキ自体も、たとえば「嫁同士が同じ他集落出身でチカク（親しく）していたから」、あるいは当地で商店を営む旧家での葬儀に際して、「それまでは声をかけなかった家に声をかけたので、その後葬儀には声をかけ合うようになり、オヤグマキになったと」という事例もある。

オヤグマキである家々は、葬儀時等に相互に呼び合い、手伝い合うことに具体化されているように、家交際としての一定の行為、つまり生活上のツキアイを遂行し相互扶助関係に入る。その契機の一つがユブシオヤ・ムスコ関係であるが、その関係を取り結ぶ理由が多様になってきていることがうかがわれる（〈事例２〉でのコ同士での「キョウダイになろう」という誘い等）。さらに、ユブシオヤ・ムスコ関係が個人と個人の関係であったとしても、その個人は当該家の当主や当主予定者が多いこともあり、「カマド単位の一体化」[15]によって家連合としてのオヤグマキに至ることになることが多い（〈事例１〉のDとH・I参照）。

それでは、何故一九六〇年代には衰退していたと報告されていたユブシオヤ・ムスコ関係が、一九九六年には活性化していたのであろうか。竹内報告との比較を念頭におくと、一九八〇年（昭和五十五）年の目名生産森林組合設立による共有林野の権利戸と本村居住戸の乖離とともに[16]、部落内婚率の低下、枝村への分家分出によって目名本村内での新たな親族関係の形成・展開が難しくなってきていたことが指摘される。そこで、共有林野や本分家関係、姻戚関係に依拠しない目名本村での家と家の「つながり」を志向した結果、各戸の「つながり」を創り出すための戦術としてユブシオヤ・ムスコ関係が利用され、それがオヤグマキに結びついたと思われる。

竹内報告でも本分家集合としてのオヤグマキと他の親族関係の機能上の差異は目立たなかったとされており、かつては同族としての様相があったとしても、本家と分家の関係は他の姻戚関係等を排除する必要性を当時から有していなかったことが、この結びつきを容易にしたのかもしれない。

しかし、そうであるとしても、いくつかの疑問がただちに生じる。第一は「なぜユブシオヤ・ムスコ関係が利用されたのか」ということである。これについては、先のように、目名本村内での新たな親族関係によるオヤグマキの展開が困難になっていたことに加えて、ユブシオヤ・ムスコ関係自体が比較的状況対応が可能であり、婚姻や分家のように人員や資産の移動をともなわずに随意に締結することができたからであるといえよう。この随意性がオヤグマキ生成契機の多様性とも相関していることはいうまでもない。

次に、「なぜその『つながり』はイトコマキではなくオヤグマキであったか」という疑問に対しては、イトコマキが竹内報告でのように姻戚関係を含むとすれば、目名本村での村内婚率の低下は本村外の姻戚であるイトコマキの増加を意味し、目名本村各戸の「つながり」を示す言葉としてはイトコマキは適さなかったことがあげられよう。すなわち、ここでの「つながり」は目名本村内に限定される傾向があったのだ。また、ユブシオヤ・ムスコ関係のなかにユブシムスメも生じていることは、それが広義のオヤコ関係（親子関係だけではない）に含まれていることになり、本分家関係を含むオヤグマキとの親和性が影響していたのかもしれない。

さらに「本源的な家」の一一戸から七戸への減少については、若干の留保付きながら、新たな系譜関係が設定され、新たな「つながり」が求められた結果であるといえる。この約三〇年間に転出した「本家筋の家」は一戸のみであったことからすれば、残りの一〇戸のうち三戸が「新たな本家」を設定したことになろう。そうであれば、そのことによって新たなオヤグマキが生成したことになる。このようなことが可能であったとすれば、これもオヤグマキ生成契機の多様性と関連しているかもしれない。

(2)　家連合・「単一性と複多性」

このように一九九〇年代後半の目名ではユブシオヤ・ムスコ関係や他の契機によってオヤグマキという家連合が増殖してきていたのだが、なぜこのような家と家の「つながり」が求められたのであろうか。この点について本章では、家と家連合・村落《ムラ》との関係、そして、宅地・田畑・共有地を含む「ムラの土地」との関係から考察していきたい。

家、家連合、村落《ムラ》について、有賀喜左衛門や清水昭俊[17]は「地縁」や「地理的近接性」とともに言及することが多かった。このことは家や家連合、村落《ムラ》が一定の土地と結びついていることを示唆している。「家産」、「一族の土地」、「ムラの土地」と呼ばれてきたものであり、しかもこれらが相互につらなっているという考えは守田志郎によっても指摘されてきた[18]。その後の農村社会学の川本彰による「ムラの領域論」にともなう「村落産」、「ムラ産」、最近の鳥越皓之らの環境社会学者の総有論や共同占有論もそれと類似した考え方が示されているように思われる[19]。

当地では左記に引用した明治二十六年の「村方約定書」や昭和二十三年の「開拓関係の件」という「部落常会」での決議において、各戸の土地を含む「ムラの土地」という土地所有観が示されている。

明治二十六年制定、三十四年再確認の目名での「村方約定書」

「一、本村内各自ノ所有ニ係ル宅地田畑及森林ノ地所ハ、本村内各自ヲ除ク他村ノ人ニ売渡ハ勿論、質入書入等堅ク不相成候事

一、本村内各自ノ所有ニ係ル宅地田畑及森林ノ地所売渡サントスルトキハ、本村内各自ノ中ニテ買受ルコト能ハサルトキハ、村方ニテ相当ノ代金ヲ以テ買取可申候事

一、前條売渡シタル地所、後日買戻サントスルトキハ、其売渡シタル本人ニ於テ買戻スベシ、……」

「開拓関係ニ関スル件（昭和二十三年六月十一日）

一、新開拓地ハ村有地ヲ分与スル意味ニ於テ村内居住ノ親族以外ノ者ニ其ノ所有権利ヲ有セシメザルコト」

（「村」は目名部落[20]）

本章ではこの「ムラの土地」という状態を、村落《ムラ》が総有している状態と理解したい。しかし、すぐに注記したいことは、この総有という言葉の意味である。これについては法学と法学以外の社会学や民俗学の間での齟齬《そご》が以前から指摘されてきた。ここでその経緯を詳しく論じる余裕はないが[21]、本来総有はゲルマン法上の概念であり、「実在的総合人 Körperschaft, reale Gesamtperson」や「仲間団体 Genossenschaft」と密接に関連している。「仲間団体」とは、「多数人の結合によって構成される団体」であるが、団体がその構成員から分離した独立体ではなく、構成員の

結合体にとどまり、「単一（Einheit）にして複多、複多（Vielheit）にして単一の多数人の結合体である」[22]。

この「仲間団体」が中世ヨーロッパ以降に多少なりとも団体としての独立性をもちつつ、しかし「ローマ法の法人のように構成員の人格と完全に分離しているわけではなく、仲間団体に特有の単一性と複多性との両面」を備え、「総体の人格と構成員の人格が互いに不即不離の関係を保持している」ような団体が「実在的総合人」である。したがってこの「実在的総合人」の財産はその総体としての「単一体」にだけ専属するものではない。総体としての「単一体」と複多的な構成員の双方にその所有権が分属しているのであり、これが法学で総有と呼ばれるものであった[23]。この総有論が中田薫以来、わが国の入会権論に多分に影響を与えてきたことは周知のことであろう。

これに対して社会学者・民俗学者のいう総有や「ムラの土地」は、入会地や個々の私有地の基底にある概念であったり、それらをひっくるめて総有や「部落の所有」としているが、いずれも村落《ムラ》や「部落」が主体であった。しかし、この村落《ムラ》を主体とする「ムラの土地」が「俺たちの土地」という言葉で言いかえられるとすれば、ここでの「ムラ」は「俺たち」であり、その「俺たち」には、何人もの「俺」が含まれているという意味での「複多性」と、総体としての「俺たち」という「単一性」が示されているとみることもできる。だとすれば、ここに法学と社会学等での総有の共通項として、その主体である「実在的総合人」の「単一性と複多性の併存・その不即不離な関係」がみいだせるのではないだろうか[24]。

上記の「村方約定書」や「開拓関係の件」では、「本村内各自ノ所有ニ係ル宅地田畑及森林ノ地所」は「本村」外には売却せず、「村有地」も「村内居住ノ親族」にのみ分与するとされていたが、こういった土地所有観は現在でも継承されている。たとえば、近年の転入戸三戸はいずれも居住戸のオヤグマキであり（娘夫婦等）、最近の目名生産森林組合での組合員の交代も当該家の跡取り以外では、その定款にもかかわらず目名地区に居住する分家または前組合員と近い血縁関係を有する者、あるいはオヤグマキに限定されているのである[25]。

ここには当地での土地所有と居住戸（者）間の親族関係、すなわちオヤグマキが密接に関連していることが示されている。そのオヤグマキが既述のように相互扶助関係にあるとすれば、これによって戒能通孝のいう「生活協同体としての村」が構成されていることになろう。かつて戒能通孝は藩政村の一側面が一八八九年（明治二十二）の町村制によって「行政単位の村」となった後も、「生活協同体としての村」の側面は存続したと主張していた[26]。同様に目名生産森林組合の成立によって組合員としての実定法上の権利関係が明確になり、権利戸が組合員として本村居住戸から分離したとしても[27]、本村居住戸による「生活協同体としての村」としての側面は継続していたことは、前節の事例やオヤグマキの説明からもうかがわれよう。

上記の「村方約定書」での「本村」や「村方」はこの「生活協同体としての村」なのである。その「本村」において「村有地」（目名の共有地）やそれ以外の田畑宅地は「ムラの土地」、「俺たちの土地」として観念されていることになるので、そういう状態をもたらしてる「本村」は「実在的総合人」としての性格を有しているといえよう。

他方で、当地では事例でみたような目名本村内でのモライッコのやりとりや部落内婚、隣接する地区や枝村への分家分出などは、居住戸間での構成員の移動が頻繁であり、各戸の構成員性が流動的で、家や村落《ムラ》の構成員が一部重複することがありえることを示している。このことは、他の村落《ムラ》との峻別をも含意する本村の「単一性」と、その構成単位である各家の相対的自立性を前提とする「複多性」が容易にゆらぐ可能性を秘めていたことにもなろう。

こういったなかでは「実在的総合人」としての存続には「単一性」と「複多性」をバランスをとりながら維持していくことが必要となる。つまり、「ムラの土地」という観念が維持されつつも、それに集約されすぎることも、また個々の「家産」としての土地や私有地に分裂することをも回避することである。そのためには、各家を村落《ムラ》内につなぎとめておくだけでなく、村落《ムラ》成員として一元化することなく多様な様相や一定の自立性を維持しておく装置が必要となる。その装置が家と村落《ムラ》を架橋する中間項としての家連合であった。

いくつもの家連合の集積・堆積が村落《ムラ》となるとすれば、家々は生活共同や生活連関を通じて、その各々の多様性・個別性を幾分なりとも維持しながら家連合を形成し、それを通じて村落《ムラ》構成員となる。他方で、村落《ムラ》の側から見ると、村落《ムラ》は各家の具体的な多様性・個別性（これが「複多性」を生む）を幾分なりとも捨象していく家連合を経由することによって「単一性」を獲得していくことになろう。つまり家連合が村落《ムラ》の「単一性」と「複多性」のバランスをとっているのである。

「ムラの土地」を維持し、「単一性と複多性」を併せ持つ「実在的総合人」としての村落《ムラ》が存続していくためには、家と村落《ムラ》の中間に位置する家連合――家と家の「つながり」――を必要としていたということである。その家連合は村落《ムラ》の居住戸によって承認されてきた方法――これがオヤグマキであるが――によって、つまりその家連合が「制度」である場合にのみ、その堆積・集積が収斂され「単一性」を持つ村落《ムラ》を生むことが可能となろう。

ただし、ここで注目されるのは、家連合としてのオヤグマキの構成契機に、従来の本分家関係や姻戚関係よりも随意に締結できるユブシオヤ・ムスコ関係――しかも個人的な理由によって締結するユブシオヤ・ムスコ関係が――大きな割合を占めてきたことである。このことはオヤグマキが「制度」から「関係」という性格へ変容してきていることのあらわれであるとともに、それにもかかわらずユブシオヤ・ムスコ関係としての家連合ではなくオヤグマキとしての家連合が存続している点に、「制度」と「関係」が混融している状態がみてとれるであろう。

人々が随意に、さまざまな理由でユブシオヤ・ムスコ関係をとり結び、オヤグマキを形成することによって、当該者とその家が、その都度、家連合としての共同性を確認する一方で、それが目名本村という村落《ムラ》内に限定されがちな点に、現在の家や家連合、そして村落《ムラ》の「ゆらぎ」をみてとることも可能ではないだろうか。

3 「総有」と家・家連合・村落《ムラ》——おわりにかえて

「ムラの土地」を維持するためには、家連合（オヤグマキ）による村落《ムラ》での「単一性と複多性」が維持されねばならなかったというのが、前節までの一応の結論であった。それでは、なぜ「ムラの土地」が維持されねばならなかったのか。最後に本節ではこの観点からの「現代の家・家連合・村落《ムラ》」論に接近したい。

「ムラの土地」やその「総有」[28]は慣習法上のものであったが、我が国の現代の村落社会が実定法のもとにあることを考えれば、それらと実定法上の土地所有権との関連性が問われることになる。そこで、土地を媒介とした個人と家・家連合・村落《ムラ》の関係に注目し、村落《ムラ》にとっての「ムラの土地」と同様なことが、家や家連合にとっての「家産」や「一族の土地」とされる田畑等についても言い得るのではないかという点をとり上げたい。

「家産」や「一族の土地」とされる土地は、程度の差はあれ、その所有権者によって自由に使用・収益・処分されることが難しいことは少なくない[29]。だとすれば、家や家連合も当該の土地との関係では「単一性と複多性」をメルクマールとする「実在的総合人」と同様な構図を有すると想定することができるのではないだろうか。つまり、「単一体」としての家、「単一体」としての家連合には、家成員や家が複多的に併存し、有機的に結合しているということである[30]。

個としての家成員が家、家連合、村落《ムラ》のなかでも消散することなく、その個別性を順次そぎ落とされつつも各レベルで存続していることは、既述の家と家連合、村落《ムラ》の関係と同様である。家の個別性が消失しないで村落《ムラ》の「単一性」が達成されているならば（「単一性と複多性の併存」）、家成員の個別性も同様に維持されよう。その個別性の程度が家、家連合、村落《ムラ》では順次変化していくにすぎない。家の「単一性」には各家成員の「複多性」を、家連合の

図8-4　私有地と「ムラの土地」

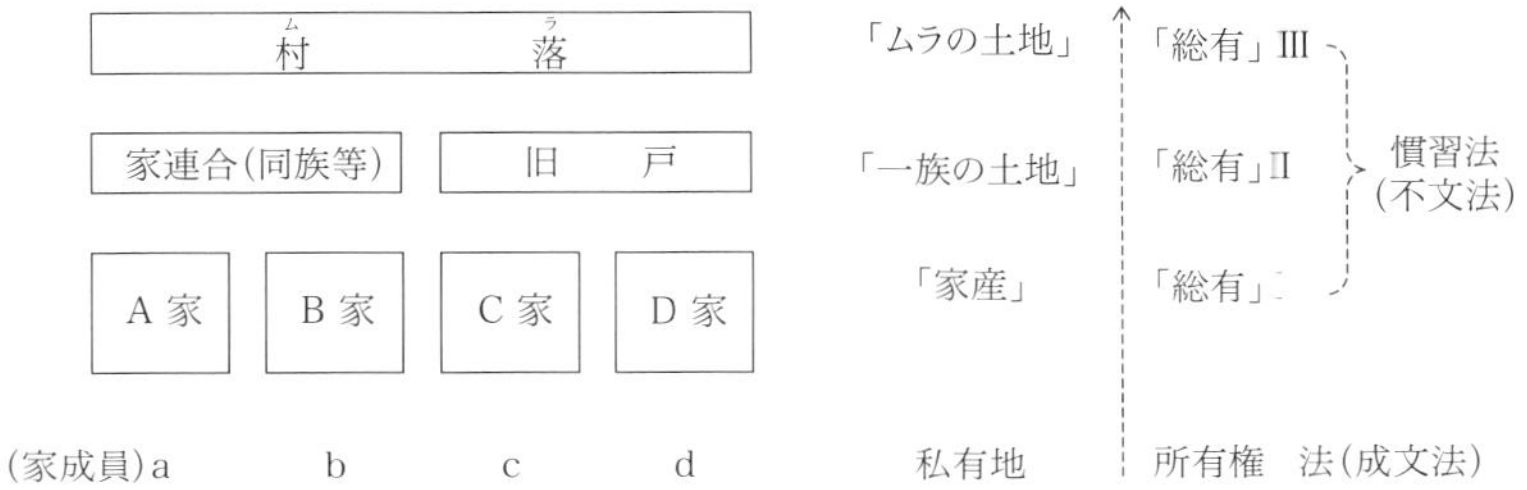

出所：鳥越［1997a］、九頁を改変。

「単一性」には各家成員と彼（女）らが組み込まれた各家の「複多性」、そしてムラの「単一性」には各家成員や各家とともにそれらが組み込まれた家連合の「複多性」をともなうということになる。

そもそも、各個はそのままで社会空間のなかで生きているのではなく、家や家連合に包含されて村《ム》落《ラ》という社会空間に組み込まれていくが、このことは各家成員の存在が家、家連合、村《ム》落《ラ》に混融してしまうことではない。各家成員は村《ム》落《ラ》の内外等のその時々の状況や対外的関係のなかで、たとえば同じ村《ム》落《ラ》のなかでは「〇家の～」、「〇一族の～」、他の村《ム》落《ラ》の者と対峙する場合は「〇ムラの～」と表現されることもあろう。

このような家成員の個別性が私有地（土地所有権）に対応する一方で、「家産」、「一族の土地」、「ムラの土地」という土地所有観も存続しているとすれば[31]、これは各私有地の利用・維持に関しても、それらの相互調整が要請されていると解せよう。これらのことは村《ム》落《ラ》を、各家成員を端緒として家と家連合のレベルでの「単一性と複多性」が順次編み上げられたものとしてとらえることになり、実定法上の私有地が慣習法上の「家産」や「ムラの土地」の基底にあるものと解釈することにもなる（図8-4・8-5参照）。

鳥越皓之や川本彰は私有地の基底にある「ムラの土地」、「俺たちの土地」を想定していた[32]。本章でも私有地である田畑・宅地等の生産・生活手段が一定の領域内で集合しているならば、その所有権の内容である使用・収益・処分、とりわけその前

図8－5　「単一性と複多性」と家・家連合・村落《ムラ》

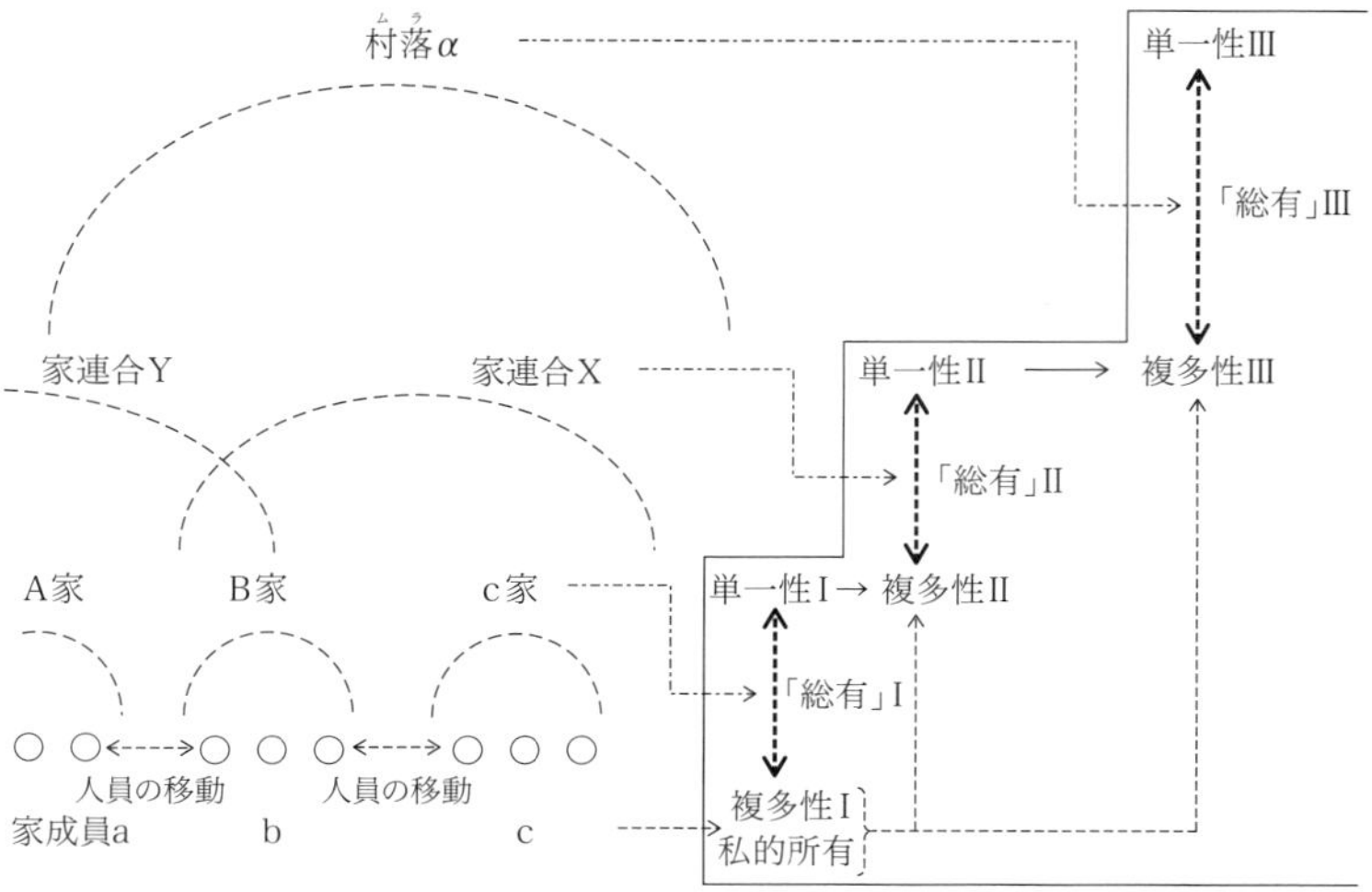

二者は相互調整されねばならないという点に留意するが、「ムラの土地」を私有地への「網掛け」やその基底として考えるのではなく、相互調整しながら私有地を利用することを通じて「家産」や「ムラの土地」が構築されるととらえるのである。

「家産」の使用・収益・処分であれば複数の家成員間の相互調整と単一の家（を具現化する家長）による使用・収益・処分[33]、「一族の土地」や「ムラの土地」であれば、家成員間の相互調整を経た複数の家や家連合間の相互調整と単一の「一族」（を具現化する長又は合議体）、単一の村落《ムラ》（を具現化する長又は合議体）による使用・収益・処分ということになる。つまり、各レベルでの複数の構成単位の相互調整と単一の家、家連合、村落《ムラ》による使用・収益・処分が不即不離なものとして現象するという「総有」の重層性を生むことになる[34]。

このようなことは決して新しいことをいっているのではない。かつて守田志郎は「水の相談、病害虫の相談、農道の補修、水路の浚渫……、一枚の田でも、それを田んぼらしくあらせるためには、部落のなかでの相談ごとはいろいろである[35]」と述べていた。「田んぼらしくあらせる」ことによって田が使用可能になるが、そのためには「部落」のなかでの各家当主の相談・相互調整が必要ということである。そして、その相談の前後には各家内での相談をともなうことも多いが、そういった村落《ムラ》レベルでの相互調整の結果が、目名本村では前節での「村方約定書」にもあらわれていたといえよう。

このように村落《ムラ》内では、実定法上の土地所有権といえども、慣習法上の「総有」との関連のなかで行使せざるをえない。私有地が「家産」として現象するとしても、それを使用・収益・処分することは「ムラの土地」のそれらに通じているのである。よって、本節冒頭での疑問には、各私有地の使用・収益・処分が重層的な「総有」を生み、かつそれに組み込まれてくるので、その所有権の行使は「ムラの土地」と連動し、そのもとで行使せざるをえないからである、と答えることができる。村落《ムラ》存立にその構成戸が必要であると同時に、構成戸存立には村落《ムラ》が必要であることと相同である。

本章は高度経済成長期以後の目名本村で「なぜ、ユブシオヤ・ムスコ関係が活性化したのか」という疑問から出発した。そして、家連合の必要性、および家・家連合・村落《ムラ》の重層性からの「総有」の重層性、その重層構造のなかでの家存立の可能性を指摘したつもりである。このことが現代のすべての村落社会において、特に過疎化・高齢化が進行する村落社会において必ずしも妥当するとはいえないとしても、「実定法と慣習法」（「民法と慣習」）[36]の相互関係のなかで各々の私有地の利用・維持が重層的な「単一性と複多性」や「ムラの土地」を生むならば、それは家と家の共同性を伴うことになろう。そうであれば、このような共同性が「現代の家」存立の可能性を生み出す一要件となるとはいえるのではないだろうか。

（補足）本章はおおむね二〇一五年六月の比較家族史学会での報告にもとづいているが、その一か月後の七月に当地の生産森林組合についての補充調査をおこなった。調査後の雑談のなかで、ユブシオヤ・ムスコの話題になった時、同組合長は「今の子供（息子）は、なんでユブシムスコなんかになるんだ」といってくるという。これ以上の詳しい話は聞けなかったが、この言葉通りなら、この慣行は現在衰退化過程にあるのかもしれない。しかし、この点については、再度の本格的な調査を必要とするので、稿を改めたい。

注

（1）川島［一九八三］、一一頁以下。川島は「家」ではなく「家族制度」という語彙を用い、「家族制度の生活原理は、家族の内部に存在するだけでなく、その外部に自らを反射する」（一一頁）と述べている。

（2）有賀［一九七一a］。

（3）「村落」と「ムラ」という用語に関して、鳥越皓之は景観上の集落を構成している家々が組織化され、家を単位とした人々の生活連関とそれを支える組織があるものを「村落」と呼び、「江戸時代から続いている村落にあたる村を『ムラ』とカタカナ表記する人もいる」と述べている（鳥越［一九八五］、七五頁）。他方で、坪井洋文は「日本という全体社会を考える場合、二つの部分社会から成り立っているとみられてきた。それは農村集落と都市集落とであるが、農村集落はさらにムラと村に分類されている。ムラは農業生産を主目的とした社会関係を形成し、共通の生活感覚を保有する基本的単位をさす」（坪井［一九八四］、七頁）としている。鳥越の「村落」と坪井の「ムラ」はその意味するところに大きな差異はないと思われるが、坪井の「ムラ」には「共通の生活感覚」という要因が明示されている。この点からみると、「村落」は「個々の家の私的立場を離れた、全体としてとらえ返された公的性格を持つ」家と家の共同性に、そして「ムラ」は「ユイによる家屋や収穫等に関する協働、あるいは祝儀・不祝儀における喜びや悲しみの共有」といった「個々の家の便宜にのっとって構成・再構成されうる私的な性格」（清水［一九八七］、一七二頁）を有する家と家の共同性に力点があるとも解されよう。相即する対外的な共同性と対内的な共同性と言い換えることも可能かもしれない。そこで、本章においては、個別的な引用等の場合を除けば、双方を併記した「村落《ムラ》」と表記することにしたい。

（4）有賀［一九七一b］、一二二頁。

（5）晩年の有賀喜左衛門は戦後改革や高度成長が家に大きな影響を与えたことについて、以下のように述べていた。「戦後の家族はすべて家の伝統の上で変化したのである。そして核家族化した家族はその生活を多く他の企業などに依存せざるを得ないので、家を解体しなければならなかったのに対し、いくらか大きな資本（農地）と自営業とによって生活する家族は、全体社会の社会保障制度がまだ僅かしかなく、特に老人保障のほとんどない社会条件を基盤としているから、外面的には直系家族に似た形態をとらざるを得なかったというまでである。ここでも家の解体は確定的であり、直系家族の形態を残すことは残存形態にすぎず、現代的性格の核家族に転化する可能性を持つことは、戦後日本の社会的性格が戦前のそれとはすでに大きく変わっているからであることを知らねばならない。」（有賀［一九七二］、六一頁、傍点は引用者）。この部分を含む「核家族」と題された文章は「一九七二年三月二五日追記」とされ、同書を収めた有賀［一九七一a］には掲載されていない。

（６）本章での「家の共同性」は家と家の共同性を主眼とする。

（７）居住戸数は一九九六年当時のもの。目名の部落会等の詳細については林［二〇一三］、二九頁以下参照。本稿では以下で言及する竹内報告とともに林が当該地を調査した一九九六年の資料が中心となるが、林は二〇〇六年と二〇一五年に若干の補充調査を行っているので、その結果も必要に応じて付加していく。

（８）竹内［一九六八］、一三一頁、傍点は林。

（９）竹田［一九六六］、一七五頁。

（10）東通村教育委員会編［一九六七］『東通村民俗調査報告書　第６集　目名・尻屋・小田野沢』、四〇頁。

（11）林［二〇〇八］参照。

（12）以下の事例でのイニシャルはすべて仮名である。

（13）デコの話は東通村教育委員会編［一九六七］前掲書、四一頁にも記載されている。

（14）蒲生・大胡［一九六九］、四五二頁以下。

（15）蒲生［一九七〇］、五七頁以下。

（16）目名生産森林組合の設立される以前は、「目名保全会」として共有林野の管理・維持にあたり、生産森林組合設立の準備を続けていた。

（17）有賀［一九七一b］、一五頁以下、清水［一九六七］、一七一頁以下。

（18）「だれだれの田だれだれの屋敷地と普通に言われるところの家庭共同体による土地の所有は、部落の所有というもっとも基礎的なあるいはもっとも根源的な所有に抱かれており、そのことによって、それぞれの家庭共同体が生活そしてそのための生産を、つまり呼吸を、絶えることなく続けることができる……。源治さんが屋敷地の何がしをもっているということは、単独にそれだけの土地を所有しているということなのではなくて、部落有林やら草地やら溜池やら農道やら集会所やらの部落の所有に連なっていることなのである。」守田［二〇〇三］、一一三頁。

(19) 川本［一九七七］、一三八頁、鳥越［一九七七b］、四七頁以下。
(20) 竹内［一九六八］、二二九頁、二三四頁。
(21) 菅［二〇〇四］、菅豊［二〇〇八］「総有論」早稲田大学21世紀 COE〈企業法制と法創造〉総合研究所編『社会的共通資本・コモンズの視角から市民社会・企業・所有を問う』参照。
(22) 中田［一九七〇］、九八六頁。
(23) 楜澤［二〇一五］、九一頁以下。
(24) この点についてはより慎重な考察が必要となるが、ここでは一応この共通項を念頭において、これらの語彙を使用したい。
(25) 目名生産森林組合定款第7条での「組合たる資格」では、「組合の地区内に住所を有する個人であって、その地区内にある森林またはその森林についての権利を組合に現物出資する個人」と規定さている。近年、ある組合員が死亡し、当該家が空屋となったが、その組合員の娘が目名本村内の他家に婚出しており、その娘の長男が死亡した組合員の「代理」として共同作業に出役することによって、当面は当該家の組合員としての「権利」は維持されている。さらに、他の一戸では前組合員（没）の意向によって、本村在住の分家当主（前組合員のオイ）が新たにその家に代わって組合員として認められた。また、最近脱退した一戸は当主が入院中で共同作業に従事できず、その子も他出し当地に戻る予定がないうえに、当地に分家もなかったので、脱退ということになった。組合員が交替する場合は「目名地区に住所があれば資格があるが、誰でもいいわけではない。血縁の近い人しか認めていない」（二〇一五年七月、目名生産森林組合長）という。
(26) 戒能［一九四三］、三〇三頁以下。
(27) ただし、目名生産森林組合と「生活協同体としての村」としての目名本村が別個に作動するということではない。同一家が双方の構成単位であることから、相互に関連し合うことは容易に想定される。この点については入会林野近代化法制定後のいくつかの生産森林組合の運営でも指摘されている。武井他［一九八九］、一四二〜一四三頁。
(28) 前節でのように、総有概念については法律学と社会学等と間に違いはあるが、ここではその共通項としての「単一性と複多性」をメルクマールとする「実在的総合人」による所有を「総有」と括弧付きで示すことにしたい。
(29) 守田［二〇〇三］、五〇頁、一一〇頁。川本［一九八三］、二四三頁。なお、当地の現在のオヤグマキの性格上「一族の土地」という観念はほとんどないが、ここでは理論的な図式を構成するために想定しておきたい。
(30) 前掲の中田薫は「徳川時代の村」を実在的な「村役人總百姓の總體」であり、それは「多數人の結合と云ふ丈に止まるものでは無く、各村民に對して或程度の独立を」なす「単一體」（中田［一九七〇］九八四頁）と述べているが、ここでの「村役人」、「百姓」や「村民」は単なる個人であろうか。むしろ各家の当主としての「村役人」、「百姓」や「村民」であるならば、各家も「当主総家成員の総体」であり、それぞれの家成員に対してある程度独立した「単一体」であるといえまいか。すなわち、家と村は相同するのではないだろうか。

（31）デュルケムは「所有権は、要するに、物に対する人格の延長」であり、「個人が集団から遊離して、自ら有機体としてだけではなく社会生活の要因としても人格的な明確な一個の存在になるときにはじめて、個人的なものとなることができる」（デュルケム［一九六九］、二九四頁）としている。さらに、平田清明は「所有」は「わがものとすること」であり、「法意識における自他の区別の意識行為である」（平田［一九六九］、一三八頁）と述べている。これらを前提として、現代における「個人的なもの」や「自他の区別」と「総有」がどのように「咬み合っている」かが問われることになるが、これは同時に人と人、あるいは家と家の「つながり」の在りようへの問いでもある。

（32）鳥越［一九九七］、九頁、川本［一九九七］、一三八頁。

（33）有賀喜左衛門も明治民法下でも「現実の慣習においてはただちに戸主個人の所有となったわけではない。これは戸主すなわち世帯主の管理の下に運営され、その利益は戸主の統制の下に成員各自が共同に用益し」ていたが、「平等の処分が不可能な生活条件」（有賀［一九七〇］、三四頁）のため、嫡系成員と傍系成員の不平等な「予定の権利」［同書、三五頁］をもたらしたとしている。本稿での「家産」についての「相互調整」や「使用・収益・処分」も、当該生活条件のもとでの成員の共同「用益」過程のなかで生じてくるが、その生活条件には家連合やムラが関与してくることになる。なぜなら家生活での娯楽や行事等は家連合や村落《ムラ》に関連することもあり得るし、各家の生産活動も単独では行いにくいこともあるからである（川本［一九八三］、二八頁以下参照）。

（34）このような解釈は前掲の鳥越や川本の土地所有の二重性（鳥越［一九九七］、九頁、川本［一九九七］、一三八頁）だけでなく、吉田民人や菅豊の「一物多権」・「一物複権」、平田清明の「個体的所有」論からの示唆によるところも大きい。平田清明によれば、「個体的所有」は「私的所有」と区別されるが、その背景には「私的」を意味する「privé が、共同利用の土地または建物から『奪われた』ものを直接に意味するのに対して、individuel（「個体」または「個人」――引用者挿入）は gens indivisé（英語でいえば undivided members）を直接には意味するのであり、きわめて深く共同体的人間結合とかかわりをもったことばである」との認識がある（平田［一九六九］、一三五頁）。吉田民人もこれを参照しつつ、「一物多権」を提唱していた。それは「同一の所有客体をめぐる異なる主体による所有内容の分割」（吉田［二〇〇八］、一七二～一七三頁）という発想であり、所有権を「処分」を中心とするのではなく、「利用」を軸にして見る考え方であり、この点は菅豊の「一物複権」（菅［二〇〇四］、八〇頁）とも共通する。

（35）　前掲、守田［二〇〇三］、七一頁。

（36）　有賀喜左衛門は一九六〇年には「家は古代以来各時代の社会構造の変化の中でこれに相応して変化して来た」のであり、戦後の日本では「民法と慣習とが相互規定して、それ以前の時代に見られなかった日本の家族すなわち家が成立し」、「慣習の上でも家はすでに大きな変化に面接している」（有賀［一九七〇］、五〇頁）と述べていたが、その一二年後には「家の解体は確定的」と明言したことは（5）で紹介した通りである。しかし、一九七二年当時の社会構造や生活条件によって「家の解体」が確定的であったとしても、「家を日本の家族」（同書、五〇頁）とするならば、その後の諸条件の変化によって、それまでと異なった態様・相貌での家が「再生」することは考えられないであろうか。

主要参考文献

有賀喜左衛門［一九七〇］『有賀喜左衛門著作書Ⅸ』未來社。

有賀喜左衛門［一九七一a］『有賀喜左衛門著作集ＸＩ』未來社。

有賀喜左衛門［一九七一b］『有賀喜左衛門著作集Ｘ』未來社。

有賀喜左衛門［一九七二］『家（日本の家」改題）』至文堂。

戒能通孝［一九四三］『入会の研究』日本評論社。

蒲生正男［一九七〇］「日本の伝統的家族の一考察」『民族学からみた日本』河出書房新社。

蒲生正男・大胡欽一［一九六九］「地域社会の流動と停滞――むつ市北関根の事例」（『下北　自然・文化・社会』平凡社復刊版。

川島武宜［一九八三］「日本社会の家族的構成」『川島武宜著作集第十巻』岩波書店。

川本彰［一九七七］『日本農村の論理』龍渓書舎。

川本彰［一九八三］『ムラの領域』農文協。

楜澤能生［二〇一四］「入会のガバナンス」秋道智彌編『日本のコモンズ思想』岩波書店。

武井正臣・熊谷開作・黒木三郎・中尾英俊編著［一九六九］『林野入会権』一粒社。

竹内利美編著［一九六八］『下北の村落社会』未來社。

竹田旦［一九六六］「東通村における社会組織の変移」『人類科学』第18集。

坪井洋文［一九八四］「ムラの論理」『村と村人――共同体の生活と儀礼』小学館。

清水昭俊［一九八七］『家・身体・社会』弘文堂。

菅豊［二〇〇四］「平準化システムとしての新しい総有論の試み」寺嶋秀明編『平等と不平等をめぐる人類学的研究』ナカニシヤ出版。

エミール・デュルケム［一九八九］『社会分業論（上）』井伊玄太郎訳　講談社学術文庫。

鳥越皓之［一九八五］『家と村の社会学』世界思想社。

鳥越皓之［一九九七a］「コモンズの利用権を享受する者」『環境社会学研究』第三号。

鳥越皓之［一九九七b］『環境社会学の理論と実践』有斐閣。

中田薫［一九七〇］「徳川時代に於ける村の人格」『法制史論集』第二巻（初出は一九二〇年）。

林研三［二〇〇八］「貰い子・家族・村落」『札幌法学』第一九巻第二号。

林研三［二〇一三］『下北半島の法社会学』法律文化社。

平田清明［一九六九］『市民社会と社会主義』岩波書店。

守田志郎［二〇〇三］『日本の村――小さい部落』農文協（初出は一九七三年）。

吉田民人［二〇〇八］「〈所有〉をめぐる１つの社会学的考察」戒能通厚・楜澤能生編『企業・市場・市民社会の基礎法学的考察』日本評論社。

第3部　国際比較の視点から

第9章　婚出女性がつなぐ「家」——台湾漢民族社会における姉妹と娘の役割

植野　弘子

はじめに

世代を超えて継承される「家」についての研究は、その連続性を支える内部構造、さらにその延長としての家族を超えて展開する親族関係の関係性に注目しがちである。漢民族社会において「家　チア」と称される家族形態については、父系的特質や男性の役割から、その本質を理解しようとする研究がほとんどであった。本章では、こうした視点に対して、父系の連続性や展開性からは排除される「婚出女性」が生み出す、異なる連帯の重要性を明確にしていきたい[1]。

漢民族の家族を意味する「家」は、多様な親族・家族集団の形態に対して当てられる。父系親族集団である宗族に対しても、また合同家族や夫婦家族に対しても、「家」は当てはまる。これらは、その形態は違っても、同じ原理に貫かれている。つまり、父系的継承と男子均分相続であり、それは日本の「家」とは大きく様相を異にしている。また、伝統的に母方オジが権威的存在であり、母方との関係は家族にとって大きな意味をもつ社会関係である。

女性が結婚によって、その帰属を変更し、夫方の家族に属することは、伝統的には日本においても漢民族の社会においても、同様である。しかし、これは婚出女性がその出生家族との関係を断絶することを意味しない。婚出によって他の家族の一員となる女性は、その出生家族との絆を維持しており、それは出生家族内の人々を結びつけることにつながっている。また婚出女性は、出生家族と婚入家族との間をも結びつけており、それがそれぞれの「家」の存続と、家族員の社会関係の展開とかかわっているのである。「家」を移動する女性を視点として、「家」の存続における女性の役割の重要性、そして女性を介してつながる「家」と「家」の関係性が、いかに社会において意味あるものかを、以下、検討していく。

婚出女性の役割に関して取り上げる資料は、台湾の南部、台南地域のフィールドワーク[2]から得られたものを中心とする。漢民族全体からみるならば、台湾は女性を介在して展開する姻戚関係が重要な社会関係であり、また儀礼的にもこの関係が精緻に表現されることが指摘されている[3]。中国大陸、香港においても、母方オジの権威や社会関係の広範な展開における姻戚関係の重要性を見出すことはできるが、台湾においては、特にこの課題についての研究が、他の地域に比べて蓄積されているといえよう[4]。

1　家族の展開と婚出女性——男子均分相続の原理から

(1)　男子均分相続の原理

漢民族の家族を特徴づける男子均分相続制では、全ての男子が親の財産に対して同等の権利をもつが、それと対応して、全ての男子は親に対する扶養や死後の祭祀における均等の義務をもつのが原則である。また、息子たちが親の財産に対して同等の権利をもちながら、その権利を行使せず、兄弟や父方平行イトコがともに「大家族」を構成することが、伝統的には漢民族のあるべき家族の理念であった。

台湾のフィールドの村落においては、かつては、親の生存中にその息子たちが分家しないことは、親に対する

「孝」の表れであるとされた。一九八〇年代においても、兄弟たち全てが結婚してから分家がおこなわれるのが、通例であった。これは、婚姻にかかわる費用の負担は親の義務と考えられ、それが果たされてから親の財産が息子たちの間で分けられるべきとされるためであり、未婚の息子がいる段階で分家をすることは、親子間や兄弟間の不仲を意味していた。しかし、未婚の息子がありながらも、分家がおこなわれることになれば、未婚者には結婚に必要な財が余分に分与される。これは、未婚の女子に対しても同様であり、持参財分の財産が分与されるか、兄弟たちが未婚の姉妹が結婚するおりには持参財を分担することが約束される。

　均分に分けられるものは、土地に限らず、それまで住んできた家屋も、部屋が均等に分配される。同じ家屋に住むならば、神と祖先を祭る部屋である〈庁《ティア》〉(5)は、共同に使用する場として残される。長男には台所が与えられる。

　親の生存中に、均分相続の原則に従って分与がなされれば、親の扶養についても、均等に負担する。台湾では、〈輪伙頭《ルンホエタウ》〉、〈噍伙頭《チャホエタウ》〉といわれる親の扶養の方式がある。これは、親が一定期間ごとに、複数の息子のところを廻りながら食事をとることを意味している。分家後、親がもとからの住居にそのまま住み続けていても、食事を自らは作らず、息子たちの食卓でとることになる。たとえば、一か月間、長男の家族とともに食事をすれば、次の一か月は次男の家族のところで食事をする。村から他出している息子がいる場合には、その息子が迎えにきて、親はその家族のところに行き、一か月を過ごして、戻ってくることになる。また、親が息子の家族と食事する方式をとらず自炊するのであれば、息子たちが平等に親の生活費を負担する。

　いずれの方式であっても、親が死んだのちにも、こうした均分の原理は継続しており、葬式、その後の祭祀に関しても、兄弟たちは均等に負担することが求められる。「親から財産をもらいながら、親の面倒をみないなどありえない」という言葉をしばしば聞いたが、これはまさに、均分の相続とそれに対応する義務としての親の扶養と祭祀の在り方を物語っている。

(2) 分家と妻の出生家族〈後頭厝〉

均分相続の原理に基づいておこなわれる分家において、新たに生まれる夫婦家族の妻の出生家族は、重要な意味をもっている。

妻の出生家族は、標準中国語では、「娘家」、つまりは「母の家」といわれる。対して、婚入した家族は、「婆家」、つまりは「姑の家」である。台湾語では、妻の出生家族を、〈後頭厝《アウタウツウ》〉、あるいは〈外家《ゴアケエ》〉という。〈後頭厝〉は、「後ろの家」、つまり後ろで支えてくれる後ろ盾の家といえる。〈後頭厝〉、〈外家〉は、婚出女性にとっては父親の家族であり、父の死後、あるいは兄弟たちが分家したあとは、すべての兄弟が〈後頭厝〉としての役割を果たすことになる。対して、婚入した家族に対する特別の名称はない。

さて、分家のおりには、どのような〈後頭厝〉の役割がみえるであろうか。そのあり方は、男子均分相続とも関連している。

男子均分相続の原理に基づいて、土地や家屋のみならず、食器や台所用品さえも均等に分けられるということは、分家によって形成されたどの家族も、生活を始めるには、新たに日用品をそろえる必要が出てくる。ここで助けてくれるのが、妻の〈後頭厝〉であり、分家によって新たに独立して生活をすることになった夫婦家族に、台所用品などを贈ってくる。こうした妻の〈後頭厝〉の存在があってこそ、分家は可能ということができる。つまり兄弟たちが全員結婚してからの分家が、元の家族における均分の原理においても、また分家後の夫婦家族の発展のためにも望ましい形態となる。

〈後頭厝〉の役割をみれば、兄弟間の平等性は、親に対するのにとどまらず、姉妹に対しても、兄弟としての義務は平等であることがわかる。婚出した姉妹に対する〈後頭厝〉の義務の遂行においても、兄弟は均等の義務をもつ。その義務は、当初は父親が担っていたが、分家によって兄弟全員が同様に負担すべきものとなり、これを遂行するために、分家した兄弟たちは、協同せざるをえなくなる。日本であれば、兄弟のうちの「家」を継いだ一人だけが果たす「実家」の役割を、すべての兄弟たちが同じように負うことになっている。婚出した姉妹は、自らに対して〈後頭暦〉の義務を兄弟全員に果たさせることによって、分家した兄弟たちの間に協同性をもたらす存在といえる。

2　婚出女性がつなぐ関係

(1)　母方オジの権威

婚出した女性は、子供を得ることによって、その生家の兄弟たちに、「母方オジ」(〈母舅《ボオクウ》〉)という、姉妹の子供に対して権威をもつ役割を与えることになる。漢民族の親族関係において母方オジが特別の存在であることについて、現地調査に基づいて、最も早くそれを指摘したのは費孝通であり、彼は江蘇省の一農村の研究の中で、以下のように述べている(6)。

母方オジは子供の誕生後一か月の儀礼では賓客であり、新生児の名前を選ぶ。その子が学校にいくようになり、教師に会わせる時には母方オジがついていく。母方オジは、姉妹の息子が結婚する時には、高価な贈り物、装飾品、金銭を贈る。子供からみれば、母方オジは、父による過酷な扱いに対する保護者であり、必要な時は母方オジのもとに助けを求めに行く。母方オジは、父と息子の争いの仲裁者となる。父と息子の間で、あるいは兄弟たちの間で財産が分割される時には、母方オジは、正式の審判者である。母方オジが亡くなると、姉妹の息子は喪に服す。

台湾の漢民族社会においても、〈天頂天公《ティティンティコン》、地下《テエ》母舅公《ボオクウコン》〉、つまり「天上で最も偉大なのは玉皇上帝[7]、地上で最も偉大なのは母方オジ」という諺があるように、母方オジは、敬うべき存在とされてきた[8]。母方オジは、かつては、その姉妹の息子の結婚式においては、最も重要な賓客であったし、現在においても賓客として扱われる。また、かつては姉妹の息子たちが財産分割をする際には、母方オジは、最も権威ある裁定者であった。こうした母方オジの果たす役割、またその権威ある地位は、彼一人の役割や地位としてみるべきではなく、母の出生家族――〈後頭厝〉、〈外家〉の代表者としての役割や地位を表象しているととらえるべきである。

(2) 生家の役割――儀礼的贈与と経済的援助

婚出女性にとって、〈後頭厝〉は、儀礼的役割を果たしてくれ、また経済的な援助を与えてくれる存在である。具体的な例として、筆者のフィールドにおける一九八〇年代の慣習を取り上げよう[9]。

里帰り

結婚後の最初の夏には、夏休みの意味で里帰りがおこなわれ、五月末から六月初めまでの五～一〇日間を〈後頭厝〉で過ごし、二か月間里帰りをしていたということにする。里帰りから婚家に戻る時、夫婦の衣服各一式、また妊娠していれば新生児用の衣服、さらに六〇～一〇〇個の餅あるいは菓子が〈後頭厝〉から贈られる。餅や菓子は、婚家の親戚や隣近所に配られる。これによって、里帰りがおこなわれたことを周りの人々は知ることになる。

出産と成育儀礼

出産に際して、〈後頭厝〉に戻って出産をすることはない。しかし、子供が生まれれば、〈後頭厝〉は産婦の栄養補給のために食べ物を贈らなくてはならない。特に、長男長女の出産に際しては、多くの品が贈られる。長男長女の生後一二日目には、〈剃頭《ティタウ》〉という新生児の頭髪を剃ることを意味する儀礼がおこなわれるが、その際には、生家から六羽あるいは一二羽の鶏、アヒル、豚の腎臓、ごま油、麺などの一二品が贈られる。産婦の産後の回復に対して、また新生児の成育に対して、〈後頭厝〉は責任ある役割を果たさなければならないと考えられている。産婦の兄弟たちがすでに分家している場合は、相談して兄弟全員が協同して品物を届けることもあるし、また各自でおこなうこともある。

長男長女の誕生後、一か月の祝い〈做満月《ツォモアゴエ》〉、四か月の祝い〈做四月日《ツォシィゴエジツ》〉、満一歳の祝い〈做度晬《ツォトオチエ》〉には、母親の〈後頭厝〉から贈与がなされる。〈做満月〉には、子供の衣服、金の飾りのついた帽子、乳母車、円形の餅あるいは菓子〈満月圓《マアゴエイ》〉などが、〈做四月日〉には、子供の衣服、桃の形をした餅あるいは菓子〈四月日桃《シイゴエジツトオ》〉などが贈られる。さらに、〈做度晬〉は、衣服、靴、金の飾りのついた帽子、腕輪、亀の形をした餅あるいは菓子〈度晬亀《トオチエクウ》〉などが贈られてくる。〈満月圓〉、〈四月日桃〉、〈度晬亀〉は、数多く贈られるものであり、それを親戚、隣近所に配って、祝いがなされたことを知らせる。母の〈後頭厝〉から贈られた物が披露のために用いられることは、女性の〈後頭厝〉の存在を周りに再認識させることになっている。また、長男のみならず、長女が生まれた時にもこうした贈与が手厚くおこなわれることは、父系体系では継承者とならない女児も、やはり誕生が待たれる存在であることを示しているといえよう。

分家

夫の家族が分家する時、その妻の〈後頭厝〉は、新しい生活を支える役割を果たす。前述したように、均分相続によって、土地、家屋内の部屋は均等を原則として分けられる。それのみならず、かつては家財道具も平等に分けられた。台所用品、食器などもみな中庭に出して、欠けた皿は何枚ずつ、欠けていない皿は何枚ずつと分け、さらにある者には鍋を、他の者には柄杓をというように分けていく。こうして徹底的に平等になるように分けた結果として、分家したそれぞれの家族は、生活に必要なものすべてを確保できないことになる。この時に分家して成立した家族の妻の〈後頭厝〉が、贈与をおこない、新生活を助けるのである。この贈与を〈勁灶《キンツァウ》〉といい、「竈を支える」ことを意味する。これは分家をする時になされなければならないものであるので、分家が決まれば、妻はすぐに〈後頭厝〉に〈勁灶〉を依頼する。かつては、〈勁灶〉には、台所用品、食器、また鶏・〈紅圓《アンイ》〉(赤い餅)・稲籾など家の繁栄を意味する品々が贈られていた。新しい家族では、〈後頭厝〉から贈られた物を用いて、それぞれの竈の神〈灶神《ツァウシン》〉を祭った。時代が下ると、冷蔵庫、ガス台などが贈られるようになり、一九八〇年代では、現金が贈られていた。そのころには、夫婦は結婚するとすぐに生活を分けるのが普通であったので、生活に必要なものはすでに持っていたが、夫がその親や兄弟と正式に分家するとなると、妻の〈後頭厝〉が〈勁灶〉として、現金を贈っていた。

「〈勁灶〉は一回だけ」といわれるが、一回は必ずなされるともいえる。〈勁灶〉の内容は、〈後頭厝〉の経済状態によって異なっており、持参財〈嫁妝《ケエツン》〉の補足という意味もあった。つまり、結婚時に〈後頭厝〉に経済的余裕がなく、十分な持参財を用意できかった場合、〈勁灶〉の際にそれを補うべく多額の金品を贈ることもあった。この点から〈勁灶〉は、持参財の分割払いともいえる[10]。女性は、結婚する際、〈嫁妝〉として、その生家から財産の分与を受けるのであり、それは夫が分家したのちに、新家庭のために使われていくこともしばしばである。〈嫁妝〉と〈勁灶〉によって、〈後頭厝〉からの経済的援助はなされていたといえよう[11]。

新築儀礼

家屋の新築改築〈入厝《ジップツウ》〉に際して、妻の〈後頭厝〉から儀礼的な贈与がなされる。これは、祭祀の部屋〈庁〉が新築改築された時に限られる。〈庁〉には、玉皇上帝と三官大帝を祭るための一対の提灯〈灯《ティン》〉が、〈灯樑《ティンニョオ》〉と呼ばれる彩色された梁に下げられている。何対もの提灯が下げられていることがしばしばである。中央の一対はこの家屋に住む家族が購入したものであり、他のものは、〈庁〉を使用する家族の妻の〈後頭厝〉が贈ってくる。[12] 長男の妻の〈後頭厝〉から一対、また次男の妻の〈後頭厝〉から一対と贈られてくる。〈灯〉の台湾語の発音は、「丁」のそれと同様であり、つまり、男子の出生を祈願する〈後頭厝〉からの贈与である。

また、神や位牌を安置する祭壇も、しばしば妻の〈後頭厝〉から贈られてくる（写真9-1）。複数の夫婦がこの〈庁〉を使用するのであれば、その妻たちの〈後頭厝〉が相談してその費用を平等に分担する。このように家屋の中でもっとも重要な部屋であり、祖先祭祀の場である〈庁〉において、男子出生の願いを込めた〈灯〉や、祖先の位牌を安置する祭壇を妻の〈後頭厝〉が贈ることは、まさに父系性の連続においては、婚入女性の生殖力と、その生殖を祈願する〈後頭厝〉の存在が不可欠であることを象徴しているといえよう。

写真9-1　伝統的な祭壇——頂下桌

婚出女性の死と葬儀

こうした〈後頭厝〉の贈与は、婚出女性の死まで続く。女性が亡くなると、その〈後頭厝〉に通知がなされ、兄弟あるいは兄弟の息子などが喪家に迎えられる。この者は、〈後頭厝〉を代表して、女性の死は自然死であり十分な看護を受けていたことを確認する。〈後頭厝〉がこの確認をするまで、棺の蓋を閉じることはできない。さらに、葬式には、〈後頭厝〉は供物をもって参列する。

女性が亡くなって、その〈後頭厝〉の者が参列しない、〈後頭厝〉の供物がないという葬式を見たことはないと人々は語る。女性にとっては、〈後頭厝〉の存在は、不可欠といえる。それは、もし兄弟がいない場合などは、父系イトコに葬式における〈後頭厝〉としての役割を依頼するという慣習からもみてとれる。〈後頭厝〉の男性たちは、墓まで同行し、棺が安置されるのを確認する。これが最後の〈後頭厝〉としての役割である。これ以降も、女性の〈後頭厝〉と婚家の成員の間では、交際は継続するが、相互に特別の役割はなくなるといえる。

さらに、母の兄弟と姉妹の息子たちの間では、母の兄弟が母方オジとして姉妹の息子たちの結婚式には賓客として迎えられ、また姉妹の息子たちが分家をする際には、その母の兄弟が最も権威ある裁定者としての役割を果たすこともあった。

このように、〈後頭厝〉と婚家の関係は、二世代にわたって特別の意味をもつ関係であるが、それ以降は、ふつうの親戚となる。しかし、こうした〈後頭厝〉から贈与・援助が慣行としておこなわれることは、結婚した夫婦にとってその後ろ盾としての〈後頭厝〉の存在を意味しており、結婚し妻を得ることは、男性の分家への欲求を強めさせ、またその実現を下支えすることになる。「家」が展開していくとき、婚入者とその〈後頭厝〉の存在は、欠くべからざるものとなっている。

3　婚出女性の役割――婿とともに

前述したように、〈後頭厝〉は、婚出した女性に対して、その一生を通じて、援助を与える存在である。では、婚出した女性は、〈後頭厝〉に対して、何をなすかを、以下、検討してゆきたい。

(1) 娘としての務め

婚出女性の〈後頭厝〉に対する役割は、その夫とともにおこなう行為としてとらえることが必要である。以下に述べる娘の務めは、婚出した娘のみに課せられるものであり、未婚の娘には務めることのできないものといえる。

婚出女性は、その親に対する孝行を、娘婿とともに果たしていく。〈囝婿半子《キアサイポアンツゥ》〉、つまり「娘婿は、半分の息子」という諺があるように、婿は息子のように岳父母に尽すことが期待されている。岳父母が旅行にいく、病気をしたといった場合は、婿はその妻、つまりは娘とともに岳父母に尽さなければならない。さらに、岳父のおこなう社会的、政治的な活動のために、助力できる婿が望ましいことはいうまでもない。

婚出した女性、つまり娘には、親のためにしなければならない儀礼がある。それは、親の死後、葬式までにおこなわれる儀礼の一つである〈査某囝旬《ツアボオキアスン》〉、つまり「娘の供養」と呼ばれるものである。婚出した娘は〈後頭厝〉に戻り、供物も娘が出して供養儀礼がおこなわれる。さらに、葬式の当日は、娘たちは共同で供物を一セットだすことになっている。ほかには息子たちで一セット、もし母親の葬儀であれば、母の〈後頭厝〉からも供物が一セット届けられる。母の〈後頭厝〉からの供物は、最上位とされる左端に置かれ、中央には息子たちの供物、右側には娘たちの供物が置かれる（写真９－２）。

写真９－２　女性の葬式の供物

娘による供物は、厳密に娘が出費するというものではなく、家計をともにする娘婿の出費でもある。さらに、娘は弔歌の歌手を雇い、娘婿は弔歌を奏でるエレクトーンを乗せた車を雇うものである。これが娘婿の出費であることは、車に娘婿たちの名前が記され、またアナウンスされ、娘婿が務めを果たしていることが公となる。さらに婿たちは、多額の香典を出す。

このように、婿は、岳父母の死に際しては、妻が娘としておこなう儀礼を助け、また自身も岳父母の葬式に対して出費しなければならない。それは、娘婿たち――「相婿」（〈同門《タンモン》〉(13)）が、協同しておこなうものである。つまり、婚出した姉妹たちは、その夫たちを協力的に〈後頭厝〉に結びつける役割を果たすのである。実親に対して、こうした娘としての儀礼的役割を果たすのは、婚出した娘だけであり、未婚の娘にはこのような役割は課せられない。つまり、娘は、婚出することによって、その夫と共に実親に「孝」を尽す存在となりえるものである。

(2) 姉妹として

また、婚出した女性は、姉妹として、その兄弟とはいかなる関係を維持するであろうか。女性は、婚出した時、多くはその〈後頭厝〉には父親がおり、夫は娘婿として岳父に尽すことになる。その後、父親の死亡、あるいは分家によって、〈後頭厝〉は、兄弟たちの家族となる。〈後頭厝〉として果たす役割は、その兄弟全員がもつものであり、日本のように家を継承した兄弟の一人が「実家」の役割を果たすものとは異なる。このことは、婚出した姉妹は、兄弟たちに対してその負うべき義務を与える存在であり、それを協同しておこなわせるということで、分家した兄弟たちをつなぐ役割を果たすことになっている。

男性にとって、妻の兄弟も、〈後頭厝〉としての役割を果たしてくれる大切な存在ではある。しかし、妻の兄弟に対しては、妻の父に対するような、婿としての奉仕的活動はみられないし、岳父の死に際しておこなうような義務も存在しない。姉妹の夫と妻の兄弟との間には、積極的な協力関係ともいうべき特別の関係が存在している。

女性にとっての兄弟は、その子供にとっては、敬うべきは母方オジである。女性は婚出することによって、兄弟たちに「母方オジ」という栄誉ある地位を授けることになるのである。

女性は、必ず婚出するものとされており、未婚で死亡することはあるべき姿ではなく、生家において、祖先と共に祭られることは忌避される。女性が生家に留まることは、父系性の維持への不安定要素であるだけでなく、外に展開する関係性を欠くことに繋がる。未婚の女性は、親に対しては十全の孝行を果たしえず、また兄弟たちに「母方オジ」としての地位を確保させず、さらに分家しそれぞれの家族を形成した兄弟たちが協同する機会を失わせることになる。女性は、婚出してこそ〈後頭厝〉と「婚家」をつなぐのみならず、分家した〈後頭厝〉の兄弟たちをもつなぐことになるのである。

4　婚出女性がつなぐ「家」の諸相

⑴　漢民族における婚出女性の結ぶ関係

婚出した女性がつなぐ「家」の関係の一つとして、分家した兄弟たちの「家」がある。均分相続ゆえに、婚出した姉妹に対する義務も、兄弟全員が負うことになり、その義務の遂行において兄弟たちは、協同せざるをえない。こうした兄弟と姉妹の関係に基づく分析は、管見の限り筆者の研究以外にみられない。しかし、これは漢民族の相続の大原則、男子均分相続と矛盾するものではなく、むしろ漢民族の特徴というべきものであろう。

女性のつなぐ「家」の関係として、まず挙げられるのは、女性の出生家族と婚入家族の関係であることは、いうまでもない。しかし、その形態は、〈後頭厝〉としての役割を果たす複数の兄弟がいるなどは、日本の「実家と婚家」の関係とは異なるものである。

図 9－1　婚出女性がつなぐ「家」

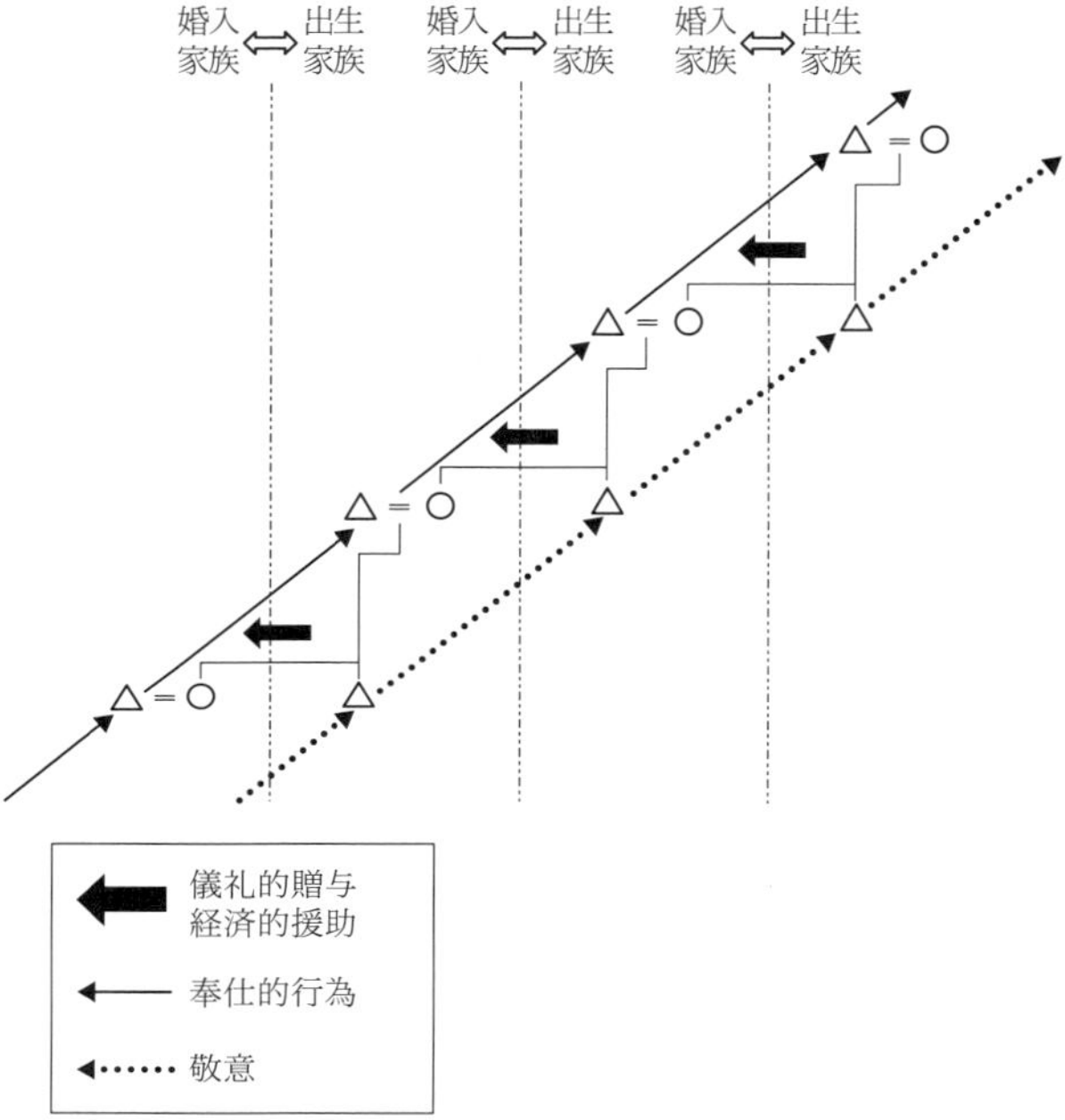

また、婚姻によって結ばれた「家」の関係が、二世代にわたって特別の意味をもつことも漢民族社会の特徴といえる。それは、第一世代においては、女性の出生家族と婚入家族の関係とは、女性にとって夫である男性が、自分の〈後頭厝〉の父親に対して、「半分の息子」として尽す構図にある。第二世代においては、女性の息子が、女性の兄弟に母方オジ〈母舅〉に対する敬意を払うという構図になる。この間、女性の〈後頭厝〉は、女性の夫婦家族の繁栄を願い、また経済的な援助を与えてくれる存在である。この二世代の関係において、上位に位置づけられるのは、女性の〈後頭厝〉のほうである。こうした二世代にわたる特別な関係は、その次の世代の関係者には意味をもたなくなり、常に再編成されていく関係といえる（図9－1）。

女性がつなぐ関係は、超世代的に永続していく関係ではないが、それゆえにそのときどきに応じた連帯的関係となる。漢民族に関する社会人類学研究の第一人者というべきフリードマンは、宗族研究で知られているが、彼は、早くから婚入する女性や背後にある姻戚関係、母方オジの役割にも目を向けて、姻戚関係が、個人的な政治的・経済的活動の基盤を与えるのであり、また、女性は婚出によって出生家族との関係を断絶するものではないことを論じている[14]。

香港の強力な宗族の村を調査したルビィ・ワトソンの研究[15]においては、かつては、富裕階層においては、展開する社会関係として姻戚関係が重要であり、対して小農・小作層は、その生活が宗族の内部で完結するため、姻戚が重要な関係ではなかったとしている。しかし、都市化、工業化の波にさらされた人々にとっては、宗族を超えた姻戚関係は疑いもなく重要になると指摘している。

また、中国大陸の研究においても、とくに社会関係が広範に展開する際に姻戚や娘との関係が重視されることは、一九八〇年代以降の研究のなかで指摘されている[16]。さらに、台湾においても、姻戚関係が、経済的協力、社会関係の展開、政治活動に大きな意味をもつことは、バーナード・ギャリンによって一九五〇年代の調査研究から論じられているが、こうした関係は、のち台湾の経済発展によってさらに重要となったことが指摘されている[17]。

姻戚関係は、女性が結婚によってつなぐ出生家族と婚入家族の間に形成される関係に留まらない。例えば、姉妹の夫同士〈同門〉は、妻の〈後頭厝〉を基点として繋がる人々であり、家族単位のつながりというよりも、婿個人同士の関係といえる。こうした「家」を単位としない関係をも、婚出する女性はつなぐ役割を果たしている。

(2)　日本の「家」と婚出女性

以下、漢民族の婚出女性と「家」の関係の特質を明示するため、日本の「家」と婚出女性をめぐるこれまでの研究を取りあげ、その差異を述べておきたい[18]。

婚姻による「家」の結びつき

日本においても、婚姻によって結ばれた関係を含む「親類関係」の展開は、「家」を単位として父系的傾斜をもつこと、[19]また家の格付けによる役割行動をとることなどが指摘されてきた。[20]なかでも、「母の生家」の役割について、〈シュウトノツトメ〉と関連させて論じた林研三の研究[21]は、注目に値する。〈シュウトノツトメ〉とは、かつて山形・新潟両県境にみられた慣行であり、若い夫婦が、妻の生家に毎晩のように遊びにいくものである。この慣習が盛んに行われた山形県西田川郡温海《あつみ》町（現鶴岡市）の一村落――越沢における林の調査によれば、嫁の生家は「一番の親戚」とされ、子供にとって母の生家は〈マゴノイエ〉と呼ばれ、母親とともに訪れる親しい家となっており、婚家の跡取りの結婚に際して、仲人は、〈マゴノイエ〉、つまりは母の生家に頼むのである。林は、婚姻を媒介とした世代限定的な家結合の存在を指摘している。

これに対して、この慣行がおこなわれていた集落がある温海町と新潟県岩船郡山北町（現村上市）を調査した八木透は、林の報告した「母の生家が仲人を務める」ことは、温海町ではみられるものの、同族結合をイエの関係の基本とする山北町では、仲人は本家に頼むことが多いことを指摘している。[22]しかし、山北町においても、婚家と嫁の生家との深い関係は、特定の日におこなわれる里帰りにみることはできるのであり、同族結合を核としながらも、婚姻による結合の原理を有していたと八木は述べている。[23]

母の生家、つまり母の兄弟に仲人を依頼することが、慣習として確立していれば、そこに、婚姻関係を結んだ家同士が、二世代にわたり特別の意味ある関係を締結しているといえる。しかし、先述の越沢のように、花婿の母の生家に仲人を頼むということが慣習化している事例は、多くは聞かれない。[24]けれども、後述する長期里帰りがおこなわれる場合は、母の生家に対して、とくに母方の祖父母に対してその孫が強い感謝の念をもつことも起こるのであり、婚姻の締結によってつながった家同士の関係が、それを締結した世代より下位世代にまで及ぶということはできよう。

台湾の漢民族における婚姻による結びつきは、先述の日本の「家」の結合とは原理的に異なるものといえる。強固な父系観念とそれにもとづく親族行動がみられるが、それとは異なる原理をもつ母方、妻方の存在がある。母の兄弟は、姉妹の息子の結婚式の賓客であり、財産分与の裁定者としての役割ももっていた。妻の親に対しては、夫は婿として奉仕することが求められ、岳父母の葬儀には、特別の役割を担う。こうした関係は、婚姻関係を結んだ家族が、二世代において特別な関係を維持し、そして再編成されるという構造である。強固な父系出自体系の存在があるゆえに、それと異なる母方、妻方にも定型化した行為の原理が存在している。また、婚出した姉妹に対して、分家した兄弟たちが協同して生家としての役割を果たすことは、男子均分相続ゆえに生まれる分裂を、姉妹がつなぐ役割を果たしているといえる。これは、跡取りの兄弟だけが姉妹に対して「実家」としての役割を果たす日本と比較すると、その差異は歴然としているといえる。

婚出女性に対する生家の役割

日本においては、婚出女性に対して生家がなすべき役割は、多様な場面での贈答、また生家での出産などが一般的にみられるものであるが、特に生家との結びつきが顕著な例が「里帰り慣行」である。農閑期などにおこなう長期里帰り「センタクガエリ」においては、嫁は、子供も連れて生家に帰り、そこで嫁自身と子供の衣類の調達をおこなうものであり、生家は、これを援助することになる。婚家と生家の間で定めた日数に従って、嫁が両家の間を往復する定期的里帰り「バン」「ヒヲトル嫁」は、嫁の労働の段階的移行ということもできる。こうした慣習は、日本全国に普遍的なものではないが、嫁の荷物が生家に残されている「荷送りの遅滞」や生家における出産の慣習とともに、嫁入婚においても、婚姻の開始と同時に嫁がその夫の家に完全に組み込まれない例として注目されてきた[25]。婚姻によって女性と生家との紐帯《ちゅうたい》が切れるものではないことを、考えるべき慣習であるといえよう。

漢民族の婚姻においては、花嫁の移動は、明快であり、結婚と同時に婚家に移動し、定められた時以外、自由に生家に戻るというようなことは、伝統的にはなかった。出産は、婚家でなすべきことであった。花嫁道具は、婚姻時に婿方に送られる。持参財〈嫁妝〉は、婚姻の際の重要な要件ではあるが、婚資である結納金〈聘金《ピンキム》〉のように必須の要件ではない。しかし、持参財に何を用意するかは、〈聘金〉と同様、両家の間での違えることのできない約束ごとである。生家からみるならば、持参財は、娘への財産贈与といえる。夫婦にとって、これは大きな経済的基盤となる。さらに、夫が分家をおこなえば、その妻の生家からは、経済的な援助を得ることができる。

また、子供の出産に際して生家からの贈与があり、儀礼に際しては生家から婚出女性とその家族の繁栄を祈る贈与がなされるのである。死に際して、生家がなすべき行為は、定められている。婚姻と同時に婚家に移動する女性も、生家との関係は、死に至るまで継続している。

おわりに

父系親族体系をもつ漢民族であっても、その父系性のみに注目していたのでは、人々が生きている親族・家族の世界をとらえることには困難がともなう。父系出自を継続させるには、女性が必要であり、その出生家族からもさらに援助を得ることが可能である。父系出自の継続は、婚入してくる女性の出生家族の祈願によってなりたつともいえる。出生家族からみるならば、婚姻によって家族から出ていく女性と織りなす関係が社会関係の展開に大きな貢献をなす。しかし、その関係は、特別の役割をもつ意味ある二世代を経れば、常に再編成がなされていくものであり、それゆえに、また「家」の結ぶ関係が、広範に展開するともいえるのである。

しかし、いま、台湾においては、急激な未婚化と少子化が進んでいる。かつては、婚出することが女性のあるべき姿とされ、未婚で死亡した女性に対する最良の供養は、冥婚であった。しかし、いまや男女とも未婚化が進んでいる。さらに、台湾の合計特殊出生率の近一〇年の平均は約一・一であり[26]、世界の最低水準にある出生率によって、今後もさらに子供の数は確実に減っていく。こうした傾向がこのまま進めば、男子均分相続も「母方オジ」の存在も、変化せざるをえない。もはや、かつてのように、「父系」や「家」という観念の存続を疑いないものとしてみることはできないのである。

過去には、男子の誕生が強く望まれ、男子を得るために女子を七人も八人も生んだという話が聞かれたが、いまでは考えられない話となっている。女子を嫌厭する風はなくなったといってよい。娘が婚出しても、その出生家族「娘家」に依存する、足しげく通うという「偏娘家化」の傾向は指摘されて久しい。また「娘家」の父母も働く娘を助けるべく、家事や育児に積極的に協力するようになっている[27]。財産相続においても、かつてのように女性が排除されるということが常ではなくなりつつある。これに対して、いままでは娘の義務とされていなかった親の扶養や死後の祭祀についても、娘も責任をもつべきであるという意見もでてきている。

急激な未婚化、少子化によって、台湾では、父系関係重視の観念や男子に限った相続制の変化は余儀無いものである。こうしたなかで、これまで等閑視されていた、娘と親が紡いできた関係を見直すことは、今後の家族を考える一つの視座となりえるであろう。

注

（1）漢民族の家族における婚出女性やその娘としての役割について、筆者はすでに以下の文献において論じており、本章においては、「家」をつなぐ婚出女性の役割を中心に述べることとする。植野［二〇〇〇a、二〇〇〇b、二〇一二］。

（2）一九八二年十二月から一九八四年九月まで台南県（当時）の一農村に住み込んでフィールドワークをおこなっており、その後も一九九〇年代までこのテーマに関する調査を継続している。植野［二〇〇〇a］を参照のこと。

（3） Watson [1985] pp.118–119.

（4） 漢民族の姻戚関係については、筆者による研究史の整理がある。植野［二〇〇〇a］、三七～五九頁。

（5） 台湾語の表記、読みについては、〈 〉内に台湾語の漢字とその読みをカタカナでルビとして示す。台湾語にカナを当てることには限界があり、もとより正確な表記ではない。

（6） Fei [1939] pp.86–87.

（7） 民間道教において、最高神とされている神。「天公」は玉皇上帝の台湾語の俗称である。

（8） 台湾における母方オジの役割については、エイハンも論じている。Ahern［1974］pp.289–292を参照。

（9） 以下に記述する慣習以外に、一九八〇年代にはすでにおこなわれなくなっていた、次のような贈答慣行があった。結婚して一、二か月の間に、〈後頭厝〉から一〇個の餅と雄鶏一羽が婚家に贈られ、同様のものを婚家から〈後頭厝〉に返礼する。これ以降、婚姻関係が結ばれた家族の間での贈答がなされるが、最初に〈後頭厝〉から贈与がなされることも、〈後頭厝〉からの贈与の重要性を示しているといえる。

（10） Ahern [1974] p.290.

（11） 一九九〇年後半に、筆者がフィールドとする農村を再訪した際には、結婚すると夫婦が独立した生活をおこなうことが当たり前となり、また他出した者では、親の土地に対して関心をもたない者もでていた。かつてのように、親の土地、家屋を平等に分割相続するような分家はおこなわれず、〈勁灶〉の慣習もなくなっていた。

（12） 〈灯〉を新築改築の儀礼の際に贈ることは、台湾全域に共通しているものではない。結婚や男子出産の際にこれを贈るという例もある。植野［一九九九］において、〈後頭厝〉からの贈与について台湾における差異を検討している。

（13） 標準中国語では、「連襟」と称する。

（14） Freedman, Maurice [1958] *Lineage Organization in Southeastern China*. London School of Economics Monographs on Social Anthropology 18. London: The Athlone Press, pp.104–106（末成道男・西澤治彦・小熊誠訳［一九九一］『東南中国の宗族組織』弘文堂）, Freedman [1970] “Ritual Aspects of Chinese Kinship and Marriage.” in Maurice Freedman (ed.), *Family and Kinship in Chinese Society*, Stanford: Stanford University Press, p.180, Freedman [1979（1967）] “Rites and Duties, or Chinese Marriage.” in G. W. Skinner (ed.), *The Study of Chinese Society: Essays by Maurice Freedman*, p.271, Stanford:

Stanford University Press.

（15）Watson [1985].

（16）韓敏［一九九二］「現代中国の農村社会における贈答儀礼——安徽省北部のフィールド・ワークから」、『日中文化研究』第二号、二二一〜二三二頁。Cooper, Gene [1998] "Life-cycle Rituals in Dongyang County: Time, Affinity and Exchange in Rural China." *Ethnology* 37(4):373-394., Judd, Ellen. R. [1989] "*Niangjia:* Chinese Women and Their Natal Families." *Journal of Asian Studies* 48(3): 525-544., Yan, Yunxiang [1996] *The Flow of Gifts: Reciprocity and Social Networks in a Chinese Village*. Stanford: Stanford University Press.

（17）Gallin, Bernard [1960] "Matrilateral and Affinal Relationships of a Taiwanese Village." *American Anthropologist 62:632-642*. Gallin, Bernard and Rita Gallin [1985] "Matrilateral and Affinal Relationships in Changing Chinese Society." in Hsieh, Jih-chang and Chuang, Ying-chang (eds.), *The Chinese Family and Its Ritual Behavior*, pp. 101-116. Taipei: Institute of Ethnology, Academia Sinica.

（18）日本における婚出女性と「家」の課題については、蓼沼康子との共編著、植野・蓼沼編［二〇〇〇］において論じている。以下は、前掲書の植野「Ｉ　課題——娘としての女性」、植野・蓼沼「Ｖ「家」と娘」の論述に基づくものである。この研究に対しては、八木透による反論（八木［二〇〇二］一六二〜一六六頁）もなされており、それを踏まえて、以下、述べていくこととする。

（19）蒲生正男［一九七〇］「日本の伝統的家族の一考察」岡正雄教授古稀記念論文集刊行委員会『民族学からみた日本』河出書房。蒲生は、こうした関係を「家親類」と称している。

（20）光吉利之［一九七二］「親族の構造と機能」青山道夫編『講座家族　六』弘文堂。

（21）林研三［一九九三］。

（22）八木［二〇〇二］、一六〇〜一六二頁。

（23）八木［二〇〇二］、一六二頁。

（24）新潟県岩船郡朝日村（現村上市）における調査では、大須戸地区・荒沢地区においては花婿の母の生家に仲人を依頼する慣習のあることを聞いたが、高根地区では花嫁の母の生家に仲人を依頼する事例がみられた（植野・蓼沼編［二〇〇〇］、五五、五七、六八、七〇頁）。

（25）瀬川清子［一九五三］「嫁の里帰り」『日本民俗学』第一号、六〜三八頁、大間知篤三［一九五八］「婚姻」『日本民俗学大系三』、平凡社、一九〇～一九七頁。
(26) 中華民国内政部戸政司全球資訊網資料「育齢婦女生育率及繁殖率」の総生育率を参照して算出した。
(27) 台湾の漢民族の家族における娘の存在とその変化については、植野〔二〇一二〕に詳しい。

主要参考文献

〈日本語〉

植野弘子〔一九九九〕「台湾漢民族の姻戚関係再考―その偏差と普遍性をめぐって」末成道男編『中原と周辺――人類学的フィールドからの視点』一四九～一七〇頁、風響社。

植野弘子〔二〇〇〇a〕『台湾漢民族の姻戚』風響社。

植野弘子〔二〇〇〇b〕「婚出する娘―漢民族の家族研究における一視角」宮良高弘・森謙二編『歴史と民族における結婚と家族』、二七三～三〇四頁、第一書房。

植野弘子〔二〇一二〕「父系社会を生きる娘―台湾漢民族社会における家庭生活とその変化をめぐって」『文化人類学』第七五巻四号、五二六～五五〇頁。

植野弘子・蓼沼康子編〔二〇〇〇〕『日本の家族における親と娘――日本海沿岸地域における調査研究』、風響社。

林研三〔一九九三〕「婚姻慣行と家結合――母の生家をめぐる事例分析」黒木三郎先生古稀記念論文集刊行委員会編『現代法社会学の諸課題』、一一二～一四一頁、民事法研究会。

八木透〔二〇〇一〕『婚姻と家族の民俗的構造』、吉川弘文館。

〈英語〉

Ahern, Emily M.[1974] "Affines and the Rituals of Kinship." in Arthur P. Wolf (ed.), *Religion and Ritual in Chinese Society*, pp. 279–307. Stanford: Stanford University Press.

Fei, Hsiao-Tung[1939] *Peasant Life in China: A Field Study of Country Life in the Yangtze Valley*. London: Kegan Paul, Trench, Trubner and Co. 仙波泰雄・塩谷安夫訳〔一九三九〕『支那の農民生活――揚子江流域に於ける田園生活の実態調査』、東京：生活社。

Watson, Rubie S.[1985] *Inequality Among Brothers: Class and Kinship in South China*. Cambridge: Cambridge University Press.

第10章　「家（チプ）」からみた韓国の家族・親族・村落

仲川　裕里

はじめに

韓国[1]と日本の家族・親族制度は、ともに中国の宗法の影響を受けたため、多くの共通点をもっているが、それぞれの社会において異なる変遷を経たことから相違点も多い。韓国には日本の「家」に該当する「家　チプ」（以下、チプとする）という単位があるが、チプと「家」の場合も同様で、両者の概念や内包される制度、両者を単位とする親族関係や親族集団、両者と村落の共同性の関係を比較すると、共通点がある一方で相違点も多々存在する。本章の目的は、チプを通してみた韓国の家族・親族・村落の特性を紹介するとともに、日本との相違点を明らかにし、相違点を生んだ要因を検討することである。

本論に入る前に、まず、チプと密接に関係する韓国の家族・親族制度の概要[2]を示しておく。なお本章でいう家族・親族制度には、法制度だけでなく、明文化されていない慣習的な制度も含まれる。

韓国の家族・親族制度の特徴は、徹底した父系血縁[3]の原理と厳格な世代原理に基づいていることである。この二つの原理を守るため、系は必ず父から息子に、息子がいなければ息子と同じ世代に属する父系男性親族により継承されなければならない。これを可能にする装置として、族譜《ぞくふ》や行列字《こうれつじ》[4]が存在し、間違いが起きないようになっている。

図10-1　門中の理念的構造

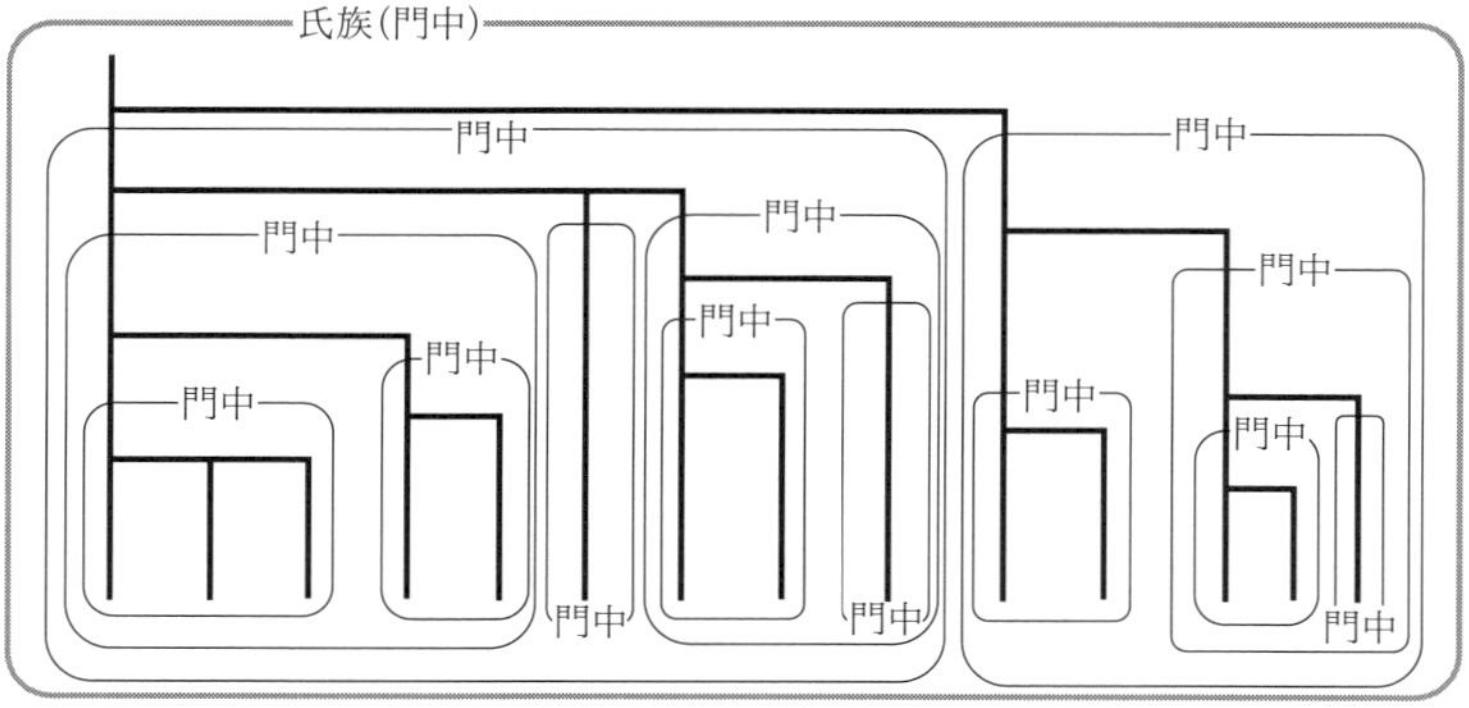

出所：嶋陸奥彦［一九八七］「氏族制度と門中組織」、6頁の図をもとに作成。

一方、日本の家族・親族制度では基本的には父系が望ましいとされてきたが、実際の系の継承において、父系血縁が常に優先されるわけではなく、また、世代原理による拘束もないため、韓国と比べてはるかに自由度が高い。

まず、家族であるが、韓国では長男が結婚後も跡継ぎとして生家に残って親と同居するのが伝統的規範であり、次男以下の子女は結婚したら生家を出る。その結果、各世代に一組だけ残った長男夫婦とその未婚の子女で構成される長男残留型の父系血縁直系家族が規範となる[5]。日本は父系血縁に傾斜した直系家族が規範とされているが、婿養子や非血縁養子を取ることができるため、それ以外の形態をとることもめずらしくない[6]。家業によっては母系血縁の直系家族形態をとることもある[7]。

なお、家族は成員の生死や婚出入により構成員が徐々に入れ替わっていくため、ある時点で存在していた家族は数世代後には完全に消滅することになる。これは後述するチプや「家」とは決定的に異なる点である。

次に親族制度の概略を述べる。韓国の最大の父系血縁集団は父系始祖を同じくする「氏族」と呼ばれる集団である。氏族の内部は何重にも分節化した入れ籠型の重層構造になっており、この分節化した個々の集団、あるいは分節体系全体を「門中《ムンジュン》」という（図10-1）。分節化した個々の門中の頂点には「中祖」あるいは「派祖」と呼ばれる父系祖先がいる。

門中の構成単位は、始祖や中祖・派祖の父系血縁の男性子孫、すなわち、個人である。一方、しばしば門中と比較される日本の同族[8]の構成単位は「家」である。また、父系血縁が門中の成員権を得る絶対条件となるのに対して、同族には非血縁の「家」が含まれることがある[9]。

門中には名前があるが、基点となる祖先の名や称号をそのまま用いることが多い。また、門中は土地等の形態で財産を共有し、共同で祖先祭祀、族譜の刊行、書院や顕彰碑の建立、成員の教育扶助など、さまざまな事業をおこなっている。このように、法人的性格をもち、特定の祖先を基点として組織化される門中は、家族とは異なり、構成員の生死を超えて永続する集団である。

分節化された門中の末端に「チバン」と呼ばれる親族集団があるが、チバンの構成単位はチプであり、個人を構成単位とする門中とは組織化の原理が異なっている。チバンについては第3節で詳しくみていく。

なお、本章では主に伝統的なチプを考察の対象とするが、変化の激しい韓国社会の状況に鑑み、一九七〇年代以降におこなわれた調査の事例も[10]——特に筆者が一九九〇年代半ばに慶尚南道の山間農村でおこなった現地調査の事例を中心に——紹介する。

1　チプ

(1)　チプの概要

「家」と同様に、「チプ」という語は日常語としてさまざまな場面においてさまざまな意味で使用されている[11]。たとえば、チプは物理的な建物である家屋であるが、同時に、そこで生活する家族を中心に構成される現実の社会集団であり[12]、祖先やこれから生れてくる子孫も含む観念的な社会集団でもあり[13]、家格や家風といった幅広い概念を含む文化的観念でもある。[14]

チプは、理念的には「家」と同様に永続的な制度体であり、ひとたび創設されれば永久に存続することを理想とするが[15]、「家」と比べるとチプの永続性は非常に弱い。その理由については、養子の項で改めて検討する。

チプは居住単位であると同時に社会経済単位でもあり祭祀単位でもあるが[16]、最も重視されるのは祭祀単位としてのチプであり[17]、チプの永続性は祭祀権が父から長男へ継承されることによって保たれる。[18] 韓国の家族・親族制度において父系血縁原理と世代原理が厳格に守られるのは、正しい儒教式祭祀をおこなうためにほかならない。[19] 儒教式祖先祭祀では、高祖（四代祖）とその配偶者の祭祀はそれぞれの忌日に祭主のチプでおこなわれ、五代祖以上の祭祀は年に一度、墓前でおこなわれる。祭主は祀られる祖先と父系血縁を持つ男性子孫に限られ、そのなかで系譜的にその祖先と最も近い者が祭主としておこなうのがより正しい祭祀となる。三男よりは次男、次男よりは長男の方が祀られる祖先に系譜的に近いため、祭祀権は長男からその長男へと継承されるのが理想とされる。

これに対して、「家」の場合、重視されてきたのは経営体、すなわち社会経済単位としての「家」である。[20] この相違が、以下でみるように、相続・継承に関する制度や養子慣行に影響を与え、韓国と日本の間に違いを生じさせている。

⑵　相続と継承

家財・家産といったチプの物質的財の相続は、長男優待不均分相続を規範とし、次男以下の息子も一定の相続権をもつ。長男の優待分は、親の扶養ならびに祭主になった時に祖先祭祀にかかる費用分と考えられている。[21] 実際の配分は、そのチプの経済状況によって異なるため、貧しいチプでは長男がほとんどの財を相続することもあるが[22]、調査地のインフォーマント（情報提供者）によると、極端に貧しいチプでも次男以下の息子にスジョ（匙《さじ》と箸）や鍋を与えることで財産分与をしたことにするという。このような象徴的財産分与がおこなわれるということは、次男以下の息子にも財を相続させることが規範であることを意味している。一方、日本の伝統な相続は長男による単独相続を基本とするが、これは家財・家産が細分化されることによって「家」の経済的基盤が弱体化するのを避けるためであり、このことからも、「家」は社会経済単位としての側面が重視されていることがわかる。

チプの物質的財については次男以下にも相続権があるのに対して、非物質的財である祭祀権を継承できるのは長男のみである[23]。この祭祀権は父親の死後に継承される。チプの運営に関する権利、すなわち家長権は父親が老齢になると長男に譲渡されることもあるが[24]、祭祀権だけは、病気などで祭祀をおこなえなくなる場合を除き、父親がもち続ける。また、祭祀権の継承は居住形態とは関係しない。もし長男が都市部に他出して、次男以下の息子が生家に残留し生業を引き継ぐことになっても、祭祀権は長男が継承する。実際、一九六〇年代半ばから急速に都市化が進行した韓国では、他の子どもに比べて高い教育を受けることが多い長男が都市部の学校に進学し、そのまま都市部で就職するケースが増えたが、そうした場合でも、父の死後に祭祀権を継承するのは長男で、生家に残って母と同居し、生業を継いだ次男以下の息子ではない。祭祀権の継承者＝チプの継承者となるので、居住形態にかかわらず、チプは長男によって継承されることになる。

日本で同じような状況が生じた場合、「家」の継承者となるのは生家に残って生業を継いだ次男以下の息子となる。ここにも祭祀単位としての側面が重視されるチプと、社会経済単位としての側面が重視される「家」の違いが表れている。

(3) 養子慣行

祭祀権の継承によって永続性が保たれるチプにおいて、息子が生まれず、祭祀権を継承するべき男性がいない場合は養取によってこれを補わなくてはならなくなる。祭祀権の継承者である養子は、厳格な父系血縁原理と世代原理の拘束により、養父の父系血縁親族で、かつ、養父の一代下の世代に属する男性でなくてはならないため、候補者は非常に限定される。[25] 祭祀権の継承者たる祭主はその祖先に系譜的に最も近い者が望ましいため、養父が長男の場合は長弟（＝次男）の長男が最も適切な養子となる。ただし、この規範には父系血縁原理・世代原理ほど絶対的な拘束性はなく、例外もみられる。[26] 養父が次男以下の場合は、長兄の長男以外の息子[27]を養子にすることもあるし、その他の兄弟の息子を養子にすることもある。このように次男以下が養子を取る場合、系譜的に祖先に最も近い者を養子にするという規範はそれほど重視されない。

兄弟がいない、あるいは兄弟にも息子がいない場合は、養子候補となる父系血縁男性の範囲を広げていくことになるが、始祖や派祖の直系である宗家筋のチプは別として、系譜的関係が遠くなればなるほど養取は困難になる。系と祭祀の継承という側面が重視されるチプにおいては、チプの永続性よりも父系血縁原理と世代原理が優先されるため、適切な養子がいない場合、チプは断絶することになる。

一方、養取にあたって父系血縁原理の拘束が弱い日本の場合、養親子の父系血縁関係は絶対的な優先事項ではないため、婿養子を取る、妻の親族から養子を取る、夫妻のどちらとも全く血縁関係のない者を養子にする、養女を取ってその養女に婿養子を取らせる、夫婦を養子にするなど、さまざまな養子縁組が可能である。[28] さらには、実の息子がいても、その息子に能力がないと判断された場合は、娘に有能な婿養子を取らせる、あるいは、非血縁者を養子にして跡目を継がせるということも、特に経営能力のある跡継ぎを必要とする商家などではしばしばおこなわれていた。[29] 父系血縁親族を養子とする場合でも、世代原理の拘束を受けないので、弟や孫を養子にすることも可能である。養取の目的は「家」の永続であり、そのためには父系血縁男性であることはおろか血縁関係すら必要条件ではなく、世代原理の拘束もないため、養子は多様な選択肢のなかから状況に応じて選ぶことができる。

このような違いについて、服部は、韓国は規範拘束的であり日本は状況依存的であると表現しているが[30]、ここでも、祭祀単位としてのチプと社会経済単位としての「家」という対比が明確になっている。

⑷　居住／転居

「家」も「チプ」もその一義的な意味が「家族と居住するための建物」であるということを考えると、それぞれの社会における家屋／屋敷地の意味や位置づけを明らかにすることは重要だろう。

韓国は日本に比べ転居が非常に多い。一九七〇年代末から一九八〇年代初にかけて慶尚北道の漁村で調査をおこなった末成は村内移動が頻繁におこなわれていることを指摘し、過去三〇年間に村内の世帯が居住した家屋数の累計から、一つの家屋に住む平均年数を約一五年と算出した[31]。また、一九八〇年代末に全羅北道の山間農村で調査をおこなった本田は、村における一〇年間の平均転居回数に基づき、一つの家屋に住む平均年数を約三四年と計算している[32]。両者の挙げた数値には倍以上の差があるが、調査地の生業が異なるうえに[33]計算方法も違っているため、単純な比較はできない。ただ、ここで重要なのは約三四年という平均居住年数でさえ、日本の農村に比べるとはるかに短いということである。

筆者がおこなった調査では五名の世帯主が「数え切れないほど転居したので何回か思い出せない」と回答したため、一つの家屋の平均居住年数を算出することはできなかったが、全九九名の世帯主のうち五四名が少なくとも一度は転居を経験していた。転居経験のない四四名のうち一八名は分家をした世帯主なので、父の代からの家屋に住み続けているのは二七名で、全体の二七・三パーセントに過ぎなかった[34]。この割合は、前述の末成の漁村の二一パーセント[35]、本田の山間農村の二四・四パーセント[36]とほぼ同じである。転居経験のある五四世帯のうち三五世帯は農家であった[37]。また、前述の「数え切れないほど転居した」という五世帯のうち三世帯は農家であった。以上のことから、「農家は転居しない」という一般通念とは異なり、韓国では農家の転居もめずらしくないことがわかる。

村の境界を超える転居もしばしばおこなわれる。実際、調査地で確認の取れた六八件の転居事例のうち四一件は村の境界を超える転居であった(38)。このように村の境界を超える転居が比較的頻繁におこなわれることは、後でチプと村の共同性を考える時に重要となる。

韓国の村で転居が頻繁におこなわれる理由として、家屋/屋敷地とそこに居住する家族との結びつきが日本と比べて弱いこと、また、家屋/屋敷地の風水の吉凶への関心が日本よりも強いことが挙げられる(39)。家屋/屋敷地の風水を重視するため、チプに不運なことが続くと、少しでも風水の良い所に転居することで運を変えようとする。特に不運なことがなくても、可能ならば風水がより良い所へ転居してさらに良い運を呼び込もうとする傾向もみられる。筆者の調査地でも、特に村内で何度も転居している人の場合、転居の理由として風水の良し悪しを挙げることが多かった(40)。

逆に、転居せず同じ場所にずっと住み続けているのは、風水的に申し分ない所に居を構え、その良い影響を受けて繁栄しているという証左になり得る。実際、筆者の調査地では、転居せず何代にもわたって同じ場所に住み続けている人々は、そのことを非常に誇りにしていた(41)。

(5) 理念と実態の乖離——居住単位・社会経済単位・祭祀単位としてのチプのずれ

韓国では一九六〇年代半ばから急速に進行した都市化にともない、長男であっても父母を残して都市に移住する者が増加したため、チプの理念と実態に乖離がみられるようになった(42)。たとえば、筆者の調査地では、村の全九九世帯のうち、単身世帯が二六世帯（うち二三世帯が六〇歳以上の世帯主）、夫婦のみの世帯が二七世帯（うち二六世帯が五〇歳以上の世帯主）と、過半数を占め、かつ高齢化が進んでいた。三世代同居の父系血縁直系家族は一〇世帯のみであった。そのなかでも、伝統的規範とされる長男残留世帯は六世帯に過ぎず、残り四世帯は次男以下の息子が残留している世帯だった。

このように、都市化によって伝統的なチプの居住形態が崩れてきたため、理念的には一致すべき居住単位・社会経済単位・祭祀単位としてのチプにずれが生じるようになった。このようなずれは、都市化の進行以前にも、養子が縁組後も生家に留まったり[43]、養父の死後に養子縁組がおこなわれたりした場合に起こっていたが[44]、都市化の進行によってこうしたずれの発現の頻度が高まると同時に、ずれの様相が多様化し、かつ複雑なものになっている。たとえば筆者の調査地では、老夫婦が、都市で共働きをしている息子夫婦に代わって孫を預かり養育している事例が四世帯あった。このような居住形態は都市化以前にはみられなかったものである。また、このように祭祀単位としては一つであるが居住単位としては二つに分かれたチプを、社会経済単位としてどのようにとらえるかということについては、別居している長男夫婦がどれだけ親のチプに仕送りをしているか、親のチプの経済的社会的活動にどれだけ参与しているか、といったようなさまざまな指標が絡んでくるため、非常に複雑になってくる[45]。

日本の場合、「家」の継承は居住形態と密接に関係している。「家」の継承者となるにあたって重要なのは、長男であるか否か、さらには血縁があるか否かではなく、その「家」に居住して家業を受け継ぐか否かである。そのため、「家」の場合、居住単位・社会経済単位・祭祀単位のずれはチプに比べて生じにくい構造となっている。

2　分家制度とクンチプ《大きい》・チャグンチプ《小さい》関係

⑴　分家制度

日本にはひとつの「家」から分かれて新しく「家」を構える分家制度がある。韓国にも分家制度があり、注27で出てきたように「本家《ポンガ》」「分家《プンガ》」という語もあるが、韓国の分家制度は日本とはかなり異なっている。これは分家という制度が財産相続と密接に関連しており、すでに述べたように、財産相続に関しては、韓国は長男優待不均分相続を規範とし、日本は長男単独相続を標準とするという違いがあるからである。また、分家を成立させる要件に「居住」が入るか入らないかということも、日本と韓国の分家制度に違いをもたらしている。

長男を優遇しつつ次男以下の息子にも相続権を認める長男優待不均分相続を規範とする韓国では、分家が制度的に組み込まれているため、分与される財産の多寡にかかわりなく、次男以下の息子がいるチプでは必然的に分家がおこなわれる。分家は結婚と同時にすることが多いが、昔は結婚後一～五年ほどしてから分家することもめずらしくなかった。また、「居住」は分家成立の要件ではないため、次男以下の息子が都市などに他出してそこでチプを構えた場合であっても分家をしたことになる。

一方、日本の場合は長男単独相続が標準的であるため、次男以下の息子がいれば必ず分家するわけではない。たとえば、東北地方で分家に関する調査をおこなったブラウンと末成は、彼らの調査地では長男が本家を継ぎ次男以下が分家する例はむしろ少数であり、実際は、本家に内紛があったり精神的・肉体的理由で自立できない子がいたりするなど、本家に何らかの異常事態が生じたときに分家を立てる例が多いと報告している(46)。

財産相続権のない次男以下の息子たちの場合、都市などに他出して自ら生計を立てるなど、自活を求められることが多い。次男以下の息子が財産分与を受けて分家することもあるが、韓国とは違って、分家制度が制度的に組み込まれているわけではない。

また、日本の場合、標準的な分家の成立要件には「居住」が入っており、通常、分家は本家の近く（同一村内や枝村）に構えることになっている。そのため、次男以下の息子が金銭的な財産分与を受けた場合でも、都市に他出してしまうと標準的な分家とはみなされないことが多い。

(2) クンチプ・チャグンチプ関係

日本と同様に韓国でも「本家」「分家」という漢字語は日常語として使われるが、より一般的かつ頻繁に用いられるのは「クンチプ」「チャグンチプ」という語である。父親・長男のチプがクンチプ、次男以下のチプがすべてチャグンチプとなる。前項で述べたように、次男以下が他出した場合でも分家をしたことになり、チャグンチプとなる。したがって、通常、インフォーマントからは「チャグンチプとは長男からみた弟のチプのことだ」と説明されることが多いが、実際に「あなたのチャグンチプは？」と尋ねると、長男であった亡父の弟のチプ（父の弟も他界している場合は、その息子である甥のチプ）を挙げる人が多い。また、自身が長男であっても、亡父の長兄のチプ（その長兄も他界している場合には、その息子である甥のチプ）をクンチプとして挙げる人もいる。このようにクンチプ・チャグンチプ関係は単に長兄とその弟たちの代で終わるのではなく、二〜三世代にわたって続くものである。また、ある派祖の父系子孫が、その派祖の長兄にあたる人物の父系子孫で構成されている門中を指すのに「クンチプ」という語を使うといったような、比喩的な用法もある。

前述のように、韓国では急激な都市化にともない、長男が都市に他出し、そのまま都市でチプを構えることが多くなってきた。このような場合、祭祀を挙げる場所により、クンチプが複数あると認識されることがある。筆者の調査地で、長男はソウルに他出し、老母は村で独居し、次男は村に残り老母とは別居しているというケースがあったが、次男は、自分のクンチプとして、ソウルに住む兄（長男）のチプと兄が祭祀をおこなうために戻ってくる老母のチプの両方を挙げていた[47]。

長男優待不均分相続の結果として分家ができることから、また長男が祭祀権を継承することから、クンチプはチャグンチプに対してある程度の経済的宗教的優位性をもつ。しかし、日本（特に東北日本）の本家・分家関係とは異なり、クンチプとチャグンチプの間に圧倒的な経済格差はなく、強い序列関係ないし主従関係もない。また、クンチプ・チャグンチプ関係そのものも、日本（特に東北日本）の本家・分家関係のように永続を前提とするものではなく、二〜三世代で自然に消滅していくものである。

ただし、一時的とはいえ、クンチプがチャグンチプに相対的優位性をもつことから、人々の認識においてクンチプ・チャグンチプ関係に相違が生じることがある。筆者の調査地で、次男が父親の長兄のチプに養子にいった事例があったが、この事例では次男は長男のチプを、長男は次男のチプをそれぞれチャグンチプと認識していた。養子の項で述べたように、通常は、養父が長男の場合は長弟の長男を養子にするのが最も望ましいとされているが、それは絶対的な規範ではなく、この事例のような例外もある。ただ、そうした例外的な事例の場合、人々の認識に相違が生じやすくなるようである。

3　チバン

門中の末端に「チバン」と呼ばれる親族集団が存在する。「チバン」は「チプ」という語と韓国語で「中」「内」を意味する「アン」という語を組み合わせた語である。

「チバン」は「チプ」と同じく日常語であり、話者・地域・文脈等によって、多義的に使い分けられている。たとえば、「チバン」という語で最小の社会単位であるチプを指すこともあるし、最大の社会単位である氏族を指すこともある。また、氏族内部で分節化されているさまざまなレベルの門中を指す時にも「チバン」という語が使われることがある。さらに、非常に広い意味での親族一般を意味することもあり、この場合は婚出した女性も「チバン」に含まれる。

しかし、「チバン」という語が、最も一般的に使われるのは、チプの長[48]が高祖（四代祖）を共有する関係にあるチプの集合体を指す時である。『チバン』とは何か」という問いに対して、インフォーマントが真っ先に挙げるのも、この意味での「チバン」である。[49] 以下で述べる「チバン」はこの意味に限定する。

チバンは、個人を構成単位とする門中とは異なり、チプを構成単位としている。そのため、高祖の父系男性子孫だけではなく、婚入女性も含めたチプの構成員すべてがチバンの構成員となる。したがって、夫が亡くなり、婚入してきた未亡人ひとりになったチプであってもチバンから除外されるようなことはない。

チバンは、系譜において一定の範囲内にあるチプを構成単位とする親族集団であると同時に、生活のさまざまな局面において互いに助け合う生活協同集団でもある。したがって地縁性もチバンの重要な構成条件となってくる。そのため、系譜的条件は絶対的なものにはならない。「高祖を共有する関係にある」ということは、基点となる祖先の四世孫にあたる者同士ということになるが、ひとつのチバンのなかに、基点となる祖先の四世孫よりも下の代に属する男性（もしくはその未亡人）のチプが含まれているのはめずらしいことではない。特に、過疎化が進み、系譜的に近い関係にあるチプの数が減少した農村では、チバンの範囲を五代祖以上の祖先を同じくするチプにまで拡大し、一定の構成員を確保しようとする傾向がみられる。実際、筆者の調査地では九代祖を同じくするチプでひとつのチバンを形成しているという事例もみられた。これは、急激な都市化が始まる以前の一九六〇年代前半におこなわれた調査で報告された、チバンに子孫が多い場合は、そのうちの再従（三代祖が同じで祖父が異なる父系親族）までは親族と考えるが、その他は一族というだけで、日常生活の上では他人と変わりない、という意識[50]と対称を成している。このように、チバンには、状況に応じてその範囲を拡大したり縮小したりする伸縮性があることは、伊藤によっても指摘されている。[51]

チバンも門中も組織化の基点が特定の祖先であるという点では共通しているが、基点となる祖先が永久に変わらない門中とは違って、チバンの基点となる祖先（原則として高祖）はチプの長の代が替わるにつれてずれていくため、永久に基点であり続けることはない。したがって、チバンには門中のような永続性はなく、いずれは消滅することになる。これは、たとえ、そのチバンを構成しているチプがすべて永続したとしても変わりはない。チバンはその組織化の原理によって初めから消滅を運命づけられている集団であり、その点において、チプとも門中とも異なっている。

チバンに類似した集団として、日本では、シンルイと地縁が重なり、かつ「家」を構成要素としているジシンルイ（ジルイ）があるが、ジシンルイには擬制親子関係で繋がっている非血縁の「家」も含まれる可能性がある点、また基点となる祖先が明確ではない点において、チバンとは異なっている。

4　チプと村の共同性

韓国の「洞《マウル》」（以下、村とする）は、日本の村と同様に、チプが集まった地縁を中心とする単位であるが、その規模は十数戸程度の小さなものから一〇〇戸を超える大きなものまで多岐にわたっている[52]。また、村のチプ集団の氏族構成もさまざまである。門中の分節体系のなかで下位に位置する門中は一定の地域に定着することにより集団化・組織化されるが、その一定の地域の最小単位となるのが村であるため、村の大半のチプが同姓の、いわゆる「同姓村[53]」が多く存在する一方で[54]、下位門中が複数の村に分散している場合も多い。また、二姓以上のチプ集団がほぼ均衡して居住する村や、一つの支配的なチプ集団以外に各姓のチプ集団が多数存在する村もあるため、「集姓村」という用語が使われることもある。支配的なチプ集団が存在しない村もあり、「集姓村」との対比で「各姓村」と呼ばれている。また、村のチプ集団の身分構成もさまざまで、朝鮮時代に支配階級だった両班の末裔が多く居住する村を「班村」、常民の末裔が多く居住する村を「民村」という。班村は同姓村ないし集姓村、民村は各姓村であることが多いが、各姓村であっても両班の末裔が多い村もあれば、同姓村であっても常民の末裔が多い村もあるので[55]、一律には区分できない。

以上のように、韓国の村はその規模やチプ集団の姓氏や身分構成において差異が著しく、また、村の生業が異なると、社会制度・社会関係や慣習もまったく変わってくるため[56]、韓国の村を一般化して語ることは難しいが、村がチプを構成単位とする地縁中心の生活共同体であるという点は共通している。しかし、その輪郭は日本の村に比べるとかなりあいまいである。

確かに、韓国の村にはチプを単位とするさまざまな社会経済制度が存在している。たとえば洞会の投票権や一部の契《ケー》[57]（洞契・水利契・喪扶契など）の加入権はチプ単位で与えられている[58]。プマシと呼ばれる比較的小規模の労働交換（特に農村の場合は農作業の扶助）やトゥレと呼ばれる村全体でおこなう大規模な協同作業あるいは公共事業もチプを単位としている。プマシの場合、個人対個人でおこなわれることもあるが、たとえば、夫のプマシを妻が返すといったようにチプの中から代わりの者を出すことが可能である[59]。また、トゥレの場合は基本的に一つのチプから一名の作業者を出すことが原則とされている[60]。また、村の中での慶弔金の受け渡しなども、原則として個人ではなくチプ単位でおこなわれる。

このように、韓国の村には、そこに居住しているチプを単位とした共同性が存在するが、その一方で、門中という徹底した父系血縁原理によって組織化されている親族集団があるため、生活のさまざまな局面で取り結ばれる社会関係において、居住という地縁が占める重要性は、日本と比較した場合、相対的に低くなる。実際、村の境界を超えた親族関係は下位門中においても重層的に構築されており、さらに上位門中になれば成員関係が村の境界を超えるのは構造的に必然となってくる。また、すでに述べたように、韓国人は家屋／屋敷地への思いが希薄であると同時に家の風水を気にする傾向が強いので転居が多く、村の境界を超える転居もめずらしくない。しかし、村から転出したらすぐに村の成員でなくなるわけではないし、逆に村に居住しているというだけで、村の成員と認識されるわけではない[61]。

実際、どの村にも、場合によっては十数年以上居住しているにもかかわらず、自他ともに村の成員とはみなしていない人々が存在していると考えられる[62]。

本田は、一九八〇年代におこなった全羅南道の山間農村調査の事例を引きながら、韓国の村においては、居住が村を社会的に境界づける絶対的な基準とは認識されていないと報告している[63]。居住だけではなく、村の共同体的規制に従うことや村の他の住人と相互扶助を通した社会関係を有することも村の構成員である要件となるのだが、その共同体的規制や相互扶助の内容（ならびにそれらへの従事の度合い）については、その時々の状況において交渉され、その結果によって村の社会的境界や地理的境界は修正、もしくは再修正される[64]。本田は村の外縁（社会的地理的境界＝村落共同体の外延）と内包（共同体的規制や相互扶助の内容）は常に暫定的かつ状況依存的であり[65]、状況に応じて柔軟に再編成されていくところに韓国の村の特色があると指摘する[66]。

確かに、韓国の村には、入会《いりあい》山野のような村の共有財産がないため、入会権によって共同体としての村の境界を定めるということはなかった[67]。また、株式によって村の戸数を固定するというような仕組み[68]も存在しなかった。共同体としての村の境界の設定をみると、日本に比べ、高い自由度が保たれてきている。したがって、家族親族関係（血縁）では、韓国は規範拘束的、日本は状況依存的であったが、村の境界は、逆に、韓国は状況依存的、日本は規範拘束的傾向が強いといえる。

ただ、注意したいのは、韓国の村の再編成にあたって柔軟な組み替えの対象となるのは、通常、村の社会的（そして、ほとんどの場合、地理的）周縁に位置するチプであり、周縁に位置するゆえに、そのチプの構成員に遵守を求める共同体的規制や相互扶助の内容（ならびにそれらへの従事の度合い）が交渉の対象となり、その時の状況に応じて柔軟な対応がなされ、再編成がおこなわれるということである。転居が頻繁におこなわれ、絶えず柔軟に再編成される韓国の村においても、村には社会的地理的に核となるチプ集団が存在し、これらのチプが村に代々居住し続けることによって村の永続性は保たれてきた。しかし、日本と同様に、急速な高齢化と過疎化が進む韓国の村の現状から、村の消滅を予見する向きもある。[69]

おわりに

本章では、韓国のチプならびにチプが内包する諸制度、チプを単位とする親族関係や親族集団、チプを単位とする地縁共同体である村を紹介して、日本との相違点を明らかにし、相違点を生んだ要因を検討した。

明らかな相違点として挙げられるのは、「家」は経営体としての存続が重視されたのに対してチプは祭祀体としての存続が重視されたということであり、それがチプやチプが内包する諸制度、チプを単位とする親族関係や親族集団に大きく影響している。

祭祀体としてのチプの永続性は祭祀権の継承によって保たれるが、チプの永続性＝祭祀権の継承であるがゆえに儒教に基づいた父系血縁原理と世代原理という二つの規範の制約を受けることになり、そのためにチプの永続性が相対的に弱まるという自己矛盾的結果となっている。そして、クンチプ・チャグンチプ関係やチバンのようにチプを単位とする親族関係／親族集団はそもそも永続性をもたない構造になっている。

一方、個人を単位とする親族集団である門中は、チプと同様に祭祀集団でもあるため、徹底した父系血縁原理を規範として組織化され、その内部において世代原理は重視され尊重される。しかし、チプと違って常にその成員が補充され続けるため、原則として永続が保証されている集団である。また、門中は名前や共有財産を持ち、共同事業を行なうという法人的性格を有しており、その外延も内包も明確に規定された集合体でもある。

このような門中の存在が、韓国の村の境界の柔軟性を可能にする要因の一つであることはすでに述べたが、同時にそれがチプの永続性の弱さ、ならびにチプを単位とする親族関係／親族集団は数世代で消滅するということの要因であるかどうかは今後の検討課題である。

注

（1）韓国について論じる際には、大韓民国の成立以前のことを語る時は「朝鮮」、それ以降のことを語る時には「韓国」という使い分けをする必要があるが、煩雑さを避けるため、本章では「韓国」という語でその両方を指すこととする。

（2）韓国の家族・親族制度は時代や地域・階層による差異があるが、ここでは現代韓国で「伝統的」とされる、朝鮮時代の後期に成立した父系血統主義を中心とする家族・親族制度に限定する。朝鮮時代の前期と後期で家族・親族制度は全面的に変化したのだが、その分岐点は十七世紀中葉と考えられている。前期は両系親族体系＝非父系親族体系で、高麗時代から続く男帰女家婚、子女輪廻祭祀、子女均分相続がおこなわれていたが、後期になると父系血統を重視した家父長・嫡長男中心の親族体系になり、長男単独祭祀継承、財産分割における長男優遇と娘の排除、族譜《ぞくふ》の収録範囲の縮小、養子制度の変化が定着していった。このような変化をもたらした社会史的背景として、朝鮮前期の宗法や儒教の普及と朱子家礼による礼制の定着および普及が挙げられている（李海濱［二〇〇六］、二二三〜二二五頁）。

（3）文化人類学で「父系」「母系」「出自」という場合、生物学的な関係ではなく、社会的に認知された関係を指す。生物学的関係と社会的関係は必ずしも一致するとは限らない。たとえば、娘に婿養子を取って跡継ぎにし、さらに、娘夫婦に生まれた息子が跡を継いだ場合、生物学的には父系でないが社会的には父系となる。しかし、韓国の父系は血縁をたどった生物学的関係に限定されるため、婿養子も父系血縁の男性親族から取るので、生物学的父系と社会的父系が一致する。そこで本章では「父系出自」の代わりに「父系血縁」という語を用いることにする。

（4）氏族の中で同世代に属する男性の名前には同じ漢字を用いることになっており、この漢字のことを行列字という。名前が二文字の場合、行列字が上になるか下になるかも統一されていて、ある世代の行列字が上ならば、次の世代では下、さらに次の世代では上というように、交互になる。

（5）次男以下が結婚後も一定の期間生家に留まり、一時的に拡大家族の様相を呈することもあるが、これは過渡的な形態であり、最終的には直系家族に収束する。

(6) 注3で述べたように、婿養子や非血縁養子を取った場合、社会的には父系直系家族となるが父系血縁の直系家族にはならない。

(7) 中野［一九六四］、一一九頁。

(8) 「同族」は学術用語であり日常生活では用いられないが、「門中」は日常語として広く一般に使われている。

(9) 有賀［一九六七］、六四頁・一〇〇頁。前掲、中野［一九六四］、五二〜五三頁。林［二〇一六］（本書第8章）、二〇六〜二一一頁。Brown [1968], p.125

(10) この調査地の概要については仲川［二〇一二］一七四〜一八六頁を参照されたい。

(11) 伊藤［二〇一三］、一〇一頁。

(12) 末成［一九八六］、一〇一頁。

(13) 崔在錫［一九八三］、二一一頁。

(14) 李光奎［一九七八］、一九〜二〇頁。

(15) 崔柏［一九八一］、一二一頁。

(16) 嶋［一九八〇］。前掲、末成［一九八六］、一〇二頁。

(17) チプが祭祀体として重視されるようになったのは、朝鮮時代に政府が国是として儒教化政策を進めていった結果である (Deuchler [1992])。

(18) 前掲、李光奎［一九七八］、一三三頁。

(19) 韓国社会における祖先祭祀の重要性についてはジャネリ・任［一九九三］を参照。

(20) 前掲、中野［一九六四］、六五〜六六頁。

(21) Lee [1972], p.28.

(22) 江守・崔［一九八二］、二〇一頁。

(23) 離島を始め、一部の地域では、分割祭祀や輪回祭祀をおこなうところもある（前掲、末成［一九八六］、一一〇頁）。

(24) 前掲、李光奎［一九七八］、二四八〜二五六頁。高齢の父親が家長の象徴であるサランバン（客間を兼ねた主人の書斎として使う部屋）を長男に、母親がアンパン（台所の隣にある主婦部屋）を長男の嫁に譲って別棟に移るという、日本の隠居制度に類似した事例もあるが、制度化はされていない（同前、李光奎［一九七八］、二五〇〜二五一頁）。

(25) 養父となるものが亡くなった後に養子を取る、いわゆる死後養子は可能で、「白骨養子」「神主養子」などと呼ばれている。

(26) 例外事例については第二節のクンチプ・チャグンチプ関係のところで紹介する。
(27) 一九五八年に制定された民法では、第八七五条で戸主の長男が本家の系統を継ぐ以外の場合に養子になることを禁止しているが、この条項は一九九〇年の改正で削除されている。また、戸主制度自体も二〇〇五年の改正で廃止となり、戸主関係の条項はすべて民法から削除された。しかし、調査地では、一九九〇年の民法改正以前にも本家の長男が分家の養子になっている事例が族譜に複数記載されており、本家の長男が分家の養子になるということが絶対的な禁忌ではなかったことがわかる。
(28) 日本の養子慣行については山路［一九七四］を参照。
(29) 前掲、中野［一九六四］、一三九頁、四六二頁。
(30) 服部［一九七六］、八二～八三頁。なお、引用元では「状況拘束的」という語が使われている。また、服部はこれらの表現を韓日の直系家族の違いを比較する際に使っているが、ここでの韓日の直系家族の違いは養子慣行の違いから生じたものである。
(31) 末成［一九八三］、一六〇頁。
(32) 本田［一九九四］、一二六頁。
(33) 注56で後述するが、韓国では、農村と漁村の間に、社会生活や社会関係などさまざまな面で明確な差異が存在する。
(34) 前掲、仲川［二〇〇二］、一九七～一九八頁。
(35) 前掲、末成［一九八三］、一六〇頁。
(36) 前掲、本田［一九九四］、一二五頁。
(37) 前掲、仲川［二〇〇二］、一九九頁。
(38) 同前、一九九～二〇〇頁。ただし、「数え切れないほど転居したが、すべて村内での転居である」と答えた世帯主二名の転居件数は六八件に含まれていないので、転居は実際は六八件よりもかなり多く、村内転居も二七件よりずっと多い。
(39) 前掲、末成［一九八三］、一六〇～一六一頁。前掲、本田［一九九四］、一二八～一二九頁。
(40) 前掲、仲川［二〇〇二］、二〇〇頁。
(41) 同前、仲川［二〇〇二］、二〇〇～二〇一頁。
(42) 前掲、末成［一九八六］、一〇二頁。前掲、本田［一九九四］、一四三頁、一五九頁。
(43) 前述のように、韓国の養子は祭祀の継承者の確保を目的としているため、養子は養子縁組後も生家に留まり、祭祀をおこなう時だけ養子先のチプに行くということがままある。

(44) 前掲、嶋［一九八〇］。

(45) 本田は、都市化・産業化の過程で起きたこのようなチプのずれを、家族の再生産の実践の変化という側面に焦点を当てて検討し、さまざまな事例を示したうえで、それを理念型の解体あるいは変容としてとらえるよりも、アクセス可能な諸資源によって規定される実践的合理性、ならびにその実践的合理性と規範的規制・正統性との折り合いをつける実践的論理の変化としてとらえる方が、妥当性がより高いのではないかと指摘している（本田［二〇一四］）。

(46) ブラウン・末成［一九九六］、四一頁。

(47) なお、この事例では老母は自分のチプがクンチプであると言い、次男のチプのみをチャグンチプとして挙げていた。

(48) チプの長は、居住状態によって祭主兼世帯主であることもあれば、祭主でない世帯主ということもある。たとえば長男が他出して、寡婦がひとりで住んでいるチプの長は、祭主ではないが世帯主である寡婦ということになる。ただし、人々の意識の中では他界した寡婦の夫がチプの長であるため、この場合の高祖とは他界した寡婦の夫の高祖を指す。

(49) この意味での「チバン」と似た語として「堂内《タンネ》」という語がある。「堂内」はもともと中国から入ってきた外来語で、高祖の父系男性子孫で構成される集団を指す。しかし、「堂内」は専ら文献で用いられる学術語である点、また、構成単位がチプではなく個人である点において「チバン」とは異なっている（仲川［二〇〇〇］、四～六頁）。

(50) 金宅圭［一九八二］、一五〇頁。

(51) 伊藤［一九八七］、一八三頁。

(52) 嶋［一九九〇］、七七頁。

(53) このような村が日本の同族村と類似しているようにみえたため、一九三〇年代以降、日本人研究者は、これらに「同族部落」という用語をあてるようになったが（金斗憲［二〇〇八］、六〇一頁）、非父系血縁親族も含まれる日本の同族と厳密な父系血縁親族集団である韓国の門中が混同されるおそれがあるため、現在の研究では「同族部落」の代わりに「同姓村」という語を用いることが多い。

(54) 善生は昭和五年の国勢調査の結果から、当時の朝鮮には約七万の「部落」があり、うち、約一万五千が血縁団体もしくはそれを中心とする「同族部落」であると述べている（善生［一九四三］、二四一頁）。

(55) 金宅圭［一九七八］、一〇～一一頁。

(56) 特に農村と漁村の間には、日本以上に明確な違いがあると同時に絶対的な社会的格差があり、たとえ同じ民村であっても農村と漁村の間には婚姻さえ成り立たないくらいの断絶があったことが指摘されている（金宅圭［一九六六］、一三一頁）。

(57) 契とは成員間の相互扶助を目的とするボランタリー・アソシエーションの一種であり、村内にはいくつもの契がある。また村の境界を越えて作られる契も多い。金銭的な相互扶助を目的とするものが多いが、労働・作業の扶助や親睦・学習（儒教）を目的とする契もある。

(58) 筆者の調査地ではセマウル運動推進会の加入権もチプ単位で与えられていた。

(59) プマシは双方が漠然と「この程度」と了解していれば、交換でおこなう作業は必ずしも同じものである必要はなく、また作業量も同量でなくてもよい（梁愛舜［二〇〇〇］、六六頁）。

(60) 同前、梁、六七頁。

(61) 前掲、嶋［一九九〇］、九〇頁。本田［二〇〇二］、二六八頁。

(62) 前掲、仲川［二〇一二］、二〇二頁。

(63) 本田［二〇一五］、七八頁。

(64) 本田［二〇〇七］、六八頁。

(65) 同前。

(66) 前掲、本田［二〇〇二］、二七一頁。

(67) 余田［一九八三］、七七頁。

(68) 戸石［二〇一三］八七～八八頁。

(69) ソン・ジュイン他［二〇一四］、一二四頁。

主要参考文献

〈日本語〉

有賀喜左衛門［一九六七］『大家族制度と名子制度』（有賀喜左衛門著作集第三巻）、未來社。

伊藤亜人［一九八七］「韓国の親族組織における〝集団〟と〝非集団〟」伊藤亜人・関本照夫・船曳建夫編『現代の社会人類学第一巻 親族と社会の構造』、東京大学出版会。

伊藤亜人［二〇一三］『珍島――韓国農村社会の民族誌』、弘文堂。

江守五夫・崔竜基［一九八二］『韓国両班同族制の研究』、第一書房。

金宅圭（伊藤亜人・嶋陸奥彦）［一九八一］『韓国同族村落の研究――両班の生活と文化』、学生社。

金宅圭［一九八六］「討論――『韓国の社会組織をめぐって』」竹村卓二編『日本民俗社会の形成と発展――イエ・ムラ・ウジの源流を探る』、山川出版。

金斗憲（李英美・金香男・金貞任）［二〇〇八］『韓国家族制度の研究』、法政大学出版局。

嶋陸奥彦［一九八〇］「韓国の『家』の分析――養子と分家をめぐって」『広大アジア研究』第二号。

嶋陸奥彦［一九八七］「氏族制度と門中組織」伊藤亜人・関本照夫・船曳建夫編『現代の社会人類学　第一巻　親族と社会の構造』、東京大学出版会。

嶋陸奥彦［一九九〇］「契とムラ社会」阿部年晴他編『民族文化の世界』下、小学館。

ジャネリ、ロジャー・任敦姫（樋口淳・金美榮・近藤基子）［一九九三］『祖先祭祀と韓国社会』、第一書房。

末成道男［一九八二］「東浦の村と祭――韓国漁村調査報告」『聖心女子大学論叢』第五九号。

末成道男［一九八六］「韓国の社会組織――そのヴァリエーションをめぐって」竹村卓二編『日本民俗社会の形成と発展――イエ・ムラ・ウジの源流を探る』、山川出版。

善生栄助［一九四三］『朝鮮の姓氏と同族部落』、刀江書院。

戸石七生［二〇一三］「百姓株式と村落の共済機能の起源――上名栗村古組の村落と小百姓の家」『共済総合研究』第六七号。

仲川裕里［二〇〇〇］「韓国の親族制度――日本との比較を中心に」専修大学『現文研』第七六号。

仲川裕里［二〇一二］「『行ったり来たりする人たち』――一九九〇年代韓国農村社会における移動と定住」専修大学人文科学研究所編『移動と定住の文化誌―人はなぜ移動するのか』、専修大学出版局。

中野卓［一九六四］『商家同族団の研究』、未來社。

服部民夫［一九七六］「韓国と日本の家族についての一視角――崔在錫著『韓国農村社会研究』をめぐって」『アジア経済』第一七巻第三号。

林研三［二〇一六］「下北村落における家の共同性――オヤグマキとユブシオヤ・ムスコを中心として」加藤彰彦・林研三・戸石七生編『家と共同性』、日本経済評論社。

ブラウン、キース・末成道男［一九六六］「分家の分出について――岩手県水沢市近郊農村の事例より」『民族学研究』第三一巻第一号。

本田洋［一九九四］「韓国家族論の現在――全羅北道南原郡一山間村の事例から」『朝鮮学報』第一五二号。

本田洋［二〇〇三］「韓国の地域社会における地縁性と共同性」伊藤亞人・韓敬九編『韓日社会組織の比較』、慶應義塾出版会。

本田洋［二〇〇七］「村はどこへ行った――『朝鮮農村社会踏査記』と韓国農村共同体論の位相」東京大学『韓国朝鮮文化研究』第一〇号。

本田洋［二〇一四］「変化に開かれた持続性――韓国農村住民の産業化経験と家族の再生産」東京大学『韓国朝鮮文化研究』第一三号。

本田洋［二〇一五］「韓国の産業化と村落コミュニティの再生産――対照民族誌的考察」東京大学『韓国朝鮮文化研究』第一四号。

山路勝彦［一九七四］「民俗慣行における養親子関係」青山道夫編『家族・親族・同族』、弘文堂。

余田博通［一九六三］「農業村落社会の論理構造」『関西学院大学社会学部紀要』第四七号。

李海濱（井上和枝）［二〇〇六］『朝鮮村落社会史の研究』、法政大学出版局。

李光奎（服部民夫）［一九七八］『韓国家族の構造分析』、国書刊行会。

梁愛舜［二〇〇〇］「郷村社会の親族と近隣結合――契・プマシ・トゥレを中心に」『立命館産業社会論集』第三五巻第四号。


〈韓国語〉


金宅圭［一九七八］「伝統的マウル社会の解体と再適応」嶺南大学校新羅伽倻文化研究所『新羅伽倻文化』第九・一〇合輯。

ソン・ジュイン（성주인）他［二〇一四］『農村の中長期人口変化に対応する地域活性化課題』韓国農村経済研究院・韓国保健社会研究院。

崔在錫［一九八二］『韓国家族研究』、ソウル：一志社。

崔柏［一九八二］「韓国のチプ：その構造分析―クンチプ、チャグンチプを中心に」『韓国文化人類学』第一三号。


〈英語〉

Brown, L. Keith [1968] "The Content of Dozoku Relationships in Japan." *Ethnology* 7.
Deuchler, Martina [1992] *The Confucian Transformation of Korea: A Study of Society and Ideology*. Cambridge, Massachusetts: Harvard University Press.
Lee, Kwang-Kyu [1972] "The Korean Family in a Changing Society." *East Asian Cultural Studies* 11(4).

第11章　近世インドの農村における農民と「家」
——十八～十九世紀のインド西部に注目して

小川道大

はじめに

インドの農村の社会経済構造は、植民地化によって崩壊し、これが支えた「家」の在り方も変容したとされる。本章は、このような崩壊・変容を経験する植民地期以前、すなわち近世の社会経済構造を分析し、インドの「家」の在り方を検討する。インド史では、近世は自明の時代区分ではない。インド史をヒンドゥー教が栄えた「古代」、ムスリムが侵入した「中世」、植民地「近代」に区分し、ムスリムの圧政からヒンドゥーを解放し、文明化するという植民地支配を正当化する思想を背景とする、植民地期以来の歴史観がこれまで支配的であった。近年、インドが植民地化する「暗黒時代」とされてきた十八世紀を再評価し、「長い十八世紀」を近世ととらえる新たな研究潮流がある(1)。「家」という、インド史研究が未着手であった問題を、新たな研究枠組みの中で考察すべく、本章は「近世」という時代区分を用いる。後述するように、近世インドの農村社会は、近世日本のそれと類似しており、「近世」の語は、新たな比較の視座を与える点でも有用である。

イギリスの植民地支配が広がっていく十八～十九世紀のインドで、例外的に多くの史料が残っているのがマラーター同盟支配下のインド西部(2)である。一六七四年に成立したマラーター王国の実権を宰相が一七三〇年代に握り、宰相を中心とするマラーター同盟が成立し、一八一八年に東インド会社に滅ぼされるまで、インド最大の現地勢力であった。同盟下の領域では、詳細な村落史料が残されており、インド西部の農村社会経済に関して、深沢や小谷など日本人研究者が、世界的にも優れた研究をおこなっている。本章は、一次史料やこれまでの研究蓄積を基に、近世インド西部の「家」制度を支える社会経済構造を解明し、植民地期に崩壊したとされる、インド固有の「家」の在り方を明らかにする。

1　十八～十九世紀インド西部における村落と農民

(1)　十八～十九世紀のインド西部の村落社会

近世インド西部の村落社会について、原語史料では、村民全体を示すために「六〇人の農民と一二種類のバルテー職人」という表現がよく用いられた。六〇人の農民と一二種類のバルテー職人が村の理想の構成であったことを示しているが[3]、この数値は象徴的な数であり、村の規模によってその数は異なった。この表現の意味合いは、農民とバルテー職人が近世インド西部の農村を構成していたということである。

バルテーとは、村の奉公人に与えられた穀物の分け前などの役得を意味し、バルテー職人は村抱えの職人を指した。この集団には大工、陶工、鍛冶などの手工業者の他に、占星術師、ヒンドゥー堂守り、ムスリムの導師など村にサービスを提供する者、さらに不可触民として差別された皮革工や村の雑用役が含まれていた。村によってバルテー職人を構成する社会集団は異なり、各集団の人数も村によって差があった。すなわち近世インド西部の農村が、農民のみではなく、種々の手工業者やサービス人によって支えられていたことが上記の表現からわかる。大工職を担うのは大工カーストであったように、バルテー職人の職は、誰もが自由に就くことができたわけではなく、特定のカーストのみが就くことができた。バルテー職人とともに、近世インド西部の村民を構成した農民に関しても、クンビーなど世襲的に農業に従事する農耕カーストが存在した。インド近世の農村には、農業や手工業、サービス業などさまざまな職業が存在したが、カーストによって職業選択の制限があり、社会的流動性は低かった。本研究では、農村の主要産業である農業の担い手である、農耕カースト、すなわち農民に注目する(4)。

⑵　十八～十九世紀インド西部における農民――ワタン（株）もち農民とウパリー農民

近世の農村において、土地を耕作して、作物を収穫し、現物、または現金を村長に納めることが農民の義務であった。この義務に対して、農民には土地を保有する権利が与えられていた。近世インド西部では、この権利と義務の総体が、一般的にワタン（Watan）と呼ばれた。ワタンは、アラビア語起源で、元々は「郷土」や「祖国」を意味したが、近世インド西部では、職の権利と義務を指し、子々孫々に世襲された。ワタンは、譲渡や売買が可能なものであり、近世日本の百姓株式に相当するものであったと考えられる。近世インド西部の農村には、ワタンをもつ農民と、ワタンをもたない農民が存在した。前者は、ワタンもち《ダール》農民と呼ばれ、毎年、現物・現金（＝地税(5)）の支払いを義務づけられたが、村の耕作地に農地を保有し、そこで耕作する権利を保証された。またワタンもち農民は、正規の村民として、屋敷地を与えられ(6)、村の冠婚葬祭において種々の特権を受けることができた(7)。ワタンをもたない農民は、ウパリー(8)農民と呼ばれ、毎年の現物・現金の納入や屋敷地に関する支払いの義務が生じない代わりに、耕作地や屋敷地の保有権ももっていなかった。彼らは、非正規の農民であり、村の冠婚葬祭において、種々の特権を享受することはなかった。両者の関係は、近世日本の本百姓と水呑み百姓の関係に比定しうるものであった。重要なのは、ウパリー農民が、農業から完全に締め出されたわけではなく、村の荒蕪《こうぶ》地を耕作し、現物・現金を支払う限りにおいて、耕作地の占有を認められ、当該の村に居住することができたということである。ウパリー農民の耕作と土地占有のパターンには、少なくとも以下の三種類があった。

すなわち、①長期間、特定の耕作地を占有して、農業を実践し、現物・現金を支払うという方法であった。これを支払う限りにおいて、彼らは耕作地を占有することができた。しかし彼らはワタンを保有していなかったので、ワタンもち農民と同等の特権を享受することはできなかった。この意味で彼らが特定の屋敷地を与えられたのかは定かではないが、長期の土地占有をウパリー農民がおこなった場合、彼らは当該村のどこかに居住していたと考えられる。長期にわたって土地を占有し、耕作していたという事実のみでは、原則的にウパリー農民はワタンを得ることができなかった。定住以外に、移動を繰り返しながら耕作を続けるウパリー農民がいた。②第二の土地占有パターンは、一定の規則にしたがって、定期的に村々を移動し、耕作するというものであった。これに関しては、インド西部の植民地化直後に、海岸部のコンカン地方の現地慣行調査を行なったドウェルが、この耕作パターンを下記のように記録している。

「カラバータレン村の［ウパリー］[9]農民は、アルデール（＝収量の半分を地税として納める農民）としてティワーレン村とナヤン村へ移動して［耕作していた］。今年と来年は、再び［ティワーレン村とナヤン村へ］移動するであろう。これらの二村内で［ウパリー農民に割り当てられた］農地を彼らが耕作しつくして、四年前にその農地は休耕地となり、その当時、この二村内には耕作できる他の土地が存在しなかった［ために、ウパリー農民は村を去った］。この二村で、休耕していた土地が再び耕作できるようになったため［ウパリー農民は、これら二村に移動するのである］。このことは、上記三村では、耕作地が休耕している年と比べて、倍の収量を記録する年があることを示していた。このために上記の村々では収量が一定にならず、ある年は、平均の収量よりもかなり多く、またある年は、平均よりもかなり少なかった。[10]」

図11-1　ウパリー農民の耕作パターン②

（ii）

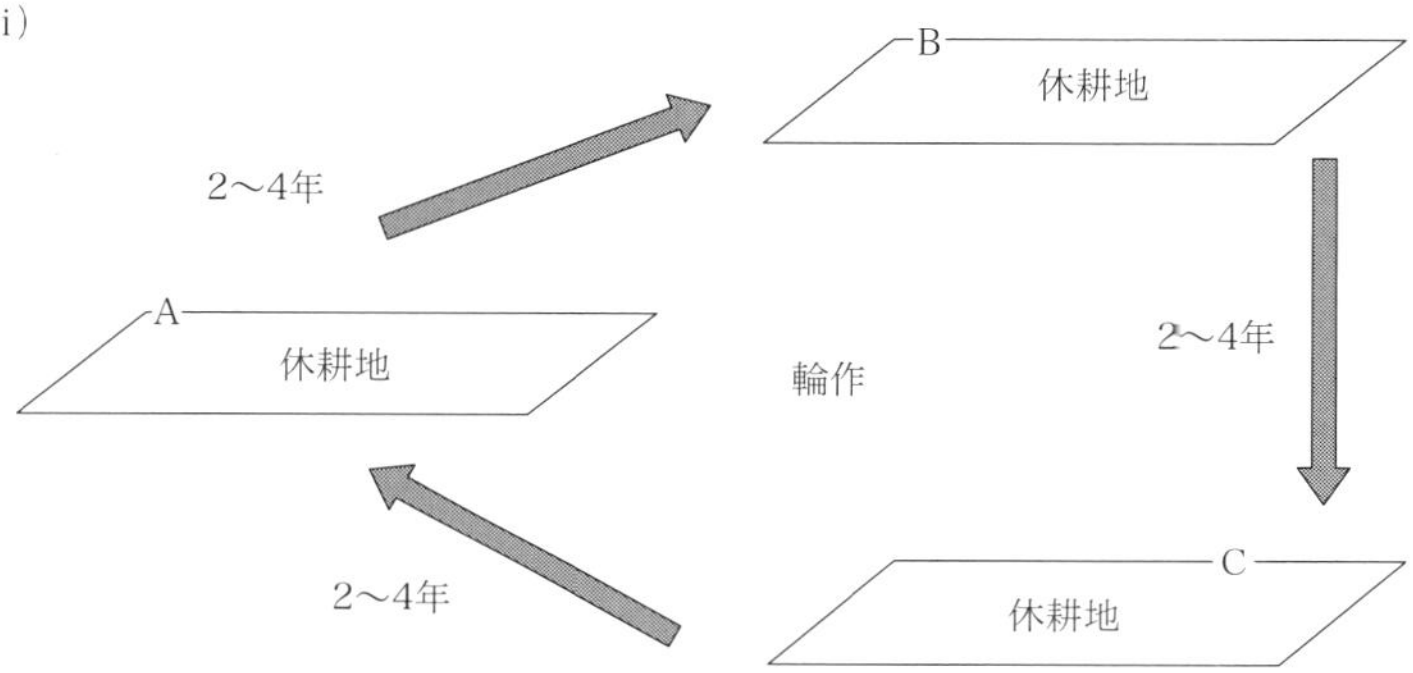

引用文から、②の土地占有パターンを生じさせた背景に、複数の村落を舞台とした輪作があったことがわかる。図11-1が示すように、休耕地が回復するタイミングで、ウパリー農民は別の村に移動した。休耕と耕作のサイクルは、地域や村によって異なったと考えられるが、上記に引用した事例では、四年ごとに移動があったと考えられる。この事例以外にも、複数の村で、二～四年のサイクルでウパリー農民が移動していた。そして引用文において注目すべきもう一つの点は、ウパリー農民の移動と耕作に対応して、村の収量が変化していた点である。上記三村にはワタンもち農民が居住し、世襲で耕作をおこなっていた。休耕地が耕作可能となっても、それを十分に活用して収量を増加させるには、在村のワタンもち農民だけでは労働力が不足しており、村外からの労働力に依存せざるをえなかった。しかしその土地は、四年間の休耕期間を必要とするため、その土地を永続の耕作地と考えて、ワタンを割り当てることは不可能であった。定期的な労働力の不足に対処するために、非正規農民で、移動性をもつウパリー農民は不可欠であった。こうした輪作と合わせたウパリー農民の移動は、輪作村の数や休耕期間をかえて、インド西部に多くみられた。

　輪作に合わせて村々を移動するウパリー農民以外に、③不定期・不規則に村々を移動するウパリー農民が存在した。マラーター政府は、十八世紀後半に農業生産の増大に関心をもち、開墾を奨励し、「政府の取り分」の減免を実施していた[11]。村落も、政府の政策に応じて、「村の取り分」をやり繰りして負担をさらに軽減し、ウパリー農民を誘致した。上記のドウェルが記録したところによると、インド西部の海岸地帯では、よりよい負担条件を提示し、ウパリー農民の労働力を奪い合う競争が起こっていた[12]。このような状況に応じて、村の誘致・要請に応じながら移動を続けたのが、③の土地占有パターンである。

内陸のデカン地方では、村の規模が大きく、ワタンもち農民だけで全ての土地を耕作することは不可能であった。ごく限られた灌漑地を除いて、農地の大部分は天水地であり、天水地の地味はそれほどよくなかったので、ワタンもち農民は、一定期間で耕作地を変えて、村内で輪作をおこなっていたと考えらえる。①長期間、一定の土地を耕作し続けてきたウパリー農民も、この輪作に参加していた。輪作の規模を、どの程度拡大できるかについては、②定期的に村外からやってくるウパリー農民や、③村の要請に応じてやってくるウパリー農民の労働力に依拠していた。ウパリー農民のなかには、個々で移動する流れ者のような農民と、②のように複数の村を縄張りとする農民が混在していた。ウパリー農民とは、ワタンもち農民以外のさまざまな農民を総称する語であった。

①の占有パターンをもつウパリー農民は、どれほど長期に渡って土地を占有し、耕作していても、耕作しているという事実のみでは、原則的には、ワタンを与えられることはなく、正規の村民になることはできなかった。ウパリー農民は、ワタンもち農民からワタンを売却または譲渡されることによってワタンを得ることができた。疫病の流行や飢饉、戦乱などでワタンもちの農民一家が絶滅または逃亡した場合に、その土地、すなわちワタン農民の代々の耕作地と屋敷地は「絶滅家族地」または「絶滅家族地ワタン」(Gatkūl)と呼ばれた。村がこの土地を一括管理して、①の占有パターンのウパリー農民に長期で耕作させるか、ウパリー農民に「絶滅家族地ワタン」を売却した。この場合、農民ワタンとそれに付随する土地を管理し、売却した主体は、村落共同体(実質的には、村長)であった[13]。何らかの理由でワタンもち農民の家が潰れてしまった場合に、同一村内の別の土地で長期に渡って土地を耕作してきた、①の占有パターンのウパリー農民に無償で村落共同体が農民ワタンを譲渡する事例もあった。小谷は、前植民地期の

インド西部の農村社会を「「家職・家産」としての百姓株（農民ワタン）を所有する農民たちが村落を構成し、その村落を単位として諸税が賦課される（村請制）」社会と規定した。農民ワタンの保全が当時の村落共同体の存続には不可欠であった[14]。

(3)　ワタン制度とカースト社会

インド西部の農村社会におけるワタン制度

前記で説明したバルテー職人も、ワタンによって職務と権益が規定されており、農民と同様に、ワタンもち職人とウパリー職人が存在した。ワタンもち職人は、村落共同体に財やサービスを提供する義務を負う代わりに、農民が公的な取り分として村長に払った現物、現金、イナーム地と呼ばれた一種の免税地[15]、またはその組み合わせを享受した[16]。バルテー職人のワタンも分割・贈与・売買することが可能であった[17]。農民と同様に、ウパリー職人も特定の職務に従事する限りにおいて、これらの役得を得ることができた[18]。前項で考察したウパリー農民と同様に、ウパリー職人も労働力の需要に応じて移動していたようで、深沢は、彼らを「流し職人」と呼んだ[19]。近世インド西部の村落には、バルテー職人以外に、後にアルテー職人と呼ばれる職人集団が存在し、字義的にはバルテー職人は常時の職人であったのに対し、アルテー職人は予備または臨時の職人であったという区別があったが、原史料では、両職人集団に明確な差はみられなかった[20]。アルテー職人は、村落社会が形成される中で、バルテー職人に引き続いて必要とされた職人集団であったと筆者は考える。アルテー職人にもワタンもち職人とウパリー職人の区別があった。このことは、バルテー職人に適用されたワタン制度が、同職人集団に引き続くアルテー職人にも拡大適用されたことを意味する。さらに村落での授受関係を管理する村長や、記録係の村書記の職務と権益もワタンによって規定されていた。商品交換関係の発展とともに市場が設立されたが、市場を監督する市場長・市場書紀の職務と権益もワタンによって把握されていた。

アルテー職人や市場にかかわるワタンなど、後発的に現れたであろうワタンを小谷は、二次的ワタンと命名し、ワタン制度の拡大を主張している。[21] 近世インド西部の農村社会では、ワタンこそが村落を運営するうえで最も重要な制度であった。しかしワタン制度によって規定される職業分業体制は、カースト制度とそれに基づくカースト社会を規定するものになりえなかったことを、ここで指摘しておかなければならない。カーストは出生により規定されるものであり、ワタン制度とは異なるものであった。次にカースト社会について概観し、ワタンとカーストの関係を農民に注目して考察する。

カースト社会[22]

「カースト」という呼称は、ポルトガル語で血統や家柄を意味する「カスタ」に由来する。インド人の間では、「生まれを同じくする集団」を意味するジャーティという語が用いられており、植民地支配のなかで、「カースト」という呼称が広く定着することとなり、現在、両呼称が併用されている。しかし我が国では、一般的にカーストというと「生まれを同じく集団」であるジャーティを意味せず、インド古来の四ヴァルナを意味する。すなわち、神聖な職に就き、祭式を執りおこなったバラモン、政治・軍事を担当したクシャトリヤ、農業・牧畜・商業に従事した庶民階級のヴァイシャ、最下層に隷属民のシュードラから成る身分秩序のことである。ヴァルナの歴史は、紀元前一五〇〇年から一二〇〇年にかけてのアーリア人のインド亜大陸への進出とその支配にさかのぼる。[23]

ジャーティ（＝カースト）の成立は、ヴァルナ制の確立を前提とするが、十九世紀末以来、その起源をめぐる議論が繰り返されてきた。山崎は、カースト制度の成立を以下のように推測した。すなわち、ヴァルナ制度は職能と結びついた内婚集団を上下に秩序づけたもので、バラモンが提唱した「上からの秩序化」であった。他方で、村落・都市社会、その周辺地域には、職業を異にする集団や血縁を異にする集団が存在し、それぞれの規制により組織を維持していた。これがカーストの「下からの秩序化」の原動力となった。カースト社会の形成は、ヴァルナ制度の確立による「上からの秩序（＝カースト）化」が、「下からの秩序（＝カースト）化」の担い手であった諸集団の社会的役割を固定化し、階層秩序の中に位置づけることによって進んだ。中世初期（六〜七世紀）以降に、カースト間の複雑な分業関係が、こうした過程と並行して進んだと山崎は推測する。小谷は、すべてのジャーティがヴァルナの枠組みの中に位置づけられ、上下に序列化された社会制度として、ヴァルナ＝ジャーティ制が成立し、同一ヴァルナ内のカースト間の上下関係は、在地の慣習法的秩序によって規定されたと主張する。(24)

山崎は、中世前期（七世紀〜十二世紀）に農民・地主を中心とした村落社会が形成されるなかで、シュードラを奴隷として排除した観念が衰退し、「農耕、牧畜、商業」をおこなう集団として、彼らを加えた「ヒンドゥー社会」の観念が前面に出てきたと主張する。他方で、不可触民カースト人口の増加、彼らの村落への分散集住と農業労働への参加といった変化が十一〜十二世紀に進行し、バラモン主導による浄・不浄思想の発達と相まって、従来必ずしも不可触視されていなかった賤民や職人を不可触視する傾向が強まり、不浄な不可触民諸カーストが差別の対象として現れ、不可触民制が発達した。不可触民制は、生産階級であるヴァイシャやシュードラ層の身分秩序に対する不満をそらせ、ヒンドゥー社会に安定をもたらした。(25)このように「ヴァルナ＝ジャーティ制」を基軸としたヒンドゥー社会が形成され、この制度の外にヴァルナの階層秩序から締め出された不可触民が存在した（図11-2を参照）。ヒンドゥー社会には婚姻・食事・職業に関する慣行があり、これを各カースト集団が遵守した。慣習に違反した場合は、カーストごとの、「カーストの長老会議（パンチャーヤト：原義は「五人会議」）」が開かれ、制裁が加えられた。このように自決・自治組織をもつことで、カースト制度が長きに渡り維持されてきた。十八世紀インド西部においても、「カーストの長老会議」は現地の司法解決の重要な手段であり、この長老会議は村の集合である郷を単位として開催された。次に、各カーストが村の領域を超えて、郷を活動の範囲としていたことを示す。

図11-2　農民ワタンとカースト社会の関係

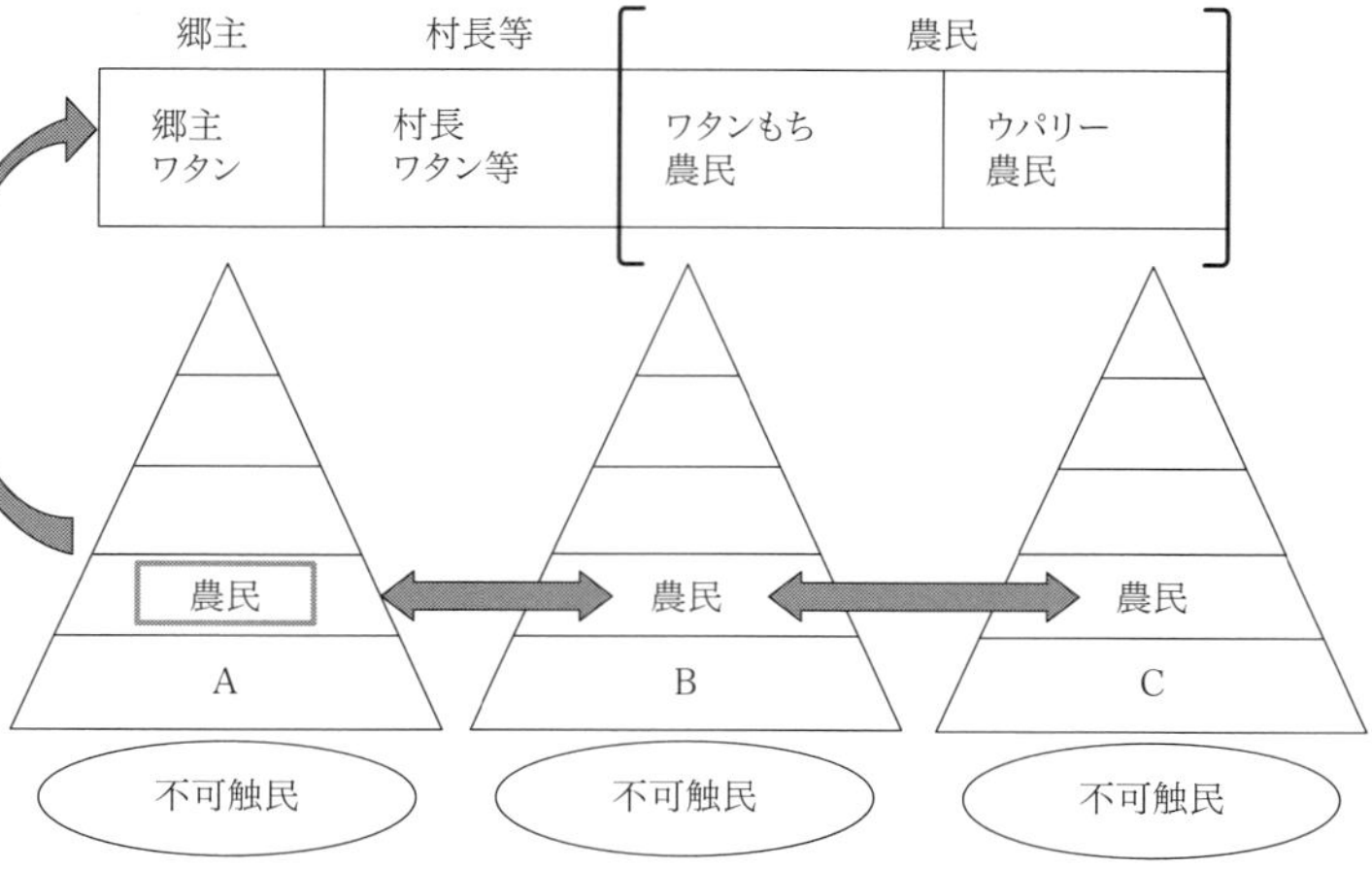

農民ワタンと農民カースト

ここでは、一八世紀インド西部のカースト社会とワタン制度の関係を、農民を事例に考察する。図11-2は、カーストとワタンの関係を示した模式図である。ワタン制度もカースト制度も、さまざまな例外規定を含む複雑な制度であるが、両者の関係を明確に示すために、本図は簡略化して両制度の構造を示す。

上図中のA、B、Cは村を指し、それぞれの村に、バラモンを頂点とするピラミッド状のカースト・ヒエラルキーが存在した。全ての村に等しく、全てのカーストがそろっていたわけではなかったので、実際には、図のようなきれいなピラミッドは描かれないことを指摘しておく。不可触民は、カーストの階層秩序から締め出されていており、社会的にピラミッドの下に位置するようにみえる。しかしインド西部の代表的な不可触民であるマハール・カーストは、アーリア人侵入以前の先住民として、ヒンドゥー教の神ではない地母神の鎮めの儀式などで、特別な役割を果たしていた。[26] いうなれば、不可触民は、カースト階層秩序の外にいる存在であった。ここでは、農業を専業とした者、すなわち農民ワタンを享受した者に注目するが、農民ワタンは比較的に開かれたワタンであり、複数のカーストがこれを享受することができた。代表的なカーストは、軍事と農耕を担当したマラーター・カーストと、農業を専業としたクンビー・カーストであった。クンビー・カーストは、シュードラに属する農民であったが、マラーター・カーストは、マラーター王家のカーストで、王国の主な武将や諸侯も、このカーストに属し、マラーター王家は、クシャトリヤを自称していた。深沢は、両カーストの境界は不明瞭で自由な交婚がなされた可能性を指摘し、クンビーという農民集団から、経済的・政治的に上昇した集団がマラーターを自称し、一般農民に対して優位性を主張するようになったのではないかと推察している。[27] 農業に従事するカーストが複数いるほかに、代表的な農民集団のカースト区分も、このように不明瞭な状況にあって、カースト・ピラミッドで「農民層」を明確に位置づけることは不可能である。図11-2の「農民層」は、農民ワタンを享受しうるカースト集団の総体となる。

「農民層」カーストは、村を管理する村長のワタンや、村の集合で、上位の行政単位である郷の長である郷主のワタンを得て、これらの役職につくことができた。村長や郷主など、在地の世襲役人の職務と権益もワタンとなっていたが、これらのワタンは、原理的には、誰でも享受できる「開かれたワタン」であった。村長や郷主となった「農民層」カーストの一部がマラーター・カーストを自称するようになったと考えられる。それ以外の「農民層」カーストが、狭義の農民となる集団である。狭義の農民は、ワタン保有の有無で、ワタンもち農民とウパリー農民に分けられた。農民ワタンは、「農民層」カーストにのみ認められた点で村長や郷主のワタンよりも「閉じられたワタン」であった。農民ワタンの職域の単位は村であったが、前述したように、ワタン保有者に欠員が出た場合は、隣村・周辺村のウパリー農民が移動し、これを得ることがあった。各村にカースト・ヒエラルキーは存在したが、「農民層」カースト間の、村を超えた労働力移動があり、郷が労働力移動の主な範囲となった。前述の「カーストの長老会議」も、十八世紀のインド西部では郷を単位としており、郷が在地の再生産の場であったことがわかる。郷を範囲とする、「農民層」カーストの横の移動をともないながら、各村の農民ワタンは、長期にわたり保全されてきた。

(4) ワタン制度の成立と、日本との比較

本項では、ワタン制度の成立に関して若干の見解を述べ、日本の農村社会との比較を試みる。ワタン制度の成立とその発展を明確に示す史料は、管見の限り存在せず、ワタン制度の歴史は、ほとんどわかっていないのが現状である。

このような状況のなかで、深沢が、ワタンの祖型を求めている。彼は、ワタンやミラース、イナームという語がペルシア語やアラビア語など外来語を起源とするのに対し、デサイーやデーシュムクという郷主を示す語が、サンスクリット語起源であることに注目する。このことから彼は、十四世紀前半にデカン地方がムスリムに征服される以前に、郷主の祖型が存在していたと推察し、八〜十世紀にデカン地方を支配したラーシュトラクータ王国のデーシュアグラムクタという世襲の徴税役人に郷主の祖型を見出す。ワタンなどの語が、ペルシア語やアラビア語を起源としていることから、デカン地方でムスリム支配が始まる十四世紀以降に、郷主の職務と権益が整理・確定し、ワタンが新設されたのではないかと深沢は推察している[28]。深沢の推論をうけて、最初期のワタンは、郷主のワタンであったと筆者は推察する。その後、地方役人を中心に、さまざまな職務と権益に対してワタンが設置・施与されたと考えられる。

十六世紀にデカン地方南西部を支配したアーディル・シャーヒー王国の下では、郷主など在地の世襲役人のワタン売買、分割、譲渡がみられ、制度としての確立が見て取れる[29]。農民ワタンなど、世襲役人以外のワタンがいつ、どのように設置されたかを示す記録は残されていない。マラーター王国の成立前後の十七世紀後半の文書には、世襲役人以外のワタンの売買、分割などが記されており、この時期までにワタン制度が、インド西部の社会全体に広がっていたことがわかる。十八世紀後半になると、ウパリー農民を利用した開墾を政府が奨励し、財政難を奪回するために、ワタンもちのバルテー職人に課税するなど[30]、政府が在地のワタン制度を積極的に利用するようになる。

この時期までには、小谷が指摘する二次的ワタンもほぼすべて成立しており、十八世紀後半にワタン制度は、成熟期を迎えていた。一八一八年にインド西部は、イギリスの植民地となり、分業体制を否定し、農民が植民地政府に直

接、地税を支払う新たな地税制度（ライーヤトワーリー制）が一八三六年に導入された。小谷は、この新地税制度の導入により、農民ワタンが消失していったと指摘する[31]。

こうしたワタンの成立と発展、衰退の歴史は、日本の職・株の成立、衰退の歴史と並行関係にあると考える。ワタン制度の成立期に、在地の世襲役人にワタンを授与したのは政府であり、最初期のワタンは、職に相当した。日本では、中世近世移行期に「職の体系」が崩壊して株が成立したが（職および「職の体系」に関しては第3章・戸石論文参照）、インドでも、ワタンが在地の世襲役人以外にも設置されるようになり、政府との関係を前提とせず、在地の村落社会の授受関係を規定する制度となった。ワタンという名称は同一であるが、ワタンが、中世の職に相当するものから、近世の株に相当するものに大きく変化していったことが、日本との比較で見えてくる。

インドにおける「職の体系」の崩壊ともいうべき本質的な変化がいつ、どのようにして起こったかは明らかではない。アーディル・シャーヒー王国の支配期（一四八九〜一六八六年）の末期にあたる十七世紀半ばまでには、この変化が起こっていたと考えらえる。十七世紀後半以降のワタン制度と、日本の株式の類似性は、本章と第3章を比較すれば、明らかである。

ただし、十八世紀後半においてさえ、在地の世襲役人のワタンは完全に在地化したわけではなかった。たとえば郷主や村書記などの在地の世襲役人が殺人・窃盗など刑事事件を起こした場合、政府は直ちに彼らのワタンを接収したのに対し、在地の世襲役人以外のワタンをもつ者が犯人の場合は、投獄・罰金が刑罰となり、彼らのワタンに政府が干渉することはなかった[32]。このことは、在地の世襲役人のワタンが、職の性格を残していたことを示している。近世近代移行期の農民ワタンと百姓株式の比較に関しては、小谷が詳細な比較をおこなっている（小谷［二〇一三］参照）。

本項では、日本との比較によって、ワタン制度の大きな変化をみることができた。次節では、ワタンという、日本の株式と極めて類似する制度をもった、近世インドの農村社会における「家」の解明を試みる。

2 十八～十九世紀インド西部における土地経営と「家」

(1) 十八～十九世紀インド西部の土地保有と土地経営

本節では、土地の保有と経営に注目しながら、インドにおける「家」について考察する。近世インド西部の農村における耕作地には、ワタンもち農民が耕作をおこなう農地があり、ミラース地と呼ばれた(33)。ミラース地以外で可耕地が残っていた場合は、ウパリー農民がこれを占有し、耕作した。またイナーム地は、しばしばウパリー農民が耕作していた(34)。荒蕪地での開墾をウパリー農民が担ったことは前節でみた通りである。彼らの開墾によって、灌漑地と天水地からなる可耕地は、十八世紀後半に外延的拡大をみた。カースト制度によって、社会的流動性が限定されていた社会において、可耕地の外延的拡大のための労働力の不足は各地で起こっていたと考えられる。このような状況下で、ウパリー農民は、自由な労働力として、多くの村で歓迎され、彼らの労働力需要は高かったと考えられる。ウパリー農民とその移動性は、近世インドの「家」を考えるうえでも重要となる。

農地経営を考察するにあたり、本章の趣旨に即するならば、ミラース地の経営を分析することが望ましい。しかしミラース地の経営は、ワタンもち農民に委ねられ、それを村が承認しており、文書館の政府公文書のみでは分析不可能である。一方で、イナーム地に関しては、十九世紀半ばの詳細な史料が残されている。植民地政府は、効率よく地税を徴収するために、現地の既得権益を調査するイナーム調査委員会を一八四三年に設立し、各地のイナーム地などの成立、相続、経営等を記録し、イナーム地保有者の家系図を作成した。近世インドにおいて、家系図が作成されることはほとんどなく、イナーム調査委員会の史資料は、インドの「家」を考えるうえで非常に重要である。農民がイナーム地を得ることは極めて稀であり、詳細な記録が得られた、プネー県インダプール郡インダプール町の不可触民

図11-3　プネー県インダプール郡インダプール町のマハールの家系図

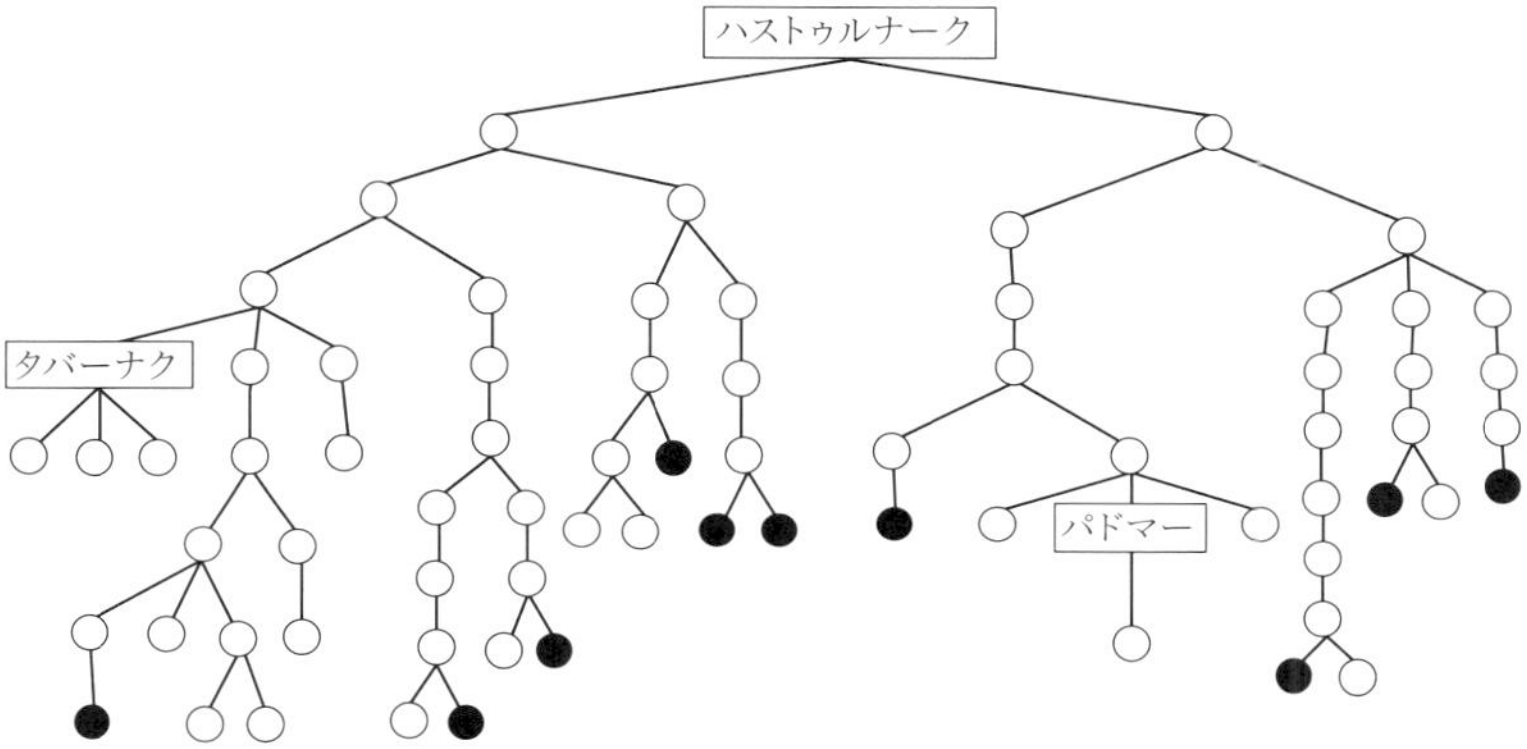

出所）Samast Mahar Kasbe Indapur Pargana Indapur San 1257 Fusli,Pune Jamav Rumal no.715, Maharashtra State Archives, Pune. より筆者作成。

（マハール）のイナーム地を分析する。[35] これは、前節で示した不可触民の特別な役割に対して与えられたイナーム地で、各村に存在した。図11-3は、インダプール町のマハールの家系図を簡略化したものである。図11-3中の、○は、戸主であるか否かにかかわらず、血縁関係にある男性を示している。

インダプール町のマハールに対する聞き取りは一八四八年におこなわれ、その時の回答者は、タバーナク・マハールであった。タバーナク・マハールの父祖であるハストゥルナーク・マハールにマハール・ワタンとイナーム地が最初に与えられた。ハストゥルナークがワタンを得たのはマラーター国王シャーフーの治世（在位一七〇八〜一七四九年）であるが、その正確な時期はわかっていない。タバーナクはマハールのワタンを、一族のパドマー・マハールと折半し、それに応じてイナーム地の権利も折半して、共同の名義で経営していた。パドマーは、父よりインダプール町のマハール・ワタンの半分を相続したことが明らかになっており、折半されたマハール・ワタンが、一族内で世襲されていたことがわかる。

注目すべきは、イナーム調査委員会とタバーナクの間で、イナーム地の保有をめぐって、何度か書類のやり取りがあったが、タバーナク宛ての書類は、写しが常に図11-3の●の一〇名の人物に送られていた点である。おそらく、一〇名の一族の同意を得て、やり取りが進められていたと考えられ、名義上は、イナーム地をタバーナクとパドマーが折半していても、実際は、一族一〇名で、合同して経営していたと推察される。これに対応するように、イナーム地の権原となるマハール・ワタンも実際には、一族一〇名がその職務と権益の執行にかかわっていたと考えられる。

⑵ 植民地下における家族・相続の法の成立と近世インドの「家」

上記のイナーム地の事例が示すように、近世インドにおいて、イナーム地やミラース地はワタンとともに、基本的に合同家族によって経営されていた。インドにおける相続方法と家族の在り方を理解するためには、インドの法の歴史を知る必要がある。植民地支配以前の家族や相続に関する問題は、前述の、「カーストの長老会議（パンチャーヤト）」で審議され、そこでは各カーストの慣習の法が効力を持っていた。十八世紀半ばにインド東部のベンガル地方で植民地支配が始まると、司法をめぐる状況にも変化がみられた。ベンガル知事（総督）のヘースティングスは、行政、徴税、司法に関する諸規則を定め、「相続、婚姻、カースト、その他の宗教的慣行と制度」に関する訴訟事件で、ヒンドゥーに対してはダルマ・シャーストラ、ムスリムに対しては『コーラン』に依拠して裁判することを定めた。[36]ダルマ・シャーストラとは、前六世紀頃から十九世紀半ばまでのインド古法典の総称である。家族・相続の問題は、植民地支配下で、その手続きや法源が大きく変化した。植民地官僚で、ダルマ・シャーストラの研究をおこなったH・T・コールブルック（一七六五〜一八三七年）は、バラモンによって最も尊重されていた古法典である『ダーヤバーガ』と、『ミタークシャラー』の相続法の部分を英訳した。[37]この二つの古法典が、植民地期以降、現在に至るまで家族・相続の問題に関して大きな影響力をもっている。『ダーヤバーガ』は、十一世紀末に、インド東部のベンガル地方で成立した相続の綱要書で、同地方では、この書に関する註釈が続々とつくられた。『ミタークシャラー』は、三〜四世紀に成立し、さまざまな生活規範と法規定を記した『ヤージュニヤヴァルキア』の註釈書で、一一二五年頃にデカン地方で成立した。『ミタークシャラー』は、ベンガル以外のインド諸地方のバラモンたちに支持された。[38]

『ダーヤバーガ』と『ミタークシャラー』では、合同家族と相続に関する規定が異なっていた。ヒンドゥー社会における合同家族とは、同じ父祖から生まれた男系の子孫とその妻子たちから構成される家族を意味する。[39]『ダーヤバーガ』では、父は、合同家族財産[40]の所有者で、息子は父の死によって初めて家族財産に対する権利をもち、父の存命中に分割できなかった。[41]父は息子の同意なしに家族財産を売却・処分できた。そして父の死亡によって息子は父の分を相続し、息子がいない場合は、母＝寡婦が継承した。『ミタークシャラー』では、息子は出生によって家族財産に対する権利をもち、家長である父は、家族財産の処分に当たって、成年男子の全成員の同意を得ねばならなかった。また成員が死亡すると、家族財産における彼の分は、合同家族の男子全成員に継承された。[42]植民地支配の下で、『ダーヤバーガ』の家族財産と相続の法は、ベンガル地方の裁判で適用され、『ミタークシャラー』の法は、その他の地方で適用された。

ここでインダプール町のマハールの事例を、再分析する。植民地時代の区分に従うと、デカン地方は『ミタークシャラー』の適用範囲となる。イナーム調査委員会と、調査対象者のタバーナクとの書簡のやり取りで、書簡の写しが常に上記の一〇名に送られていたことは、ワタンとイナーム地は家族財産であり、ゆえに家長であってもイナーム地を単独で処分できず、成員の同意を必要としたという『ミタークシャラー』の規則に符合する。ワタンの折半者（パドマー）、同意を必要とした一〇名の計一二名は、全て異なる傍系に属していた。家系図に年齢の記載はなく、他に成年男子がいたのかは確認できない。[43]注目すべきは、ワタンを折半した二名（タバーナクとパドマー）と他一〇名の関係である。イナーム調査委員会とのやり取りの場に実際に出てくるのは、ワタンを折半した二名のみであり、彼らが実質的にワタンとイナーム地を経営して利益の大部分を享受し、他一〇名は、直接的に経営に従事しない代わりに、利益も間接的に享受したと考えられる。

以上の分析から、近世インドの「家」の在り方がみえてくる。近世のデカン地方には、『ミタークシャラー』の規則を適応しうるような合同家族が存在した。これを広義の「家」とする。この広義の「家」のなかに、各傍系の長を核とする、狭義の「家」があったと考えられる。上記のインダプール町の事例では、タバーナクと彼の三人の息子は狭義の「家」を構成した。タバーナクは、狭義の「家」の構成員に対し、イナーム地の処分に関する同意を得ていないが、広義の「家」の成員、すなわち各傍系の長には、同地の処分に関する同意を得る必要があった。タバーナクを中心にみた場合、ワタンを直接的に経営したのが、彼の狭義の「家」であり、その経営に間接的に関与したのが、彼の広義の「家」であった。ワタンは、近世インドの家族形成に重要な役割を果たしていた。タバーナクのように、家産・家業（ワタン）を直接に経営しうる主体としての狭義の「家」が存在し、ワタンを経営する狭義の「家」を核として、合同家族である広義の「家」が組織されたと考えられる。広義の「家」に凝集性を与えたのは、ワタンであった。

このようにワタンを中核とした「家」の組織が存在した一方で、近世のインド西部には、ワタンをもたず、自由な労働力して移動するウパリー農民がいた。ウパリー農民が、単身であったか、狭義または広義[44]の「家」を形成していたのかは、現段階では明らかになっていない。むしろ村落からの労働需要の在り方に応じて、ウパリー農民はさまざまな形態の「家」を形成したと考えることができる。近世インド西部の農村には、ワタンを中核とした、正規の「家」組織が存在するのみでなく、その周りには、非正規で、より多様・可変な、ウパリー農民・職人の「家」が存在しており、近世インドの「家」制度は、移動性・可変性を許容する遊びを有していた。

おわりに

近世日本の株式に相当するワタンは、近世インド西部の農村社会を運営するのに最も重要な制度であり、カースト制度と密接に関わりながら、植民地支配下で崩壊するまで、ワタン制度が持続してきた。このような社会において、「家」は、狭義には、ワタンを直接的に運営する主体であり、広義には、その運営に間接的にかかわる合同家族と定義され、ワタンが集団に凝集性を与えていた。そして本章は、農村社会の形成において、ワタンをもたないウパリーの、移動性をともなう、より自由な労働力が重要な役割を果たしたことを明らかにした。カースト制度による社会的流動性が引き起こすインド農村の労働力の不足は、ウパリーの農村を超える移動によって、ある程度、解消された。ワタンを中核とした正規の「家」のみでなく、より多様で自由な、非正規の「家」が存在しており、近世インドの「家」制度は、前述の定義では説明しきれない余地を有していた。

本章の執筆にあたって、小谷汪之氏、薗部寿樹氏、戸石七生氏に貴重な助言をいただいた。謝してここに記す。本研究は、日本ＪＳＰＳ科研費基盤研究（Ｂ）「日本・朝鮮・インド農村地域社会の比較研究――農業集落と広域地域単位（郷）に着目して」（課題番号一五Ｈ〇四五六一）の活動成果である。

注

（１）　水島司［二〇〇六］「インド近世をどう理解するか」『歴史学研究』第八二一号、四九～五九頁。

（２）　インド西部は、内陸部のデカン高原と海岸部のコンカンに分かれ、前者はサバンナ気候に属する乾燥地帯であったのに対し、後者はモンスーンの影響を受けて、多雨であった。

（3）小谷［二〇一〇］、一〇八頁。

（4）農業はバルテー職人が従事した専門職よりも開かれた職業であり、他カーストによる農業従事の可能性が指摘されてきた。本章はその可能性を否定するものではなく、農業に専門的に従事したカーストに注目して「家」の在り方を問うものである。

（5）近世のインド西部の農村においては、ワタン制度に基づいて、現金・現物が職人、在地の世襲役人、政府、寺院などに分配され、政府は量的には最大の穀物受取人であったが、質的には、政府も分配を受け取るアクターの一人に過ぎなかった。臣民から政府への一方的な流れを前提とする「税」という言葉を用いず、多方向への現物・現金の流れを前提とする「分け前」という語を用いる。よって本章では、地税を「政府の分け前」と言い換える。

（6）屋敷地の保有に対して、ワタンもち農民には、「屋敷地に対する支払い」が課された。

（7）小谷［二〇一三］、一九～三一頁。

（8）ウパリーは「余所者」を意味するサンスクリット語起源の用語である。

（9）史料で省略されている部分は筆者が補い、この補足部分を角括弧で囲んだ。

（10）*Captain Dowell's notes on the Survey of the old Ratnagiri Taluka*, Bombay, 1912, Selections from the Records of the Bombay Government, New Series, No.197, p.165.

（11）深沢［一九七二b］、二五一～二五七頁。

（12）小川［二〇〇八］、五〇～五一頁。この論文では、現地の表現に合わせて、ウパリー農民が「バーデカリー」と表記されている。

（13）小谷［二〇一三］、二七～二九頁。

（14）小谷［二〇一三］、三〇～三一頁。

（15）イナームは土地や村の「政府の分け前」の施与を意味し、厳密にはイナーム地と免税地は異なる。政府の取り分が生じないという意味では免税措置であったから、ここでは「一種の免税地」と表現した。

（16）Kulkarni [2008], p.26.

（17）深沢［一九七二b］、三三七頁。

（18）深沢［一九七二b］、三二一頁。

（19）深沢［一九七二b］、三三七頁。

(20) Kulkarni[2008], pp.11-13.
(21) 小谷［一九六四］、三八五〜三八六頁。
(22) カースト制度は、ヒンドゥー教徒が人口の大部分を占めるインド社会の根本原理であり、国内外に数多くの研究が存在する。我が国では、『叢書カースト制度と被差別民』（全五巻）が、カースト制度とその差別を扱った体系的なシリーズである。本項では、特に断りのない場合、本シリーズ第一巻序章の山崎［一九九四a］、二三〜五二頁に依拠する。
(23) 山崎［一九九四b］、五五〜五六頁。
(24) 小谷［一九九六］、八頁。
(25) 山崎［一九九四b］、六一〜六九頁。
(26) 鎮めの儀式におけるマハールの役割は小谷の研究に詳しい。小谷［二〇一〇］、二七〜三〇頁。
(27) 深沢［一九八七］、九〇〜九一頁。
(28) 深沢宏「アーディル・シャーヒー王国（西暦一四八九〜一六八六）の地方支配に関する一研究」深沢宏『インド社会経済史研究』東洋経済新報社、一九七二、三七〜四〇頁。深沢宏「マラータ王国の支配制度と社会的経済的秩序」深沢宏『インド農村社会経済史の研究』、一八四頁。
(29) 深沢宏「アーディル・シャーヒー王国（西暦一四八九〜一六八六）の地方支配に関する一研究」、三四〜三五頁。
(30) A.R.Kulkarni, "Towards a History of Indapur", in A.R.Kulkarni, *Medieval Maratha Country*, Diamond Publications: Pune, 2008, p.211.
(31) 小谷［二〇一〇］、一一〇〜一一一頁。
(32) G.C.Wad eds., *Selections from the Satara Raja's and the Peshwa Diaries*, Vol.VIII, the Paoona Deccan Vernacular Translation Society: Poona, 1911, nos. 897, 898, and 899.
(33) ミラースは、ワタンと同義のアラビア語起源の用語である。ミラース地の分析は、深沢［一九七二b］に詳しい。
(34) 深沢［一九七二a］、二四六〜二四七頁。
(35) Pune Jamav Rumal no.715, Maharashtra State Archives, Pune.
(36) 山崎［一九九〇］、二七七頁。
(37) 山崎［一九九〇］、二八六〜二八七頁。

(38) 山崎［一九九二］、二四一～二四二、二四六頁。
(39) 山崎［一九九二］、二三七頁。
(40) 合同家族財産とは、父祖から伝来した財産とそれによって取得した財産である。家族の成員は家族財産に依拠しないで、自分で取得した財産を保有できた。山崎［一九九〇］、二九三頁。
(41) 『ダーヤバーガ』における財産相続は、原則として均等や不完全に分割されることなく、第九章・植野論文が示す漢民族の均分相続に符合するものであった。
(42) 山崎［一九九〇］、二九三頁。
(43) 例えば、調査対象者のタバーナクには三名の息子がいたが、彼らには書簡の写しは送られていなかった。残念ながら、史料からは、息子が成人であるか否かは定かではない。
(44) 土地の開墾とそれによる利益等が凝集性を与えた合同家族が、集団で移動し、開墾を行なうことは想定し得る。これは、ウパリー農民が形成し得た広義の「家」といえる。

主要参考文献

〈日本語〉


小川道大［二〇〇八］「イギリス東インド会社とジャーギールダールの地税徴収権の分割――一九世紀前半ボンベイ管区ラトナーギリー郡の「二重支配」を事例にして」『社会経済史学』第七四巻第三号。

小谷汪之［一九九四］「不可触民の職務と得分――マハール・ワタンをめぐる紛争と論争」小谷汪之編『西欧近代との出会い』叢書カースト制度と被差別民・第二巻、明石書店。

小谷汪之［一九九六］『不可触民とカースト制度の歴史』明石書店。

小谷汪之［二〇一〇］『インド社会・文化史論 「伝統」社会から植民地近代へ』明石書店。

小谷汪之・山本真鳥・藤田進［二〇一二］『土地と人間――現代土地問題への歴史的接近』二一世紀歴史学の創造三、有志舎。

深沢宏［一九七二a］「十八世紀デカンの村落における農民について」深沢宏『インド社会経済史研究』東洋経済新報社。

深沢宏［一九七二b］「十八世紀デカンの村落における傭人について」深沢宏『インド社会経済史研究』東洋経済新報社。

深沢宏［一九八七］「十八世紀マラータ王国のカースト制度」深沢宏『インド農村社会経済史の研究』東洋経済新報社。

山崎元一［一九九四a］「カースト制度と不可触民制」山崎元一・佐藤正哲編『歴史・思想・構造』叢書カースト制度と被差別民・第一巻、明石書店。

山崎元一［一九九四b］「古代インドの差別と中世への展開」山崎元一・佐藤正哲『歴史・思想・構造』叢書カースト制度と被差別民・第一巻、明石書店。

山崎利男［一九九〇］「イギリス支配とヒンドゥー法」柴田三千雄編『権威と権力』世界史への問い七、岩波書店。

山崎利男［一九九二］「インド家族法の原理とその変化――一九四八年ヒンドゥー法典案をめぐって」川井健ほか編『島津一郎教授古稀記念　総論』講座・現代家族法一、日本評論社。

〈英語〉
Kulkarni, A.R. [2008] *Maharashtra Society and Culture*, Diamond Publisher: Pune.

第12章　十八〜二十世紀スウェーデンにおける世襲農場の成立過程

佐藤睦朗

はじめに

本章の課題は、十八世紀から二十世紀前半にかけてのスウェーデンにおける「世襲農場」(släktgård：通常、family farm と英訳される)(1)の成立過程について、小農自立や市場経済の浸透との関連から考察することにある。世襲農場とは、親族・家族内で分割されることなく代々継承される農民農場のことであり、そこに日本の「家」との類似性を見出しうる。この世襲農場の成立過程を明らかにすることで、家の成立に関するスウェーデン農業史からの比較考察の視座を提供し得るのではないかと思われる。

世襲農場の研究史は、二十世紀初めまでさかのぼる。スウェーデンの統計学者ニルス・ヴォリーン(Nils Wohlin：後に保守派の政治家としても活躍)は、一九一〇年に刊行された『農民層衰退の危機――旧来からの相続地概念の消滅、移民、および農民所有地の流動化との関連から』のなかで、土地市場の発展や個人主義の浸透により、農場を代々不分割で相続する慣習が放棄されているとの見解を提示した。彼は、十九世紀半ばまでは世襲農場の維持が優先されていたが、二十世紀初めにかけての市場経済化や個人主義の台頭のなかで、従来の相続慣行が放棄されたと考えたのである(2)。このようなヴォリーンの同時代人としての見解は、その後のスウェーデンの歴史学や民俗学に大き

な影響を与え、十九世紀の農村社会での家産継承に関する古典的な学説として定着した。(3)

だが、一九八〇年代以降の研究において、土地市場を通じた農場の売買を含む、農民層の家産継承における多様な戦略が明らかになったことにより、ヴォリーン説は大幅な修正を迫られている。本章では、ヴォリーンの見解とは逆に、世襲農場は工業化と市場経済化が進行した二十世紀初めに成立したとする近年の研究動向に着目し、その成立過程をめぐる研究史を概観することにしたい。

1 十九世紀スウェーデンにおける相続制度と土地市場

(1) 十八世紀から二十世紀前半にかけてのスウェーデン農民層

十九世紀末までのスウェーデンの農民層は、担税地農民(skattebonde)、王領地農民(kronobonde)、免税地農民(frälsebonde：貴族領農民とも訳しうる)の三つに大別される。このうち、貴族や上層中間層(ofrälse stånds-personer：爵位をもたない官僚・軍人や新興の企業家などが含まれる)の所有地での小作農である免税地農民は、本章の考察の対象外とし、自作農である担税地農民(一七八九年に、土地の自由処分権を含めた完全な所有権が認められた)と、一七八九年以降は担税地農民とほぼ同様の世襲土地保有権を有した王領地農民に限定して議論を進めることにする。(4)

スウェーデンでは、十七世紀に貴族領が拡大した時期がみられたものの、十八世紀初めの段階で農民所有地はおおむね三〇%ほどを占めていた。その後、一七〇一年以降の王領地売却(skatteköp)や、一七八九年と一八一〇年に順次容認された免税地の購入を通じて農民所有地は拡大し、十九世紀半ばにはおよそ六〇%を占めるまでに至った(図12-2)。(5)このように十八世紀前半以降、農民層による土地購入が進んだ背景として、犂《すき》の改良や土地整理(エン

図12-1　スウェーデンの「地方」

図12-2　スウェーデンにおける土地所有（保有）状況（1520〜1870年ころ）

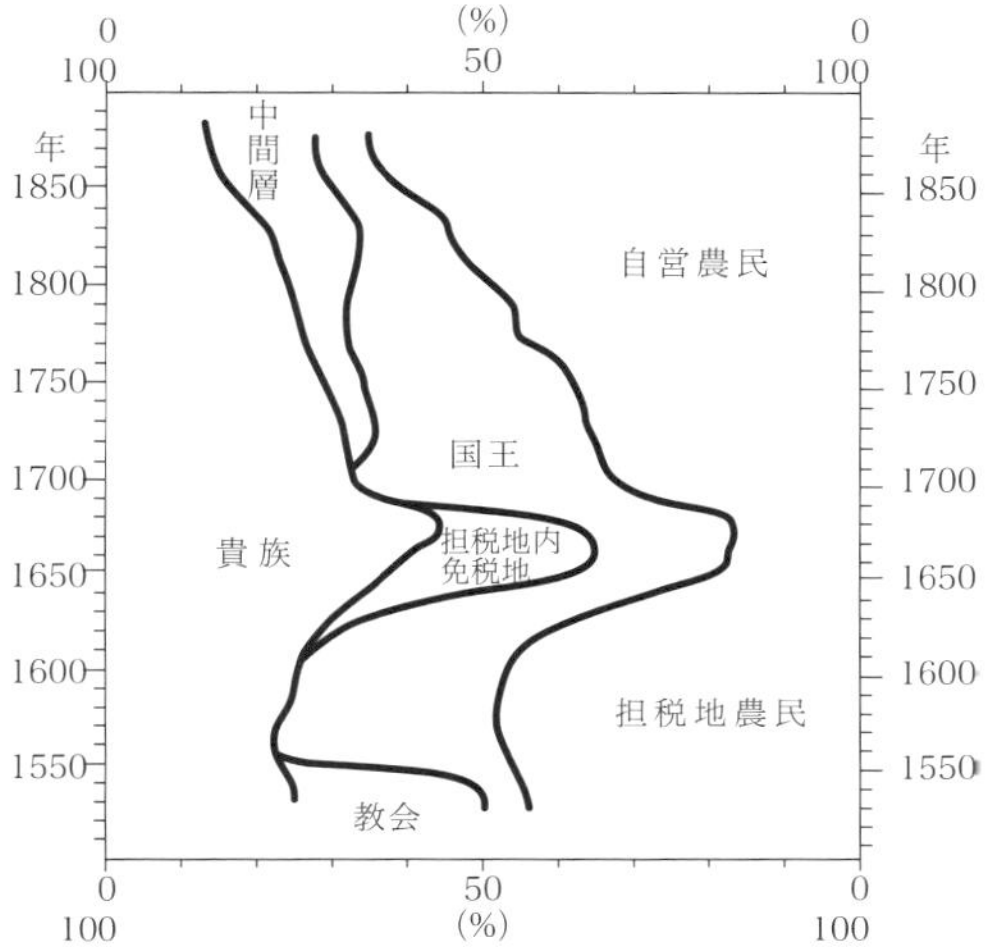

出所：Janken Myrdal [1996] p.282.

図12-3　1870-1940年のスウェーデン農村の社会階層構成

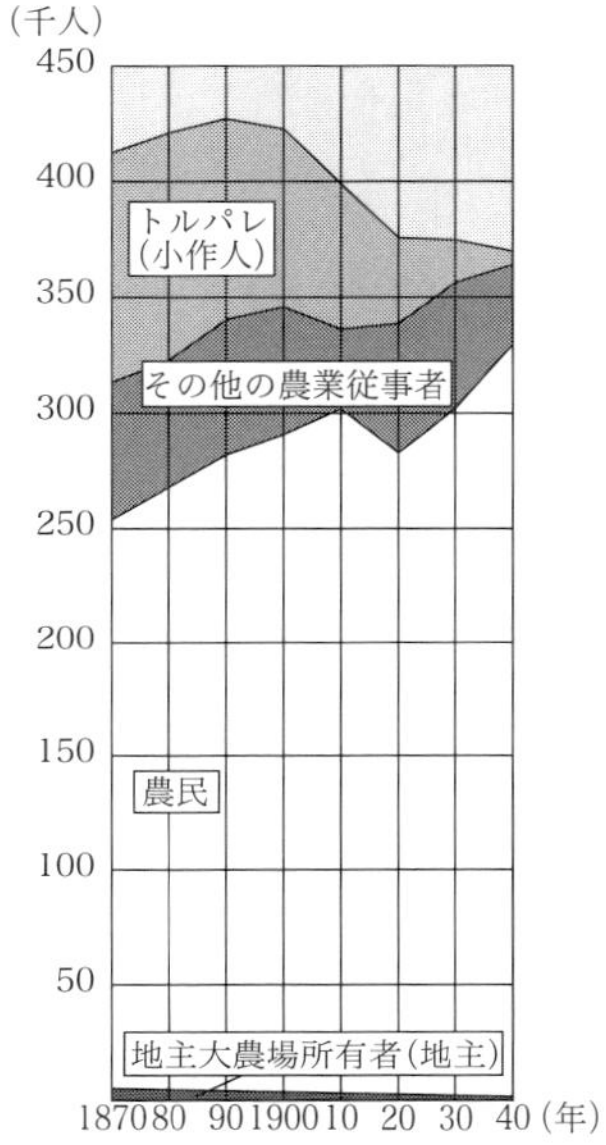

出所：Mats Morell [2001] p.33.

クロージャー）の実施、新農法の導入などの一連の農業改良（農業革命）を通じて農業生産が拡大する一方で、地租（grundskatt）をはじめとする農民層への租税負担額の上昇が物価上昇分を下回る程度に抑制されたことにより、担税地農民や王領地農民の手元に多くの余剰生産物が残るようになったことが挙げられる。(6)

スウェーデン農民は必ずしも均質な階層ではなく、十六世紀には既に農民層内部での経済的格差が顕在化していた。このような農民層内の経済的な格差は、十八世紀に若干縮小する傾向もみられたものの、十九世紀には再度広がったと考えられている。(7) この農民層分解の過程で、下層貴族層との境界が不明確な規模の大農場を経営する富農層が形成される一方で、十八世紀半ば以降増加した農村下層民との経済的な差異が明確ではない小農・零細農層が増加した。このような小農・零細農の子のなかから、農場の相続を受けることができずに農村下層民や都市労働者に地位が低下する場合もあったが、その一方で開墾地や大・中農場の周辺部分に零細農場や小農場が新設され、それらを下層民が購入することで零細・小農層としての地位を回復しうる可能性も存在した。(8)

こうした小規模家族農場の一部は、十九世紀後半に穀物価格が下落するなかで大きな打撃を受けて消滅したが、多くは都市での乳製品の需要拡大を受けて耕種農業から畜産業に重点を移すことで存続した。(9) この市場動向に順応した小農経営の存続によって、スウェーデンでは、二十世紀半ばにかけて小農を中心に農民層の人数が増加する傾向にあった（図12-3）。

(2) 親族相続権と相続地制

十九世紀半ばまでのスウェーデンにおける相続制度および土地市場を考えるうえで重要となる概念に、親族相続権(bördsrätt; birth right と英訳される)[10]と相続地（arvejord）制がある。両者は、土地移転が親族内で容易になされることと、農場分割による経営規模の縮小を回避することを主な目的として制定されたもので、十五世紀の州法のなかには既に規程がみられた[11]。

相続地とは、相続によって取得した土地をさし、土地市場を通じて取得した購入地（avlingejord）と区別された。この相続地に対して親族相続権が適用され、非相続人に相続地を売却する場合には、売却者は郡裁判所（ting）での三回の公示を行い、親族者側から売却への異論がないことを示す必要があった。この手続きの間に異議を唱えた親族者は、該当する相続地を優先的に購入する権利を有したのである。また、相続地は夫婦の共有財産に含まれなかったことから、父方からの相続地については父系親族以外への移譲の自由がある程度制限されており、母方からの相続地の場合も同様の規制がかけられた。相続地の遺言相続は認められておらず、原則として、一八四五年まで娘は息子の半分と規定されていた農村での法定相続比に基づいて相続分が決定された（一八四六年以降は男女平等の法定相続分に移行した[12]）。

図12-4　親族相続権者の範囲（概念図）：1720年を境とした変化

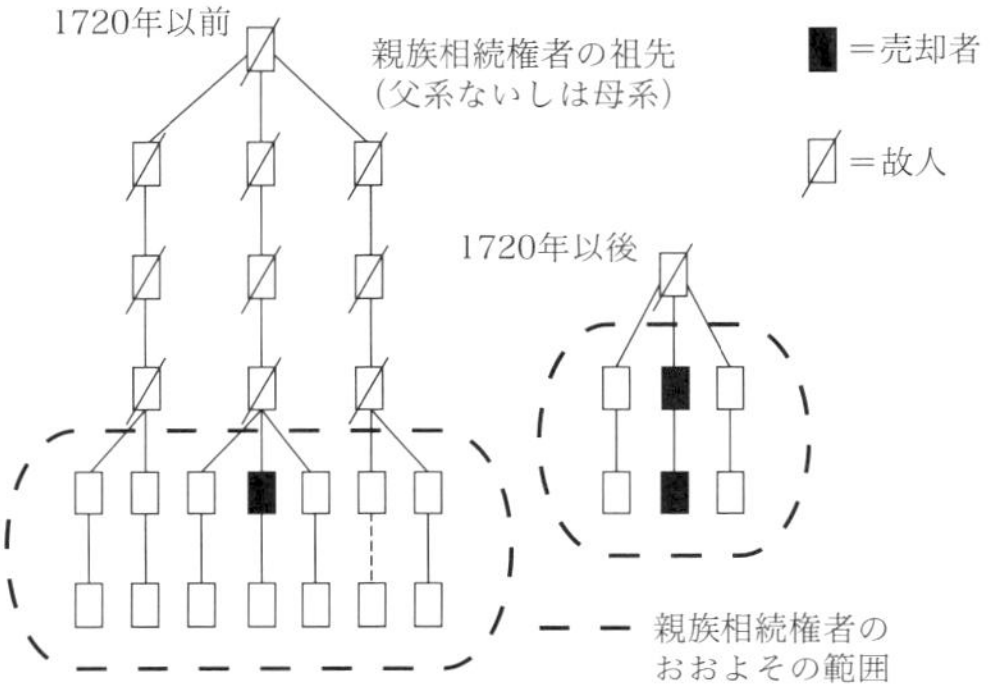

出所：Winberg (1985) p.150.

親族相続権を有する「親族」の範囲は、十八世紀初めまでは曖昧であり、図12-4に示されるとおり、父系・母系の双方の遠縁者までも含まれていた。だが、一七二〇年以降は、親族相続権を主張しうる親族が、売却予定者の子と孫、兄弟姉妹、甥・姪、祖父母の範囲に限定された（これに叔父と叔母も含まれるとする説もある）[13]。親族相続権や相続地の制度は、土地の商品化を抑制し、親族内での農場移転を促進する作用を有したが、土地市場を通じて入手された購入地が増加するにつれて、その意義が徐々に失われることになった。最終的には、相続地制は一八五七年に、また親族相続権も六三年に、それぞれ廃止されており、十九世紀半ばまでに親族による土地売却への異議申し立てを行う権利は消滅した[14]。

(3) スウェーデンの相続史研究

前述の相続地に関する法定相続比に示されるように、スウェーデンの相続法では、一八四五年までは女性は男性の半分の法定相続比であったが、一八四六年に男女平等の分割相続に移行した。ただし、一八五七年に遺言の自由が拡大され、親に分割相続を回避しうる権限が付与されたことや、一八九〇年まで息子に補償金でもって自身の姉妹から相続分を優先的に購入する権利を認めていたため、十九世紀末まで実質的には男子優先相続であった[15]。

また、農場分割（hemmansklyvning）に関する規制が、十九世紀前半に大幅に緩和されつつも一八八一年まで存続していたことも、均分相続を抑制する法的根拠となったと考えられている[16]。それでは、実際の相続慣行はどのようなものであったのであろうか。

スウェーデン相続史の伝統的な学説では、中部のダーラナ（Dalarna）地方における均分相続制と、ゴットランド（Gotland）島での厳格な一子相続（単独相続）制を両極の事例としたうえで、前者のダーラナ地方では農場分割が進み、副業をもった小農層が形成されたのに対して、後者のゴットランド島では農場分割を回避するために厳格な産児制限がおこなわれた、とされていた。そのうえで、前者の形態に近い地域として、北部ノルランド（Norrland）地方や、西部ヴァルムランド（Värmland）およびダールスランド（Dalsland）地方の森林地帯を、また後者の形態に近い地域として、南部スコーネ（Skåne）や東部のウステルユートランド（Östergötland）地方およびメーラレン（Mälaren）湖周辺などの平野部を、それぞれ典型な地域として挙げることが通例であった。[17]

だが、近年の研究では、両極端な事例の地域とされたダーラナ地方とゴットランド島においても、相続形態は教区や村によって多様であったことから、地方単位で一律に相続形態を類型化することに否定的な見解が出されている。全体的には、均分相続制と一子相続制が混在する地域や、両者の中間的な形態（上述の法定相続を適用しつつも、不動産は分割せずに一子に継承させる形態）地域が多かったと考えられる。[18] また、同じ教区や村においても、農民層の間で相続に相違があったことが知られており、小農・零細農の間では分割相続は不可能であったのに対して、十九世紀後半までの大・中農層は、開墾による耕地面積の拡大や土地市場での農場の購入を経たうえで、可能な限り法定相続に沿ったかたちで農場分割をおこなったとする説が近年有力となっている。[19]

(4)　十八〜十九世紀のスウェーデン農村社会における土地市場

スウェーデンでは、遅くとも十六世紀には土地市場が成立しており、親族間のみならず、非親族間での農地売買がおこなわれていた。特に十七世紀の「大国の時代」には、土地取引が増加する時期が存在したが、その多くは増税や戦時の徴兵負担増、疫病、凶作などで農村が疲弊するなかでの農場の売却であったことから、土地の商品化による土地市場の発達を意味するものではないとする見解が有力である。[20]

これに対して、十八世紀半ば以降は土地の商品化を通じて土地市場が拡大したと考えられている。もっとも地域差は大きく、前述の王領地売却を契機として、十八世紀末にかけて非親族間での土地取引が増加した地域がある一方で、十八世紀の段階では親族間での農場・農地の売買が主流であった地域も存在した。[21]

十九世紀にはいると、人口増加（一八〇〇年：約二四〇万人→一八五〇年：約三四八万人→一九〇〇年：約五一四万人）のなかで、当時約八〇％が農業従事者であったスウェーデンにおいて農場の需要が大きく伸びたことから、土地市場はさらに拡大した。なかでも零細・小農場は、農村下層民や親の農場を継承することができなかった子たちでも努力次第では購入可能な価格であったことから、土地市場を通じて活発に取引された[22]。これらの小規模農場の取引において、非親族間での所有権移転の比率が高まる傾向にあった。一方、大・中農場については、非親族間での取引がなかったわけではないが、十九世紀を通じて親族・家族間での取引の比率が高まった[23]。

このようにスウェーデンでは、土地市場を通じた農場・農地の取引は十八世紀末までに広範におこなわれていたものの、本格的な土地の商品化が進展したのは、零細・小農場が増加した十九世紀のことであった。

2　世襲農場の研究史

(1)　十八世紀末までの世襲農場の形成状況

スウェーデンにおける家産継承に関する研究では、十八世紀以降を対象とするのが一般的である。これは、それ以前の時代については史料上の制約から研究をおこなうことが難しいことに加えて、十七世紀には社会経済的および人口学的要因によって家系が断絶するケースが珍しくなったことによるものであると考えられる。とはいえ、一部の先行研究では、農場移転における親族関係について、断片的ではあるが分析をおこなっている。それによると、一七世紀には、非親族間での農場売買や再婚などを通じて親族相続権が別の親族集団に移動することが少なくなかった[24]。このため、ごく一部の有力農民を除いて、数世代にわたって一つの家系ないしは親族内で特定の農場を継承していくことは困難であったとみて大過はないと思われる。

一方、「自由の時代」（一七一九～一七七二年）とよばれる、王権がある程度抑制され、四身分制議会（Riksdag）

の国政への関与が強化された時期に入ると、スウェーデン農村社会は比較的安定するようになった結果、前述の農業革命や農民層の地位向上が進行するとともに、大農層を中心に家産継承を安定的におこないうる状況となった。ただし、その場合も親から子へと単純に農場が相続されるケースはむしろ例外的で、義理の息子（娘の夫）や兄弟、あるいは甥や叔父などの近親者に相続・売却されるケースが一般的であった[25]。また、隠居契約の履行をめぐる対立から、前所有者が農場移転を破棄して、別の親族者に隠居義務をともなう農場所有権を移動させる事例もみられた[26]。このため、十八世紀末までに大農層を中心に世襲農場の原型は成立していたが、単純な家族成員間での不分割家産継承ではなく、親族内で所有権の移転を複雑に行ったとする見解が有力となっている。

(2) 十九世紀における世襲農場に関する研究史

十九世紀スウェーデン農村史研究において、本章の冒頭で扱ったヴォリーン学説に対する疑問が提起される契機となったのが、一九八一年に発表されたクリステル・ヴィンバリ（Christer Winberg）の「ヴェステユートランド地方の三教区における家族と土地」と題された論文である[27]。このなかでヴィンバリは、スウェーデン西部のスカラボリ(Skaraborg）県（ヴェステルユートランド地方に含まれる。現在はヴェストラ・ユートランド県の一部となっている）の三教区における一四六家族（一七七六〜一八三〇年の間に形成された家族）を対象として、家産継承の在り方についての実証分析をおこなった結果、農場所有権移転の約四分の一で非親族間での農場全体の売買であること、また必ずしも親から子への単純な一子相続だけではなく、多様な家産継承の形態が存在したこと、以上の二点を明らかにした。これにより、土地市場での売買を考察の対象外としてきた従来の相続史研究の枠組みを超えて、農民層のさまざまな相続戦略を考察する方向に研究が進むことになった。

一九九二年に刊行されたクリステル・パーション（Christer Persson）の『土地、農民、および彼の家族』では、スウェーデン東南部のスモーランド（Småland）地方北部のロックネヴィー（Locknevi）教区を対象として、農場所有権の移転における親族関係に関する分析がなされている。[28]それによると、十九世紀を通じて、約半数が家族間ないしは親族間での土地取引であり、特に大農場や中農場において、家族・親族間で所有権が継承される傾向が顕著であったことから、大・中農層の間では、世襲農場が一部で成立していたと考えられる。一方で、零細・小規模の農地については、非親族間での取引が一般的であったことから、小農・零細農層では未成立であったと解釈できよう。

同様の実証結果は、ウッラ・ロセーン（Ulla Rosén）の『世襲地と商品――クムラ教区における財産所有の移転：一七八〇～一八八〇年』（一九九四年刊行）でもみられる。[29]スウェーデン中部のナルケ（Närke）地方にあるクムラ（Kumla）教区では、一七八〇年から一八八〇年までの間での農場所有権の移転のうち、親族間での取引が占める割合は六〇％ほどから約三五％低下し、また相続の占める割合も、土地市場を通じた売買の割合が増加したため、約四〇％から二五％弱まで減少した。また、同じ期間の五村落（三三農場）を対象とした分析によると、一貫して同一親族が所有権を保持し続けたのは、わずかに二農場（六％）にすぎなかった。こうした実証結果をふまえ、一部の大農層を除いて、農民層の間で特定の農場を代々親族・家族内で継承する志向は弱く、十九世紀において世襲農場は例外的にしか存在しなかったと結論づけている。

さらに、二〇〇七年に刊行されたソフィア・ホルムルンド（Sofia Holmlund）の『我らが相続した土地――ウップランド地方の農村における土地相続と家族戦略：一八一〇～一九三〇年』においても、スウェーデン東中部のウップランド（Uppland）地方にあるエストゥーナ（Estuna）教区において、一九三〇年のエストゥーナ（Estuna）教区における農場のうち、一八一〇年以来、一つの家系で所有権が継承された農場は、全体のおよそ二二％を占める程度であり、やはり一部の大農層を除いて、世襲農場が必ずしも一般的な存在ではなかったことが実証されている。[30]特に小農場については、十九世紀を通じて土地市場を通じた取引が活発であったことから、世襲農場化は容易ではなかったと指摘されている[31]。

このように十九世紀を対象とした研究では、世襲農場の存在は限定的であり、特定の農場を不分割で代々親族・家族内で継承しようとする志向は、農民層の間で必ずしも強くなかったとする説が有力視されるようになっている[32]。

(3)　二十世紀史研究における世襲農場

十九世紀農村史研究とは対照的に、二十世紀を対象とした農業史や民俗学の研究では、親族・家族間での農場継承が広範に行われていた点を強調する傾向が強い。例えば、イレーネ・A・フリーガレ（Irène A. Flygare）の『世代と継続性——二十世紀スウェーデンの二つの平野部での家族農場』（一九九九年刊行）では、非親族間での農場取引は稀であり、家族間での農場の相続が一般的であったことが明らかになっており、そのうえで農業における親族関係の重要性は、十九世紀よりも二十世紀の方が高まったとする見解が提示されている[33]。また、二〇〇一年刊行のマッツ・モレル（Mats Morell）著『工業化社会における農業：一八七〇〜一九四五年』でも、二十世紀前半に家族間での農場継承がむしろ増加する傾向がみられたことが指摘されている[34]。こうした点は、前述のエストゥーナ教区を対象としたホルムルンドの研究でもふれられており、一八一〇〜一九三〇年の間での世襲農場は全体の二二％であったが、対象期間を十九世紀末と一九三〇年の間に期間を変更すると、その数値は五〇％弱まで上昇することが指摘されている[35]。

このように、二十世紀を対象とした研究では、世襲農場が広範に存在したとする見解が有力となっている。これは、上述の十九世紀を対象とした研究動向とは大きく異なっている。この矛盾をどのように考えるべきであろうか。

この問いへの一つの答えを提示したのが、マッティン・ダックリング（Martin Dackling）の『世襲農場の形成——スカラボリ県での土地と市場：一八四五〜一九四五年』（二〇一三年刊）である[36]。ヴェステルユートランド地方の三教区を対象とした同書によると、親族間での売買ないしは相続された農場の取引全体に占める割合は、十九世紀半ばには四〇％ほどだったが、その後増加して、二十世紀半ばには七〇％を占めるまでに至った。また、二十世紀前半において、十九世紀に比べて土地市場を通じた農場所有権の移転が減少する一方で、相続による家産継承の比率がむしろ高まる傾向がみられた。これらの史実は、工業化や市場経済化が進行した二十世紀前半に、農民層の間で土地市場の影響力を排して、親族・家族間での相続による農場継承が一般的におこなわれるようになったこと、すなわち世襲農場が成立したことを示していると解釈できる(37)。このダックリングの研究成果をふまえると、スウェーデンにおける小農層を含めた世襲農場は、二十世紀前半になって成立したものであり、十九世紀の段階では未成立であった、と整理して問題ないと思われる。

それでは、十九世紀の段階で大・中農層の一部ではすでに世襲農場が成立していたものの、小農層の間では成立には至らなかったのはどのような要因によるものであろうか。この点を、節を改めて検討することにしたい。

3　十九世紀における世襲農場形成の阻害要因

(1)　零細・小農場の存在形態

十九世紀のスウェーデンでは、開墾が進むなかで、村の周辺部分に新たな零細・小農場が設置される動きが進んだ。本章の第1節(4)でふれたとおり、これらの新農場の需要は大きく、十九世紀における土地市場の発達の大きな要因となった。この購入者には、小農層や農村下層民から、大・中農層やその子たちまで、多様であった。こうした零細・小農場経営の多くは安定しなかったことや、それらの小規模農場の所有がライフコースにおける一時的なケースも少なくなかったことから、零細・小農場の所有者は短期間で頻繁に変更される傾向にあった(38)。これが、零細・小農層の間での世襲農場成立の阻害要因となったと考えられる。

もっとも、零細・小農場の土地市場の発達が、大農層の間での世襲農場の成立を促進したという側面もある。第1節(3)でふれたとおり、十九世紀の大農層は、法定相続に基づいた分割相続を志向したのであるが、世襲農場の細分化を回避するためには、親族ネットワークに依拠した結婚戦略を通じた農場統合を行うか、あるいは土地市場を通じて複数の農場の購入を進めことが必要であった。つまり、大農層が分割相続を志向しつつも、相続地を不分割で継承するためには、土地市場を通じた零細・小農場の購入しうることが一つの前提条件となっていたのである。

こうした零細・小農場の土地取引は、二十世紀にはいるとむしろ沈静化する傾向がみられた。この要因として、農業部門以外での労働市場が拡大し、農場の購入ないしは相続を志向する若年層が減少したことから、零細・小農場の需要が農民層の間で低下したことが挙げられる。また、第1節(1)でもふれたとおり、十九世紀後半以降の畜産需要を背景とした近郊農業の発達により小農経営が安定化したことも、土地市場の取引を減少させる結果となった[39]。このような労働市場の変化によって、零細・小農場の所有者の間でも、大・中農層と同様に親族・家族内で農場所有権を継承することが可能となったと考えられる。

(2)　特定の農地に固執しない家産継承

世襲農場形成のもう一つの阻害要因として、十九世紀半ばころまでの特定の農地に固執しないスウェーデン農民層の家産継承のあり方を挙げることができる。第1節(2)でふれた親族相続権は、相続地の市場を通じた売買を規制したものの、地片の交換を制約したわけではなく、したがって特定の農地や農場の継承を農民に志向させるものではなかった。つまり、相続地は特定の農地や農場ではなく、あくまでも特定の面積の農地と屋敷地をさしていた。このため、十九世紀半ばまでは農民側でも特定の農地を不分割で代々継承することに必ずしも固執しなかったのである[40]。これが、大・中農層の一部で世襲農場の成立が遅れた一因になったと考えられる。

ただし、零細・小農層については、親族相続権の影響は大・中農層に比べると限られたものであったことから、別の要因も検討する必要がある。この関連で着目されるのは、十九世紀半ばころまで、緩やかに解消しつつも残存していた開放耕地制である。スウェーデンでは、小村や散村が多く、ヨーロッパ大陸に比べて村落規模は全体として小さかったが、それでも多様な形態の開放耕地制が存在していた。[41] これらは、十八世紀半ば以降、三次にわたる土地整理（エンクロージャー）を通じて、開放耕地制や共同地が順次解体され、地域差はあるものの、最終的には十九世紀後半までに一農場の農地が一～二筆に集約された。[42] このような土地整理が完了する以前は、一農家の農地が必ずしも一か所に集約されていなかったため、特定の場所の農地に固執する誘因は弱かった一因となったと考えらえている。[43]

このように、親族ネットワークや村落の共同性に各農家の農場経営が包摂された段階では、零細・小農層は、世襲農場の形成を優先的に志向することはなかったのである。

おわりに——スウェーデンにおける世襲農場の形成過程

本章では、十八世紀から二十世紀前半にかけてのスウェーデンにおける世襲農場の成立過程をめぐる論争について、特に小農自立や市場経済の農村社会への浸透との関連に焦点をあてて概観した。その内容は、以下の二点にまとめることができよう。

第一に、世襲農場の成立は、二世紀にわたる長期にわたる過程であった。すなわち、大農層の一部では、十八世紀の段階で親族間・家族間での代々農場継承がなされており、世襲農場の原型は既に成立していたが、零細・小農層の場合は、十九世紀後半の段階においても特定の農場を継承する志向は必ずしも強くなかったのである。こうした小農層の間で世襲農場が形成されるのは、親族相続権の廃止や土地整理（エンクロージャー）による開放耕地制の最終的な解消を経て、農民層の間で特定の農地を継承する志向が高まるなかで、畜産を中心とした近郊農業の発達を通じて小農の自立化が達成された、二十世紀に入ってからのことであった。

第二に、世襲農場の成立は、農村社会への市場経済の浸透と関連していた。十九世紀末までは分割相続を志向していた大農層の間で不分割の世襲農場の成立が可能となったのは、土地市場を通じた零細・小農場購入による農場統合を経て、農場分割を行うことができたことによるものである。もっとも、この大農層による小・零細農場の購入は、小農自立の阻害要因であったため、小農層の間での世襲農場の形成を阻害した側面も有した。とはいえ、十八世紀以降の大農層の間での世襲農場の成立は、土地市場の発展が前提となったことは間違いないと思われる。

一方、小農層の間での世襲農場の成立については、上述の市場経済化を通じた小農自立に加えて、労働市場との関連性を指摘できよう。十九世紀末から二十世紀前半にかけて、土地市場での零細・小農場の売買が沈静化する傾向がみられたのは、一八七〇年代以降の工業化の進展を通じた労働市場の拡大により、農業経営が唯一の生計手段ではなくなったことによるものである。このため、工業部門での労働市場の発展が、二十世紀初めの小農層における世襲農場の成立に関係していたと考えられる。こうしたことから、スウェーデンにおける世襲農場の成立と市場経済の浸透は、ヴォリーンが想定したのとは逆に、相互に親和性を有したものであったと結論付けることができよう(44)。

以上のようなスウェーデンにおける世襲農場の成立過程に関する研究動向は、日本での「家」の成立過程をめぐる議論との接点があると思われる。このため、本章でのスウェーデン農業史の研究整理が、「家」についての比較考察の視座を少なからず提供しうるのではないかと考えられる。

注

（1） スウェーデン語の släktgård を、第五七回比較家族史学会（二〇一五年六月二一日）での報告の際は、英訳を参考に「家族農場」と訳したが、原語には「親族農場」という意味も含まれていることから、本章では両方の意味を併せ持つと考えられる「世襲農場」という訳語をあてることにする。

（2） Nils Wohlin [1910] *Faran af bondeklassens undergräfvande i sammanhang med de gamla arfvejordsåskådningarnas upplösning, emigrationen och bondejordens mobilisering*. Emigrationsutredningen, Bilaga X, Stockholm, pp.31–55.

（3） ヴォリーン説の研究史上の位置付けについては、Maria Ågren [2005] pp.221–223.

（4） スウェーデン農民の分類について簡潔にまとめた英語文献として、Jonas Lindström [2008], *Distribution and Differences. Stratification and the System of Reproduction in a Swedish Peasant Community 1620–1820*, Uppsala: Uppsala universitet, pp.33–35; Carl-Johan Gadd [2011] pp.121–123.

（5） Janken Myrdal [1996] "Jordägandet i Sverige från 1500-tal till 1800-tal," in Janken Myrdal, *Landbon, ladan och lagen och hägnaderna, arbetstiden och bygdelaget samt ytterligare 20 agrarhistoriska artiklar*, Stockholm: Kungl. Skogs–och lantbruksakademien, pp.281–292.

（6） Lars Herlitz [1974] *Jordegendom och ränta. Omfördelningen av jordbrukets merprodukt i Skaraborgs län under frihetstiden*, Göteborg: Ekonomisk- historiska institutionen vid Göteborgs universitet, pp.363–366.

（7） Math Isacson [1979] *Ekonomisk tillväxt och social differentiering 1680–1860. Bondeklassen i By socken, Kopparbergs län*, Uppsala: Uppsala universitet, pp.171–172.

（8） 本章では担税地農民・王領地農民を、大農、中農、小農、零細農、また農民農場を大農場、中農場、小農場、零細農場に、それぞれ区分して研究史整理を行っている。これらはあくまでも各研究者が分析上の必要性から設定した概念であり、実際の史料上にこうした農民層の階層名や農場の区分名が記載されているわけではない。区分の基準としては、課税単位であるマンタール（mantal）か、不動産税登録簿（fastighetstaxeringslängder）に記載されている課税評価額のいずれかを用いることが一般的である。こうした農業史研究における農民層および農場の区分については、佐藤［二〇〇四］四〇～四二頁。大農層のなかには、複数の中農場や小農場を所有するケースもみられた。

（9） 二十世紀に入ってからのスウェーデン小農層の存続については、以下を参照。Nils Edling [1998] "Småjordbrukets tid – en inledning", *Bebyggelsehistorisk tidskrift* Nr.35, pp. 7 –18; Mats Morell[1998] "Småbruken och deras jordbruksproduktion under 1900-talet och mellankrigstiden", *Bebyggelsehistorisk tidskrift* Nr.35, pp.75–90; Mats Morell [2011a] pp.56–66; Mats Morell[2011b] pp.171–173.

（10）スウェーデン語の bördsrätt には、この他に王領地農民の世襲耕作権の意味もある。Christer Winberg [1985] *Grenverket. Studier rörande jord, släktskapssystem och ståndsprivilegier*, Stockholm: Nordiska Bokhandeln, p.141; Carl-Johan Gadd [2000] *Den agrara revolutionen 1700–1870*, Stockholm: Natur och Kultur/ LTs förlag, p.76.

（11）C. Winberg [1985] pp.10–11, 104–109; Beatrice Moring [2002], p.77–79.

（12）Göran Inger [1986] *Svensk rättshistoria*, Stockholm: Liber,pp.144–146; Maria Ågren [1999] "Fadern, systern och brodern : Makt- och rättsförskjutningar genom 1800-talets egendomsreformer", *Historisk tidskrift* 119, pp.686–689; M. Ågren [2005] pp.224–225; Sofia Holmlund [2008] pp.240–241; Maria Ågren [2009] pp.188–193. なお、都市部の法定相続比は、一七三四年に男女平等となっていた。

（13）C.Winberg [1985] pp.51–53, 68–71, 149–152.

（14）C.Winberg [1985] p10; G.Inger [1986] pp.212–213; M. Ågren [2009] pp.27–40. 都市での親族による土地売買への異議申し立ては、農村に先行して一八五七年に廃止された。

（15）M. Ågren [1999] pp.700–706; Madeleine A Bonow [2005] *Gård, gräns, giftermål. Familjestrategiers betydelse för markens och landskapets utformning i Norra Åsarps socken, Västergötland ca 1640–1880*, Stockholm: Kulturgeografiska institutionen, Stockholms universitet, p.24.

（16）農場分割については、佐藤［二〇〇四］三八〜四〇頁。

（17）Mats Hellspong & Orvar Löfgren [1972] *Land och stad. Svenska samhällstyper och livsformer från medeltid och nutid.* Lund: Liber, pp.237–241; Orvar Löfgren [1974] pp.35–40.

（18）Martin Persson [2008a] "Gotländska arvssedvänjor 1785–1857," *Gotländskt arkiv 80*, pp.125–142; Martin Persson [2008b] "Nils Wohlin och frågan om arvssedvänjor", *Scandia* 74: 1, pp.37–62.

（19）十九世紀スウェーデンにおける大農層の分割相続志向については、Christer Persson（1992）*Jorden, bonden och hans familj. En studie av bondejordbruket i en socken i norra Småland under 1800-talet, med särskild hänsyn till jordägande, sysselsätt-*

ning och familje- och hushållsbildning, Stockholm: Kulturgeografiska institutionen, Stockholms universitet, pp.239–240.

(20) Eva Österberg [1982]"'Den gamla goda tiden'. Bilder och motbilder i ett modernt forskningsläge om det äldre agrarsamhället", *Scandia* 1982: 2 , p.39–48; Eva Österberg[1991a] *Mentalities and Other Realities. Essays in Medieval and Early Modern Scandinavian History*, Lund: Lund University Press, pp.69–79; Eva Österberg [1991b] "Land transactions. Symptoms of Crisis or the Emergence of Capitalism in Swedish Peasant Society", in *Plov og pen. Festskrift til Svend Gissel*, Köpehamn: Det konglige Bibliotek og Landbohistorisk Selskab, pp.256–258.

(21) 十八世紀を通じて非親族間での土地取引が増加したとする文献として、L. Herlitz [1974] pp.294, 325; Kyle Jörgen [1987], *Striden om hemmanen. Studier kring 1700-talets skatteköp i västra* Sverige, Göteborg: Meddelande från Historiska Institutionen i Göteborg 31, p.96. 一方、親族間での農場移転が中心であったとする見解を示している文献として、Göran Rydeberg [1985] *Skatteköpen i Örebro län 1701–1809*, Uppsala/Stockholm: Almqvist & Wiksell, pp.156–157; Maria Sjöberg [1993] *Järn och jord. Bergsmän på 1700-talet*, Stockholm; Stads- och Kommunhistoriska Institutet, pp.88, 233; Elisabeth Wennersten [2002] *Släktens territorier. En jämförande studie av sociala regelverk i det förindustriella bondesamhället i Dalarna och Hälsingland 1734–1826*, Stockholm: Kulturgeografiska institutionen, Stockholms universitet, pp.71–78. スウェーデンにおける親族集団と家産継承の関係性については、佐藤［二〇一六］。

(22) 十九世紀スウェーデンにおける土地市場の拡大については、Martin Dribe & Christer Lundh [2005] pp.180–181.

(23) C. Persson [1992] p.239–242, 271.

(24) Eva Österberg [1991b] pp.257–263; Magnus Perlestam [1998] *Den rotfaste bonden—myt eller verklighet ? Brukaransvar i Ramkvilla socken 1620–1820*, Malmö: Team Offset & Media, pp.145–147.

(25) M. Perlestam [1998] p.224; C-J. Gadd [2000] p.75. スウェーデン南部のスコーネ地方の村落研究では、十八世紀にはいってから親族や家族の概念が一般農民の間に浸透したとする見解が示されていることから、十八世紀にはいってから、農場継承と親族・家族との関係性が密接になったと考えらえる。Börje Hanssen [1976] "Hushållens sammansättning i österlenska byar under 300 år. En studie i historisk strukturalism", *Rig* 1976, p.48; E. Österberg [1982] p.55; E. Österberg [1991a] p.87.

(26) M. Ågren [2005] pp.225–230.

(27) Christer Winberg [1981] "Familj och jord i tre västgötasocknar. Generationsskifte bland självägande bönder ca 1810–

1870", *Historisk tidskrift* 101, pp.278–310.

(28) C. Persson [1992] pp.239–280.

(29) Ulla Rosén,[1994] *Himlajord och handelsvara. Ägobyten av egendom i Kumla socken 1780–1880*, Lund: Lund University Press.

(30) Sofia Holmlund [2007] *Jorden vi ärvde. Arvsöverlåtelser och familjestrategier på den uppländska landsbygden 1810–1930*, Stockholm: Historiska institutionen, Stockholms universitet, pp.67–73, 195.

(31) S. Holmlund [2007] p.82.

(32) ただし、スウェーデン北部や中部を対象とした文献のなかには、十九世紀半ばにかけて、親族間での農場継承が一般的であった点を強調する実証研究もある。Eva Zernell-Durhàn [1990] *Arvet och hemmanet. Generationsstrategier i det norrländska bondesamhället 1750–1895*, Umeå: Umeå universitet, p.20; Rosemarie Fiebranz [2002] *Jord, linne eller träkol ? Genusordning och hushållsstrategier, Bjuråker 1750–1850*, Uppsala: Historiska institutionen, Uppsala universitet, pp.344–352.

(33) Iréne A Flygare [1999] *Generation och kontinuitet. Familjejordbruket i två svenska slättbygder under 1900-talet*, Uppsala: Sveriges Lantbruksuniversitet, pp.38–42, 142–144, 383–387. 同書の内容を要約したうえで、二十一世紀初めの状況を加筆した英語論文として、Iréne A Flygare [2012].

(34) Mats Morell [2001] *Jordbruket i industrisamhället 1870–1945*, Stockholm: Natur och Kultur, p.39.

(35) S. Holmlund [2007] p.70.

(36) Martin Dackling [2013] *Släktgårdens uppkomst. Jord och marknad i Skaraborg 1845–1945*, Göteborg: Göteborgs universitet.

(37) M. Dackling [2013] pp.173–183.

(38) 十九世紀における零細・小農場や小地片の活発な売買については、注（22）の文献のほか、以下の参照。U.Rosén[1994] pp.201–210; S. Holmlund [2007] pp.63–67. また、零細・小農場経営の不安定性については、佐藤［二〇〇四］四三〜五〇頁。

(39) 二十世紀に入ってからの土地市場の変容については、M. Dackling [2013] pp.85–106. また、農業以外の就業機会の拡大が、農民の子が親からの家産継承に頼る必要性の低下をもたらした点については、S. Holmlund [2007] p.200.

(40) S. Holmlund [2007] p.194; M. Dackling [2013] pp.180–181.

（41）佐藤〔二〇一〇〕二九九～三一四頁。

（42）ヴェステルユートラン地方においては二〇～四〇戸の農家が、またスコーネ地方の平野部では一五～二〇戸が、それぞれ存在する比較的規模の大きい村落が存在したのに対して、スウェーデン東部では二～八戸ほどの小村が中心であった。十八世紀ころのスウェーデンにおける村落規模については、C-J Gadd [2000] pp. 67-69; C-J Gadd [2011] p.119. また、スウェーデンにおける土地整理（エンクロージャ）については、佐藤〔二〇一二〕九三～一〇二頁。

（43）M. Dackling [2013] pp.180-181.

（44）市場経済化と世襲農場成立の親和性については、M. Dackling [2013] p.178-179.

主要参考文献（邦語文献と英語文献に限定し、スウェーデン語文献は除外した）

〈日本語〉

佐藤睦朗〔二〇〇四〕「十九世紀東中部スウェーデンにおける農場分割——フェーダ教区の農民農場を対象とした考察：一八二〇～一八九〇年」『（神奈川大学）商経論叢』第三九巻第三号、三七～五四頁。

佐藤睦朗〔二〇一〇〕「十八世紀前半の東中部スウェーデンにおける農業景観」『（神奈川大学）商経論叢』第四五巻第四号、二七九～三二〇頁。

佐藤睦朗〔二〇一二〕「十八～十九世紀のスウェーデンにおける農業革命」『経済貿易研究』第三七号、七七～一一〇頁。

佐藤睦朗〔二〇一六〕「十八～十九世紀スウェーデン農村社会における家産継承と親族」『比較家族史研究』第三〇号、一〇七～一三二頁。

〈英語〉

Ågren, Maria [2005] “Individualism or self-sacrifice ? Decision-making and retirement within the early modern marital economy in Sweden.” In Maria Ågren & Amy Louise Erickson (eds), *The Marital Economy in Scandinavia and Britain 1400-1900*. Aldershot-Burlington: Ashgate, pp.221-236.

Ågren, Maria [2009] *Domestic Secrets. Women & Property in Sweden, 1600-1857*. Chapel Hills: The University of North Carolina Press.

Dribe, Martin & Lundh, Christer [2005] “Retirement as a strategy for land transmission: a macro-study of pre-industrial rural

Sweden." *Continuity and Change* vol.20: 2 , pp.165–191.

Flygare, Iréne A [2012] "Generational Succession and Property Transfer in Two Swedish Agricultural Areas from 1870 to 2009." *Ethnologia Scandinavica* vol.42, pp.86–100.

Gadd, Carl-Johan [2011] "The agricultural revolution in Sweden, 1700–1870." In Janken Myrdal & Mats Morell (eds) , *The Agrarian History of Sweden 4000 BC to AD 2000*. Lund: Nordic Academic Press, pp.118–164

Holmlund, Sofia [2008] "From Formal to Female Property Rights: Gender and inheritance of landed property in Estuna, Sweden, 1810–1845," In Ildikó Asztalos Morell, Bettina B. Bock (eds) *Gender regimes, citizen participation and rural restructuring*, Amsterdam: Elsevier JAI, pp.239–256.

Löfgren, Orvar [1974] "Family and Household among Scandinavian Peasants: An Exploratory Essay." *Ethnologia Scandinavica* vol. 2 , pp.17–52.

Morell, Mats [2011a] "Farmland: Ownership or leasehold, inheritance or purchase." In Hans Antonson & Ulf Jonsson (eds), *Agriculture and forestry in Sweden since 1900–Geographical and historical studies*. Stockholm: The Royal Swedish Academy of Agriculture and Forestry, pp.56–73.

Morell, Mats [2011b] "Agriculture in industrial society, 1700–1870." In Janken Myrdal & Mats Morell (eds), *The Agrarian History of Sweden 4000 BC to AD 2000*. Lund: Nordic Academic Press, pp.165–213.

Moring, Beatrice [2002] "Property and Power: The Holding and Transmission of Assets." In *The Logic of Female Succession: Rethinking Patriarchy and Patrilineality in Global and Historical Perspective*. International Symposium 19. Kyoto: International Research Center for Japanese Studies（国際日本文化研究センター）, pp.75–100.

終章　家社会の成立・展開・比較

加藤　彰彦

はじめに

この終章では、本書全体の結論として、各章で提起された論点を検討しながら、序章で述べた二つの課題に応えたい。すなわち、家概念と関連諸概念の交通整理をおこなって学問分野を超えて利用することのできる理論的定義を探ること（第1節）、そして「日本文化の地域性調査」データによる統計地図を参照枠組として用いながら、家と家社会の成立・確立過程を地理的および階層的な拡散過程として整理・総合して、日本家社会の歴史を鳥瞰することである（第2節）。

第2節の統計地図に使用する「日本文化の地域性調査」は、一九六二年に東京大学文化人類学研究室を中心とした「日本文化の地域類型研究会」によって、北海道と沖縄を除く全国約二六〇〇の大字《おおあざ》を対象に実施された大規模な村落サーベイ調査である。北海道と沖縄が除外された理由は詳らかではないが、前者は明治時代以降に移民と開拓が進んだある種の植民地だからであり、後者は当時アメリカ統治下にあったことに加え、沖縄独自の伝統文化をとらえる調査項目が数多く必要なため、村落社会の大規模調査になじまなかったからであろう。この調査では、構造化された調査票を用いて、いわゆる「村の古老」をインフォーマント（情報提供者）に、明治時代前期における対象村落の諸文化・諸慣行に関する多彩な情報が収集された（調査項目は約一〇〇変数におよぶ）。無作為抽出によって得られた資料は、本格的な工業化の開始前かつ明治民法制定前の時期の家族と共同体にかかわるさまざまな慣行や家と村落社会の組織構造の全国的な分布を知ることのできる貴重なものである(1)。

かつて、日本の社会学・人類学は、現地調査が蓄積されるにつれて、村落構造が東日本と西日本で大きく異なることに気づき、一九四〇年代から一九五〇年代にかけて「同族団と村組」（有賀喜左衛門）、「同族結合の村と講組結合の村」（福武直）、「家凝集的な村落と家拡散的な村落」（川島武宜）、「同族制村落と年齢階梯制村落」（岡正雄）、「東北日本型村落と西南日本型村落」（蒲生正男）などをキーワードに用いて村落構造類型論を展開した。「日本文化の地域性調査」はこうした議論を検証することを主要な目的にしていたが、当時の分析は点分布地図の作製が中心となり、確率標本を生かした本格的な統計的分析はなされることはなかった。その後、若い世代の研究者の間では、家と村に対する関心自体が衰退し、データの存在自体が忘れ去られて今日に至っている。

そうしたなかで筆者は過去五年間ほど、この忘れられたデータの統計的分析により、家族と共同体ならびに家と村落組織の地域性の研究をおこなってきた。その結果、明治時代前期——近世の終着点でありかつ近代の出発点でもある時期——における日本家社会の地域性がずいぶんとみえてきた。第2節で参照枠組に用いるのはその一部であるが、本書の主要な論点にかかわる統計地図と分析結果を紹介しながら議論したい。

1　家の理論的定義

第1章の坂田論文で論じられたように、家の成立時期について、古代史・中世史と近世史の通説的見解の間には大きな断絶が存在してきた。前者は、家の成立期を中世前期（十一世紀後半から十二世紀の院政期）とみなし、一方後者は、近世初期の農業生産力の飛躍的な増大により小農自立が進展した十七世紀後半（地域によってはそれ以降）と考える。両者の間にはおよそ六百年の隔たりがあるが、坂田は、このような事態に陥った原因を、中世史側の抱える二つの問題点――家概念が不明確で史料上に「家」と出てくれば、世代継承される家が存在したとみなす傾向があること、近世史をはじめとする隣接学問分野に対する関心と対話が欠如していること――に求める。そこで坂田は、これらの反省に立って家を次のように定義する。すなわち「百姓の家とは、家産・家業・家名などを、運営主体たる家長の家族内において、基本的には父系直系のラインで代々継承することによって、超世代的な永続を希求する社会組織（公的には村社会における権利・義務の単位、私的には家長の家族を中核とする経営組織）である」。

坂田の定義が、近世史とともに、農村社会学・家族社会学・社会人類学・法社会学・民俗学等による家研究の成果を踏まえたものであることは、近世史を代表する家研究者の大藤修による定義を検討するとよくわかる。大藤によれば、家は「固有の『家名』『家産』『家業』を持ち、祖先崇拝を精神的支柱として世代を超えて永続していくことを志向する制度的機構[2]」である。この定義は近世史においてよく参照されるが、理論的定義としてはいくつかの難点を抱えている。とくに文中の主語が曖昧な点を問題として指摘できる。たとえば、制度的機構が家名・家産・家業を有することは可能だが、これが祖先崇拝を精神的支柱に永続性を志向するとは通常考えにくい。おそらく永続性を志向するのは、制度的機構それ自体ではなく、その成員であろう。大藤はその後の著作において「家とは、固有の家名・家産・家業をもち、父系直系のラインで代々継承されていく、永続的な組織体である」と定義している[3]。この定義では、永続性を志向する主体が誰かという問題はひとまず回避されるが、今度は家を継承する主体が抜け落ちてしまっている[4]。もちろん、家を継承していく主体は、坂田の定義にあるように、家を担い所有する家族であると考えられるが、大藤の定義では主語が不明確か欠如している。

このように家の定義において主体と客体が曖昧になるのは、大藤だけの問題ではなく、広く過去の家研究にみられる問題である。その理由の一つとして、主語を省略しても何となく意味が通ってしまうという日本語の特性を指摘できるが、それ以上に、家研究が抱えてきた共通の問題――集団と組織の混同――がかかわっていると考えられる。たとえば、家は日本の伝統家族であるとしばしば論じられてきたが、こうした表現は「集団」と「組織」を混同しているという意味で、理論的な問題をはらんでいる。家族は生身の人間の集団であるのに対し、家は社会組織、すなわち地位・役割の体系（システム）である。(5) 両者の間には、前者が後者を運営し所有するという関係がある。いいかえれば、家族が住居としての家を管理し所有するように、家族は社会組織としての家を運営し所有する。家族は所有する主体であり、家は家族によって所有される客体なので、学術的な用語としては、両者を理論的に峻別しておかないと、議論の混乱を招くことになる。

こうした区別は「家の永続性」について考える際にも重要である。この問題をめぐっては、誰が永続性を志向し、何が永続するのか、主語が不明瞭な議論が数多くなされてきたが、家の繁栄や永続を志向する生身の家族と、世代を超えて継承され存続する家との論理的関係を常に意識して議論する必要がある。(6) そこで、この終章では、家を「社会組織」、家族をその「所有主体」としてとらえる視点を徹底させたい。

まず、家を「家族によって所有され世代間で継承される社会組織」として簡潔に定義する。ここにいう世代は、親子をはじめとする親族世代のことである。社会組織とは、前述のように地位・役割の体系（システム）を指すが、社会組織が有する性質として次の三点が重要である。

第一に、家は社会組織である以上、家が組み込まれる他の社会組織との関連で、その機能は大きく異なり、また自ずとその地位・役割体系のあり方は変わってくる。たとえば、農民の家、商人の家、職人の家、武士の家、貴族の家、芸能の家は、生産、経営、工芸、軍事、政治、行政、芸術などを、主要な機能または副次的な機能としてあわせもっている。そのため、研究に際しては、家族によって所有され世代継承される社会組織という定義を軸に、研究対象となる家の種類とそれが属する時間的・空間的な範囲に応じ、必要となる機能を加えて個別に定義すればよい[7]。大藤の定義も、指摘した不備を正せば、坂田による「百姓の家」の定義とほとんど同じものになりそうである。

第二に、家は社会組織であるから、これを担う成員のなかに親族だけでなく非親族成員を含むことができる。しかし所有主体となるためには、定義によって、養子縁組や婚姻により親族のなかに組み入れられなければならない。ちなみに、養子縁組は非血縁者との縁組であっても、子孫の出生と同じく親族を創出する方法なので、親族を創出しない社会的親子関係とは別種のものである。

第三に、家は社会組織であるから、企業組織と同じように、株化することが可能である。近世の百姓株式については、第3章の戸石論文で詳しく論じられている。また、第6章の多田論文では、三井越後屋が近代的な企業組織へと転換する過程で、所有と管理に対する別家の潜在的な発言権を株式化して、商法施行前にその株式を買い戻して発言権を無権利化している。家と株の関係を考えるにあたって興味深い事例である。

つづいて、客体としての家だけでなく、所有する主体となる家族についても、定義を示す必要があろう。本書の各章では、家の定義とは異なり、家族そのものに関する理論的定義は展開されていない。そこで、かつて筆者が提案した定義[8]を軸に用いて、いくつかの章で提起された論点で補いたい。

筆者は、家族を親族の部分集合として簡潔に定義する。そして、本書のなかで言及されている家族の三つのタイプ――直系家族、合同家族、夫婦家族――の範囲と構成は、世代間の富の継承・分配（広義の相続）の原理によって定まると考える（「富」には有形無形の財産、文化資本や社会関係資本、その他のさまざまな権利と義務、地位と役割が含まれる）。すなわち、①直系家族制は、親世代の富が子世代へと一子優先的に継承ないし傾斜配分されるシステムであり、②合同家族制は、親世代の富が子世代の間で均等に継承・分配されるシステムである。③夫婦家族制は、親世代の富が子世代の間で、非継承的に均等配分されるか不均等配分される（遺言や相続人の力関係その他の理由によって分配・非分配の仕方が決められる）システムである。これら三つのタイプの家族システムは、先行世代の富に対する顕在的ならびに潜在的な所有者の範囲と構成、つまり所有する主体を定める。この定義は、多世代の共住を家族であるための要件とはしていない。しかしながら、庶民の家族では、財産の所有者・継承者が同居や近居をしている場合が多いため、多世代の居住関係は、世代間の継承性を示す統計的指標として使うことはできる。

　直系家族は、坂田や大藤の定義にあるように「父系直系」という表現で論じられることが多いが、ここでの定義には「父系」という概念は用いない。というのも、父系親族は本来、漢民族や韓国のそれのように、徹底的な「同姓不婚」と「異姓不養」の原理によって編成されており、その厳格ぶりは第9章の植野論文と第10章の仲川論文が論じているとおりである。父系血縁原理にもとづく親族集団をもたず、武家でさえもが頻繁に婿養子や非血縁養子を取る日本の直系家族については、両論文が使っている「父系的傾斜」や「父系傾斜」という表現が適当と思われる。

　世帯という概念も、家族と混同されることの多い概念である。世帯は、政府統計など一般的には「住居と生計を共にしている集団」と定義されるように非親族を含み得るが、親族世帯に限っても、家族とは次の点で異なっている。たとえば、直系家族は一つの世帯に同居することもあるが（直系家族世帯）、二世帯住宅のように複数の世帯に分かれて住むこともある。しかし、政府統計では二世帯住宅に居住する直系家族は二つの核家族世帯としてカウントされるため、家族と世帯の間にズレが生じる。第4章の平井論文では、宗門人別改帳の登録単位を世帯とみなして「直系家族世帯」という表現を使っているが、後述するように、別居隠居慣行の存在する地域では、親夫婦と子夫婦が別棟・別食・別財で暮らしている可能性もある。[9] また、世帯は「標準世帯」という行政用語に代表されるように、世帯成員間の役割分業（夫が会社員で妻が主婦など）が含意されることも多い。第7章の宇野論文で指摘されている世帯概念のなかの「家」観念とはそうしたものであろう。このように世帯には何らかの組織的な性質が付与されることもあるが、世代継承性までは含意されていない。

以上のように、家族（集団）と家（組織）は理論概念として区別できる。しかし、研究者が実際に国内外の村落に調査に出向いて直接観察するのは、家族がそのなかで暮らしを営んでいる農家や漁家などであるので、調査報告書で実態を記述する際には、集団と組織が一体化したある種の小さな団体として表現する必要があるだろう。そうした際には、農家、漁家、商家、婚家、生家、本家、分家、別家などの用語を、集団と組織を包括する記述概念として使い、分析の際には、両者を区別した家族と家の理論概念を用いればよい。

また、第6章の多田論文では「同族団」という用語が使われている。これは社会学の家研究でよく用いられてきた記述概念であるので、集団と組織を包括する概念として使用するのが適切であろう。分析的には、集団としての同族と同族組織の概念を使い分ければよい。本書では、村に関連する概念として、村、村落、村落共同体などが使われている。集団と組織を理論的に区別するという立場からいえば、村人の集団性の含意が強い村落共同体と村落組織を区別したうえで、両者を包括する上位概念として村落を使うのが適当であろう。そして、村を村落と行政村を包括する最も広義の記述概念として用いればよい（なお、社会的親子、講と村組、若者組をはじめとする村落内のさまざまな集団・組織の一般的な解説は比較家族史学会編［一九九六］や鳥越［一九九三］を参照されたい）。

2　家社会の歴史を鳥瞰する

前述したように、家の成立時期をめぐり、古代史・中世史と近世史の通説的見解の間にはおよそ六百年の隔たりがある。第1章の坂田論文は、その原因として、中世史の側の家概念の曖昧さとともに、近世前期の経済発展と新田村の増加の問題を指摘している。当たり前のことであるが、近世新田村に生まれた家の成立が中世にさかのぼることはあり得ず、また、中近世移行期に誕生した村においても、家は村の誕生から三世代約一〇〇年が経過して――それゆ

図終－1　村落の創立時期

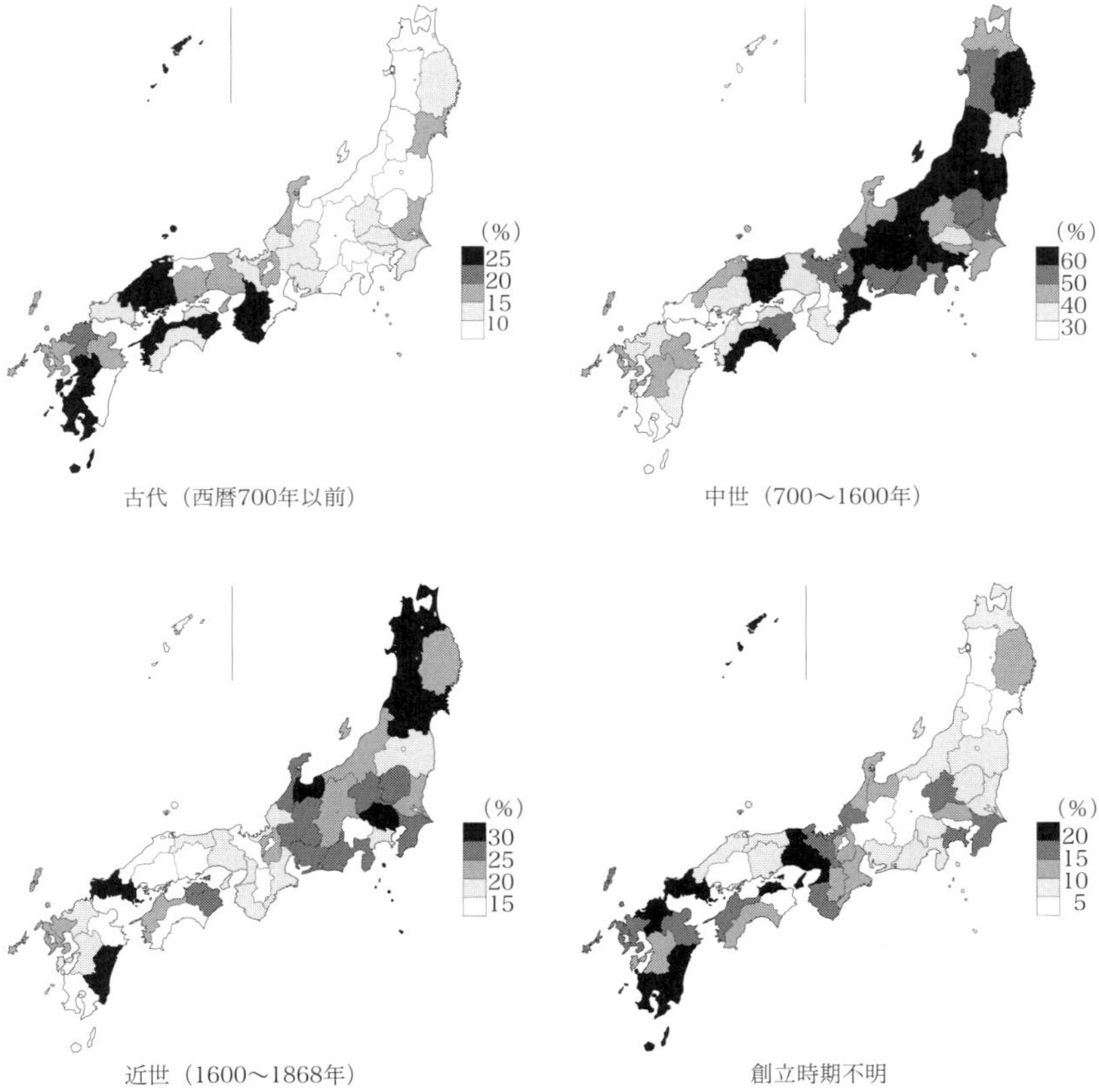

資料：「日本文化の地域性調査」。

え十七世紀半ば以降になって――ようやく安定的に再生産できるようになってくると考えられる。

　実際、「日本文化の地域性調査」データを用いて（以下では「地域性調査」と略す）、調査対象村落の創立時期の分布を描くと図終-1のようになる。口頭伝承や村内文書にもとづく情報（考古学的資料は除く）であるため、回答カテゴリーの時代区分は大きいが、西から東へと開発が進んで村落が増加していく流れがうかがえる。近世に生まれた村落の割合は、中部地方においては三割弱、東北地方北部においては四割を超える（数値は元データによる。以下同様）。

こうした村落数の増加は、全体として人口増と家族数の増加をともなって生じていることにも留意しておきたい。創立時期が不明の村落も多いが、西高東低の分布になっていることから、おおむね古代や中世にさかのぼるために伝承や文書が途絶えていると解してよいだろう。

なお、本章の統計地図では、図終-1のように各変数の比率を都道府県別に表示する。地域性研究で用いる統計地図は、理想的には旧国別に表示したり、沿岸部と山間部を区別して表示するのが望ましいが、「地域性調査」の標本規模では、集計単位を小さくすると統計誤差が大きくなるので、地図に表現するのが難しくなる。都道府県単位の表示では、沿岸部と山間部の差異が平均化されてしまうので、以下の統計地図を読むときには、統計誤差の存在とともにその点も考慮しながら、大きな構図をとらえるように心がけてほしい。

さて、坂田論文では「家が先か村が先か」という、家と村の関係、ひいては家と共同性を考えるに当たり、本書の課題の中心軸となるような問いが提起されている。すなわち、世代継承性をもたない単なる世帯（プレ家）が安定的に世代継承される家に発展したことによって、家を基礎単位とする村落組織が形成されていったのか、それとも、近世村落へとつながる自立的な政治主体としての村落組織が成立したことによって、ある種の政策的な意図のもとに、世代継承性を有する家が形成されたのか。この問いに答えるにあたり、家と村落構造の地域性に関する知識が重要な手がかりを与えてくれる。

図終-2と図終-3は、本家分家関係の構造をとらえるための二つの指標を用いて統計地図を描いたものである。一つは、本家分家間および分家間の序列格差の有無であり、もう一つは本家分家関係が世代を超えて継続（永続）してきたか、それとも一定期間（三世代程度）で解消されてきたかである。二つの変数はともに明瞭な東北日本と西南日本の対照性を示している。これらの地図からは、本家分家関係は全国に普遍的に存在するが、その構造は東西で大きく異なることがわかる。本家分家のハイアラキー（位階）構造と世代継承性は、強固な同族組織が有する最も基本的

図終－2　同族組織の指標Ⅰ：本家分家間および分家間の序列格差

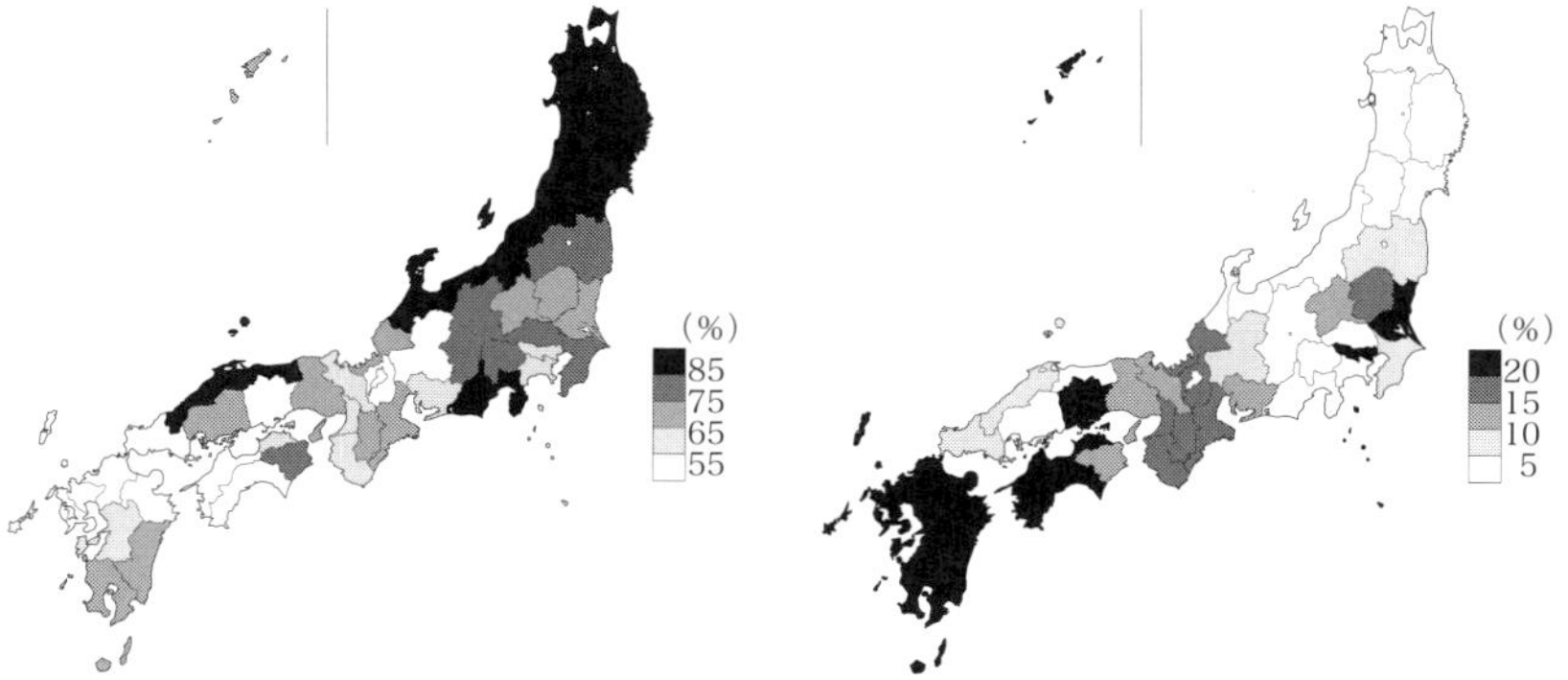

本家分家格差あり・分家間格差あり　　本家分家格差なし・分家間格差なし

資料：図終－1に同じ。

図終－3　同族組織の指標Ⅱ：本家分家関係の永続性

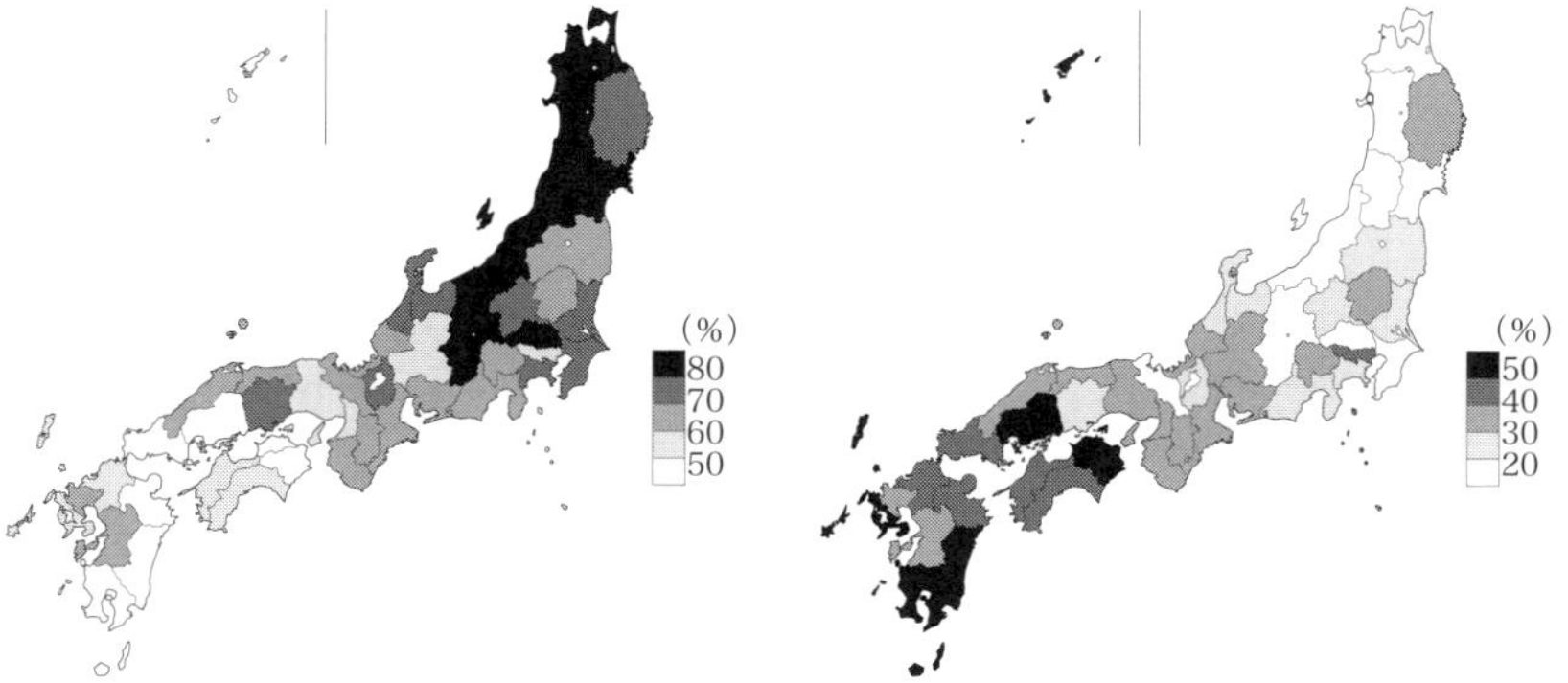

本家分家関係：永続　　本家分家関係：非永続（一定期間）

資料：図終－1に同じ。

な特徴なので、その分布は顕著な東高西低の勾配をもつといってよい。孫分家、非血縁分家、異姓分家の有無を指標として用いても、同様の東高西低の分布が表れる[10]。

同族組織は、基本的に、本家から非跡取りが分家すること、分家から孫分家が創設されることによって発達する。同族組織の拡大は、本家の経済力と安定性に依拠してなされるため、世代を超えた家（とくに本家）の成立を前提にしている。一般に、同族組織の発達した村では、有力同族の総本家が名主などの村役人を長期にわたって務めるため、同族組織がそのまま村落の行政組織として機能する傾向が強い。それゆえ、こうした同族組織型の村落では、分家や孫分家などの新たな家の創出と自立が家を単位とした村落を形成していくという意味で、家が時間的にも論理的にも先行する。

一方、第2章の薗部論文で描かれた宮座《みやざ》と家の関係史からは、中世を通じた宮座組織の発達をベースにその内部において、単なる世帯が世代継承性を獲得した家として成立していく過程（村が先）と、戦国期に入り家が自律的に再生産されるようになると、今度は宮座組織が家を単位としたある種の家連合（家格制宮座）へと再組織化されていく過程（家が先）の双方を読み取ることができる[11]。

薗部によれば、畿内近国では、中世前期に荘園や郷単位で、田堵《たと》（名主《みょうしゅ》）を成員とする臈次《ろうじ》成功《じょうこう》制宮座が成立した。中世後期になると、農業の集約化、生産性の向上、集村化などの社会経済的発展を背景に、臈次成功制宮座が個別村落単位で発達する。臈次とは宮座に加入した期間にもとづく身分階梯のことであり、長い者から順に一臈、二臈、三臈などと呼ばれ、宮座の頭役や経費を負担すること（すなわち「成功」）により昇格した。中世後期（十三世紀後半）以降の臈次成功制は、座入り、烏帽子成《えぼしなり》、官途成《かんとなり》、乙名成《おとななり》、入道成《にゅうどうなり》などの通過儀礼を取り込んで、より多彩な村落内身分標識の体系として深化していく。薗部は明示していないが、村落宮座とその身分体系成立の歴史的前提として、経済的発展にともなう人口増と家族数の増加があったと考えることができるだろう。

畿内近国では、以上のように宮座組織が発展するなかで、中世前期には名主職が親子間で代々継承されるようになることにより「名主家」が誕生し、中世後期には個別村落宮座の成員権が世代継承されるようになって「宮座成員の家」が成立した。さらに、十六世紀半ば以降には、村落によりそれまで座外にいた小百姓たちに対しても家役が賦課されるようになったことを契機として、家が一般的に成立した。

一方、畿内近国の外核に当たる山陰・山陽、四国・北九州、北陸・東海では、中世後期の十四世紀以降に名主座が普及していく。名主座とは、名主頭役《とうやく》身分の者たちが構成する荘郷単位の宮座で、臈次成功的な要素を欠いているという特徴がある。名主頭役身分とは、中世荘園内の百姓名（徴税組織）を管理し、名主座の頭役として勤仕する身分で、名の大小に応じて財源を応分負担する義務をもつ。名主座は、畿内近国を軸として、その外側に同心円状に分布していることから、薗部はその分布域を「名主座リング」と呼ぶ。名主座リングでは中世後期に入ると名主職を代々継承する「名主の家」が成立したが、この段階では、一つの家が複数の名主職を保有して複数人を宮座に送り込んでおり、宮座組織は明確に家を基礎単位とするまでには至っていない。名主座リングにおいて、家が一般的に成立してくるのは、一五九二年の人掃令（家数・人数調査）を背景に家役賦課が進む十六世紀末以降である。

宮座と家との関係について考えるにあたって重要な点は、中世の宮座は、単なる祭祀集団ではなく、祭政一致の自立的な政治・行政組織を有する身分共同体だったことである。もちろん、こうした性質は宮座に特有のものではなく、京都の朝廷自体が巨大な祭政一致の政治組織であり身分共同体であった。宮座がどのように成立したかについてはまだよくわかっていない点も多いとのことであるが、大きな構図でとらえれば、朝廷の政治組織がある種のモデルとなって組織化されていったと想定するのは自然な推論であろう。

たとえば、中世後期の臈次成功制宮座では、頭役を負担した宮座成員の男子は、官途成や乙名成に際して、宮座の指導層の一員として承認されるとともに、官途名（朝廷の下級官職の名称を用いた名前）を授けられたが、こうした儀礼は、本来、朝廷がおこなっていた官職の任命を、村落宮座が主体的におこなうようになったものである。また成功のしくみも、もとは朝廷が行事の遂行や造営・造寺の際に、私財の献上と引き替えに任官する制度に由来するといわれる。実際、畿内近国に稠密《ちゅうみつ》に分布する臈次成功制宮座と、それを取り囲む名主座リングのコントラストは、朝廷の政治組織が地理的および階層的に拡散していった結果のようにもみえる。

さらに、平安時代の朝廷内部で官職の世襲による家職化を通じて家が成立していった歴史を踏まえれば、宮座内部における家の成立と普及もまた、朝廷の政治組織の地理的および階層的拡散過程の一環としてとらえられるかもしれない。いずれにしても、貴族社会における家の成立と同じく、宮座構成員の家の成立は、村落の政治組織それ自体の再生産を確実なものとすることで、惣村の維持と安定に寄与したと考えられる。

十六世紀半ば以降、両地域において家が一般的に成立すると、新座衆の台頭を背景に、今度は宮座が家を単位とした家格制宮座――本座家―新座家―座外の水呑――へと再組織化されていく。さらに、幕藩体制が確立し、経済発展と人口成長が実現した十七世紀半ば以降は、[12]宮座は政治組織としての性質を失って徐々に祭祀のみを担う組織へと変化を遂げる。と同時に、家格制宮座は村組頭役宮座や同族宮座などへと多様化していったが、その要因として、人口成長にともなう家数と組数の増加、および同族組織の発展を考えることは難しくない。

ところで「地域性調査」データでは、中世後期における畿内近国の臈次成功制宮座とそれを取り囲む名主座リングの分布を直接的に示すことはできないが、その痕跡の分布を知ることはできる。とくに、畿内近国の宮座は惣村運営の中核組織であったので、惣村に関連する指標は有効である。

図終-4の二枚の地図は、藩政村（近世行政村）と村落共同体との関係を、大字と集落の関係を表す指標を用いて描いたものである。左図には「地域性調査」により、調査時における大字内の平均集落数の分布を、右図には一九七〇年の世界農林業センサスにより、大字と集落の不一致率の分布を示した。大字は、一八八八年（明治二十一）の町

図終－4　藩政村と村落の関係：大字と集落との一致と不一致

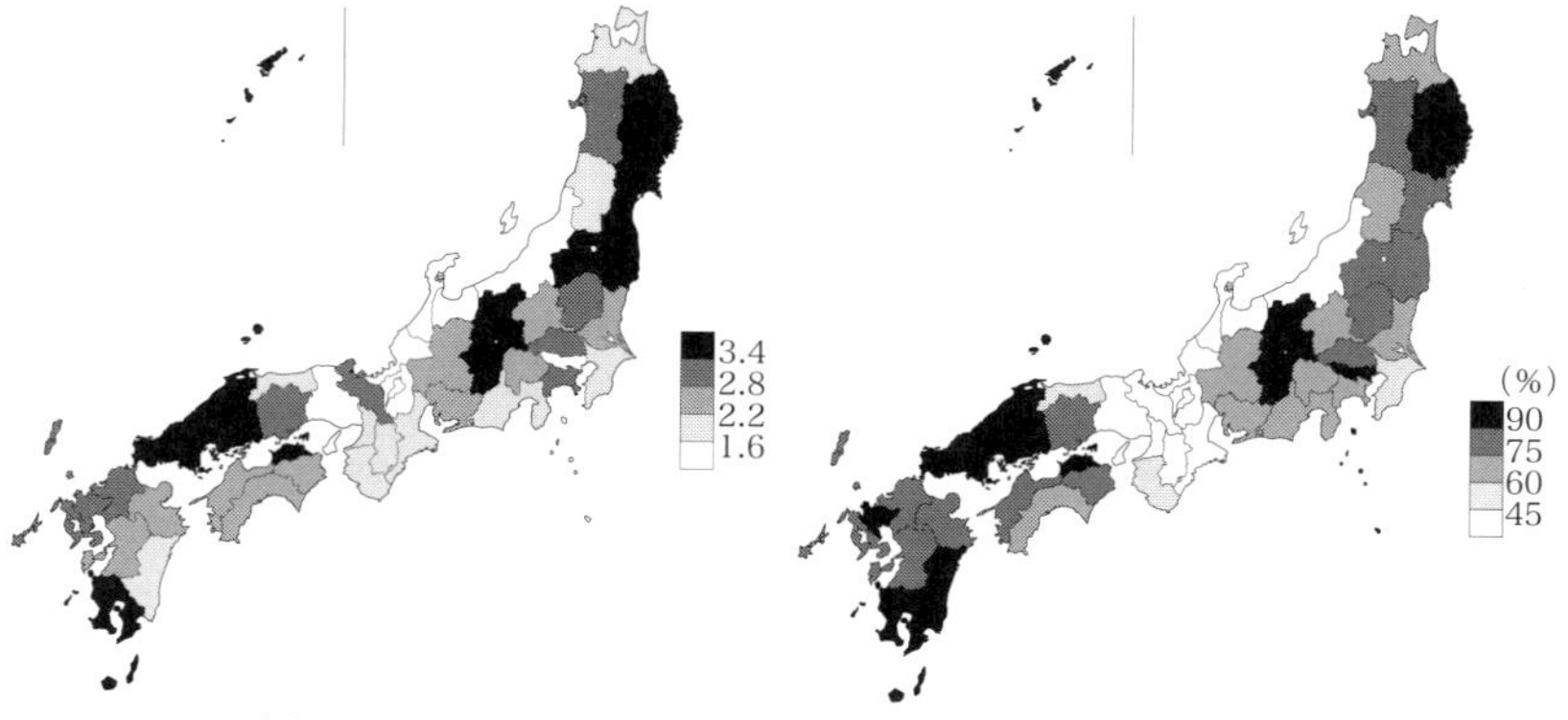

大字内の平均集落数　　大字と集落の不一致率（1970年）

注：年次は左が1962年、右が1970年。「集落」の定義は本文を参照。
資料：左は図終-1に同じ。右は農林統計協会［1972］『1970年世界農林業センサス農業集落調査報告書』。

村制の公布にともなって合併された旧来の町村の名称を、全国共通の地籍表示として残したものである。それ以前の合併は全体としては少数であったから、大字は基本的に藩政村の範域を引き継いだものとみてよい。一方、集落は村落共同体のことであり「地域性調査」の調査票では「部落」という用語が、農林業センサスでは「農業集落」という用語が使われている。後者の公式の定義によれば「一般に『部落』と呼ばれているもので、もともと自然発生的な地域社会であって、家と家とが地縁的、血縁的に結びつき、各種の集団や社会関係をかたちづくってきた農村における基礎的な単位地域である[13]」とされている。

図終-4をみると、近畿地方と北陸地方において、大字内の集落数が少なく大字と集落が一致する割合が高いこと、いいかえれば、「一藩政村一集落」の傾向が強いことがわかる。かつては、藩政村と村落共同体を同一視する見解が主流であったが、そうした地域は日本の中心部の特徴であり、東北地方や西南地方ではむしろ「一藩政村多集落」が一般的であることがわかる（南関東と東海はその間の水準）。では、なぜ近畿・北陸では藩政村と村落共同体が一致する傾向が強いのであろうか。その理由に関連して、福田アジオは、近世初期の検地が畿内近国ではすでに形成されていた村落を対象に

図終－5　講組と若者組の指標：平均講数と若者宿

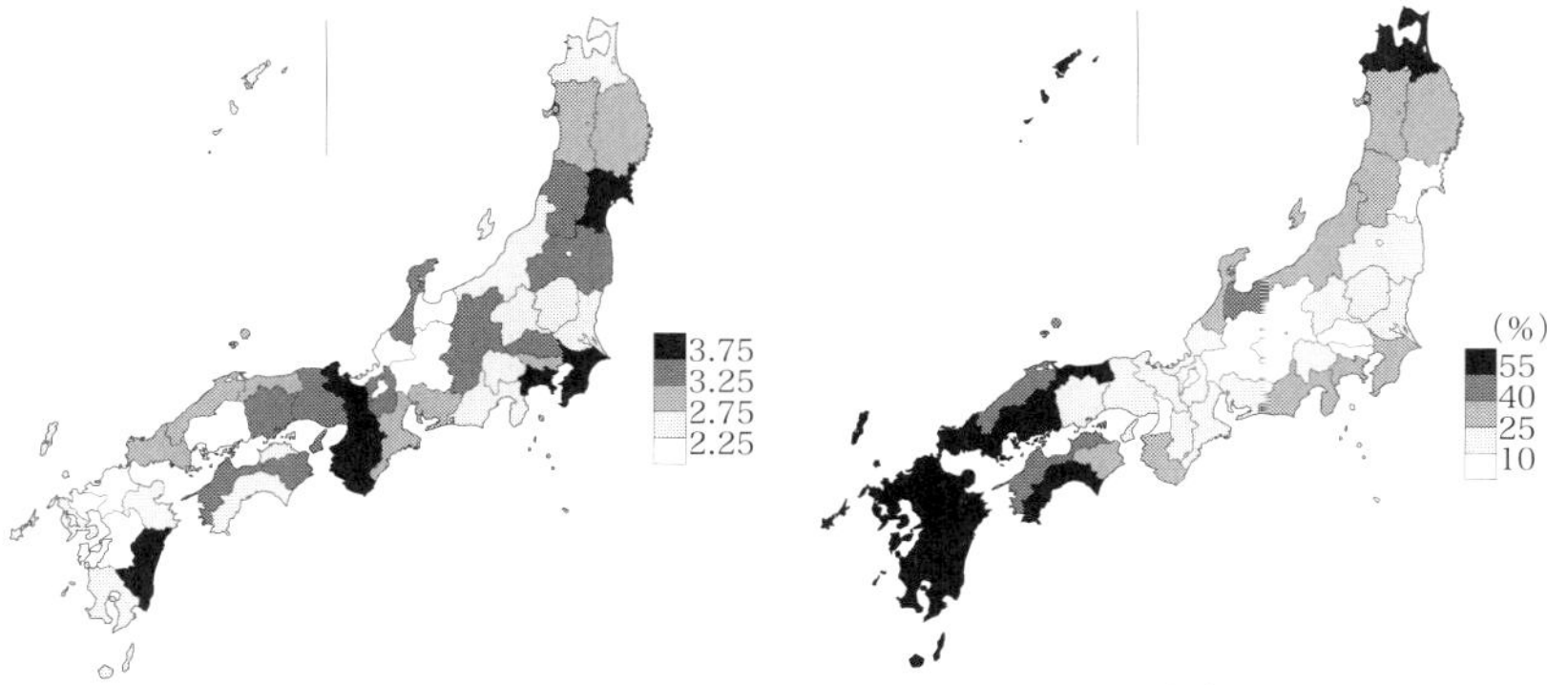

1村落あたりの平均講数　　若者宿

資料：図終－1に同じ。

おこなわれたため、惣村がそのまま藩政村として把握されたこと、一方、その他の地域では、郷が藩政村として把握されたあとで、その内部に小村落が形成されたと考えられることを指摘している。[14] それゆえ、図終－4（こゝに石図）は畿内近国を中心とした惣村の分布域（最大範囲）を示しているといってよいだろう。そして、個別村落単位の臈次成功制宮座の分布もこの内側に収まると推定される。

前述したように、畿内近国の臈次成功制宮座は中近世移行期に家格制宮座に変化し、近世中期以降は村組頭役宮座や同族宮座へと変質した。薗部は近世の村組頭役宮座における身分差別が本百姓と水呑との差別程度に縮小し、家格制宮座が形骸化したと推測しているが、[15] この点は、近世畿内近国の村落構造を考えるにあたって重要である。というのも、古典的な村落構造類型論は、この地域の村落では、家々が対等な権利義務関係にあることを強調し、そうした相互扶助の対等性を基盤として多彩な宗教的・経済的な講組織が発達したと考えたからである（講組型村落）。実際、図終－5の左図に示したように、一村落あたりの平均講数を指標として統計地図を描くと、畿内近国が講の発達した高原地帯となって表れる。

興味深いことに北陸地方では講数が少なくなっている。全国有数の浄土真宗地帯である北陸では、惣村もまた中世後期に真宗門徒の講組織を核として成立したという歴史をもつ。この地域では、門徒衆による村ぐるみの強固な講組織が多彩なアソシエーションとしての講の発達を抑制したのかもしれない。

いずれにせよ、薗部が推定する臈次成功制宮座の中核地域（畿内）が講発展の高原地帯のなかにすっぽり収まることから、両者の間に何らかの歴史的な関連があることが予想される。近世における家格制宮座の形骸化と宮座の祭祀組織への純化という薗部の指摘を踏まえれば、十七世紀の経済発展にともなう村内人口と家数の増加を促進要因として、各家が対等な関係で結ばれた相互扶助組織を村落内部で発達させることにより家連合が再編成され、その結果、講組や五人組などの新たな主体が立ち現れていったというストーリーを考えることもできるだろう。

これに対して、名主座リングの村落における家の一般的成立については、同族の発達との関連が注目される。とくに中世後期に名主座が濃密に分布していた中国山地の北麓（山陰側）と南麓（山陽側）は、最終的に同族組織が発展した地域である。それゆえこうした地域では、①中近世移行期における同族の成長——家として成立した本家とそれを取り巻くプレ家的な世帯集合の成長——による村落の増加、②本家から分出した世帯が世代継承性を獲得していくことによる家の一般的成立ならびに家連合の組織化（同族組織の成立）、③その結果としての家を単位とした家格制宮座の誕生というプロセスを想定できる。薗部論文の表2-1で空白になっている名主座リングの「十六世紀〜十七世紀半」は、こうした仮説によって埋めることができるかもしれない。同じ中国地方の名主座リングでも、講組織の発達した山陽地方東部における家の成立過程は畿内近国に類似する可能性がある。また、山陽地方西部から九州そして四国南西部において強固な若者組を発達させた地域では、後述するように右記とは異なる家の成立過程を検討する必要があるだろう（図終-5の若者宿の分布を参照）。

一方、名主座リングの東側に目を転じると、東海道沿いに藩政村内の集落数が比較的少ない地域が広がっているが、なかでも南関東は畿内近国に並び得る講組織が発達した地域である（図終-5）。第3章の戸石論文が対象にした相模国大住郡横野村（現神奈川県秦野市大字横野）は、この地域に属する藩政村であり、その創立は中世前期と伝えられる。横野村の家数は、一六九八年の六一から一七三八年の六六に増加し、十八世紀半ばまで横ばいに推移した後、十八世紀後半は六一～六三にやや減少して、十九世紀前半には六三軒に固定された。戸石論文はこの期間の家と村の関係史を、藩政村が家をその構成単位として包摂し組織化していく過程として描いている。十九世紀に入って、家数＝百姓株式数が固定され、村による家の跡式の保存・管理が制度化されたことは、家が完全に藩政村の下位組織に組み込まれたこと、すなわち近世横野村における家の成立過程が完了したことを意味する。戸石論文で興味深いのは、そうしたプロセスのなかで、五人組という、家と村をつなぐ中間組織が村役人に対抗し得る自律性を獲得していく点である。百姓株式数の固定化も、天明から天保にかけての人口減少期に、五人組が自らの存続を確保するために、家の消滅による五人組解体のリスクを避けようとして影響力を発揮した結果と論じられている。

それゆえ、横野村における家の成立史を理解するためには、村内組織を把握することが不可欠である。戸石論文では、現代の民俗調査や聞き取り調査の結果をもとに、組（五人組）、ニワ（組の集合）、ケイトウ（同姓集団）、ジエン（地縁）、シンルイ（親類）が挙げられているが、これらの組織や集団は、詳しく検討された五人組のように、近世を通じて成立・完成したと考えられる。講についての言及はないが、秦野市は阿夫利神社への参道にあたり、大山信仰が盛んな地域であり、また一九八〇年の時点で五五の講の存在が確認されているので、図終-5に示されている通り、講組織の発達した地域とみなしてよいだろう[16]。

実は、筆者が居住している横浜市緑区の地域社会には、右記に類似した村内組織が現在でもある程度残っている。この土地は近世には武蔵野国都筑郡に属する幕府直轄領（～十七世紀末）・旗本領（十七世紀半ば～幕末）の村であった。筆者が住民であるためひとまず村の名前は伏せるが、横野村のように矢倉沢往還（現国道二四六号）の近くに位置しており、近世は長津田宿の定助郷《じょうすけごう》を務めた。村の起源は古く、平安時代の「和名類聚抄」に郷としてその

図終－6　婚姻慣習の地域性：両家からの仲人選出と新婦のみ出席の披露宴

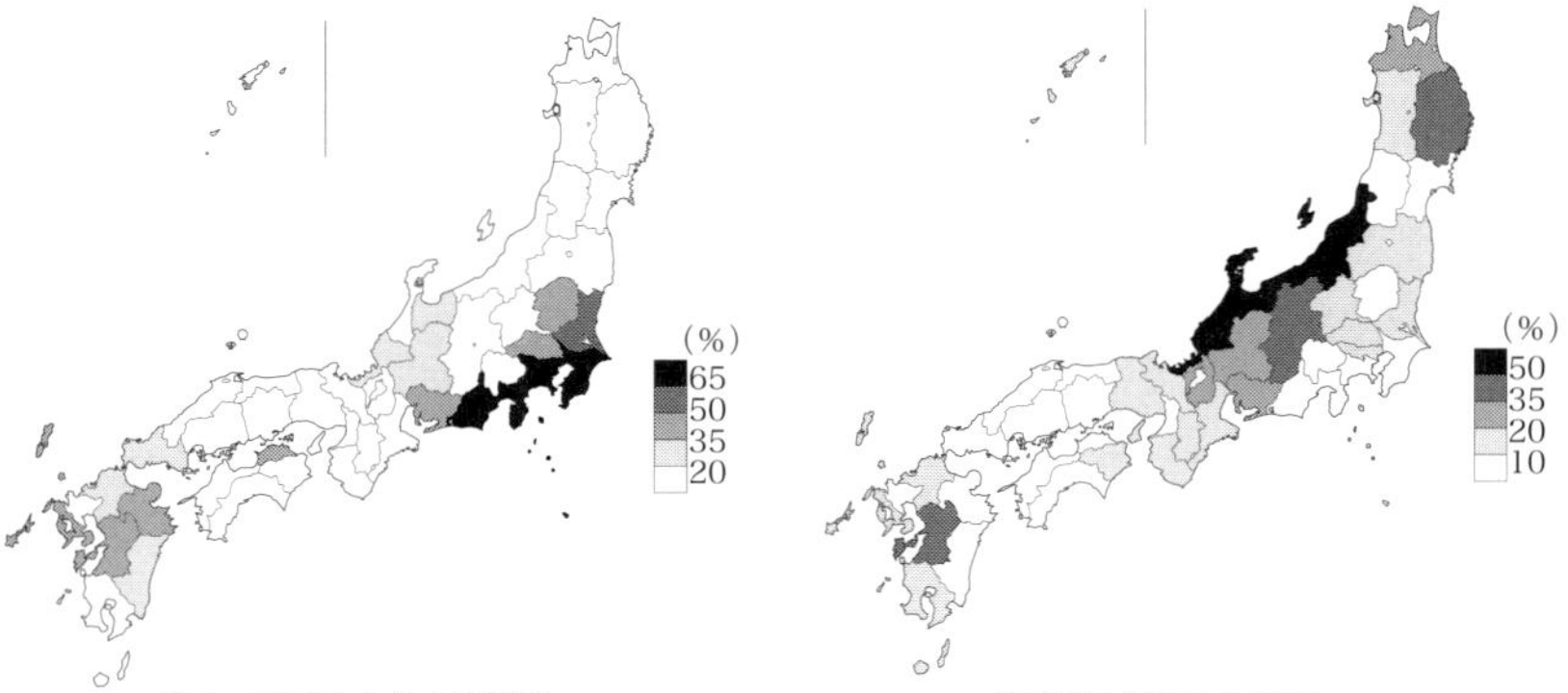

仲人：両家から各１組選出　　披露宴：新婦のみ出席

資料：図終-１に同じ。

名が記載されている（村の鎮守は式内社の論社）。現在でも先祖代々の農家の間では日常的に屋号が使われており、町内会、氏子組織、檀那寺によって多彩な年中行事がおこなわれている[17]。

さて当地では、横野村の組、ニワ、ケイトウに該当する組織が、組内（クミウチ）、講中（コウジュウ）、一家（イッケ）と呼ばれている。横野村と同じく、組内は五人組に由来する日常的な相互扶助組織と考えられ、講中はそれが三つ前後集まった地縁組織（村組）ではあるが、その内部は本家分家関係にある家々（イッケ）が多数を占める。イッケは同族として墓地を共有している。組内も基本的に同族関係にある家（イッケの部分集合）によって構成されるが、家間の格差は小さく、歴史のなかで本家から土地を分け与えられたと伝わる程度である（いわゆる「地分け伝承」）。それゆえ、当地ではハイアラキカルな同族組織はつくられず、講中と組内は同族を講組に編成した組織として理解できる[18]。

これらの組織は冠婚葬祭の際に可視化されるが、当地では婚姻の際に両家から仲人親が選ばれるという慣習があり、一九五〇年代生まれまでの跡取り層はこうした結婚を経験している。もっともこの慣習は当地独自のものではなく、図終-6の左図に示したように、南関東から東海地方一帯の特徴であるといってよい。通婚圏は隣接する大字とさらにその周辺の大字程度の範囲であり、仲人は基本的に両家の同族（婿方の基本は組内のなかの本家）や親類（おおむね三世代以内の娘たちの婚出先）から選ばれるが、親類は実質的なマッチメイキングの役割を果たすことも多かった。これらのことも「地域性調査」で確認できる。当地の古老に両家から選ぶ理由をたずねたところ「夫婦げんかのときのため」という答えが返ってきたが、実際仲人は「お父さん」「お母さん」と呼ばれており、社会的親としての役割を果たしている。客観的にみると、両家の婚姻は対等な講組どうしの婚姻（講組外婚）になっていることから、筆者はこの仲人慣習が両家とそれを支える講組の対等性の表現の一つであると解釈している。婚礼に際しては、数日前から花嫁道具が縁側のある座敷に飾られて講組（講中と組内）に披露され、また人生儀礼のたびに嫁の生家から、植野論文に描かれた漢族の例と同じくらい頻繁に贈与と援助が繰り返される。これらも婚家と生家および両者を各々の構成単位とする講組どうしの対等性と勢力均衡の表現と考えられる。

研究史では、近畿地方の講組地帯における各家の対等性が強調されてきたが、南関東の講組地帯の村落は、各家単位だけでなく、講組単位の対等性に基づくパワーバランスによって運営されてきたとみることができる。こうした地域性に東日本の同族文化の反映を読み取ることは容易であるが、戸石論文が五人組について明らかにしたように、近世を通して同族が講組へと組織化された結果確立した社会構造といってよいだろう。それゆえ、百姓株式数の固定化についても、人口減少にともなう再生産問題とともに、藩政村における講組間の勢力均衡の維持という政治学的な目的もあわせて議論する必要がある[19]。

また、横野村で観察された家と百姓株式の成立過程が、どこまで一般化できるかについても、さらなる検討が要請される。以上の議論を踏まえれば、近世南関東における家社会の展開は、基本的には、①近世初期の段階で世代継承性を獲得していた家が、十七世紀の経済発展と人口増加のなかで、比較的均等度の高い分割相続（地分け）により分家を増加（同族を拡大）させた歴史として、②当初は藩政村により政策的に五人組に編成された家々が、近世後期を通じた自己組織化によって、政治的な自律性と主体性をもった講組に発展していく歴史として要約できる[20]。

図終－7　1農業集落当たりの平均農家戸数

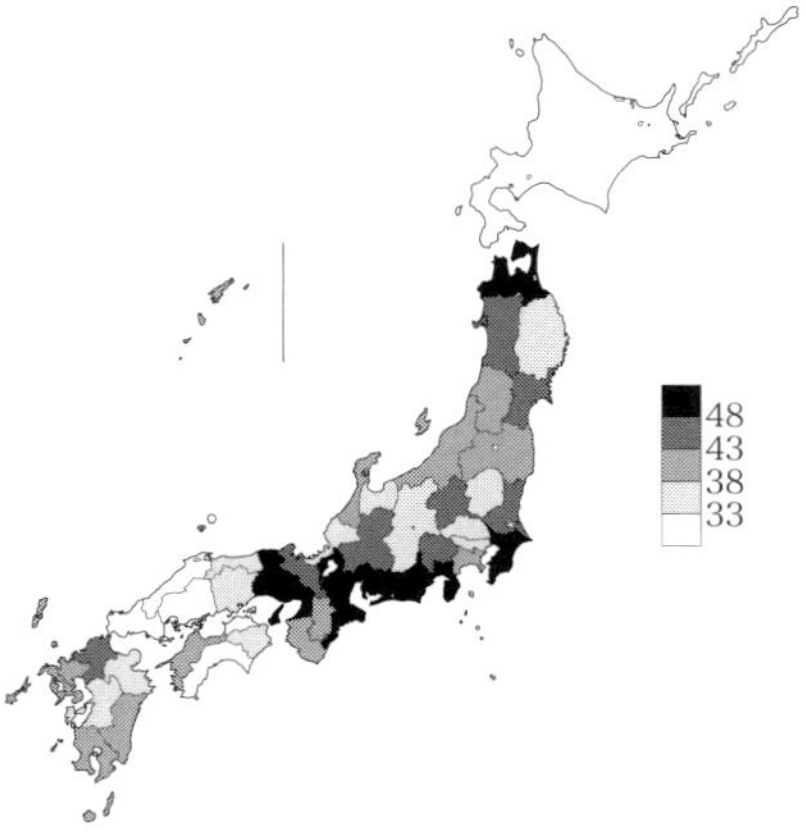

注：年次は1960年。
資料：「農林業センサス累年統計」。

このようなプロセスで最も重要なことは、近世前期における家数の増加と同族の成長は、何らかの形態の集村化をもたらすという点である。実際、図終-7に示したように、南関東から近畿地方までベルト状に分布する集村地帯（集落あたりの農家戸数密度が高い地域）を確認することができる。一九六〇年時点の分布ではあるが、図終-10からもわかるように、この地帯の農家戸数は明治時代以降むしろ減少しているので、集村化は近世に生じたといってよい。その一方で、東北地方や南九州の農家戸数が大きく増加していることを踏まえれば、近世における東海道集村ベルトとその他の地域のコントラストはさらに大きな勾配をともなうものであったと推定できる[21]。

近世前期の緩傾斜の分割相続による家数の増加と集村化は、村組や講組形成の促進要因である。また、狭い近隣地域のなかに集まる家々によって組織化され、近世後期に自律性を獲得した講組にとって、その後の家数の変化は増加であっても減少であっても、組織間の勢力均衡を崩すという意味で好ましくない。東海道集村ベルトでは、こうした政治力学が百姓株式数の固定化にインセンティブを与えた可能性は高い。そして、宝暦・天明から天保期の人口減少圧力はそれに拍車をかけたと考えられる。図終-8に示したように、講組織の発達した南関東と近畿地方は、度重なる冷害と飢饉に直面した東北地方ほどではないものの近世後期に人口を減少させた地域である。こうしたなかで五人組が自らの存続を確保するために、百姓株式数の固定化により家数の維持をはかったという、戸石による横野村の説明は説得的である。

同族が講組により組織化された南関東とは異なり、東北地方は全国で最もハイアラキカルな同族組織が発展した地域である（図終-2・図終-3）。第4章の平井論文で取り上げられている陸奥国安達郡仁井田村（現福島県本宮市）は、幸運なことに「地域性調査」の対象地であるため、同村の同族組織の特徴を知ることができる。それによると、本家を中心に分家、孫分家、異姓分家、非血縁分家からなるハイアラキー構造を備えていること、同姓の家は共通の本家から分かれたと考えられており、本家と同じ寺に登録されることなど、近代移行期の仁井田村の同族は東北地方においても最も強固な部類の組織を有していた。

仁井田（ニイタ）村は、新田村によくみられる名称であるが、この名がはじめて史料に現れるのは十六世紀の終わりの天正年間である。このことから、同村はこの時期に新開されたと推定されている[22]。仁井田村に残された人別改帳は、一七二〇（享保五）年に名主を命じられて移ってきた遠藤家が、明治を迎えるまで一五〇年にわたってその職にあり続けて作製し保存したものである。この事実からも当地の同族と村落組織の強靭さがうかがえる。とはいえ、平井論文で論じられているように、十八世紀には多くの分家が創設されたものの、気候変動にともなって頻発した冷害を背景に絶家も多かった。村内のすべての家が世代継承性を高めて長期にわたり存続するようになったのは――それゆえ家が確立したのは――十九世紀に入ってからである。

ところで、強力な同族組織が統治する村落では、必ずしも百姓株式制度を必要としない可能性を理論的に想定できる[23]。たとえば、

図終－8　近世後期の人口変化率：1721～1846年

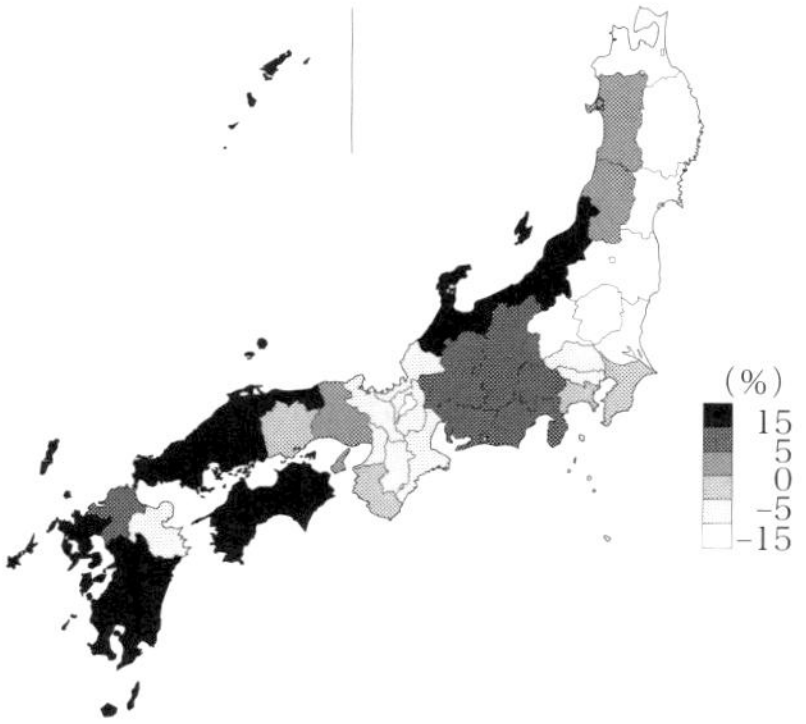

注：旧国を現在の都道府県に組み替えて表示している。
資料：「江戸時代全国国別人口表」『国勢調査以前日本人口統計集成』別巻1、原書房、1993年。

宝暦・天明から天保にかけての東北地方の農民は、頻繁に発生する冷害や飢饉による生存の危機に直面するなかで、本家の統制のもと、むしろ分家をつぶすことで、本家筋に人材と資源を集中させた方が生き延びる確率を高められる状況もあったと考えられるからである。そのうえで、気候や被災状況が改善してから、人材と資源の余力に応じて、絶家の再興や分家の創設による復興を試みればよい。いいかえれば、気候変動や災害などの予測できない環境変化に対しては、本家の強力なリーダーシップによる方が、多数の講組の政治的綱引きによる対応よりも、柔軟に対応できるということである。その意味において、武家の軍事組織に類似した東北地方の強靭な同族組織は、寒冷化が進んだ十八世紀の自然環境に適応したシステムであったといえるだろう。

実際、岡田あおいによる陸奥国会津郡・大沼郡（現福島県南会津郡・大沼郡）の四つの山村の歴史人口学的研究は、宝暦から天保にかけての時期を対象にしているが、多彩な絶家パターンがみられることを報告している[24]。たとえば、絶家は基本的に高い階層の世帯（宗門人別改帳の「一打ち」）では起こらず、低い階層の世帯で起きやすいこと、また絶家に際しては、戸主自身がより階層の高い世帯に婿や養子に入って絶家するケース、分家をつぶして本家世帯に戻るケースなどが確認されている。なお、この会津四か村には百姓株式が存在したため[25]、消滅世帯への対応は天明期以降、分家創設よりも絶家再興の傾向が強くなる。また平井論文と同様、宗門人別改帳からは四か村の同族組織の構造はわからないが、「地域性調査」では会津地方の村落のいずれもが強固なハイアラキー型同族組織をもっている——南会津郡・大沼郡に属する対象地も三か村ある——ことから、近世においても同族組織の原理で構成された村落であったと想定できる。天明から天保にかけて大きく人口を減らした仁井田村と異なり、近世後期の会津四か村の人口はおおむね横ばいに推移した。百姓株式と同族組織の原理が組み合わされたハイブリッドな村落組織は、人口減少圧力に対して最も強靭なシステムだったのかもしれない。

以上のようなハイアラキー型の同族組織を発展させた東北地方とは極めて対照的な社会組織を発達させたのが西南

日本の村落である。その特徴をひとことで言えば、若者組・中老組・長老組などからなる年齢組織と表現できるだろう。「地域性調査」データを分析すると、若者組それ自体は、本家分家関係と同じように全国に普遍的に存在するが、西南日本の若者組は成員資格を長男に限定せずに次三男をも含むため、家の単位性が比較的弱い、村落レベルの労働組織という性質を有していることがわかる。これに対して東北地方と関東地方の若者組は成員資格を長男に限定する傾向が強い。西南日本の若者組を特徴付ける要素として、研究史では若者宿の存在が指摘されてきた。若者宿は、村の未婚の青年男子の合宿所であり、通常は人望がある大きな家の一間を借りて、数人ずつに分かれて寝泊まりをした。若者たちは、家の主人を宿親（ヤドオヤ）として保護と指導を受けながら一人前の村人に成長していった。図終-5の右に示したように、若者宿の分布は明瞭な西高東低の勾配をもつ。なかでも高いのが長崎県と佐賀県であり、若者宿をもつ村落の割合は九割を超える。鹿児島県と山口県の7割がそれに続く。やや余談ではあるが、こうした分布からは、幕末における西南雄藩の政治的突破力の源泉が、近世後期の人口増加を背景要因とする強固な若者組の存在にあったことがうかがえる（図終-8も参照）。なお東日本にも若者宿は存在するが、多くは沿岸部に分布している。

「地域性調査」データから西南日本の家の特徴として以下の三点を指摘できる。①図終-5の若者宿の分布と図終-2・図終-3の比較からもわかるように、本家と分家の格差が小さく、両者の関係はおおむね三世代以上が経過して血縁が薄くなった段階で終了する。これには若者組の成員資格が長男と次三男で対等なことが関係していると考えられる。また、年齢原理によって組織され、同輩関係に基づいて長期の合宿生活を送る若者組では、同年齢の若者の対等性が高いので、そうした彼らが当主になった家と家との関係も横並び傾向が強くなる。②図終-9に示したように、西南地方には、子夫婦と親夫婦がそれぞれ母屋と隠居屋（あるいは別宅）に分かれて暮らす別棟隠居の慣行が色濃く分布している（その際しばしば財産分割も生じる）。隠居慣行自体は全国に広くみられるが、太平洋側に拡がる別居隠居地帯は、隠居後も一つ屋根の下に暮らす傾向の強い東北北部や、北陸から北九州にかけての日本海側の地域と対

図終－9　隠居慣行の地域性：同棟隠居と別棟隠居

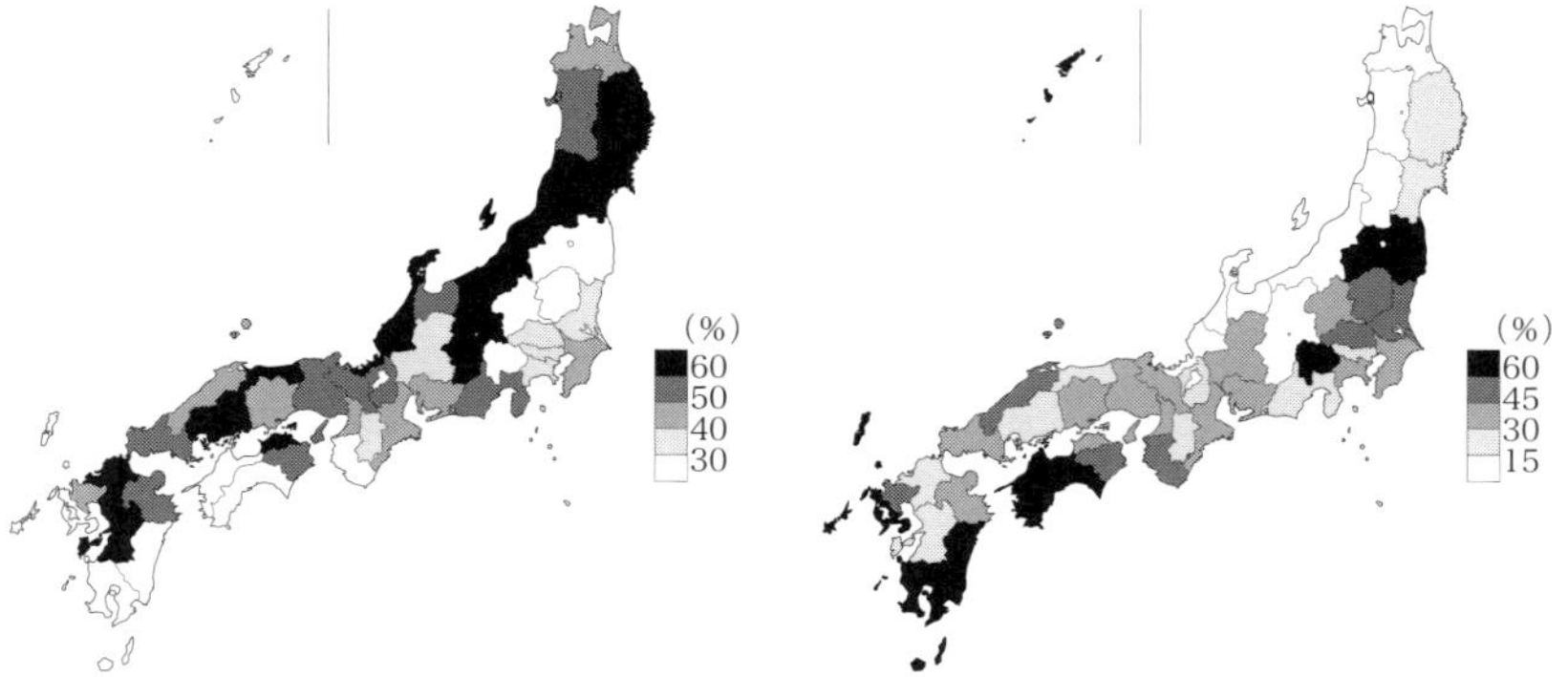

同棟隠居　　別棟隠居（別宅を含む）

資料：図終−1に同じ。

照的である。③親夫婦が隠居して母屋から隠居屋に引き移るタイミングは、典型的には子夫婦に子どもが生まれて一歳になったころといわれてきた。若者宿をもつ地方では、一般に、配偶者選択は若者主導の（しばしば性交渉をともなう）交際に始まり、婚約成立後の通い婚と最初の子の誕生を経て、夫婦が同居して暮らすようになるが、親の隠居と母屋の明け渡しがおこなわれるのは、こうした結婚プロセスの最終段階である。

図終-5に表れた若者宿の分布の高原地帯をみて気づかされるのは、それが山陽地方西部から九州そして四国南西部という、ちょうど中世における名主座リングの西側の周辺地域と外郭地域をカバーしていることである。第4章の平井論文で取り上げられている肥前国彼杵郡野母村（現長崎市野母町）は、そうした地帯の西のはずれに位置する海村で、昭和三十年頃までは若者組と若者宿が存続し、その結婚慣習も若者組地帯の基本的特徴を有していた。この地域では、家はどのような過程を経て成立したのだろうか。平井論文が依拠した中島満大による歴史人口学的研究の成果[26]も踏まえながら考察してみたい。

最初に、第1章の坂田論文で提起された問いに立ち返ると、西南日本にみられる強固な若者組と相対的に弱い家という近代移行期の特徴が示唆するのは「村が先」の成立史である。いいかえれば、これらの特徴から、近世村落へと繋がる自立的な政治主体としての村落組織が成立したことによって、ある種の政策的な意図のもとに、世代継承性を有する家が形成されたという流れが浮かび上がる。

まず、社会人類学による古典的な年齢階梯制の議論を踏まえれば[27]、漁業を生業とする野母村は、近世初期の段階で、すでに若者組のような年齢原理にもとづく労働組織を中核とした村落であったと考えることができる。さらに、その村落組織は、自立的ないし自立的な政治主体であったと想定することも、さほど難しくはないだろう。というのも、島原の乱（一六三七年）で見せたこの地域の百姓たちの一揆の結束力は、松倉家による過酷な支配、小西・有馬の浪人による一揆の組織化ならびにキリシタンとしての信仰の篤さを十分に勘案しても、畿内近国の惣村や越前一向一揆の講組織の強固さを想起させるものだからである。一方、家については、中世日本の他の地域と同じく、支配階層を除いて未成立であり、庶民の居住地にはプレ家的な世帯の集合が広がっていたと推定される。東シナ海に面した海村という、野母村の地理的条件を考慮すれば、東南アジアの「屋敷地共住集団」のように各人の世帯所属が曖昧な親族の集まりをイメージすればよいかもしれない。

このような言わばファジーな世帯に対して、明確な単位性を与えていったのが、他ならぬ宗門改制度と考えられる。周知のように、宗門改めは島原の乱の直後に、キリシタンの統制を目的として幕府直轄領で始まった制度である。キリシタンといっても、この地域の住民のほとんどはキリシタンかその縁者、もしくは容易に教化され得る人々であっただろうから、一揆を起こしかねない住民一般の統治を目的としていたといってよく、この制度がその後、人別改めと結びついて徳川時代の民衆統治の基礎手段になっていったのは自然な成りゆきであろう。それゆえ、宗門人別改帳による住民登録の制度と毎年実施される「お調べ」は、前述した南関東における五人組制度のように、この地域の家成立過程を考える際の基軸にすることができる。その点、近世を通じて幕府直轄領であった野母村は、幕府の政策の影響を検討するのに適した村落である。

時代は下るが、近世後期における若者組と家との関係について、中島は次のような安丸良夫の議論を引用している。

すなわち、十八世紀末から若者組の力が過度に高まったために、これをいかに統制するかが村の課題となり、その力を抑制するために村の規定によって夜遊びや踊りなどの男女の交際の機会を制限した結果、若者主導の配偶者選択が後退して、仲人が仲介する家と家との結婚に転換したという議論である。中島は、この見解に基づき、平井論文（第4章）でも検討された結婚パターンの標準化――「第一子の誕生を契機として、夫婦の登録を行う」タイプから「先に夫婦として登録を行った後で、第一子をもうける」タイプへの変化――もまた、家の論理の介入とともに発生した可能性が高いとして、この現象に家の成立を読み取っている[28]。

前述した結婚のプロセスになぞらえれば、結婚パターンの標準化は、それが完了する最終段階での夫婦登録から、婚約成立段階での夫婦登録への変化である。このような結婚の標準化は同時に、生まれてくる子どもの家所属をより早い段階で確定する（どこの家の子かわからない中間的な状態を避ける）ようになったことを意味しており、その前提としての家の成立を示唆する。また、世帯の継承者は、一八〇〇年の時点で長男が六割弱を占めているので（次男が三割弱、三男以降が二割弱）、十八世紀中には、直系家族の継承原理がある程度浸透していたと考えられる。長男の継承割合は、その後幕末まで若干の変動をともないながらもほぼ横ばいで推移したが、興味深いことに、継承のタイミングをみると、十八世紀後半から十九世紀前半に死亡譲渡が徐々に減少し、その代わりに生前譲渡が増加している。この事実は隠居慣行の普及を示しており、以下で述べるように家の成立を強く示唆する。

また、政治力学的な観点からみれば、十八世紀末以降の若年人口の増大と若者組の勢力拡大（いわばある種の「ユースバルジ」）に直面した村の壮年層（中老組）にとって、家という社会組織は、幕府権力の正当性のもとで、息子たちに対する当主としての権力を保障すると同時に、家連合としての連帯を可能にすることで、膨張する若者組に対して抑止力を行使するための有効な手段になり得る。それゆえに、宗門人別改めを通じて上位権力から政策的に与えられた家の制度を、村人の側が主体的に受け入れるインセンティブは十分にあったといえるだろう。

そのようにして、ひとたび家が成立すると、中近世移行期における家格制宮座の成立のように、今度は村落自体が家を単位として再組織化された可能性が高い。とくに跡取りの婚姻が確立すると同時に親夫婦が当主の地位を譲って別棟・別宅に引き移る別居隠居、なかでも財産分割をともなう別財型の別居隠居や隠居分家は、家単位の年齢組織を構成する制度としても理解することができる。すなわち、家の当主である壮年世代の家連合と隠居世代の家連合（いわば「隠居屋連合」）からなる年齢組織ないし世代組織である。さらにいえば、人望のある家の一間に若者たちが数人ずつに分かれて合宿生活をおこなう若者宿も、宿親・宿子関係によって若者世代を家のなかに取り込むという意味があるのかもしれない。彼らが若者宿を卒業するのは原則として結婚するときであり、その際、彼らは家の当主として壮年世代の家連合の仲間入りをするのである。

そして、明治政府成立直後の一八六九年に野母村で突然起きた宗門人別改帳の登録様式の変更とそれにともなう世帯数の急増（傍系親族の分離と独立）も、組織としての内実を備えた家がそれ以前に確立していたことをうかがわせる。仮にこの時点で、まだプレ家的な世帯が残っていたとしても、戸籍法が制定される直前におこなわれた宗門人別改めの登録様式の変更は、この地における家の確立を決定づけたといってよいだろう。

ここまで、中世から近世を経て近代移行期へと至る、家と家社会の成立史を鳥瞰してきた。それは、ひとことで要約すれば、中近世移行期に畿内近国で成立した庶民の家が、時間経過とともに地理的にあるいは階層的に全国へと拡散していき、近世後期において、家社会、すなわち家を基礎単位とする社会が、大きな地域的多様性を保持しながらも、全国的に確立していった歴史である。そして、第5章の市川論文が明らかにしたように、家意識についても、近世後期に多少の時差をともないながら、同様のプロセスを経て広域化・普遍化していったと考えられる。

もっとも、家社会の歴史はこれで終わりではない。農民の家に限っても、明治時代に入ってから、家と家連合が大きく発展を遂げて最盛期を迎えた地域が存在する。図終-10に示したように、東北地方の農家戸数は、明治十三年か

図終-10　農家戸数の増減：1880〜1940年と1940〜1960年

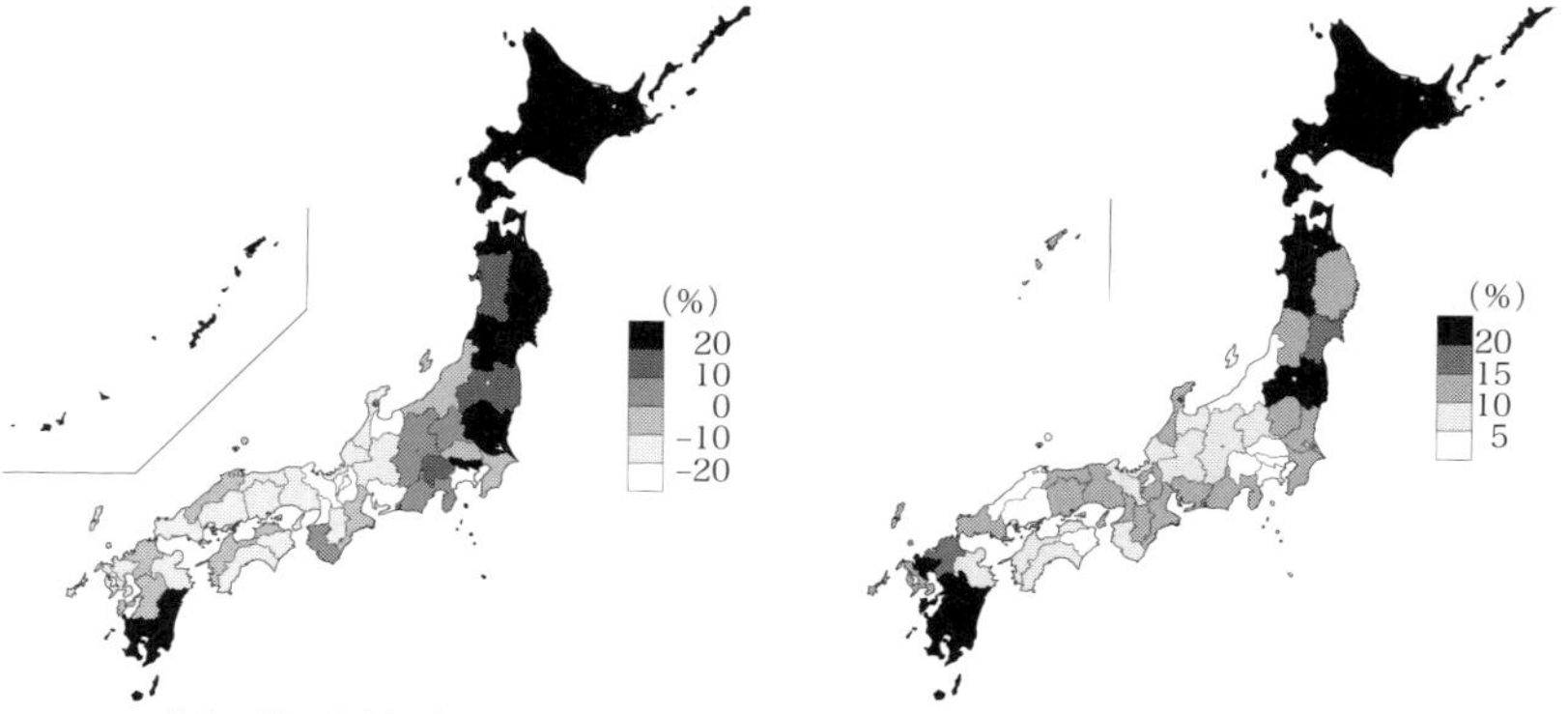

農家戸数 増減率（1880〜1940年）　農家戸数 増減率（1940〜1960年）

注：1880年から1940年は山田三郎による修正推計を利用した。1940年から1960年は沖縄県を除く。
資料：山田三郎［1963］「農家戸数修正推計1880〜1940年」国民所得推計研究会資料 C-9、「農林業センサス累年統計」。

ら昭和十五年の期間に大きく増加した。そのなかでも、第8章の林論文の調査対象地がある青森県は、五九％の増加であり、北海道を除けば全国一の高水準である。東北地方が同族組織の原理の最も強い地帯であることを踏まえれば、農家戸数の増加（出生率の上昇をともなう）は、分家創設による同族組織の発達によってもたらされたといってよい。いいかえれば、徳川時代の東北農村では、過酷な自然条件のために実現しがたかった家の永続性を、多くの農民が実現可能な現実として実感できたということでもある。

ここで重要なのは、第4章の平井論文の冒頭で取り上げられているような古典的な家研究者はみな、昭和戦前期という、日本史上かつてなかったほどに家と同族組織が発展したピークの時期に、東北地方や中部地方の農村調査に基づいて自らの家概念を作り上げたことである。とくに同族の理解が論争の中心になっていったが、急速な同族組織の発展は、その原理を最大限に可視化する一方で、社会構成原理と目前の社会実態――いわば「遺伝子型」と「表現型」――の区別を困難にさせてしまうことで、その後の議論の混乱の源になったように思われる。

さて第8章の林論文は、本州北端に位置する下北半島の東通村目名集落では、一九六〇年代の調査時に衰退していたユブシオヤ・ム

図終-11　社会的親子関係の地域性：村人と転入者

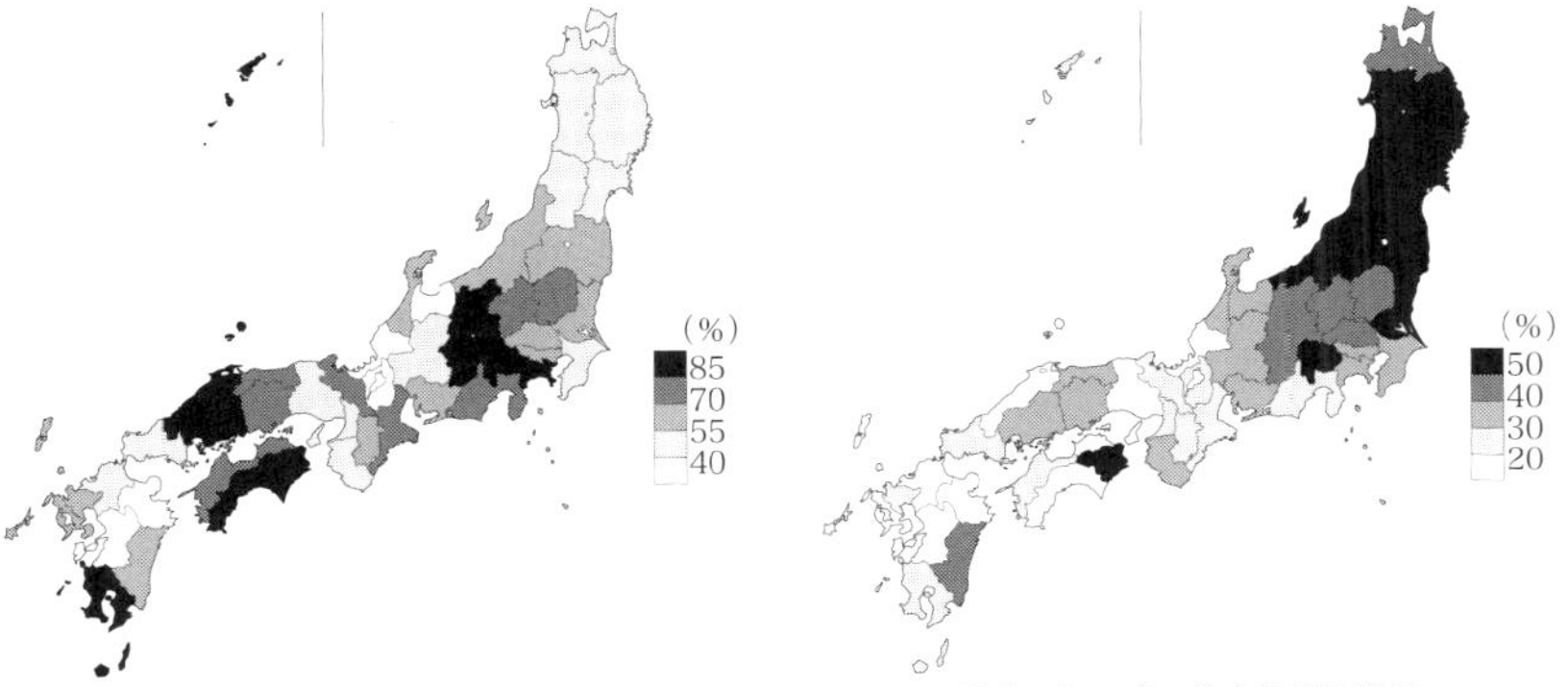

村人間の社会的親子関係　　村人と転入者の社会的親子関係

資料：図終-1に同じ。

スコ（烏帽子親・息子）の慣行が高度経済成長期以降にむしろ再活性化して、一九九〇年代の再調査時の前後にも新たなユブシオヤ・ムスコ関係が締結されていたという、たいへん興味深い事実を報告している。林はその理由を次のように説明する。すなわち、「家—家連合—村落」（家産—一族の土地—ムラの土地）による重層的な土地所有のもとで、村落全体の土地を維持して共同体が存続していくためには、家と村落の中間に位置する家連合が不可欠である。ユブシオヤ・ムスコ慣行の再活性化は、そうした家連合（オヤグマキ）の構成契機の変容——本家分家関係から社会的親子関係へ——として理解できる。

「地域性調査」では、社会的親子関係についても、さまざまな情報を得ているので、これを分析すれば、林の説明を社会構成原理の観点から一般化することも可能である。図終-11の左に示したように、村人の間で結ばれる社会的親子関係の分布はいくつかの高原地帯をもっている。社会的親子は一般に、東山地方では親分子分、山陰や中国山地では親方子方と呼ばれ、跡取りの成人時や結婚時に親子成りがなされて、同族関係に類似した、家と家との社会経済的な後見—被後見の関係を作り出す。一方、西南地方や東海地方の太平洋沿岸地域には、宿親、名付け親、拾い親などの経済的な性質の弱い社会的親子関係が分布している。東北地方は一見、社会的親子の慣行が弱い地域にみえるがそうではなく、図終-11の右に示したように、村落への転入者と村人との間にワラジオヤなどと呼ばれる身元保証人に似た関係が結ばれる。

ここで興味深いのが、親分子分や親方子方の分布する東山・北関東、山陰・中国山地は、東北に次ぐ同族組織地帯をなしている点である。林が指摘したように、村落共同体の維持にある程度の強さの家連合が必要であるならば、これらの地域の同族組織の相対的な弱さは親分子分や親方子方関係によって補完されなければならない。さらにいえば、そもそも同族組織は、分家創設から三世代が経過すると構成員の血縁関係が弱くなって弛緩する運命にある。弱くなった紐帯を補完する方法としては、理論的には次の三つ――①社会的親子関係により補完する方法、②同族内婚により血縁を更新する方法、③同族内で強固なイデオロギー（家憲や祖先祭祀）を共有する方法――が考えられる。①は最も一般的な方法である。②はシンプルな方法ではあるが、地理的には岩手、宮城、福島に集中している。③は武家や商家など、内部対立や分裂を避けたい比較的大きな同族組織の統合維持に適している（たとえば第6章の多田論文で言及された三井高平による家憲制定や、祖先祭祀を通じた近代以降の本別家関係の継続）。

前述したように、二十世紀前半の東北地方は、同族組織発展の歴史的なピークにあった。このように家連合が万全の状況では社会的親子関係によって同族関係を補う必要は小さく、必要性があるのは、すぐには同族関係に取り込むことのできない転入者との間のみである。高度経済成長期を経た東北農村では、同族組織発展のピークから世代交代が進み、また経済的な豊かさの実現は「新生活運動」と相まって同族組織を急速に弱体化し解体していった。こうしたなかで、共同体の維持に家連合が不可欠な農村部では、社会的親子関係を活用してその維持が図られたと考えられる。

ところで、図終-11の左図からは、北陸地方（能登を除く）は他の地域に比べて社会的親子の慣行を有する村落が少ない傾向がうかがえる。この地域の同族組織は東山や山陰と同程度に強いが、東北ほどに強固ではない。北陸地方では何が同族組織の弛緩を補っていたのだろうか。実はその答えは、第9章の植野論文に描かれている。植野は婚出女性の婚家と生家の関係を論じるなかで、北陸地方の長期的里帰り慣行を紹介している[29]。里帰りは、子連れでなされるために、次世代の跡取り息子は母方の祖父母だけでなく、おじとも親密な関係性を築くことになる。こうした母方祖父やおじとの関係に血縁ではあるが、社会的親子関係と同じく家の連帯を生みだす機能を有していることに注目したい。また、山形・新潟両県境付近のシュウトノツトメ慣行も、婚家の跡取りの結婚に際して母の生家が仲人を務める場合があるなど、家結合の機能が指摘されている。

ここで重要なのは、生家への長期的里帰りと頻繁な訪問のいずれもが、嫁と子どもの父方所属を前提におこなわれているという点である。それゆえ、内孫と外孫の分別は明確であり、里帰りがどんなに長期に及んでも、婚家は跡取り息子を生家にとられる心配をする必要がない。実際、図終-6の右に示したように、北陸地方は、婚姻儀礼に新婦のみが出席する慣行をもっていた地域である。同族への婚入を象徴するこの儀礼は、結婚後の里帰りが文字通りの里帰りに過ぎず、嫁の生家はたとえ「一番の親戚」であっても、親戚の範疇を超えないことを示している[30]。したがって北陸地方では、このような婚出女性を媒介にした婚家と生家との結合が同族組織を補完することで村落レベルの家連合が維持されていたといってよい[31]。

同様に、社会構成原理の補完性（制度的補完性）の観点から、北陸とは東山道を挟んだ南側に拡がる「東海道集村ベルト地帯」では、強固な講組織をベースに、同族組織（主に南関東）、社会的親子関係と年齢組織（主に東海）、あるいは宮座組織（主に近畿）が補完的に機能して家連合が維持され、そして西南日本では、東北の同族組織にも匹敵するほどに強固な若者組を有する年齢組織を基盤としながら、社会的親子関係や本家分家関係が補完的にあるいは対抗的に働きながら家連合が維持されたと考えられる。もちろん、こうした要約は大づかみな見取り図にすぎず、地域ごとに四つの原理の組合せと機能の強弱を考える必要がある。そのためには都道府県の単位は粗すぎるので、少なくとも沿岸部と山間部および海・山の方角――海を北に山を南にみるか、その逆かなど――は考慮したい。

以上のように、近世後期に全国的に確立した日本家社会は、四つの社会構成原理――同族組織、社会的親子関係、講組織、年齢組織――を備えていた。それは、各地の地理的条件と歴史的経路依存性に基づいて制度的な複多性と補完性を獲得した一つの社会システムであったといえるだろう。日本社会の近代化は、そうした共通の基盤のうえに、成し遂げられたのである。とはいえ、それは家社会の全国的な、そして矛盾をかかえた再編成をともなうものであった。

日本社会の近代化の歴史を、家社会の再編成の過程として整理し総合することは可能であるが、これをおこなうためには、本章において「日本文化の地域性調査」データの分析結果を参照枠組に用いたように、各種統計データの実証分析の蓄積が必要である。実は、筆者自身の研究課題は、十九世紀前半の天保飢饉終了後から二十一世紀初頭に至る人口増加の時代を、家族と人口にかかわる計量分析を駆使して総括することにあるので、近い将来に研究成果をまとめたうえで、本書のような学際的研究を組織したいと考えている。本書の第2部の論考は、近現代における家社会の再編成の歴史を記述し説明するための理論的中心軸になり得るような視点・論点を与えてくれる。そこで以下では、それらから得られるインプリケーションを次の課題に向けた一つの作業枠組として書き記しておきたい。

まず、第8章の林論文が提起した「家―家連合―村落」の重層性は、徳川幕藩体制を例にとれば、さらにその上位に延長して「家―家連合―村落―藩政村―藩（領国）―幕府」という重層構造モデルとして理論化することができる。これを土地所有の重層構造として示せば、「家産―家連合の土地―村落の土地―藩政村の土地―藩（領国）の土地―幕府の土地」となる。また、統治という観点からとらえると、この重層構造は、幕府（将軍）が藩（藩主）を統治し、藩は藩政村（村役人）を統治し、藩政村は村落を統治し、村落は家と家連合による自治をおこなう――自治のあり方は地域によりさまざま――という間接統治システムとして表現できる。筆者は、明治維新が成功した最大の理由が、近世後期にこうした重層構造が実態として確立していたこと、また同時に、この重層構造の頂点に君臨する最終的な所有権主体が天皇であるという思想が、少なくとも武士層・支配層の間に浸透していたことにあると考えている。幕藩体制の解体が、四つの奉還運動[32]──大政奉還、版籍奉還、藩政奉還、家禄奉還──というかたちで短期間のうちに実現できたのも、そのためであろう。そして、近代国民国家の建設は、これらの重層構造とそれを支える中間組織を解体して、より単純な構造へと再編成することにより成し遂げられていく。すなわち、廃藩置県、府県制・郡制、市制・町村制と神社合祀、戸籍法および明治民法の制定等である。これらの政策はいずれも、藩と藩政村という徳川体制における中間レベルの社会組織から政治的主体性を剥奪する政策であり、これは村落自治の精神的支柱とみなされた氏神・産土《うぶすな》の大規模なリストラをともなうものであった。ちなみに市町村数は、市制・町村制施行前の七万一三一四（一八八八年）から施行後の一万五八五九（一八八九年）へと約五分の一に減少し（さらに一九二二年の一万二三一五へ）、また神社数（府県社以下）は神社合祀前の一九万三二二七（一九〇三年）から十年後の一二万二四二二（一九一四年）へと三分の二に減少した（総務省資料、帝国統計年鑑）。まさに「一町村一神社」の原則通りの結果である。これら一連の徹底的な制度改革により、幕藩体制下の間接統治システムは、明治政府が国民を一元的に──「四民平均」「四民同一」の戸籍を用いて──統治する中央集権的な直接統治システムへとつくり変えられていった。

明治維新によって断行された変革とそれにつづく国民国家の構築は、前述した重層構造モデルで表せば、「家─家連合─村落─藩政村─藩（領国）─幕府」から「『家』─市町村─府県─政府」への制度転換として要約できる[33]。新しく設置された市町村や府県は、中央集権体制の行政区画にすぎず、家もまたこの体制の末端に位置づけられていく。このような家社会の再編成に最も直接的な影響を与えたのが、明治民法と商法の制定である。

第7章の宇野論文が論じているように、明治民法は、近代法の原理（個人の所有権の絶対性・排他性）を取り入れたため、庶民の家を法人化して家産の所有主体とすることはできずに、戸主を家産に対して私的所有権を有する所有権主体として位置づけて、家産の共同性を否定した。また民法は、戸主に絶対的家長権（戸主権）を与えたが、「家」成員に対する戸主権乱用を防止するための戸主権剥奪制度は導入しなかった。このような戸主のあり方は、代々継承されてきた家の当代におけるリーダーという近世的な当主のあり方――家の存続を危うくする当主は強制隠居させられた――から大きく逸脱するものであった。明治民法の「家」とは、このように規定された戸主とその親族が登録された戸籍のことであり、統治のための法的な基礎単位である。いいかえれば、「家」は、政府が戸主の家内統率権を通じて国民を一元的に直接統治する中央集権的な国民国家――同時に「家族国家」として思想化されていく国民国家――の基礎単位であった。明治民法の「家」が居住と生計の共同性を要件とせずに、直系親族だけでなく傍系親族の複数の夫婦をも含む「大家族」として想定されたのは、それゆえであろう。

一方、家社会の再編を促進する商法典編纂の影響は、民法典のそれとともに、第6章の多田論文に描かれた三井越後屋の財閥化の歴史のなかに読み取ることができる。多田は、この財閥化を、近世の家・同族から「家族の生成（家の構成員が親族に限定）」と「企業の生成（家と店の分離）」が起きるとともに、家族と企業が結合して再編成されていく過程としてとらえて、非親族奉公人の「別家」の排除に着目して考察している。それはまた、二つの法典の制定によって、家が本来もっていた法人としての性質が、[34]民法により否定されて単なる家族（親族世帯）として生成される一方で、商法においては積極的に保障されて、企業組織（営利法人）として発展をとげていく過程として理解することもできる。多田論文からは、別家が営利法人化したかどうかは不明だが、おそらく一部の有力別家を除き、法的には個人事業主の自営業世帯であり続けたと思われる。その点、京都の相続講が任意組織としての相続会を経て一九二七年に財団法人化し、戦後も二〇一三年まで法人として活動を続けたというエピソードは、相続講がもっていた慣習上の法人格を制度化したという意味でとても興味深い。別家経営の近現代史を詳細に検討すれば、最近の集落営農の法人化やＮＰＯ法人のあり方にも何らかの示唆が得られるかもしれない。

ところで、近世の間接統治システムから近代の直接統治システムへの転換とそれにともなう家社会の再編成は、基本的に法制度レベルでの上からの変革であったことに、注意しなければならない。図式的にいえば、『「家」—市町村—府県—政府』は成文法レベルで成立した上部構造であり、その基層においては「家—家連合—村落—大字」の重層性とそこで機能する四つの社会構成原理が慣習制度（不文法）として持続していく。林による下北村落の研究は、この基層構造が二十世紀を通じて存続していたことを明らかにしている。

しかし、明治時代の構造変革がもっぱらヨーロッパの法制度の輸入か模倣によるものであったために[35]、生活実態や慣習制度との間にさまざまな矛盾や乖離を生みだしていくことになった。たとえば、民法上の「家」と慣習上の家との乖離と矛盾は、民法成立の当初から問題となり、宇野論文が詳しく論じているように、それを埋めたのが判例であった。とはいえ、人口増にともなう新設世帯数の増加を背景に、生活実態としての世帯と「家」との乖離が拡大したため、大正デモクラシーのなかでその修正がはかられて、大正改正要綱にまとめられたが、結局実現には至らなかった。

しかしながら、そうした法改正の試みの水面下では、むしろ庶民の側で、上から与えられた「家」を自らが生きる世帯によって実質化しようとする動きが生まれていた可能性にも注意したい。第5章市川論文の図5-1をみると、一九五〇年代以降に先祖代々之墓（○○家之墓）が急増している。これらの墓に納まったのが民法制定後に家族形成をおこなった世代であることを踏まえれば、世帯を「家」と観念するような意識の成立を、ここに読み取ることができるかもしれない。宇野論文が指摘する「家」観念の現代への継承とはそうしたものであろう。同様に、地域社会レベルにおいても、上から与えられた大字や町村が、二世代・三世代を経て実質化される可能性についても考慮しておく必要がある。

これに対して、家の有する法人としての性質が成文法によって保障された企業組織の内部では、興味深いことに、四つの構成原理が衰えることなく機能し続け、戦前においては財閥化や経営家族主義を生みだし、戦後においても親会社子会社関係、系列企業、温情主義経営、企業別・事業所別・職場別労働組合、年功序列型組織など、いわゆる日本的経営システムを発展させて世界で最も企業寿命の長い社会を実現してきた。しかしながら、過去二十年におよぶ株主資本主義と日本的経営との間の葛藤は、最近の夫婦別氏（別姓）や親権制限をめぐる民法改正論議、あるいは個人の私的財産権と環境・防災等の共同性・公共性との対立とともに、依然として日本社会が、明示的な制度と暗黙のうちに機能する慣習制度との間の矛盾と再編成のプロセスのなかにあることを示唆しているように思われる。

おわりに

本章では、「日本文化の地域性調査」データによる統計地図を参照枠組として用いながら、家と家社会の成立・確立過程を地理的および階層的な拡散過程として整理して、日本家社会の歴史を鳥瞰した。課題の性質上、第2節の議論の流れのなかに国際比較の視点を直接組み込むことが難しかったので、最後に、第3部の四つの論考から、日本家社会の特徴を明らかにするためにとくに重要と思われる論点を、今後の課題として提示して、本章を閉じることにしたい。

第9章の植野論文と第10章の仲川論文は、それぞれ台湾と韓国を対象として、日本の家社会とは大きく異なる父系親族社会の諸相を描き出した。父系親族は厳格な「同姓不婚」と「異姓不養」の血縁原理によって構成されるが、これらが有する社会的機能を理論的にとらえると次のように要約できる。すなわち、同姓不婚は、同姓（同じ父系親族）どうしの男女の結婚を禁止する外婚の原理により、多方向に及び得る娘の交換を強制することで、合同家族と合同家族、さらにはそれらを包摂する父系親族と父系親族とを結びつける機能をもっている。これに対して、異姓の父系親族から養子を取ることを禁止する異姓不養の原理は、父系血縁の共有を徹底させることで男性親族の強い統合を維持するとともに、農村社会においては最も重要な財産である土地が養子への均分相続によって他の父系親族に流出するリスクを防止していると考えることができる。

このような父系親族の構成原理を踏まえると、植野論文が描く婚出女性の役割は非常に興味深く、なかでも分家に際して始まる役割は重要である。第1節で述べたように合同家族制は均分相続の原理によって特徴づけられるが、漢民族のそれは分家後の生活の維持が困難になるほど徹底している。日本の直系家族からは「田分け」にもみえる分家をおこなった後の生活の支えになるのは、妻の生家からの経済的援助や儀礼的贈与である。生家の父の死後、この役割は兄弟たちによって平等に継承されて女性の死まで継続する。兄弟たちから姉妹への支援はまた、オジ―オイの紐帯をも生みだすとともに、支援を続ける兄弟たちを相互に結びつける。このような生涯を通じて婚家と生家を結び続ける婚出女性の役割は、同姓不婚原理によって生みだされた合同家族と合同家族の連帯を長期にわたり担保するとともに、出身合同家族内部の統合をも維持していると考えられる。植野論文が明らかにした婚姻関係の有する具体的な様相と意義は、日本の家と家、同族と同族、あるいは講組と講組との関係を分析する際にも、大きな示唆を与えてくれるだろう。

一方、韓国の父系親族（門中）は、漢民族と同じく「同姓不婚」と「異姓不養」の原理により構成されるが、「家（チプ）」を担う家族は合同家族ではなく、日本と同じく直系家族である。韓国と日本とは家族システムを共有しているぶん、父系社会と非父系社会の違いを考えるためのよい材料を与えてくれる。仲川論文が取り上げる両者の相違点は多岐にわたるが、「家族親族関係（血縁）では、韓国は規範拘束的、日本は状況依存的であったが、村の境界は、逆に、韓国は状況依存的、日本は規範拘束的となっている」という指摘は興味深い。前者は、右に述べた厳格な父系血縁原理と、状況に応じて婿養子や非血縁養子を取ることができる日本の非単系的な血縁関係との対比である。後者に関して仲川は、韓国の村落社会は「家（チプ）」を構成単位とする生活共同体をなしてはいるが、強固な父系血縁原理によって村の境界を越えた親族関係が維持され、また村外への転居が頻繁なため、村落共同体の規制や成員権は常に暫定的かつ状況依存的になるという。さらに、韓国の村には、山野河海にかかわる村の共有財産がなく、その用益権によって村の境界を定めるということもなく、また株式によって村の戸数を固定するしくみも存在しなかった。これに対して、前節で論じた関東の村のように、同族をも五人組や講中によって地縁組織に編成し、村の境界だけでなく隣村との間に山野河海の境界をも定めて、百姓株式によって村の成員資格を管理する方法は、韓国の血縁原理に匹敵するほど規範拘束的といえるだろう。

第11章の小川論文で興味をひかれるのは、近世インド農村社会のワタン制度と近世日本の百姓株式の直接的な比較もさることながら、カースト制度という身分制社会のシステムである。小川論文で解説されているように、ここにいうカーストは、周知の四ヴァルナ――バラモン、クシャトリヤ、ヴァイシャ、シュードラ――ではなく、その下位に細分化されて存在する職業的身分共同体（ジャーティ）のことである。カースト制度は、現代的価値観からほとんど全否定の評価を受けているが、小川論文からみえてくるのは、むしろその合理性であろう。

たとえば、村に数軒しかいない陶工家族は、郷レベルでは数十軒にのぼる職業共同体となる。この陶工カーストは内婚の単位になっており、その内側においては合同家族と合同家族が婚姻を通じて結合することで、郷レベルの陶工身分共同体が再生産される。一方、村のなかに目を転ずれば、陶工家族はカースト内の他の合同家族から女性を嫁として迎えることで、次世代へと家業を確実に継承させて再生産されていく。「世代間で継承される社会組織」という第1節で提示した定義を満たしているので、彼らの家業組織を「家」と呼ぶことができるが、陶工カーストをある種の「家連合」として分析できるかもしれない。また、このようなシステムのもとでは、結婚相手がかなり限定されるため、婚姻は基本的に親など親族による取り決め婚になり、また適切な相手を早めに確保する必要から早婚にもなる。

家業を世襲する皆婚社会なので、職業選択や結婚相手の選択の自由はないが、そのぶん職業や結婚相手をめぐる競争も強く抑制される。そのため、たとえアウトカーストであっても、文字通りに終身雇用的な村抱えのなかで家族を再生産できるほどには食べていける平和で安定した社会といえるかもしれない。その意味では、職業と結婚の自由競争のなかで敗れた者は、安定的に再生産することができないような社会の対極にある。近世インドのカースト社会はその完成度の高さゆえに、近世日本の身分共同体の構造と存在意義を理解するための手がかりを与えてくれるだろう。

第12章の佐藤論文は、近代移行期のスウェーデンにおける世襲農場の成立過程を、小農自立や市場経済の浸透に着目しながら論じている。ここにいう「世襲農場」とは、親族・家族内で分割されることなく代々継承される家族経営の農場（ファミリーファーム）のことである。「世代間で継承される社会組織」であるので、これをスウェーデンの「家」ととらえて、その成立過程を日本の家のそれと比較することもできる。その際、とくに興味深いのが、日本では十七世紀の経済発展と人口・家族数の増加（小農自立）を前史として、十八世紀に全国的に家が確立していったのに対して、スウェーデンでは十九世紀の経済発展と人口増を前史として、二十世紀に入ってから「家」が確立していったことである。また、一九二〇年代以降、とりわけ一九四〇年代に、スウェーデン政府によって、親子間での農場移転を法的に優遇する政策がとられ、世襲農場の形成は法制度面でも後押しされた(36)。この時期はちょうど、社会民主労働者党政権が「国民の家」の建設を推進した時期にあたり、世襲農場の形成政策もその一環として実施されたと考えられる。

スウェーデンでは、畿内近国に比べて三〇〇年あまり、東北地方や西南地方に比べても二〇〇年近く遅れて農民の「家」の成立をみたわけだが、なぜこれほどまでに遅れたのであろうか。一つ考えられるのが家族システムの違いであり、スウェーデンの庶民層全体では、歴史を通じて夫婦家族が優勢であった可能性である。実際、最近のヨーロッパの人口学では、二十一世紀の現在においても多世代同居率（同一建物内の別世帯居住を含む）が、南欧で高く北西欧で低い（中欧はその間）という顕著な南高北低の勾配を示すことから、[37]前者を世代間関係の「強い家族」（拡大家族）の社会、後者を「弱い家族」（核家族）の社会ととらえて、世代間関係に関する比較研究が盛んにおこなわれてきた。この議論のなかに日本を位置づければ、日本は現在においても世界で最も「強い家族」の社会の一つである。一方、現在「弱い家族」の社会の一員であるスウェーデンは、過去においても「弱い家族」の社会、いいかえれば全体として夫婦家族ないし核家族の社会だったのであり、直系家族は大農層など一部に限られていたといえるかもしれない。佐藤論文は、少なくともスウェーデンの庶民の家族が直系家族から夫婦家族へと発展したわけではないこと、またスウェーデンにおいて「家」を確立することがいかに困難であったかを示している。日本とスウェーデンの比較研究は、家と家族に関するさまざまな示唆と洞察を与えてくれそうである。

本章では、家を「家族によって所有され世代間で継承される社会組織」として定義した。このように一般性の高い定義を採用したのは、直系家族の家だけでなく、合同家族の家、さらには夫婦家族社会における家の成立可能性をも幅広く視野に入れることで、多次元的な比較研究をおこなうためである。いいかえれば、家と家類似の組織を有する社会を、時間的に（時代間・世代間で）、空間的に（地域間・国家間・異文化間で）、あるいは階層間で比較することによって、日本家社会の構成原理の変化と連続性とともに、比較対象となる社会の構成原理のそれをも探求することが可能になる。本書に収めた十二の章の精緻で手堅い実証研究は、このような比較家族史的・比較社会史的方法の有効性を裏付けている。

注

（1）配票数は二五七三、回収数は一一一三である（回収率は四三％）。調査票には大字に関する調査時点または一九六〇年農林業センサスの情報——集落数、家数、人口、耕地面積など——の項目が組み込まれているため、標本の代表性を確認できる。図終-4からもわかるように、十分な代表性を確保できている。詳細はNagashima, N. & Tomoeda, H. eds.［1984］を参照。

（2）大藤修［一九九六］『近世農民と家・村・国家』吉川弘文館、六四頁。

（3）大藤修［二〇〇三］『近世村人のライフサイクル』山川出版社、一頁。

（4）大藤は、この新しい定義において、以前の定義で用いていた「制度的機構」に変えて「組織体」という概念を使っているが、実は前掲書の序文（一頁）でも、家を「固有の『家名』『家産』『家業』をもち、先祖代々への崇拝の念とその祭祀を精神的な支えとして、世代を超えて永続していくことを志向する組織体」と定義している。それゆえ「制度的機構」と「組織体」の異同について説明が必要であるが、それはなされていない。結局のところ、大藤は家を定義する際に、論理的に精緻な概念ではなく、論理性の弱い感受概念を用いているように思われる。感受概念（sensitizing concepts）は、対象の諸相を包括的に捉えやすいというメリットがあり、具体的な記述においては有効であるが、概念の定義に多用するのは適切ではない。

（5）「システム」とは、相互に関連づけられた要素の集合を指示する概念である。

（6）わかりやすく企業組織を例に取れば、生身の社員は定年退職と新規採用によって時間とともに入れ替わるが、会社は長期にわたり存続し得る。帝国データバンクによれば、日本には創業百年以上の企業が二万七千社あるそうだが（その多くがファミリービジネス）、世代を超え世紀を超えて存続するのは社員ではなく組織の方である。

（7）かつて有賀喜左衛門は、家を「生活保障組織」として理解した（加藤［二〇〇九］）。確かに、どのような種類の家でも生活保障機能は共通してもっていると考えられるので、これを定義に組み込んで、家と家類似の組織を区別する方法もあり得る。

（8）この定義は、筆者が家族社会学の標準的定義を批判的に検討したうえで提示したものである。詳しくは加藤［二〇〇九］を参照。

（9）また、宇野論文は、明治民法の「家」制度では、同一戸籍のなかに別世帯で暮らしている複数の夫婦が登録されていた点を指摘している。

（10）「日本文化の地域性調査」では、これら以外にも、同族の名称、祖先神の有無、分家の創設と独立性、孫分家・非血縁分家・異姓分家の間の序列など、同族組織の指標として用いることのできる変数が数多く測定されている。

（11）以下では、薗部論文とともに、薗部［二〇一〇］も参照して議論を補っている。

（12）歴史人口学では、十七世紀は大規模開墾と城下町の発展により経済が大きく成長し、全国人口がおよそ一千五百万人から三千万人へと倍増した、ある種の「高度成長」の時代としてとらえられている（速水［一九九七］など）。

(13) 農林省統計調査部『一九七〇年世界農林業センサス農業集落調査報告書』、一九七二年、三三頁。
(14) 福田アジオ［二〇〇二］、三八頁。
(15) 薗部［二〇一〇］、一二二頁。全階層への生業用附属屋の普及も格差縮小を示唆する（第5章市川論文参照）。
(16) 秦野市管理部市史編纂室［一九八三］『秦野市史民俗調査報告書　丹沢山麓の講集団』秦野市。
(17) 古いものが残っている理由としては、市街化調整区域に当たり宅地化が制限されて、新住民の数が一定数に保たれてきたことを指摘できる。もっとも、新住民は古い慣習を知らず土着の人々とは全く異なる世界を生きているうえに旧住民でも若い世代は古い慣習に関心を示さないため、現在は世代継承の危機にあり転換期をむかえているといってよいだろう。
(18) さらに組内の内部には、本末の距離の近い二軒がペアをなしたジシンルイが存在する。かつて冠婚葬祭の際には、この家が儀礼を取り仕切るなど、最大の援助役となった。こうした関係は南関東のジシンルイの典型であり、横野村のジエンもそのヴァリエーションの一つであろう。
(19) 横野村では講組と同族があまり重ならないようであるが、相対的に小さな同族が連合してニワを作るのは政治力学的に当然のことであり、また長い歴史のなかでは異姓分家が五人組に編入されたこともあったであろう。
(20) こうした歴史過程は、筆者の居住地における農家配置からもうかがえるが、より直接的な実証研究としては、福田アジオによる武蔵国久良岐郡永田村（現横浜市南区永田）と武蔵国多摩郡連光寺村（現東京都多摩市連光寺）の村方史料を用いた研究が挙げられる。両郡は都筑郡の南と北に隣接する郡であるが、両村の社会組織は、横野村以上に筆者の居住地で見聞されるものに類似している。詳細は福田［二〇〇二］第三編を参照。
(21) 一八八〇年から一九六〇年の間の減少率は、南関東四都県で二・三％、東海四県で三・八％、近畿六県で九・九％である。これに対して、東北六県は五三・一％の増加、南九州二県は五五・六％の増加である）。
(22) 成松［一九九二］、六頁。
(23) 戸石も東北地方には百姓株式のない村が多く存在する可能性を指摘している。戸石七生［二〇一六］「日本伝統農村の共済と村・五人組・百姓株式――近世農村の「潰百姓」防止対策」『共済組合研究』第七二号、六九頁。
(24) 岡田［二〇〇八］、第九章。ここでの議論については、加藤［二〇〇八］による書評も参照されたい。
(25) 百姓株式により、構成員が消滅した世帯（事実上の絶家）であっても、同年に形式的な養子縁組（名跡入り）がおこなわれて帳簿上では家が存続しているとみられるケースがあるが、岡田は絶家を世帯員の消滅によって定義し、名跡入りは絶家再興に含めている。

(26) 中島［二〇一六］。

(27) たとえば、大林太良編［一九九四］『岡正雄論文集　異人その他　他十二編』岩波文庫。

(28) 中島［二〇一六］、一二二頁。

(29) センタクガエリやバンと呼ばれるこの慣行では、結婚初期には毎年の半分以上の期間を生家で暮らすほどであったといわれる。詳しくは、植野・蓼沼編［二〇〇〇］を参照。

(30) 研究史では、長期的里帰り慣行から、嫁の家所属が婚家と生家の両属を読み取るような議論がなされてきたが、そのようにとらえられるのは、せいぜい嫁が生家で最初の子どもを出産して、その子どもとともに婚家に戻る時点までであろう（この段階は西南日本の結婚プロセスの最終段階に相当すると考えられる）。それ以後の里帰りは、両属といえないことは子どもの所属からみて明らかなように思われる。

(31) 婚家と生家をつなぐ紐帯が、両家をそれぞれ包摂する同族組織（北陸）や講組織（南関東）の連帯を作り出すことで、村落内外の地域社会の安定性を支えている可能性が理論的に考えられる。また、北陸については、前述した浄土真宗の講組織の社会統合機能が不明なので、あわせて今後の課題としたい。

(32) 羽賀祥二［二〇〇五］「明治維新論」歴史学研究会・日本史研究会編『日本史講座7近世の解体』東京大学出版会、一九八頁。

(33) この重層構造モデルに、有賀喜左衛門の「日本における公（オオヤケ）と私（ワタクシ）」の議論を当てはめれば、直接統治システムへの転換は、家という私と政府という公が二項対立的に直結する構造の成立を意味する。そして、この二項対立的構造は、滅私奉公にも滅公奉私にも容易に変化することができる。有賀喜左衛門［一九六七］「公と私」『有賀喜左衛門著作集Ⅳ』未來社、二三二頁を参照。

(34) 文化人類学ではよく知られているように、レヴィ＝ストロースは、従来の親族理論（出自理論）では説明できなかった社会構造を理解するために、イエ（maison / house）という概念を提案して、これをある種の法人として定義した（仲川裕里［二〇〇二］「レヴィ＝ストロースの〈イエ〉概念普遍化の有効性について」『哲学』第一〇七集）。レヴィ＝ストロースの指摘を受ける前は、日本の家を法人として意識的に説明しようとする視点は弱かったように思われるが、家を家産・家業・家名を有する経営体としてみる定義は、日本においてはすこぶる古典的なものなので、これを法人として明示的に論じなかったことは少々不思議に思える。

(35) 明治時代の商法典編纂の過程を詳しく検討した高田晴仁は、法典編纂（ロェスラー草案）に当たり、その法素材の採用元は「外国法一〇〇%、国内法〇%」という極端なやり方が取られ、日本の商慣習や商慣習法はいっさい無視されたと述べている。欧米の法典編纂は自国で発達した慣習法や自国に伝わったローマ法源を多少の変更を加えつつ集大成するという意味を有するが、日本の法典はそうした法の集大成ではなく、あくまで「《創造》物」であったとのことである（高田晴仁［二〇一三］「明治期日本の商法典編纂」『企業と法創造』第三四号）。周知の法典論争を経て、商法典は民法典とともに多少修正されたが、それが本質的なレベルに及ばなかったことは、民法典ですらその所有個人主義的な性質が維持されたことをみれば明かであろう。

（36）この時期のスウェーデン政府の政策については、佐藤論文では直接言及されてはいないが、本書のもとになったシンポジウムでは議論された。佐藤睦朗［二〇一五］「スウェーデン農民層の農場継承と「家」」『比較家族史学会第57研究大会要旨・レジュメ集』、七六頁、八一頁。

（37）たとえば、Axel Börsch-Supan eds. [2008] *First Results from the Survey of Health, Ageing and Retirement in Europe (2004-2007): Starting the Longitudinal Dimension,* Mannheim Research Institute for the Economics of Aging (MEA).

主要参考文献

泉靖一・大給近達・杉山晃一・友枝啓泰・長島信弘［一九六三］「日本文化の地域類型」『人類科学』第一五号。

植野弘子・蓼沼康子編［二〇〇〇］『日本の家族における親と娘――日本海沿岸地域における調査研究』風響社。

岡田あおい［二〇〇六］『近世村落社会の家と世帯継承――家族類型の変動と回帰』知泉書館。

加藤彰彦［二〇〇六］「書評　岡田あおい『近世村落社会の家と世帯継承――家族類型の変動と回帰』」『人口学研究』第三八号。

加藤彰彦［二〇〇九］「直系家族の現在」『社会学雑誌』第二六号。

薗部寿樹［二〇一〇］『日本の村と宮座――歴史的変遷と地域性』高志書院。

鳥越皓之［一九九三］『家と村の社会学増補版』世界思想社。

中島満大［二〇一六］『近世西南海村の家族と地域性――歴史人口学から近代のはじまりを問う』ミネルヴァ書房。

長島信弘［一九六四］「日本文化の地域的差異」『人類科学』第一六号。

成松佐恵子［一九九二］『江戸時代の東北農村』同文館。

速水融［一九九七］『歴史人口学の世界』岩波書店。

比較家族史学会編〔一九九六〕『事典家族』弘文堂。

福田アジオ〔二〇〇二〕『近世村落と現代民俗』吉川弘文館。

Nagashima, N. & Tomoeda, H. eds.〔1984〕"Regional Differences in Japanese Rural Culture: Results of a Questionnaire," Senri Ethnological Studies 14, pp. 1 –220.

執筆者紹介（章順，＊は編者）

加藤《かとう》彰彦《あきひこ》＊（序章・終章）明治大学（比較社会学・家族人口学）

戸石《といし》七生《ななみ》＊（序章・第３章）東京大学大学院（近世日本農業史）

林《はやし》　研三《けんぞう》＊（序章・第８章）札幌大学（法社会学）

坂田《さかた》　聡《さとし》（第１章）中央大学（日本中世史）

薗部《そのべ》寿樹《としき》（第２章）山形県立米沢女子短期大学（日本中世史）

平井《ひらい》晶子《しょうこ》（第４章）神戸大学（社会学・人口学）

市川《いちかわ》秀之《ひでゆき》（第５章）滋賀県立大学（日本民俗学）

多田《ただ》哲久《のりひさ》（第６章）小山工業高等専門学校（社会学）

宇野《うの》文重《ふみえ》（第７章）尚絅大学（日本近代家族法史）

植野《うえの》弘子《ひろこ》（第９章）東洋大学（社会人類学）

仲川《なかがわ》裕里《ゆり》（第10章）専修大学（社会人類学）

小川《おがわ》道大《みちひろ》（第11章）アジア経済研究所（インド社会経済史）

佐藤《さとう》睦朗《むつお》（第12章）神奈川大学（スウェーデン社会経済史）

家族研究の最前線①

家と共同性

2016年9月15日　第1刷発行　定価（本体5200円＋税）

監修　比較家族史学会

編著者　加藤彰彦
戸石七生
林研三

発行者　柿﨑均

発行所　株式会社　日本経済評論社

〒101-0051　東京都千代田区神田神保町3-2
電話 03-3230-1661　FAX 03-3265-2993
URL：http://www.nikkeihyo.co.jp

装幀＊渡辺美知子　印刷＊藤原印刷・製本＊高地製本所

乱丁落丁本はお取替えいたします。　Printed in Japan

ISBN978-4-8188-2439-3